NATIONAL
GEOGRAPHIC

TSCHECHIEN

NATIONAL GEOGRAPHIC

TSCHECHIEN

PIVNICE
U Glaubiců
tradice od r. 1665
0,5 l
27.-
Pilsner Urquell
česká i mezinárodní
KUCHYNĚ
700 let staré
SKLEPE
SALONEK

INHALT

TSCHECHIEN

Seite 2/3: Das historische Zentrum von Prag ist Weltkulturerbe

❮ In den Kneipen der Prager Altstadt lässt sich das berühmte tschechische Pils genießen

Sommerliches Idyll an der Karlsbrücke

INHALT

RÜCKSICHTSVOLL REISEN

Umsichtige Urlauber brechen voller Neugierde auf und kehren reich an Erfahrungen nach Hause zurück. Wer dabei rücksichtsvoll reist, kann seinen Teil zum Schutz der Tierwelt, zur Bewahrung historischer Stätten und zur Bereicherung der Kultur vor Ort beitragen. Und er wird selbst reich beschenkt mit unvergesslichen Erlebnissen.
Möchten nicht auch Sie verantwortungsbewusst und rücksichtsvoll reisen? Dann sollten Sie folgende Hinweise beachten:

- Vergessen Sie nie, dass Ihre Anwesenheit einen Einfluss auf die Orte ausübt, die Sie besuchen.
- Verwenden Sie Ihre Zeit und Ihr Geld nur auf eine Weise, die dazu beiträgt, den ursprünglichen Charakter eines Ortes zu bewahren. (Auf diesem Weg lernen Sie ein Land auch sehr viel besser kennen.)
- Entwickeln Sie ein Gespür für die ganz besondere Natur und das kulturelle Erbe Ihres Urlaubslandes.
- Respektieren Sie die heimischen Bräuche und Traditionen.
- Zeigen Sie den Einheimischen ruhig, wie sehr Sie das, was den besonderen Reiz ihres Landes ausmacht, zu schätzen wissen: die Natur und die Landschaft, Musik, typische Gerichte, historische Dörfer oder Bauwerke.
- Scheuen Sie sich nicht, mit Ihrem Geldbeutel Einfluss zu nehmen: Unterstützen Sie möglichst solche Einrichtungen oder Personen, die sich um die Bewahrung des Typischen und Althergebrachten bemühen. Entscheiden Sie sich für Läden, Restaurants, Gaststätten oder Reiseanbieter, denen offensichtlich an der Bewahrung ihrer Heimat gelegen ist. Und meiden Sie Geschäfte, die den Charakter eines Ortes stören.
- Wer auf diese Weise reist, hat mehr von seinem Urlaub, und er kann sicher sein, dass er seinen Teil zum Erhalt und zur Verbesserung eines Ortes oder einer Landschaft beigetragen hat.

Diese Art des Reisens gilt als zeitgemäße Form eines sanften, auf Nachhaltigkeit bedachten Tourismus; NATIONAL GEOGRAPHIC verwendet dafür auch den Begriff des »Geo-Tourismus«. Gemeint ist damit ein Tourismus, der den Charakter eines Ortes – seine Umwelt, seine Kultur, seine natürliche Schönheit und das Wohlergehen seiner Bewohner – nicht aus den Augen verliert. Weitere Informationen zum Thema gibt es im National Geographic's Center for Sustainable Destinations unter *www.nationalgeographic.com/travel/sustainable.*

ÜBER DIE AUTOREN

Stephen Brook besuchte Prag das erste Mal Mitte der 1980er Jahre: Die Stadt war eine der mitteleuropäischen Städte, die er in seinem Buch »The double Eagle« (1988) beschreibt. Als er 1991 nach Prag zurückkehrt, geht die kommunistische Ära zu Ende, die Stadt steht am Beginn einer neuen Epoche, über die er in seinem nächsten Buch berichtet (1992).
Stephen Brook wuchs in London auf, studierte in Cambridge und arbeitete als Verlagsredakteur in den Vereinigten Staaten und in London, bevor er sich ab 1982 ausschließlich der Schriftstellerei widmete. Seither hat er 30 Bücher über eine große Bandbreite an Themen geschrieben, darunter solche über Reisen, Wein, Opern, Träume und Untreue. Unzählige Artikel von ihm sind in Zeitschriften wie *Vogue, The Times, Cigar Aficionado, Condé Nast Traveller, Decanter* und vielen anderen erschienen.
Brook lebt heute mit seiner Frau in London und nutzt jede sich bietende Gelegenheit zum Reisen. Den Autor verbindet eine ganz besondere Liebe mit Prag, wo einige seiner Vorfahren lebten. Seiner Meinung nach gibt es nur wenige Orte auf der Welt, in denen sich eine so einzigartige Schönheit mit einer so lebendigen kulturellen Vielfalt verbindet.

Der in Prag lebende Journalist **Will Tizard** aktualisierte die Ausgaben von 2012 und 2017 und verfasste dafür neue Texte. Tizard, früher Gerichtsreporter in Kalifornien, zog 1994 nach Böhmen, um Ideen für Romanfiguren und Geschichten zu sammeln. Er war leitender Redakteur bei *The Prague Post* und Korrespondent für *Variety, Time Out, The Guardian* und *Global Post*. Momentan entwickelt er für AskFilm Filmprojekte zu den Themen Gesundheit, Umwelt und Geopolitik.

Einladende Straßencafés in der Prager Altstadt

TIPPS DER NATIONAL GEOGRAPHIC REISEEXPERTEN

ZEHN SPOTS, DIE SIE NICHT VERPASSEN DÜRFEN

1

Geschichte der Prager Burg

An der Burg kommt kein Besucher in Prag vorbei. Die Pražský hrad (siehe S. 74), wie die Prager sie nennen, wurde im 9. Jahrhundert gebaut und ist das größte Burgareal der Welt. Heute hat hier der tschechische Präsident seinen Sitz. Sehenswert sind der Wachwechsel um 12 Uhr im ersten Hof, der Königspalast und das Palais Lobkowicz mit dem Museum. Im Alchimistengässchen am ehemaligen Gefängnisturm lebte Franz Kafka.

Die Prager Burg auf dem Hradschin wirkt abends besonders majestätisch

2

Die Architektur der Prager Altstadt

Zwischen Karlsbrücke, Hradschin und Kleinseite spannt sich ein Potpourri aus Stadthäusern, Kirchen, Palästen und dem alten Teil der Karlsuniversität (siehe S. 100). Wer aber meint, Prag sei ein gotisches oder barockes Freilichtmuseum, der wird eines Besseren belehrt, etwa wenn er zum Glasbau der Tschechischen Nationalbibliothek im Stadtteil Dejvice spaziert oder das kubistische Kaufhaus am Obstmarkt besucht.

Das Tanzende Haus steht am Moldau-Ufer und wird als Bürogebäude genutzt

Bis zu 100 000 Menschen fanden hier über Jahrhunderte ihre letzte Ruhe

Neben dem Renaissance-Saal sind einige wertvolle Gemälde zu sehen

3

Besuch auf dem Alten Jüdischen Friedhof

Bereits seit dem frühen Mittelalter hatte Prag eine jüdische Gemeinde. Josefov, das jüdische Viertel, entwickelte sich zu einem lebendigen Geschäfts- und Wohnviertel, das Ende des 19. Jahrhunderts im Jugendstil umgestaltet wurde. Wie aus der Zeit gefallen ist der Alte Jüdische Friedhof (Starý židovský hřbitov) (siehe S. 114). Etwa 12 000 Grabsteine stehen hier kreuz und quer, das älteste Grab stammt von 1439, das »jüngste« von 1787.

4

Die Palasträume der Burg Rožmberk

Rund 20 Kilometer südlich von Český Krumlov thront die Burg Rosenberg (siehe S. 178) auf einem Felsen über der Moldau. Der Gebäudekomplex stammt aus dem 13./14. Jahrhundert. Die untere Burg steht Besuchern offen. Sehenswert ist die reich verzierte Kassettendecke im Rittersaal. Angeblich spukt hier wie in allen Anwesen der Rosenberger die Weiße Frau. Trägt sie ein schwarzes Kleid, verheißt das nichts Gutes.

5

Die Pilsner Urquell Brauerei

Pilsner Urquell ist die tschechische Bierlegende. Die Tschechen produzieren nicht nur großartiges Bier, sie konsumieren es auch mit Begeisterung. Den intensiven Geschmack erhält das Pils durch das weiche Wasser und den roten, böhmischen Hopfen. Wer mehr über das weltberühmte Getränk erfahren möchte, nimmt an einer Führung der Pilsner Urquell Brauerei mit anschließender Verkostung teil (siehe S. 206).

Einblicke in den alten Brauereikeller

Mitten im Wald stehen die Holzhäuser des Rosenauer Freilichtmuseums

Schön sind auch die Weinlesefeste, zu denen die Winzer ihre Trachten tragen

6

Besuch eines historischen Bauerndorfs

Rožnov pod Radhoštěm (Rosenau am Radhost) (siehe S. 312) ist das größte und älteste Freilichtmuseum Mitteleuropas (1925 eröffnet). Einblicke in das bäuerliche Leben durch die Jahrhunderte und in das alte Handwerk der Walachei erwarten die Besucher hier. Mehr als 100 Holzhäuser wurden dafür zusammengetragen, die Führung ist überaus unterhaltsam und für das leibliche Wohl sorgen traditionelle Speisen der Region.

7

Weinprobe in Mähren

Viele tschechische Weinbaugebiete liegen an der Grenze zu Österreich in Mähren (siehe S. 296). Durch das eher kühle Klima, das in der Region herrscht, tun sich besonders die Weißweine hervor: Riesling, Welschriesling und der Grüne Veltliner sind auf beiden Seiten der Grenze begehrt. Viele kleine Weinbauern öffnen ihre Tore für Besucher, zum Beispiel in Valtice, das auch über ein einzigartiges Labyrinth von Weinkellern verfügt.

8

Entspannen in Marienbad

Mariánské Lázně (Marienbad) ist ein böhmisches Kurbad mit Tradition (siehe S. 218): Die Thermal- und Mineralquellen in diesem Bäderdreieck wurden früh als gesundheitsfördernd erkannt und zogen königliche Prominenz in den Ort. Inmitten der mondänen Kurbauten steht die Singende Fontäne – ein

Seit den 1990ern werden die charmanten Kurbauten aufwendig renoviert

Brunnen mit Musik. Neben dem breiten Wellness-Angebot glänzt der Ort auch durch schöne Wanderwege in der Umgebung.

9

Das Lager von Theresienstadt

Auch in Tschechien hinterließ das Dritte Reich seine Spuren. Einst Garnisonsstadt, errichteten die Nationalsozialisten in Terezín (Theresienstadt) ein Getto (siehe S. 234), in dem man viele tausend Juden einsperrte. Führungen durch das Areal bringen einem nicht nur den Schecken der Zeit näher, sondern auch das beeindruckende kulturelle Leben, das sich allen Widrigkeiten zum Trotz unter den internierten Musikern, Künstlern und Autoren entwickelte.

Das Lager Theresienstadt wurde im Mai 1945 von der Sowjetarmee befreit

10

Sportparadies Riesengebirge

Das Riesengebirge (tschechisch Krkonoše), im nördlichen Teil Ostböhmens an der Grenze zu Polen gelegen, ist das höchste Gebirge des Landes (siehe S. 260). Von weitem sichtbar ist die Schneekoppe (Snežka), mit 1602 Metern der höchste Gipfel. Weite Teile sind als Nationalpark geschützt. Die Tschechen schätzen die Region zwischen November und April als Wintersportziel und erholen sich im Sommer auf den gut ausgebauten Wanderwegen.

Die Schneekoppe, von Pec pod Snežkou aus für Wanderer zu besteigen

TOP 5 FOTO-TIPPS

Die National Geographic **Your Shot** Community, 2006 gegründet, hat mehr als eine halbe Million Mitglieder aus 196 Ländern. Sie steht allen Interessierten offen, ob Hobbyfotograf oder Profi. Dieser Traveler präsentiert Ihnen die fünf schönsten Fotos zum Thema Prag und Tschechien – als Inspiration oder zum Nachfotografieren.

1

Am Pratzeberg im Morgennebel

In der Nähe von Brünn liegt das Städtchen Slavkov u Brna (deutsch: Austerlitz), wo 1805 Napoleon in der Drei-Kaiser-Schlacht siegte. Jedes Jahr im Dezember werden bei einer Gedenkveranstaltung die Kämpfe rekonstruiert.

Brennweite: 48 mm – Belichtungszeit: 1/500 s – Blende: f/14 – ISO 400

2

Zu Tisch an der ältesten Steinbrücke Europas

Konferenz der Schwäne an der Karlsbrücke: In der Dämmerung kommen hunderte Schwäne, Enten und Möwen an das Ufer der Moldau, wo sie mit Brot gefüttert werden. Margarita Cabre nutzte den Moment, um die Brücke mal anders zu porträtieren.

Brennweite: 70 mm – Belichtungszeit: 1/30 s – Blende: f/4 – ISO 64

3

Wie ein Ufer mit Pelzkragen

Phillip Minnis sah zufällig auf der Fahrt von Prag nach Český Krumlov (deutsch: Krummau) diese verzauberte Winter-Szenerie am Ufer eines Sees. Ihm gelang ein Bild, so still und unwirtlich wie die Landschaft selbst.

Brennweite: 24 mm – Belichtungszeit: 25/1000 s – Blende: f/2,8 – ISO 2500

4

Es werde Licht

Ein Treppenhaus, geformt wie eine Glühbirne, führt hinauf zu einem Café. Kaum einer der Gäste hebt den Blick und erkennt die Form. Kája Curtis legte sich sprichwörtlich nieder, um diese fantastische Fotoaufnahme zu machen.

Brennweite: 16 mm – Belichtungszeit: 1/90 s – Blende: f/6,7 – ISO 10 000

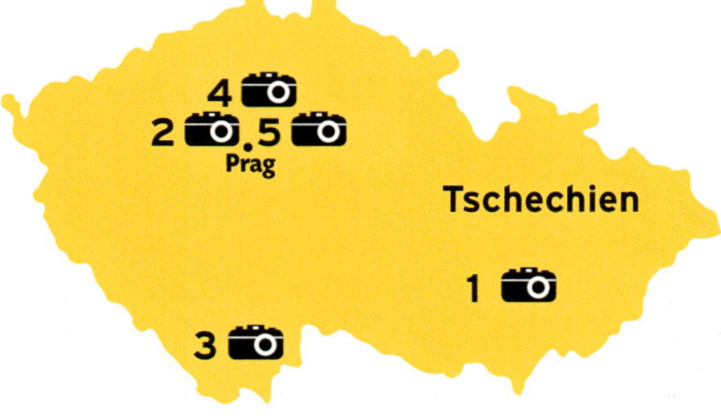

5

Selfie mit 1001 Buch

Tomasz Budziak kommt immer wieder nach Prag, um die vielfältige Architektur in Szene zu setzen. Diesmal zog es ihn zur Nationalbibliothek, wo er diesen Zylinder aus Tausenden von Büchern und Spiegeln entdeckte – ein außergewöhnliches Selbstporträt.

Brennweite: 24 mm – Belichtungszeit: 25/1000 s – Blende: f/2,8 – ISO 2500

Sie wollen mit Ihren Fotos Teil der Your Shot Community werden? Nähere Infos finden Sie unter yourshot.nationalgeographic.com

Die Tschechische Republik kombiniert die Märchenwelt des alten Europa mit einem Sinn für Geschichte und vermischt Moderne und Tradition. Begründer der Samtenen Revolution war der Dramatiker Václav Havel, da ist es nur passend, dass man in Prag auf Kopfsteinpflaster im Schatten gotischer Türme zu einem Poetry Slam in einer internationalen Buchhandlung wandert.

UNTERWEGS IN PRAG

Die Erkundung Prags ist dank des schnellen und billigen öffentlichen Verkehrsnetzes ein Kinderspiel. Metro und Straßenbahn fahren sicher und effizient durch die Stadt. Die Tram Nr. 22 bietet zudem eine Tour durchs historische Herz Prags: Neustadt, Grenze zur Altstadt, Moldauufer, Kleinseite und Hradschin. Gute Taxiunternehmen wie **AAA** *(Tel. 14 014, aaataxi.cz)* oder **City Taxi** *(Tel. 257 257 257, citytaxi.cz)* verlangen zwischen 12 und 28 Kč (0,50 bis 1,12 Euro) pro Kilometer und sind ideal für Fahrten zu abgelegeneren Zielen. Zu Zielen außerhalb der Innenstadt fahren Züge und – noch schneller – Busse, ein guter Busanbieter ist **Student Agency** (siehe S. 328).

Wer sich außerhalb der ausgetretenen Pfade umschauen möchte, ist mit einem Auto gut beraten. Die Preise für Mietwagen sind dem Wettbewerb unterworfen, vor allem jene tschechischer Unternehmen wie **Czechocar** *(czechocar.com)*, die Benzinpreise sind niedriger als in Deutschland. Der Verkehr wurde in den letzten Jahren so schlimm wie in westeuropäischen Ländern. Wegen verwirrender Beschilderung ist es schwer, entspannt zu fahren, und häufig dauern Fahrten länger als geplant.

Züge bieten ein landschaftlich reizvolleres und ruhigeres Reiseerlebnis; zu vielen Zielen muss man allerdings mindestens einmal umsteigen, und Fahrpläne

Astronomische Uhr,
Altstädter Ring

und Bahnsteigbezeichnungen sind nicht immer leicht zu verstehen (Prager Bahnhöfe siehe S. 328). Nützliche Websites wie *jizdnirady.idnes.cz* bieten Bus- und Zugfahrpläne samt Umsteigemöglichkeiten, auch auf Deutsch. Am besten plant man die Route im Voraus und zeigt sie vielleicht einem Hotelangestellten, um sicherzugehen, dass die Abfahrtzeiten mit den eigenen Unterlagen übereinstimmen.

PRAG

Die tschechische Hauptstadt mit ihrem historischen Altstadtkern und einer lebhaften Kunst-, Gourmet- und Nightlife-Szene bietet genug, um den Besucher eine Woche lang auf Trab zu halten. Die wichtigsten Attraktionen sind zu Fuß zu erreichen – das macht den Zauber Prags mit aus. Das Stadtzentrum besteht aus fünf Teilen, wird von der Moldau durchschnitten und ist von Hügeln umgeben. Wer Prag das erste Mal besucht, sollte mit der **Prager Burg** beginnen, seit tausend Jahren das Zentrum tschechischer Kultur, und einen Vormittag lang ihre Galerien, Kapellen, Paläste und königlichen Säle erkunden. Die Burg steht auf dem Berg Hradčany (Hradschin) am linken Moldauufer. Ein Spaziergang den Hügel hinab gen Osten und Süden führt in die **Unterstadt (Kleinseite)**, ein bezauberndes Gewirr aus Palästen, Botschaften, Cafés und Gärten (aufpassen, dass man die Eingangstore nicht verfehlt!). Östlich der Karlsbrücke liegt die **Altstadt** mit weiteren bedeutsamen Sehenswürdigkeiten wie der Astronomischen Uhr am **Altstädter Ring** sowie dem Alten Jüdischen Friedhof und Gebäude des Jüdischen Museums im Stadtteil Josefov (Josefstadt). Die **Neustadt**, südlich der Altstadt, wird vom turbulenten Wenzelsplatz durchschnitten.

BESUCHERINFORMATION

Tourismusportal der Stadt Prag
prague.eu, Tel. 221 714 136
Fünf große Informationszentren:

- Staromestské námestí 1 (Altstädter Rathaus)
- Rytířská 31 (am Ende des Wenzelsplatz, auf der rechten Seite)
- Hlavní nádraží (Hauptbahnhof)
- Kleinseitner Brückenturm (Sommer)
- Flughafen

Tschechische Tourismuszentrale
czechtourism.com

Deutschland: *Kennedyallee 93, 60596 Frankfurt a. Main, Tel. 069 21 99 85 87 (für die Bundesländer BW, BY, HE, NW, RP u. SL) Wilhemstr. 44, 10117 Berlin, Tel. 030 2 04 47 70 (für die Bundesländer BE, BB, HB, HH, MV, NI, SN, ST, SH u. TH)*

Österreich: *Herrengasse 17, 1010 Wien, Tel. 01 53 32 19 33*

Schweiz: *Mittelstr. 5, 8049 Zürich, E-Mail: info-ch@czechtourism.com*

SICHER REISEN

Prag ist eine erstaunlich sichere Stadt, in der man zu jeder Tageszeit zu Fuß unterwegs sein kann, auch in zuweilen schwach beleuchteten Straßen. So wie in allen bei Reisenden beliebten Orten, zielen Taschendiebe hier auf die Gebiete ab, an denen viele Touristen zusammenkommen, seien Sie also achtsam und bewahren Sie Ihre Wertsachen unzugänglich auf. Die meisten Unterkünfte haben Safes auf den Zimmern. Bei Problemen erreicht man die Polizei unter 112, sie stellt bei Bedarf auch einen Übersetzer – doch die meisten Bestohlenen finden sie nicht eben hilfreich, und selten taucht Diebesgut wieder auf.

Nördlich der Altstadt, auf der anderen Seite der Moldau, findet man den aufstrebenden Stadtteil Holešovice, Heimat der Sammlung moderner Kunst des Nationalmuseums. Die Stadtteile Vinohrady und Žižkov im Osten prägen Wohnanlagen aus dem 18. und 19. Jahrhundert sowie eine blühende Club- und Restaurantszene. Mit Dutzenden von Museen sowie mehreren Theatern und Opernhäusern ist man vier oder fünf Tage gut beschäftigt. Wer eine ganze Woche Zeit hat, sollte Ausflüge in kleinere Ortschaften unternehmen wie z. B. ins sehenswerte, eine halbe Autostunde östlich gelegene **Kutná Hora** (Kuttenberg). Zwei Stunden westlich von Prag locken die Kurorte **Karlovy Vary** (Karlsbad) und **Marianské Lázne** (Marienbad) und im Süden **Český Krumlov** (Krumau) mit seinem märchenhaften Flair.

DER REST DES LANDES

Hat man zwei Wochen Zeit, kann man das gemächlichere Leben außerhalb der Hauptstadt kennenlernen. Einen Zeitsprung in die Vergangenheit vermitteln die mittelalterlichen Festungsstädte im urtümlichen **Šumava** (Böhmerwald) an der österreichischen und deutschen Grenze, von Prag aus in zwei Autostunden gen Süden und Westen zu erreichen. In der Region gibt es Torfmoore und Teiche, aus denen Angler nach unzählige Karpfen herausziehen, sowie Nationalparks. Die Kurorte in **Westböhmen** wie **Karlovy Vary** (Karlsbad), 130 Kilometer westlich von Prag, sorgen ebenfalls für bleibende Eindrücke, vor allem wenn man zwischen den Besuchen in Thermalbädern auf den Promenaden der Stadt flaniert. In dieser Gegend liegt auch das historische **Plzeň** (Pilsen) mit seinen schönen Bauten und alten Brauereien. Eine zweistündige Autofahrt von Prag gen Norden liegt das beliebteste Winterurlaubsgebiet des Landes, das **Krkonoše-Gebirge** (Riesengebirge), dessen Wintersportorte günstige Preise und lokales Flair versprechen. In der wärmeren Jahreszeit zieht es viele Besucher zu den Seen,

Bunt bemalte Fassaden im Goldenen Gässchen an der Innenmauer der Prager Burg

Waldwanderwegen und auf Felsvorsprünge gebauten Burgen im **Český ráj** (Böhmisches Paradies) gleich östlich.

Zwei Autostunden südöstlich von Prag liegt **Brno** (Brünn), das Zentrum von **Moravia** (Mähren), der östlichen Provinz der Tschechischen Republik. Die Stadt bietet prächtige Kirchen, Paläste und eine florierende Kunstszene. Nördlich davon erstreckt sich das bei Wanderern und Wintersportlern beliebte **Hrubý Jeseníky** (Altvatergebirge). Die Universitätsstadt **Olomouc** (Olmütz) im Osten präsentiert auf ihrem Hauptplatz den Stolz der kommunistischen Ära, und im Südosten der Republik, rund fünf Autostunden von Prag entfernt, liegt das einstige Zentrum der Schuhherstellung, **Zlín** (Zlin), in der der Fabrikant Tomáš Bat'a für seine Arbeiter ein modernistisches Wunderwerk schuf. Das ländliche Mähren ist reich an interessanten Landschaften, besonders in den Weinbauzentren nahe der österreichischen Grenze, wie **Mikulov** (Nikolsburg), **Znojmo** (Znaim) und **Pavlov** (Pollau), wo die ältesten bekannten Statuetten aus gebranntem Ton gefunden wurden. ■

TRINKGELD

Tage, als man nur auf die nächsten zehn Kronen aufgerundet hat, sind vorbei – zumindest in modernen Prager Restaurants. Hier erwartet man 10 bis 15 Prozent als Trinkgeld. Statt es auf dem Tisch liegen zu lassen, sagt man dem Kellner, wie viel man inklusive Trinkgeld bezahlen möchte. Bei Kartenzahlung ziehen viele Bedienungen Trinkgeld in bar vor. In billigeren Kneipen ist das Trinkgeld oft nicht im Gehalt der Bedienung enthalten, man sollte also auch hier die Rechnung um ein paar Kronen aufrunden. Fremdenführer bekommen am Ende der Tour ein – optionales – kleines Trinkgeld, 50 Kč sind ausreichend. Das Hotelpersonal erwartet nur in gehobeneren Häusern Trinkgeld – auch hier reichen 50 Kč, wenn es nicht ein Luxushotel ist.

295
Budweiser Budvar
Original Czech Premium Lager

‹ In der Kleinseite laden Cafés unter freiem Himmel zum Verweilen ein

Tschechien ist ein Land verblüffender Kontraste. Einerseits ist es eines der industrialisiertesten Länder Europas, andererseits besitzt es ein reiches Erbe an Palästen und Kirchen verschiedener historischer Epochen, die schönsten aus dem Barock. Prag kann für sich in Anspruch nehmen, die besterhaltene Barockstadt Europas zu sein.

DAS »NEUE« TSCHECHIEN

Böhmen und Mähren erlebten im 20. Jahrhundert ein so wechselvolles Schicksal, dass es wenig überrascht, wenn ihre Bewohner bisweilen Identitätsprobleme haben. Das Land, das heute fest in das demokratische Europa eingebunden ist, leidet noch immer unter den Nachwirkungen von mehr als vier Jahrzehnten unter einem totalitären Regime. Auch wenn Sprache und Kultur im Wesentlichen dem slawischen Raum angehören, ist der Blick doch fest nach Westen gerichtet; die Republik ist seit Mai 2004 Mitglied der Europäischen Union und hatte 2009 den EU-Ratsvorsitz inne. Tschechien hat sich nach der Befreiung vom kommunistischen Regime rasch an die neuen Gegebenheiten angepasst, doch verlief die weitere (wirtschaftliche) Entwicklung sehr uneinheitlich. Städte wie Prag und Brno sind dynamische Wirtschaftszentren mit schönen neuen Bürogebäuden, Hotels und Supermärkten geworden. Die alten Trabis und Ladas sind auf die Landstraßen verbannt und haben neuen Škoda- (von VW gebaut) und Lada-Modellen Platz gemacht. Tschechen, die klug investiert oder vom aufblühenden Tourismus oder der Hightechindustrie profitiert haben, sind sehr erfolgreich und wohlhabend geworden. Ausländische Investoren, die zum großen Teil aus Deutschland und Österreich stammen, konzentrieren sich auf die Städte mit ihrer wachsenden Hightechindustrie, dem reichen Kulturleben und den eleganten Restaurants.

Tschechien hat trotz allen Fortschritts seine Traditionen nicht vergessen.

Vor allem Prag ist wieder zu einer weltoffenen Stadt geworden. Eine große Zahl an Ausländern, die von den beruflichen Möglichkeiten sowie den niedrigen Lebenshaltungskosten angezogen werden, beleben die Stadt. Es gibt Internet-Cafés, Restaurants mit internationaler Küche und Buchhandlungen mit einem guten Angebot an fremdsprachiger Literatur.

TRADITIONEN

Tschechien hat seine Traditionen nicht vergessen. Die Qualität der Gläser und des Schmucks aus Halbedelsteinen (vor allem aus Granat) ist seit Jahrhunderten berühmt. Sie können noch immer herrliche handgemachte Stü-

cke finden, außerdem vielerlei Glaswaren. All diese Produkte gibt es in allen größeren Städten des Landes zu kaufen; ein Preisvergleich ist wegen der großen Qualitäts- und Preisunterschiede sinnvoll. Westböhmen besitzt zahlreiche Kurorte, die von Erholung suchenden Europäern seit Langem gerne besucht werden. Ursprünglich boten sie Kuren sowie den Genuss des heilenden Mineralwassers, das aus ihren Quellen sprudelte, doch schon bald waren sie zum wichtigen Treffpunkt der Gesellschaft geworden. Zwei der größten Badeorte Tschechiens sind Karlovy Vary (Karlsbad) und Mariánské Lázně (Marienbad). Während der kommunistischen Ära waren beide Orte heruntergewirtschaftet worden, doch man hat sie inzwischen wiederbelebt und restauriert; heute erfreuen sie sich bei Besuchern wieder großer Popularität. Viele Besucher kommen zur Kur, doch fast noch mehr möchten lediglich die Atmosphäre einer vergangenen Epoche mit ihren typischen Kaffeehäusern und Restaurants genießen.
In der Vergangenheit war es nicht einfach, mit den Einheimischen Bekanntschaft zu schließen. Unter den Kommunisten waren Kontakte zu ausländischen Besuchern mehr oder weniger verboten, deshalb führten Gesprächsversuche meist ins Nichts. Selbst heute noch wirkt die ältere

Prags altehrwürdige Brücken und Türme werden abends von Lichtern in Szene gesetzt

Passanten auf Prags Karlsbrücke lauschen den Straßenmusikanten und bewundern die Statuen

Generation Fremden gegenüber manchmal reserviert. Die jüngere Generation dagegen ist weit offener und entgegenkommender. Früher war Deutsch meistens die zweite Fremdsprache der Tschechen, doch heute versuchen viele, Englisch zu lernen, und wenden ihre Kenntnisse auch gerne in der Praxis an.

KULTURELLES ERBE AUF DEM LAND

Nur in wenigen Städten Europas drängt sich auf so engem Raum ein so großer Reichtum an Geschichte und an architektonischer Schönheit wie in Prag. Dagegen sind weite Teile des Landes verhältnismäßig wenig entwickelt, doch auch sie besitzen neben landschaftlicher Schönheit viele reizvolle Städte und Dörfer mit kunsthistorisch interessanten Sehenswürdigkeiten.

Fast jede tschechische Stadt hat dem Besucher etwas zu bieten. Die meisten Städte haben eine vergleichbare Stadtanlage: Ein großer zentraler Platz, oft als Marktplatz genutzt, wird von der Hauptkirche und dem häufig reich geschmückten Rathaus überragt. Vom Hauptplatz führen Straßen zu weiteren sehenswerten Kirchen und vielfach zu einem Schloss oder einer Burg. Tschechien ist sich seines reichen kulturellen Erbes sehr wohl bewusst: Fast alle Burgen, Schlösser und Landhäuser können besichtigt werden; sie beherbergen historische Exponate und sehenswerte Kunstsammlungen. Die Landschaft ist vielfältig: Im Norden liegen Bergketten, die zwar keinen alpinen Charakter haben, doch sich im Sommer wie im Winter eines großen Zulaufs erfreuen. Im südlichen Teil Böhmens und Mährens ist die Landschaft lieblicher: Hügel wechseln sich mit Ebenen ab, in denen Teiche zum Teil vor Jahrhunderten schon für die Fischzucht angelegt wurden. Vor allem Böhmen ist ein Wanderparadies. Nationalparks und Naturschutzgebiete wie Český ráj (Böhmisches Paradies) und die Šumava (Böhmerwald) sind von einem dichten Wegenetz durchzogen. Diese Parks sind voller seltener und bizarrer geologischer Formationen, reißender Flüsse, tiefer Schluchten, Urwälder und Burgruinen. Die Tschechen verbringen ihre Freizeit leidenschaftlich gern im Freien, deshalb gibt es im ganzen Land reichlich Möglichkeiten zum Mountainbiken, Wandern oder Kanufahren. ■

STADT DER AUSBLICKE

Prag wird die Stadt der tausend Türme genannt – von denen man tausend verschiedene Ausblicke hat. Einige der besten:

Veitsdom: 287 Stufen führen auf die Spitze (Hradschin, siehe S. 74; *frei*).

Petrín-Aussichtsturm: Bei klarem Wetter sieht man von dieser Eiffelturm-Kopie aus Tschechiens höchsten Berg, Sněžka (Schneekoppe). (Kleinseite, siehe S. 96; €€).

Kleinseitner Brückentürme: Toller Blick zur Karlsbrücke und auf die Moldau vom Westen her (Kleinseite; €).

St.-Nikolaus-Kirche: Vom Turm hat man eine Rundumsicht über die Kleinseite, den Fluss und die Altstadt am anderen Ufer (Kleinseite, siehe S. 105; €).

Altstädter Brückenturm: Vom östlichen Ende der Karlsbrücke aus überblickt man Prags Altstadt und die ameisengroßen Passanten auf der Brücke (Altstadt, siehe S. 112; €).

Altstädter Rathausturm: Fabelhafte Aussicht auf Altstadt und Altstädter Ring. Zu jeder Stunde, kurz nachdem die astronomische Uhr geschlagen hat, bläst hier ein Trompeter sein Horn (Altstadt, siehe S. 104–105; €).

Pulverturm: Blick über die Altstadt (Neustadt, siehe S. 134; €).

Heinrichsturm: Vom zehnten Stock schaut man auf den Wenzelsplatz; das Restaurant bietet ebenfalls eine schöne Aussicht (Neustadt; €).

Astronomischer Turm im Klementinum: 360-Grad-Panoramablick über Prag (siehe S. 106–107; €€€).

Die Tschechen haben einen gesunden Appetit. Üppige Suppen, große Portionen mit Fleisch und Klößen und schwere Desserts sind die Eckpfeiler ihrer Ernährung. All das wird mit dem – angeblich – besten Bier der Welt hinuntergespült. Die nahrhafte tschechische Küche verwendet sehr viel Fleisch.

Polévky (Suppen) – herzhaft und sättigend – kann man immer empfehlen. Geräuchertes Fleisch wie *uzené* (Rauchfleisch) und *šunka* (gekochter Prager Schinken) oder *vejce* (Eier) werden oft als Vorspeisen gereicht. Die wichtigsten *ryby* (Fische) sind *pstruh* (Forelle) und *kapr* (Karpfen), obwohl man sie am besten nur in Spezialrestaurants bestellen sollte, wo sie sicher frisch sind.

Einer von vielen Räumen im größten Lokal Prags, dem U Fleků

Hauptgerichte werden meist mit *knedlíky* (Klößen/Knödeln) oder einer Kartoffelspeise serviert. Knödel werden aus Mehl, Brot oder Kartoffeln zubereitet und in Scheiben vorgelegt, die von einem großen Kloß abgeschnitten werden. Sie dienen hauptsächlich dem Auftunken der Sauce, die reichlich über die meisten Gerichte gegeben wird. *Svíčková*, eine böhmische Spezialität, besteht aus dünnen Rindfleischscheiben mit Klößen und einer cremigen Sauce. Im Winter sollten Sie auf Wildgeflügel achten, wie *husa* (Gans) und *bazant* (Fasan). Wenn Sie auf Nummer sicher gehen wollen, nehmen Sie *vepřové* (Schwein), *vepřovy řízek* (Schnitzel) gibt es überall. Auch *kuře* (Huhn) und *kachna* (Ente) sind beliebt. Die tschechische Küche verwendet wenig Gemüse, nur *zelí* (Kohl) und *žampiony* (Pilze). Zu Hauptgerichten werden als Beilage meist *oblaha*, eingelegter Kohl, Karotten, Rote Bete, *špenát* (Spinat) und Kopfsalat gereicht. Für Vegetarier ist *smazený sýr* (gebratener Käse) ein nützlicher, doch etwas schwerer Ersatz.

In den Städten gibt es inzwischen auch Lokale mit internationaler Küche, doch lässt die Zubereitung oft zu wünschen übrig. Natürlich finden Sie in Prag und Brno auch gehobene Restaurants, die es sowohl vom Essen als auch von den Preisen her mit den Restaurants der meisten europäischen Städte aufnehmen können.

DESSERTS

Desserts sind sehr sättigend, doch oft nicht sehr einfallsreich. *Palačinky* (Pfannkuchen/Palatschinken) sind lohnend. Sie sind meist mit Schokoladensauce, Eiscreme oder Obst gefüllt und von Sahne gekrönt. Auch *kompot* (Kompott) kann lecker sein, ebenso Obstklöße, die meist mit Pflaumen, Aprikosen, Erdbeeren oder Heidelbeeren gefüllt sind. Schleckermäuler sollten ihre Gelüste nicht in Restaurants befriedigen, sondern an Straßenständen, die *zmrzlina* (Eis) verkaufen, oder in Konditoreien (*cukrárna*), wo es meist ausgezeichneten *presso* (Espresso) und köstliche Kuchen gibt.

GETRÄNKE

Das beste Getränk zum üppigen tschechischen Essen ist zweifellos *pivo* (Bier; siehe S. 208 f.). Böhmen ist seit dem Mittelalter für die Qualität seines Hopfens bekannt, fast in jeder Stadt der Republik gibt es eine Brauerei. Meist lohnt es sich, das örtliche Bier zu verkosten; doch können Sie sich auch an die großen Marken Budvar, Pilsner und Staropramen halten.
Tschechischer Wein (siehe S. 296 f.) kann sehr gut sein. Über *Becherovka*, einen Kräuterlikör, dessen geheimes Rezept 20 verschiedene Kräuter mischt, gehen die Meinungen auseinander. Einige lieben diesen Likör, andere finden ihn untrinkbar. Obstbrände wie *slivovice* (Pflaumenschnaps) sind köstlich, aber sehr scharf.

MÄRKTE

Zu Zeiten der Lebensmittelknappheit im Kommunismus kamen die Tschechen mit Karotten, Kohl, Rüben, Kürbis, Obst und Walnüssen aus dem eigenen Garten ganz gut über die Runden. Obwohl einige Landwirtschaftsbranchen sich noch immer in der Krise befinden, weil sie mit westeuropäischen (subventionierten) Höfen nicht konkurrieren können, sind Märkte unter freiem Himmel – sogar mitten in Prag – eine Fundgrube für frische Ware zu erschwinglichen Preisen. Der Havelská-Straßenmarkt in der Altstadt bietet zwar inzwischen nachmittags immer mehr Souvenirs wie Puppen, handgefertigten Schmuck und fragwürdige Gemälde, doch der Frühaufsteher findet hier wie seit Jahrhunderten frische, nahrhafte Produkte.

Die tschechische Landschaft ist meist lieblich – sanfte Hügel wechseln sich mit bewaldeten Ebenen ab, an der nördlichen Landesgrenze finden sich auch Berge von ansehnlicher Höhe. Tschechien umfasst ein Gebiet von 78 864 Quadratkilometern.

Die Karpaten liegen im Norden und Osten des Landes. Die Einrichtung von Kohlenminen, Stahlwerken und anderer Schwerindustrie hat industrielle Ballungszentren in verschiedenen Teilen der Republik entstehen lassen; am stärksten an der Nordgrenze zu Polen und Deutschland. Die Bevölkerung lebt ungleich verteilt, zum Teil als Folge der Errichtung von Fabriken während der kommunistischen Herrschaft, als ländliche Gebiete in Industriegebiete umgewandelt wurden. Prag (Praha) ist die größte Stadt mit 1,2 Millionen Einwohnern, dann folgt Brno (Brünn) in Mähren.

FLÜSSE

Die Vltava (Moldau) ist der bekannteste Fluss Böhmens und nimmt einen besonderen Platz im Herzen der Menschen ein; Musiker und Künstler haben sie vielfach in ihren Werken verewigt. Der wichtigste Fluss, die Labe (Elbe), entspringt im Krkonoše (Riesengebirge), fließt dann nach Süden, Westen und Norden durch Böhmen. Viele bedeutende Städte entstanden

ABHOLZUNGSDEBATTE

Unter der Oberfläche der beschaulichen Wälder Südböhmens findet ein Kampf um Nachhaltigkeit und die langfristige Gesundheit der natürlichen Schätze dieser Region statt. Der Befall des Nationalparks Böhmerwald (Šumava) mit dem Buchdrucker-Käfer (*Ips typographus;* eine Unterart des Borkenkäfers) führte zu einer nun schon Jahre dauernden Debatte darüber, wie – oder ob – man darauf reagieren soll. Das eine Lager meint, dass die Käfer, wenn man sie in Ruhe ließe, sich gegenseitig die Haare vom Kopf fressen und der Wald eine natürliche Abwehr entwickeln werde, woraufhin die Schädlinge schließlich aussterben. Das andere Lager, darunter Regionalbeamte, tritt dafür ein, die befallenen Bäume zu fällen – dagegen wird jedoch der Vorwurf laut, dass die Behörden insgeheim vom Verkauf des Holzes profitieren würden. Die Käfer zerstören nicht das Holz selbst, und inzwischen wurden ca. 2000 Hektar Wald gerodet – ohne signifikanten Einfluss auf die Käferpopulation.

Das tschechische Ministerium für Umwelt und die Direktoren des Nationalparks Böhmerwald wiesen jedoch ein Katastrophendenken von sich. Auf dem Spiel steht der größte Naturpark der Tschechischen Republik, der zu 80 Prozent von Wald bedeckt ist.

Blick von der Ruine der Burg Trosky über die üppig grünen Felder Nordböhmens

an ihren Ufern, und nahe der deutschen Grenze liegen wichtige Binnenhäfen wie Ústí nad Labem (Aussig a. d. Elbe) und Děčín (Tetschen). Von hier bringen Frachtschiffe ihre Ladung durch Deutschland flussabwärts bis Hamburg und zur Nordsee. Die Moldau entspringt in der Šumava im südlichen Böhmen. Viele malerische Burgen erheben sich über ihren Ufern, während sie sich nach Prag schlängelt, doch ihr Tal ist nicht sehr fruchtbar. Teilstücke des Flusses wurden durch Staudämme zu künstlichen Seen aufgestaut, sie sind heute wichtige Erholungsgebiete. Die wichtigsten sind der Lipno- und der näher an Prag gelegene Slapy-Stausee. Von der Hauptstadt aus fließt die Moldau nach Norden, bis sie in Mělník in die Elbe mündet. Die Flüsse Jizera und Ohře sind Nebenflüsse der mächtigen Elbe. Die Sázava, die sich durch das burgenreiche Land südöstlich von Prag windet, ist ein Nebenfluss der Moldau. Ein weiterer wichtiger Fluss, die Morava, entspringt im Hrubý Jeseník und fließt nach Süden durch Olomouc und Ostmähren, bis sie in die Donau mündet.

In Tschechien gibt es zahlreiche Heilquellen. Einige waren schon bei den Kelten berühmt, doch erst seit dem 18. und 19. Jahrhundert werden sie kommerziell genutzt. Damals entstanden Kurorte wie Karlovy Vary (Karlsbad) und Mariánske Lázně (Marienbad), die als gesellschaftliche und medizinische Zentren in Mode kamen.

BERGE & KARST

Ein großer Teil des böhmischen Reichtums stammte aus der Erschließung von Erzlagerstätten im Krušné hory (Erzgebirge), das sich nordwestlich von Prag beiderseits der deutsch-tschechischen Grenze erstreckt. Im Mittelalter wurde die Gegend von sächsischen Bergleuten besiedelt, doch nach einigen Jahrhunderten Ausbeutung gaben die Bergwerke nichts mehr her. In Jáchymov wurde einst Uran abgebaut, heute schätzt man es wegen seiner radioaktiven Heilquellen. Der zweite bedeutende Mittelgebirgszug Böhmens ist das teilweise zu Polen gehörende Krkonoše (Riesengebirge). Hier finden sich

Auf vielen böhmischen Hügeln finden sich faszinierende Felsformationen, darunter natürliche Brückenbögen.

Sessellift beim Wintersportort Pustevny in den Mährisch-Schlesischen Beskiden

Bergwiesen und ausgedehnte Wälder, in den nach Süden verlaufenden Tälern wurden Industriestädte angelegt. Jizerské hory (Isergebirge) schließt sich im Westen an das Riesengebirge an; im Südosten, in Mähren, erreicht das Hrubý Jeseník (Altvatergebirge) im Praděd (Altvater) eine Höhe von 1491 Meter.

In Südböhmen stellt die Šumava (Böhmerwald) ein weitläufiges Naturschutzgebiet von großer Schönheit dar, das nahtlos in den deutschen Nationalpark Bayerischer Wald übergeht. Auf vielen böhmischen Hügeln finden sich faszinierende Felsformationen, darunter frei stehende Säulen, Labyrinthe und natürliche Brückenbogen. Sie liegen vor allem im Felsland Adršpach-Teplice und im Český ráj (Böhmisches Paradies), das für seine »Felsstädte« bekannt ist.

In Mähren faszinieren die geologischen Formationen des Moravský kras (Mährischer Karst, siehe S. 293 f.), nordöstlich von Brno. Schluchten, Rinnen, Höhlen, Spalten und Grotten schaffen eine einzigartige Landschaft. ■

In der Altsteinzeit wurde die Region von jagenden Völkern bewohnt. Bronzezeitliche Begräbnisstätten zeigen, dass keltische Völker in den Flusstälern siedelten. Einer dieser Stämme, die Boier, kam etwa 400 v. Chr. aus Gallien, von ihnen leitet sich der Name Böhmen ab.

FRÜHGESCHICHTE

Drei Jahrhunderte später (60 v. Chr.) wurden die Kelten von den Germanen vertrieben, um 8 v. Chr. besetzten die Markomannen das Land, die viele Jahre später auch die Römer aus dieser Gegend vertrieben. Als im 6. Jahrhundert die Markomannen gen Bayern zogen, folgten ihnen slawische Stämme in das heutige Staatsgebiet nach und hatten gegen Ende des Jahrhunderts praktisch ganz Böhmen und Mähren unter ihrer Kontrolle. Einer dieser Stämme waren die Tschechen, die sich nach ihrem legendären Vorfahren Čech nannten. Die Slawen wurden von den Awaren beherrscht, einem asiatischen Volk, das im Gebiet des heutigen Ungarns regierte und

Dieser Stich gibt eine lebhafte Vorstellung davon, wie Prag 1750 aussah

von den benachbarten Slawen Tribut verlangte. Am Ende des 8. und zu Anfang des 9. Jahrhunderts drang Karl der Große nach Böhmen vor. Er befreite die Slawen von den Awaren und schuf mit der Bekehrung einiger Adliger zum Christentum die Grundlage für die Eingliederung in das christliche Europa.

Etwa zur gleichen Zeit hatte Mojmír I. ein Reich gegründet, das später zum Großmährischen Reich wurde, zu dem Teile der Slowakei und Ungarns gehörten (Ausgrabungen aus jener Zeit können Sie in Uherské Hradiště besichtigen; siehe S. 303). 846 folgte auf Mojmír I. sein Neffe Rastislaw, der sich zum Christentum bekehrte. Um ein Gegengewicht zur fränkischen Mission zu schaffen, bat er den byzantinischen Kaiser Michael III. um die Aussendung von Missionaren nach Mähren. Dieser schickte 863 zwei griechische Brüder, Kyrillos und Methodios, nach Mähren. Die beiden bekehrten einen Teil der Bevölkerung, doch blieben heidnische Elemente noch Jahrhunderte erhalten. Methodios wurde der erste Erzbischof von Großmähren. Rastislaw wurde 870 von seinem prodeutschen Neffen Swatopluk (Reg. 870–894) abgesetzt. Ein Ansturm der aus dem heutigen Ungarn kommenden Magyaren (907) bedeutete das Ende des Großmährischen Reiches.

DIE DYNASTIE DER PŘEMYSLIDEN

Die Sage erzählt, dass im frühen 9. Jahrhundert Prinzessin Libuše von Böhmen einen armen Pflüger (*Přemysl*) heiratete und somit als die Urahnin der 400 Jahre bestehenden Přemysliden-Dynastie angesehen wird. Prag war die Hauptstadt der Přemysliden, die Burg wurde 973 Bischofssitz. Fürst Spytihněv I. stellte Böhmen 895 unter den Schutz des Frankenreiches; Mähren und Böhmen wurden 1019 unter Fürst Břetislav vereint.
Zwischen den Machtansprüchen der Přemysliden und den deutschen Herrschern, die einen großen Teil Mitteleuropas beherrschten, gab es beträchtliche Spannungen. Fürst Wenzel I. war prodeutsch eingestellt, doch er bezahlte für die Allianz mit seinem Leben, denn sein Bruder Boleslav I. ließ ihn deshalb 935 ermorden. Wenzel I. wurde sehr verehrt und zum Schutzheiligen Böhmens ernannt. Vratislav I. wurde 1085 erster böhmischer König, seine Krönung erfolgte mit der Zustimmung des deutschen Kaisers Heinrich IV. Von nun an war Böhmen ein Teil des Heiligen Römischen Reiches Deutscher Nation.
Der Přemyslidenherrscher Ottokar I. (Reg. 1197–1230) holte deutsche Kaufleute und Handwerker – vor allem Sachsen – ins Land, um in Böhmen und Mähren Städte zu gründen, die sich alsbald zu wichtigen Bergbau- und Handelszentren entwickelten. Bildende Kunst und Architektur florierten unter dem Mäzenat einer reichen Kaufmannsklasse.
Ottokar II. (Reg. 1253–78) dehnte, gestützt durch den aus dem Bergbau stammenden Reichtum, die böhmischen Länder von Schlesien bis Österreich, dem heutigen Slowenien und der Adria aus. Nachteilig für Ottokar wirkte sich die Tatsache aus, dass auch die Habsburger ihre Macht immer weiter festigen konnten.
Letztendlich konnte er das habsburgische Vordringen in sein Herrschaftsgebiet nicht verhindern: Im Kampf gegen Rudolf von Habsburg wurde er

KELTISCHE WURZELN

Die ersten belegten Siedler in Böhmen waren Mitglieder des keltischen Stamms der Boier (Boii). Bronzezeitliche Relikte ihres Oppidums (befestigte Siedlung) südlich der Stadt Pardubice (Pardubitz) wurden jahrzehntelang untersucht, dennoch weiß man nur wenig über ihr Leben. Die Funde an mehreren Grabungsstätten haben die tschechische Leidenschaft für alles Keltische entfacht (in vielen Orten finden noch immer regelmäßig Hochlandspiele statt). Über dem Dorf Nasavrky (Nassaberg) bietet ein ebenfalls Boii genanntes Unternehmen *(Tel. 731 202 981, E-Mail: boii@boii.cz, boii.cz)* die Tour »Keltenpfad im Eisengebirge« an. Die Teilnehmer wandern zur uralten Siedlung, Highlight ist das Oppidum in Hradiště. Die Tour führt durch die bewaldeten Hügel eines Naturschutzgebietes dieses Gebirges in Ostböhmen. Unterwegs hat man Blick auf Riesen- und Adlergebirge, auf den mächtigen Kralický Sněžník (Glatzer Schneeberg) und das Isergebirge. Die Ruinen liegen auf einer Felsenzunge über dem Fluss Chrudimka. Man geht davon aus, dass die Stätte ein Glied einer Kette aus Siedlungen in Mittelböhmen und Mähren war.

1278 in der Schlacht von Dürnkrut und Jedenspeigen (Marchfeld) getötet. Ihm folgte sein Sohn Wenzel II. (Reg. 1283–1305), der Teile Polens eroberte. Doch starb die Dynastie der Přemysliden unerwartet aus, als Wenzel III. (Reg. 1305–06) den vergeblichen Versuch unternahm, die Krone Polens zu erobern, und ermordet wurde.

KARL IV.

Es folgte eine Zeit des Chaos und der Feindschaft zwischen Tschechen und Deutschen. 1311 brachte die Heirat zwischen Johann von Luxemburg (Reg. 1310–46), dem Sohn des deutschen Kaisers (Heinrich VII.), und Eliška, der Tochter Wenzels II., eine gewisse politische Stabilität. Johann blieb König bis zu seinem Tod auf dem Schlachtfeld. Ihm folgte Karl IV. (Reg. 1346–78), der später zum Kaiser des Heiligen Römischen Reiches Deutscher Nation ernannt wurde. Karl machte Böhmen zu einer wichtigen Macht in Europa und Prag zu einer Metropole.

Nur wenige Herrscher haben einer einzigen Stadt so dauerhaft ihren Stempel aufgeprägt wie Karl IV. im Falle Prags. Er wurde am 14. Mai 1316 hier geboren und erhielt seine Erziehung am französischen Hof. Obwohl er Wenzel getauft war, änderte er seinen Namen in Karl (nach seinem Onkel Karl IV.). Der intelligente und sachkundige Karl verstand sich nicht gut mit seinem Vater Johann, verbrachte deshalb einen Teil seiner Jugend in Italien, bis er 1334 zum Markgrafen von Mähren und 1341 zum Mitregenten in Böhmen ernannt wurde.

Bereits mit 13 Jahren heiratete Karl die Schwester des zukünftigen französischen Königs (Philipp VI.), Blanche von Valois; ihr folgten drei weitere Ehefrauen. 1346, nach dem Tod seines Vaters, wurde er König von Böhmen; 1355 wählte man ihn zum deutschen Kaiser. Diese Wahl, dazu vier Ehen mit guten Verbindungen, sicherten sein Gebiet und vergrößerten es um Teile des heutigen Deutschlands und Polens. Gesetzliche und verfassungsrechtliche Reformen machten Böhmen zu einem der modernsten Staaten Europas. Trotz seiner gesamteuropäisch orientierten Politik und hoch gesteckten Ambitionen vernachlässigte Karl seine Hauptstadt nicht. Prag wurde rasch zum geistigen und künstlerischen Zentrum seines Reiches. In seinem Auftrag wurden der St.-Veits-Dom und die Karlsbrücke gebaut; die Burg, 1304 bei einem Feuer stark beschädigt, ließ er renovieren. 1348 entstand ein ganz neues Stadtviertel: Die Neustadt mit ihren vielen Kirchen war als Modell geschickter Stadtplanung durchdacht. So bemerkenswerte Kirchen wie Kostel Panny Maria Sněžná wurden in seinem Auftrag begonnen. Außerhalb Prags war er der Initiator der glanzvollen Burg Karlštejn. Elbe und Moldau wurden über ihre volle Länge schiffbar gemacht, an den Stadträndern legte man Weinberge an. Karl errang die Unterstützung von Papst Clemens VI., der in Paris sein Lehrer gewesen war, und so stieg Prag vom Bischofs- zum Erzbischofssitz auf, wodurch Karl die böhmische Kirche praktisch unter seiner Kontrolle hatte. Er gründete die Prager Universität, die erste in Mitteleuropa: Gelehrte und Künstler aus Deutschland, Frankreich, Italien und anderen Ländern wurden nach Prag eingeladen und trugen zum Glanz der Universität bei.

Karl gelang es, Böhmen zu einem der kultiviertesten Länder Europas zu machen, doch seine Blütezeit währte nicht lange.

Kaiser Karl IV. machte das mittelalterliche Prag zu einer der bedeutendsten Städte Europas

SPUKGESCHICHTEN

Tschechien ist ein Land der Burgen und Schlösser. Diese Gemäuer sind umwoben von Legenden über Übeltaten – und Geister. Besonders beliebt ist die Geschichte von der Bilá Paní, der Weißen Frau: Die Seele einer schwer geprüften Frau, die zu Lebzeiten grausam behandelt wurde, lebt weiter und verbreitet Güte. Dutzende von Burgen rühmen sich einer Weißen Frau (Variationen gibt es in ganz Europa und Neuengland). Die bekannteste ist Perchta von der Burg Rožmberk, die vom tyrannischen Vater unglücklich verheiratet wurde. Auch über Burg Křivoklát (Pürglitz), in der Kaiser Rudolf II. den Alchemisten Edward Kelley einsperren ließ, nachdem dieser es nicht geschafft hatte, Gold herzustellen, existieren Spukgeschichten.

Nachdem Karl am 29. November 1378 gestorben war, wurde das Land unter seinen drei Söhnen aufgeteilt – die große Zeit Böhmens war vorbei. Das ehrwürdigste Denkmal hat sich Karl mit Prag selbst geschaffen. Viele Baudenkmäler und städtische Strukturen blieben bis heute erhalten. Auf Karl folgte der zügellose Wenzel IV. (Reg. 1378–1419). Als er den Priester Johann von Nepomuk ermorden ließ, der ihm gegenüber nicht das Beichtgeheimnis verletzen wollte, schuf Wenzel unwissentlich einen Märtyrer. Nepomuk wurde 1729 heilig gesprochen; in ganz Böhmen trifft man heute auf die Statue des Heiligen.

DIE HUSSITEN

Wenzel regierte über 40 Jahre, bis es dem Adel zu viel wurde und dieser ihn absetzte. Zu diesem Zeitpunkt wuchs der Unmut gegen die katholische Kirche, die in ganz Europa zügellos herrschte und ihre Machtstellung missbrauchte. Vor diesem Hintergrund formierte sich die hussitische Reformbewegung. Beeinflusst durch den englischen Prediger John Wycliffe, hatte sie ein sowohl politisches wie auch religiöses Programm. Ihr Ziel war es, die Kontrolle des katholischen Adels über die Staatsangelegenheiten zu beschneiden. Die Bewegung wurde nach dem Prediger und Rektor der Universität, Jan Hus, benannt (etwa 1372–1415). Die Kirche exkommunizierte ihn 1410, ein Jahr später vertrieb man ihn und seine Anhänger von der Universität. 1414 wurde er zum Konzil von Konstanz geladen, um dort seine ketzerischen Ansichten zu verteidigen, doch trotz der Zusicherung eines freien Geleits wurde er unterwegs festgenommen, der Ketzerei angeklagt, verurteilt und 1415 auf dem Scheiterhaufen verbrannt.
Die antihussitische Einstellung Wenzels IV. führte 1419 zum Ersten Prager Fenstersturz, als der Volksprediger Jan Želivský zum Neuen Rathaus marschierte. Dort warfen seine Anhänger drei katholische Beamte aus dem

Fenster. Wenzel IV. selbst starb zwei Wochen später, Wirren brachen in der Stadt aus. Sein Bruder Sigismund krönte sich 1420 selbst, doch kaum jemand akzeptierte ihn als rechtmäßigen Nachfolger. Der Hussit Jan Žižka begann gegen Deutschland und die katholischen Streitkräfte zu kämpfen. Seine Truppen führten im ganzen Land einen gewalttätigen, antiklerikalen Feldzug (Hussitenkriege, 1419–36).

Der große Theologe Jan Hus wird 1415 zum Scheiterhaufen geführt

1423 waren die Hussiten in zwei Gruppen zersplittert: die gemäßigten Utraquisten und die radikaleren Taboriten. Žižka führte die Taboriten zweimal zum Sieg über die Utraquisten (1423 und 1424). Er unterwarf sie, doch nach seinem Pesttod 1424 führte die Zersplitterung zu erneuten Kämpfen. Die katholische Kirche verhandelte schließlich 1433 in Basel eine Einigung mit den Utraquisten, doch die rebellischen Taboriten kämpften noch ein ganzes Jahr lang weiter, bis sie in Lipany, östlich von Prag, endgültig besiegt wurden. Die Hussitenkriege waren vorbei, doch die Armen, für deren Rechte die Taboriten ursprünglich eingetreten waren, blieben weiterhin mittellos. Insgesamt gesehen hatte die hussitische Bewegung, unterstützt vom niederen Adel und den Bürgern, beträchtliche Erfolge errungen, obwohl die adeligen Großgrundbesitzer, von denen einige auch Hussiten waren, letztendlich die Kontrolle über das Land behalten hatten.

UTRAQUISTEN & JAGIELLONEN

Die Macht lag nun in den Händen der Utraquisten, die von Jiří z Podebrad (Georg von Podebrady, Reg. 1458–71) geführt wurden; er wurde 1458 auf den Thron gewählt, nachdem er viele Jahre als Prinzregent für den böhmischen Thronfolger Ladislaus regiert hatte. Dass dieser begabte und tolerante Herrscher nun an der Macht war, war für den Papst unannehmbar: Er überredete den ungarischen König und Herrscher von Mähren, Matthias Corvinus, zum Angriff auf Böhmen. Georg konnte die Gefahr abwenden,

Kaiser Ferdinand fürchtete die zunehmende Macht seines Feldherren Wallenstein und ließ ihn deswegen 1634 in Cheb ermorden

starb aber 1471. Zahlreiche Anwärter auf den böhmischen Thron meldeten ihre Ansprüche an. Erfolgreich war Prinz Vladislav II. Jagiello (Reg. 1471–1516), Sohn König Kasimirs IV. von Polen und mütterlicherseits aus der Přemysliden-Dynastie stammend. Er wurde von den böhmischen Ständen (dem tschechischen Parlament) gewählt.
Schon bald wurde er in einen Machtkampf mit Matthias Corvinus verwickelt. 1490 starb Matthias, und Vladislav erbte die Krone von Ungarn. Im folgenden Jahr stimmte der Katholik Vladislav, dessen Tochter Anne in die Habsburger Dynastie eingeheiratet hatte, einer neuen Erbfolge für Böhmen und Ungarn zu: Sie ging nun an die Habsburger über. Doch noch immer kam das Königreich nicht zur Ruhe: Der religiöse Streit zwischen hussitischen Reformern und traditionellen Katholiken ging unvermindert weiter, wenn auch weniger blutig als zuvor. Die tschechischen Gebiete, schon durch jahrzehntelangen Krieg geschwächt, siechten unter Vladislav und seinem Sohn Ludwig (Reg. 1516–26) weiter dahin.

DIE HABSBURGER

Nach dem Tod des kinderlosen Ludwig 1526 beanspruchte sein Schwager Ferdinand von Habsburg den böhmischen Thron, der Beginn der fast 400 Jahre währenden Herrschaft der Habsburger. Als Ferdinand die Jesuiten nach Böhmen einlud, läutete er ein neues Zeitalter katholischer Macht ein, gleichwohl darum bemüht, die Protestanten nicht vor den Kopf zu stoßen, die zu jener Zeit 85 Prozent der Bevölkerung ausmachten. Auf Ferdinand folgte 1564 der tolerante Maximilian II. (Reg. 1564–76), der den böhmischen Protestanten 1575 zumindest auf dem Papier Religionsfreiheit zusicherte.

1576 kam Rudolf II. (Reg. 1576–1611) auf den Thron und machte Prag zu seiner Hauptresidenz. Als man Rudolf zum Kaiser des Heiligen Römischen Reiches wählte, wurde Prag Kaiserstadt und blühendes Zentrum des geistigen und kulturellen Lebens in Europa.

Gemeinsam mit dem katholischen Hochadel betrieben die Habsburger die Gegenreformation, der Konflikt zwischen den Katholiken und Protestanten eskalierte immer mehr. Rudolf selbst war mehr an intellektuellen und mystischen Fragen interessiert als an Regierungsgeschäften. Anderen Mitgliedern der Habsburger Dynastie war das wohl bewusst, sie wollten ihn deshalb ausschalten. Rudolf suchte Unterstützung beim böhmischen Adel, der seine Hilfe jedoch an Bedingungen knüpfte. Der sogenannte Majestätsbrief von 1609 garantierte den Protestanten Religionsfreiheit und schränkte die Machtbefugnisse des Kaisers ein. Der königliche Schachzug funktionierte jedoch nicht; 1611 wurde Rudolf, zunehmend hinfälliger, zur Abdankung gezwungen. Ihm folgte sein Bruder Matthias (Reg. 1611–19).

Der Widerstand der größtenteils protestantischen Bevölkerung Böhmens gipfelte im Aufstand gegen die habsburgischen Statthalter. Im Mai 1618 versammelten sich tschechische und protestantische Adlige in Prag, um ein Parlament zu bilden, das ihre Meinungen besser vertreten sollte. Am 23. Mai warf ein Mob in der Überzeugung, die Regierung missachte den Majestätsbrief, drei Höflinge aus den Fenstern des Schlosses – diese Aktion ging als Zweiter Prager Fenstersturz in die Geschichtsbücher ein. Er sollte das Startsignal für den Dreißigjährigen Krieg werden. Die protestantischen Kräfte mobilisierten gegen die Habsburger und errangen zunächst eine Reihe von Erfolgen. Matthias starb 1619, sein Nachfolger wurde Ferdinand II. (Reg. 1619–37). Er wurde bald von den böhmischen Ständen abgesetzt, die das Recht, den König von Böhmen zu wählen, für sich in Anspruch nahmen. Ihre Wahl fiel auf Friedrich V., Regent der Pfalz und Schwager des zukünftigen Karl I. von England. Er erwies sich jedoch als zu schwach gegenüber dem klugen Ferdinand, der die katholischen Bayern davon überzeugte, sich mit den Habsburger Kräften zusammenzuschließen. Kämpfen war nicht

Der Zweite Prager Fenstersturz im Mai 1618 markierte den Beginn des Dreißigjährigen Krieges.

die Sache des liebenswürdigen Friedrich. In der Schlacht am Weißen Berg, direkt vor den Toren Prags, wurden die protestantischen Truppen am 8. November 1620 in wenigen Stunden zurückgeschlagen. Friedrich ergriff die Flucht, und Ferdinand kehrte im Triumph nach Prag zurück, wo er erneut die Kontrolle über die tschechischen Länder übernahm. Er verfolgte die abtrünnigen tschechischen Adligen, konfiszierte ihre Besitzungen und ließ die Anführer hinrichten. 30 000 protestantische Familien flohen, als die Gegenreformation immer stärker wurde. Ihr zurückgelassenes Land machten sich entweder Ferdinands Anhänger zu eigen (wie der kaiserliche Feldherr Wallenstein) oder ausländische Adlige. Böhmen und Mähren waren jetzt tatsächlich Schutzgebiete des Habsburger Reiches.

WALLENSTEIN

Albrecht Wenzel Eusebius von Waldstein (Valdštejn) errang als Soldat so brillante Erfolge, dass er dem Kaiser zunehmend als Gefahr erschien. Und tatsächlich war ein großer Teil Nordböhmens für einige Jahrzehnte praktisch ein unabhängiges Land unter der Herrschaft Wallensteins. Der Aristokrat und Soldat wurde 1583 in Ostböhmen geboren. 1606 wurde er katholisch und unterstützte die kaiserliche Sache vor und während der Schlacht am Weißen Berg. Kaiser Ferdinand II., beeindruckt von den militärischen Fähigkeiten Wallensteins, verlieh ihm 1617 nach einem erfolgreichen Feldzug gegen Venedig die Grafenwürde.

Der Dreißigjährige Krieg zog sich hin und brachte der Zivilbevölkerung bis zum Westfälischen Frieden 1648 unbeschreibliche Leiden.

Nach der Schlacht am Weißen Berg 1620 erwarb Wallenstein in rascher Folge Güter wie Friedland und Jičín, zumeist konfiszierter protestantischer Besitz von Adligen, die auf der falschen Seite gekämpft hatten. Nach kurzer Zeit war er Besitzer von 24 Landgütern und Schlössern sowie einem Stadthaus auf der Prager Kleinseite. Der dankbare Kaiser machte ihn 1625 zum Herzog von Friedland.

Durch den Besitz von Bergwerken und anderen lukrativen Einnahmequellen wuchs Wallensteins Reichtum und Einfluss. Er stellte Ferdinand II. ein eigens angeworbenes Söldnerheer zur Verfügung, wurde für den Kaiser zunehmend unentbehrlich und 1625 zum Oberbefehlshaber über alle kaiserlichen Truppen des Heiligen Römischen Reiches ernannt. Doch politischer Druck der Kurfürsten führte 1630 zur Entlassung des ehrgeizigen Feldherrn, schon zwei Jahre später wurde er aber angesichts des drohenden Vormarsches des Schwedenkönigs Gustav II. Adolf wieder in den

Burg Karlštejn, als königliche Schatzkammer erbaut, wurde zuletzt Ende des 19. Jhs. restauriert

Dienst gestellt. Im November 1632 wurde Wallensteins Armee vom Heer des schwedischen Königs in der Schlacht bei Lützen geschlagen, der Schwedenkönig fiel in der Schlacht.

Kaiser Ferdinand fühlte sich zunehmend von der Unabhängigkeit und dem Einfluss seines Feldherrn bedroht, der auch Verhandlungen mit den Schweden und anderen europäischen Nationen eingeleitet hatte. Als Wallenstein seine Offiziere zum persönlichen Treueid ihm gegenüber aufforderte (Pilsener Revers, 12. Januar 1634), witterte der Kaiser Verrat. Am 22. Februar 1634 erklärte Ferdinand Wallenstein zum Verräter und verlangte seine Gefangennahme, tot oder lebendig. Drei Tage später wurden Wallenstein und einige seiner Generäle von kaisertreuen Offizieren in Eger in Westböhmen ermordet.

HABSBURGS TRIUMPH

Die wiederholten schwedischen Einfälle in Böhmen und Mähren führten zu schlimmen Verwüstungen, nicht einmal Prag blieb verschont. Der Dreißigjährige Krieg brachte der Zivilbevölkerung bis zum Westfälischen Frieden 1648 unbeschreibliche Leiden. Ferdinand II. starb 1637, sein Nachfolger war Ferdinand III. (Reg. 1637–57).

Die Habsburger regierten aus der Ferne und drückten die verarmten tschechischen Bauern mit Strafsteuern nieder. Der Ausbruch von Seuchen verheerte bereits vom Krieg verwüstete Städte ein weiteres Mal und brachte den Menschen neue Leiden. Erst Mitte des 18. Jahrhunderts erholten sich die Landstriche ein wenig.

MARIA THERESIA & JOSEPH II.

Unter Maria Theresia (Reg. 1740–80) und ihrem Sohn Joseph II. (Reg. 1780–90) waren Böhmen und Mähren zwei eigene Provinzen, deren Bedeutung durch den Habsburger Verlust Schlesiens (1745) wuchs. Die politische Kontrolle wurde vollständig von Wien ausgeübt, tschechische nationale Bestrebungen wurden ignoriert oder unterdrückt. Bergwerke, Glashütten und andere Fabriken begannen, Böhmen und Mähren Wohlstand zu bringen; die Bevölkerung wuchs. Doch als Friedrich II. von Preußen 1756 Maria Theresia den Krieg erklärte, war auch Böhmen davon betroffen. Die preußischen Truppen erreichten Anfang Mai 1757 Prag, wurden aber in der Schlacht von Kolín (18. Juni 1757) geschlagen. Kaiser Joseph II. führte die Religionsfreiheit ein und förderte die Entwicklung einer eigenständigen tschechischen Kultur. Auf der anderen Seite erklärte er als Habsburger Deutsch zur offiziellen Sprache des Landes.

DAS 19. JAHRHUNDERT

Im 19. Jahrhundert wurden Böhmen und Mähren zunehmend industrialisiert. Verglichen mit den Unruhen in Wien 1848, die zur Flucht des Kaisers nach Mähren führten, waren die Aufstände in Böhmen leicht zu unterdrücken, was zum Teil auch an der mangelnden Einigkeit zwischen der deutschen und der tschechischen Bevölkerung lag.

Politische Überzeugung und kulturelles Leben unterschieden sich längs der Sprachgrenzen immer mehr; es gab tschechische und slowakische Zeitungen neben deutschen und ungarischen.

Politische Bewegungen, vorwiegend liberale und nationalistische, machten Fortschritte

Der Kupferstich von 1880 fängt das Leben auf den Straßen des jüdischen Viertels ein

TSCHECHISCHE ZÜGE

Bahnlinien sind seit dem 19. Jahrhundert, als tschechische Ingenieure mutig die modernsten Techniken einsetzten, die Lebensadern dieses Landes. So verwundert es nicht, dass 1968 der erste Oscar für einen tschechischen Film einem Streifen namens »Ostře sledované vlaky« (»Liebe nach Fahrplan«) verliehen wurde. Noch heute kommt man mit dem Zug billiger, leiser und häufig schneller voran als mit dem Auto.

Die meisten Tschechen ziehen das Auto vor – vielleicht weil ein eigener Wagen noch immer als Statussymbol gilt –, weshalb in der Bahn genügend Plätze frei sind für alle, die die Aussicht genießen und sich bis zum Zielbahnhof entspannen wollen.Tschechische Züge sind nicht eben luxuriös (immerhin: In dem in Italien hergestellten Pendolino ist Komfort – und WLAN – garantiert). Die im Winter häufig überheizten, manchmal knarzenden Waggons haben aber ihren eigenen Charme.

Fahrpläne und Bahnhöfe sind auf *jizdnirady.idnes.cz* aufgeführt, und an den Fahrkartenschaltern in Prags Hlavní nádraži (Hauptbahnhof) wird man zuvorkommend – und auf Deutsch und Englisch – bedient.

in ihrem Kampf gegen die habsburgische Trägheit. Die Einrichtung der österreichisch-ungarischen Doppelmonarchie 1867, ein Zugeständnis an die nationalen Bestrebungen der Ungarn, führte aber zu keinen vergleichbaren Ergebnissen für die Tschechen. Diese fühlten sich durch die Verbindung zwischen Österreich und Ungarn an den Rand gedrängt. Die tschechischen Abgeordneten im Wiener Parlament spalteten sich in zwei Lager: Die radikaleren Jungtschechen strebten die volle Autonomie an, die Alttschechen den Anschluss an ein liberales Österreich. Verglichen mit den Ungarn, hatten sie nur wenig greifbare Erfolge, doch profitierten die Tschechen von Reformen wie dem allgemeinen Wahlrecht, das die Habsburger 1907 ihren Untertanen gewährten. Die Frauen blieben davon allerdings noch bis 1919 ausgeschlossen.

DAS ENDE DER HABSBURGER

Als 1914 der Krieg ausbrach, wurden die Tschechen aufgefordert, auf Seiten der Österreicher zu kämpfen, doch etwa 100 000 Soldaten setzen sich ab und schlossen sich den tschechoslowakischen Legionen an der Ostfront, in Frankreich und Italien an. Die Niederlage im Ersten Weltkrieg führte zum raschen Zusammenbruch des Habsburger Reiches. Die Architekten des tschechoslowakischen Staates waren Tomáš Garrigue Masaryk (1850–1937), Edvard Beneš (1884–1948) und Milan Ratislav Štefánik (1880–1919), die 1916 den Tschechoslowakischen Nationalrat gebildet hatten.

DIE GEISTER DES ZWEITEN WELTKRIEGS

Der Zweite Weltkrieg hallt in der Tschechischen Republik noch immer nach. Jedes Jahr widmen sich Filme und Bücher den schwierigen Fragen, die das Trauma hinterlassen hat. Während 2009 viele ihre ersten 20 Jahre in Freiheit feierten (die kommunistische Regierung wurde nach dem zweiten Weltkrieg und der sowjetischen Befreiung Prags als Retter angesehen), gedachten einige eines anderen Jahres: 1939.

In jenem Jahr, als der Krieg ausgerufen wurde, wurde die Tschechoslowakei von den Nationalsozialisten besetzt – 2009 schilderte dies Marek Najbrt in seinem Film »Protektor«. Der Albtraum hatte bereits 1938 mit dem Münchner Abkommen begonnen, mit dem der britische Premierminister Neville Chamberlain und der französische Ministerpräsident Édouard Daladier der Annektierung des Sudetenlands – das damals zur Tschechoslowakei gehörte – durch Deutschland zustimmten. »Protektor« erzählt von der schwierigen moralischen Basis von Kollaborateuren, die ihre Lieben schützen wollten. Die stilsichere, düstere Darstellung der Paranoia machte den Film zu einem der größten Erfolge des Jahres – er ist aber nur einer von einem halben Dutzend neuer Filme, die die Rolle der Moral im Krieg thematisieren.

Jeder Besucher von Prags vielen Militär- und Geschichtsmuseen kann bestätigen, dass das Thema noch lange Zeit in den Köpfen der Tschechen spuken wird.

Masaryk und Beneš wurden später Präsident beziehungsweise Außenminister der neuen Regierung, die nach der Ausrufung der Tschechoslowakischen Republik am 28. Oktober 1918 eingesetzt wurde.

DER WEG ZUR UNABHÄNGIGKEIT

Tomáš Garrigue Masaryk wurde 1850 in Hodonín in Südmähren geboren; sein Vater war ein ungebildeter slowakischer Kutscher, seine Mutter eine Deutsch-Mährin. Auf die deutsche Schule in Brno folgte ein Studium an der Universität Wien. Anschließend verbrachte er einige Jahre zur Promotion in Leipzig, wo er seine zukünftige Frau, die amerikanische Musikstudentin Charlotte Garrigue, traf, die er 1878 in New York heiratete. Er war Reichsrat in Wien.

Seine wissenschaftlichen Werke zu Kulturgeschichte und Geschichte formten seine Vision eines neuen tschechischen Nationalstaates. Obwohl seine Ansichten antiklerikal waren, war er doch zugleich ein Nationalist im weitesten Sinn. Zunächst sah er den tschechischen Nationalstaat innerhalb des bestehenden Habsburger Reiches. Doch der ungebrochene Imperialismus des österreichisch-ungarischen Kaiserreiches, vor allem auf dem Balkan, missfiel ihm zutiefst, immer stärker konkretisierte sich der Gedanke einer tschechischen Unabhängigkeit – ohne slawischen Nationalismus. Nach Kriegsausbruch 1914 ging Masaryk ins Ausland und begann jene Verhandlungen, die vier Jahre später zur Gründung der Tschechoslowakei führten. In Paris bildete er mit Beneš und Štefánik den Tschechoslowakischen Nationalrat.

DIE STAATSGRÜNDUNG

Im Mai 1918 handelte Masaryk den Vertrag von Pittsburgh aus, der die Grundlage für den Zusammenschluss von Böhmen, Mähren und der Slowakei zu einem Staat schuf. Eine vorläufige Regierung wurde im Oktober 1918 eingesetzt; einen Monat später wählte die Nationalversammlung Masaryk zum ersten Präsidenten der Tschechoslowakei. Er wurde mehrfach wiedergewählt, bis er sich 1935 aus seinen Ämtern zurückzog.
Der Start der Tschechoslowakei war gut: Sie war im Ersten Weltkrieg glimpflich davongekommen, ein zermürbender Kampf gegen die alten Herren, in diesem Fall die österreichisch-ungarischen Habsburger, fand nicht statt. Böhmen war stark industrialisiert und besaß ausreichend Bodenschätze, auf denen ein moderner Staat aufbauen konnte. Problematisch war der Widerstand der deutschsprachigen Bevölkerung, im neu geschaffenen Staat zu verbleiben. Die neue tschechische Regierung weigerte sich, die Gebiete der überwiegend deutschsprachigen Bevölkerung (Sudetenland) an Deutschland oder Österreich abzutreten, unter anderem wegen der hier angesiedelten Schwerindustrie und weiterer Produktionsstätten. Präsident Masaryk hatte die Grenzen des Landes stärker nach historischen als ethnischen Prinzipien festgelegt, die Friedenskonferenzen der Nachkriegszeit hatten sie akzeptiert – trotz der Einwände der Minderheiten. Die deutsche Bevölkerung, etwa drei Millionen Menschen, blieb innerhalb dieser Grenzen, ebenso wie Hunderttausende Ungarn und Ruthenen. Unzufriedenheit mit dem tschechischen nationalistischen Programm führte zu Unruhen unter den Deutschen. Einer der Hauptanführer der Widerstände war Konrad Henlein (1898–1945), der unter dem Banner der Sudetendeutschen Partei agierte. Von Hitler gedrängt, wurden Henleins Forderungen nach deutscher Autonomie immer lauter, bei den Wahlen im Mai 1938 erhielt er eine überwältigende Unterstützung von Seiten der Sudetendeutschen. Neue Forderungen folgten: Die Deutschen wollten in Hitlers Reich integriert werden.

Am 15. März 1939 besetzte Hitler Böhmen und Mähren, die zum »Protektorat« des Deutschen Reiches erklärt wurden.

DER DEUTSCHE EINMARSCH

Hitler verstärkte den Druck, und dank der Appeasement-Politik Chamberlains gewann er die Unterstützung der britischen und französischen Regierung. Am 1. Oktober besetzten deutsche Truppen das Sudetenland, die gesamte Außengrenze von Böhmen und Mähren – mit Ausnahme eines kleinen Stückchens in Nordmähren, das in polnischem Besitz war: Die Tschechoslowakei hatte ihr industrielles Kernstück verloren. Vier Tage später trat Beneš zurück.

Am 15. März 1939 besetzte Hitler Böhmen und Mähren. In den nächsten Jahren beuteten die Nazis die tschechische Industrie zur Finanzierung ihrer Kriegspläne aus. Die Unterdrückung durch die Deutschen wuchs, die Juden wurden verfolgt, in Gettos gezwungen oder in Lager abtransportiert, doch auch Intellektuelle, Künstler, Roma und andere »unerwünschte Elemente« wurden eingesperrt oder ermordet. Die Universitäten wurden geschlossen. Am 27. Mai 1942 töteten tschechische Agenten Nazi-Reichsprotektor Reinhard Heydrich. Das Dorf Lidice, vor den Toren Prags gelegen, wurde aus Rache von den Deutschen zerstört, die Bewohner entweder ermordet oder deportiert.

DIE SOWJETISCHE INVASION

Am 5. Mai 1945 bedeutete ein blutiger Aufstand in Prag das Ende der deutschen Besatzung; vier Tage später marschierten russische Truppen in die Stadt ein. Das Kriegsende hatte schlimme Folgen für drei Millionen

SOWJETISCHE NARBEN

Die augenfälligsten Spuren der Zeit als sowjetischer Satellitenstaat sind in Prag verschwunden, doch auf den Plätzen kleinerer Städte stehen noch viele Statuen aus der kommunistischen Zeit.

Prags markantestes Zeugnis jener Tage befindet sich im Stadtteil Žižkov, wo auf dem Vítkov-Hügel nach wie vor das Nationaldenkmal prangt. Das Mausoleum, das zur Zeit der Ersten Republik zwischen den Weltkriegen erbaut wurde, hatten die Sowjets zweckentfremdet. Sie ließen es von Basreliefs mit Arbeiterhelden ausschmücken und bestatteten hier einen ihrer glühendsten Verfechter: Klement Gottwald, Anführer des Februarumsturzes von 1948, der sein Land zum Satellitenstaat machte.

Das zweite Moskauer Vermächtnis in Prag ist bei Weitem nützlicher. Die Metro – noch immer ein Vorbild in Sachen Sauberkeit, Effizienz und Preis – wurde zwar nach der Planung durch russische Ingenieure erheblich ausgebaut. Doch die Stammlinien und -bahnhöfe wurden in der Zeit der »Normalisierung« nach dem Prager Frühling von 1968 errichtet.

Hitler, der 1938 einen Teil des Landes einnahm, überquert die tschechoslowakische Grenze im März 1939

Sudetendeutsche, die umgehend vertrieben wurden. Beneš kam als Präsident der Republik nach Prag zurück.
1946 erhielt die Kommunistische Partei die meisten Stimmen, wenn auch keine deutliche Mehrheit. Das Wahlergebnis brachte die Ernennung des kommunistischen Führers Klement Gottwald (1896–1953) zum Premierminister. Die Kommunisten festigten im Laufe des Jahres 1948 ihre Machtposition, zwölf nicht kommunistische Minister gaben ihre Posten auf. Außenminister Jan Masaryk (1886–1948), der Sohn des früheren Präsidenten, trat nicht zurück und wurde zwei Wochen später, am 10. März, tot im Hof seines Ministeriums aufgefunden. Es bestand lange der Verdacht, dass er durch einen Fenstersturz in alter Prager Manier ermordet worden sei, doch diese Theorie wird immer stärker angezweifelt. Auch Beneš trat zurück und wurde als Präsident von Gottwald ersetzt. Manipulierte Wahlen sicherten den Kommunisten eine überwältigende Mehrheit.

DIE KOMMUNISTISCHE ÄRA

Die Tschechoslowakei wurde mehr und mehr in einen stalinistischen Staat umgewandelt und jegliche Opposition unterdrückt. Schauprozesse wurden abgehalten, die zu mehr als 200 Hinrichtungen in den frühen 1950er Jahren führten. Die Regierung setzte verstärkt auf die Industrialisierung des Landes und brachte die Schwerindustrie in die ländlichen Gebiete der Slowakei, zum Teil mit katastrophalen Langzeitwirkungen für die Umwelt. Gottwald starb nur neun Tage nach Stalin 1953. In den 1960er Jahren hatte sich der stalinistische Zugriff auf das Land etwas gelockert. Eine reformfreudige Gruppe konnte sich innerhalb der Partei etablieren, die von vielen Schriftstellern und Intellektuellen des Landes unterstützt wurde. 1968 wurde der Chef dieser Gruppe, der Slowake Alexander Dubček (1921–92), Parteivorsitzender; diese Bewegung bezeichnete man volkstümlich als »Sozialismus mit menschlichem Gesicht«. Der Prager Frühling (siehe S. 138) schien den Tschechen und Slowaken die Wende zum Guten zu bringen: Das Regime führte nicht nur wirtschaftliche Reformen durch, sondern ließ auch größere persönliche Freiheit zu und hob die einengende Zensur weitgehend auf. Die Künste und das intellektuelle Leben blühten nach Jahrzehnten der Unterdrückung auf. Doch dem Prager Frühling war nur ein kurzes Leben beschieden. Da die Russen eine Ablösung der Tschechoslowakei vom sowjetischen Block fürchteten, marschierten sie mit den Alliierten des Warschauer Paktes im August in die Tschechoslowakei ein. Es gab viel mutigen Widerstand in den Straßen von Prag; im Januar 1969 zündete sich der Student Jan Palach am Wenzelsplatz aus Protest selbst an. Doch weder die hausgemachten tschechischen Waffen noch die Opferbereitschaft konnten es mit der Übermacht der sowjetischen Panzer aufnehmen. Reformen wurden rückgängig gemacht, ein neuer Hardliner, Gustáv

Vor dem Altstädter Rathaus drängen sich die Menschen 1978 bei einer kommunistischen Veranstaltung

Husák, kam an die Macht, obwohl auch er zunächst den Prager Frühling unterstützt hatte. Das neue Regime war nicht so mörderisch wie das von Gottwald, doch abweichende Meinungen wurden abgelehnt. Freiheitsliebende Tschechen fühlten sich durch die Schlussakte der Konferenz von Helsinki in ihrem Kampf für die Menschenrechte bestärkt. 1977 unterzeichneten einige Tausend Intellektuelle, Künstler, Journalisten, Akademiker, Priester und Personen unterschiedlichster Berufe die Charta 77, in der die Werte der Schlussakte festgeschrieben und ein Abbau des Totalitarismus in der Tschechoslowakei gefordert wurde.

Am 20. November 1989 versammelte sich eine große Menschenmenge und forderte die Auflösung der Regierung.

SAMTENE REVOLUTION

Aufgrund antirussischer Gefühle wurde das Reformprogramm Michail Gorbatschows in der Sowjetunion von Seiten der Tschechen zunächst mit großer Skepsis bedacht, das galt gleichermaßen für die treuen Kommunisten wie auch für die Dissidenten. Doch mit dem Ende des sowjetischen Dogmatismus wurde zugleich deutlich, dass sich die Regierung zu einigen kleinen Reformen durchringen musste. Die Dissidenten fassten Mut, bestärkt durch den Fall der Berliner Mauer am 9. November 1989: Straßendemonstrationen wurden größer und lauter, als sich religiöse Gruppen den Anhängern der Charta 77 anschlossen. Die gewaltsame Unterdrückung einer Demonstration am 17. November kennzeichnete den Anfang vom Ende für das immer stärker in Misskredit geratene Regime, das seine ganze einstige Autorität verloren hatte.

Am 20. November 1989 versammelte sich eine große Menschenmenge (geschätzte 200 000) und forderte die Auflösung der Regierung. Dissidentengruppen schlossen sich zum Bürgerforum zusammen; sie forderten den Rücktritt der kommunistischen Führung und eine Amnestie für politische Gefangene. Eine noch größere Demonstration fand am 24. November am Wenzelsplatz statt, als nicht nur der Schriftsteller und politische Theoretiker Václav Havel zu den Massen sprach, sondern auch Alexander Dubček, der nach seiner Absetzung durch die Sowjets im Verborgenen gelebt hatte. Die Kommunisten rangen sich zu Zugeständnissen durch, doch letztendlich zu spät. Das Bürgerforum stand fest zusammen, die Regierung war einige Wochen später entmachtet. Das alte Regime löste sich auf, es hatte längst jede Glaubwürdigkeit verloren. Am 29. Dezember fand ein Ereignis statt, das wenige Monate zuvor in den kühnsten Träumen unmöglich erschienen wäre: Havel, das international bekannteste Mitglied der Char-

HAVELS VERMÄCHTNIS

Für zahlreiche Tschechen war Václav Havel eine viel komplexere Figur, als sein Ansehen im Ausland vermuten ließe. Eine überraschend hohe Zahl seiner Landsmänner und -frauen respektierten ihn zwar, erinnern ihn aber nicht als das Gewissen der Nation, wie er mehr als einmal in ausländischen Publikationen genannt wurde.

In den letzten Jahren seines Lebens, bevor er 2011 an Krebs starb, wurde er in Interviews nach der Entwicklung seines Landes bezüglich der Hoffnungen der Samtenen Revolution von 1989 gefragt. In mancherlei Hinsicht ist ihr Traum wahr geworden, sagte er. Aber kleinliche Parteipolitik habe sich als schlimmer als erwartet erwiesen – und solche aufsässigen Machtkämpfe verhinderten, seiner Meinung nach, die Rückkehr der Zivilgesellschaft.

Dass er, der frühere Dramaturg und Dissident, nach 13 Jahren als Präsident zum Schreiben zurückgefunden hatte, hat den Fortschritt wohl forciert. Neben seiner Autobiografie »Fassen Sie sich bitte kurz« verfasste er ein Theaterstück, »Abgang«, das ironischerweise die Eitelkeit gewählter Beamter in Zentraleuropa parodiert.

ta 77, wurde einstimmig zum neuen Staatsoberhaupt gewählt. Für den Juni des folgenden Jahres wurden Wahlen organisiert; die Reformparteien, darunter das Bürgerforum und die slowakische Partei Öffentlichkeit gegen Gewalt, erhielten die meisten Stimmen. Alexander Dubček wurde zum Sprecher des neuen Parlamentes ernannt. Die Samtene Revolution war erfolgreich beendet.

Noch Jahre danach konnte man an den Wänden Prags die Graffiti sehen: HAVEL NA HRAD – Havel auf den Hradschin. So lautete der Kampfruf der Nation in den letzten Wochen des Jahres 1989.

DIE NEUE TSCHECHISCHE REPUBLIK

Die Tschechoslowakei entwickelte unter Finanzminister Václav Klaus, der 1993 zum Premierminister der neu gegründeten Tschechischen Republik aufstieg, rasch eine eigenständige Marktwirtschaft, die sich auf die Privatisierung der Staatsbetriebe gründete und von der Nähe Deutschlands profitierte, das nun stark in tschechische Unternehmen investierte. 1997 wurde Miloš Zeman von der Sozialdemokratischen Partei Premierminister. 2003 kehrte Klaus als Präsident auf die politische Bühne zurück.

Gesellschaftliche Spaltungen, Bigotterie, Nationalismus und Rassismus waren unter den Kommunisten unterdrückt worden, doch die Rückkehr zur Freiheit ließ auch die Ängste und Vorurteile der Menschen wieder zu. Die vietnamesische Minderheit und die Roma litten besonders unter Angriffen und Diskriminierung. Die Kriminalität, die bis auf Korruption unter den Kommunisten nie ein ernsthaftes Problem gewesen war, nahm zu. Für die schweren sozialen und wirtschaftlichen Probleme, unter denen die ganze Bevölkerung litt, fand Miloš Zeman keine Lösung. Auch der Nationalismus lebte wieder auf und gipfelte in der Forderung slowakischer Politiker nach Unabhängigkeit. Nach einem knappen Sieg der nationalistischen Partei unter Vladimir Mečiar bei den Wahlen im Juni 1992 wurde das Land im Januar 1993 geteilt. Vielen Tschechen erschien das sinnlos, denn die Slowakei hatte immer vom wirtschaftlich stärkeren Teil des Landes profitiert. Tschechien trat 2004 der Europäischen Union bei und hatte vom 1. Januar bis 30. Juni 2009 den Vorsitz des Europäischen Rates inne.

Die Welt nach Havel mag wie die Personifizierung der Befürchtungen des Dramatiker-Präsidenten bezüglich des Konsumdenkens und der Verlagerung des höheren gesellschaftlichen Ziels - Wahrheit und Liebe -, für das er und die anderen Regimekritiker eintraten, erscheinen. Aber die Tschechen haben in den letzten Jahren sein Vermächtnis und seine Leidenschaft für die Zivilgesellschaft mit zunehmender Begeisterung angenommen und fordern von der Regierung mehr Einsatz für die Menschenrechte, offene Grenzen und eine grünere, fairere Gesellschaft. Auch wenn die Europäische Union in einigen Bereichen verstärkt in die Kritik geraten ist, scheint der Platz zwischen den fortschrittlicheren Ländern des Kontinents, den die Tschechische Republik einnimmt, sicher zu sein und die Geschichte ihrer Marginalisierung endlich ein Ende zu haben. ■

1990 verließen die in der ehemaligen Tschechoslowakei stationierten sowjetischen Truppen das Land

Nur wenige Länder sind so reich mit bedeutenden Werken der bildenden Kunst und Architektur gesegnet wie Tschechien. Nach der Säkularisierung landete der Großteil der mittelalterlichen Kunst in Museen, das Agneskloster in Prag besitzt eine der schönsten Sammlungen Europas.

ARCHITEKTUR & BILDENDE KUNST

Einige der ältesten erhaltenen Gebäude wurden vom 11. bis zum 13. Jahrhundert im romanischen Stil erbaut, den massive Säulen und Rundbögen charakterisieren. Die Rundkirchen und die St.-Georgs-Basilika in Prag gehören in diese Zeit, doch beeindruckendere Beispiele finden sich in Olomouc sowie im Kloster Porta Coeli und in Třebíč, beides in Südmähren.

Gotik (14. & 15. Jahrhundert): Die Gotik kam im frühen 14. Jahrhundert aus Frankreich. Die Erfindung neuer Gewölbetechniken erlaubte es, das Gewicht großer Gebäude, wie etwa Kathedralen, gleichmäßiger zu verteilen. Das typische kompakte Mauerwerk der Romanik wurde durch einen leichteren, luftigeren Stil ersetzt, mit großen Maßwerkfenstern und hohen Seiten- und Mittelschiffen, die in ganz Europa zum Kennzeichen der Gotik wurden. Karl IV. holte französische Architekten wie Matthias von Arras ins Land, um Prag im neuen Stil zu verschönern, vor allem den St.-Veits-Dom. Der schwäbische Architekt Peter Parler (1332–99), der über lange Zeit am Dom arbeitete, baute auch in anderen Teilen Böhmens herrliche Kirchen.

SEHENS- & HÖRENSWERTES

Einen Skandal über die Freiheit künstlerischen Ausdrucks entfachte 1991 der Künstler David Černý, als er einen sowjetischen Panzer – der als Mahnmal fungierte – rosarot anstrich. Später erregte er Aufsehen, als er vor der Europäischen Kommission in Brüssel »Entropa« aufstellte, eine symbolische Repräsentation aller Mitgliedsländer: Eine Hocktoilette etwa stand für Bulgarien und Stapel aus Ikea-ähnlichen Möbeln für Schweden. Werke von Černý und anderen progressiven Künstlern sind heute in Prags **DOX – Zentrum für zeitgenössische Kunst** *(dox.cz)* zu sehen. Pop und Jazz sind die Stärken der Tschechen, zu den prominentesten Vertretern gehören JAR, Monkey Business, das Robert Balzar Trio und der Saxofonist František Kop. Zu hören sind sie z. B. in der **Lucerna Music Bar** *(musicbar.cz)*, im Jazzclub **U Méleho Glena** *(malyglen.cz)* und im **Jazz Boat** *(jazzboat.cz)*. Was Literatur angeht, ist **Twisted Spoon** *(twistedspoon.com)*, ein internationaler, in Prag angesiedelter Verlag eine gute Quelle. Hier werden limitierte Auflagen liebevoll illustrierter Übersetzungen klassischer und zeitgenössischer tschechischer Autoren von Kafka bis Eva Švankmajerová publiziert.

Das exzentrischste Gebäude von Prag, Frank Gehrys »Fred-und-Ginger«-Haus

In Prag sind Alt- und Neustadt mit gotischen Kirchen bestückt, die meisten wurden von Karl IV. in Auftrag gegeben.

Am Ende des 15. Jahrhunderts entwickelte der böhmische Architekt Benedikt Ried einen eigenen Stil, der durch komplizierte, kühne Gewölbe gekennzeichnet war. Das spektakulärste Beispiel ist der Vladislav-Saal in der Prager Burg, doch die Barbarakirche in Kutná Hora ist fast genauso eindrucksvoll.

Zahlreiche gotische Gemälde aus Böhmen sind erhalten geblieben. Sie sind von unterschiedlicher Qualität, doch die besten brauchen den Vergleich mit italienischen oder deutschen Gemälden derselben Epoche nicht zu scheuen. Man weiß zumeist nur wenig über die Maler, doch von einem kennt man wenigstens den Namen: Meister Theoderich. Er stattete die Heiligkreuzkapelle in Burg Karlštejn mit einer ungeheuren Folge von Gemälden aus – ein Auftrag Karls IV. Viele Meisterwerke der gotischen Kunst aus Böhmen und Mähren befinden sich heute im Agneskloster in Prag.

Renaissance (16. & 17. Jahrhundert): Die Renaissance-Architektur stammte aus Italien, doch sie nahm bald typisch tschechische Formen an, die am deutlichsten in den vielen Schlössern mit Stufengiebeln und dreifach gestaffelten Höfen werden. Litomyšl in Ostböhmen ist ein solch ausgezeichnetes Beispiel. Es ist, wie so viele ähnliche Gebäude, mit hohen Giebeln und Sgraffiti geschmückt – eine Technik, bei der die obere Putzschicht entfernt wird, um den schwarzen Mörtel darunter freizulegen. Viele Herrensitze wurden in diesem Stil gebaut oder umgebaut, vor allem das Palais Schwarzenberg in Prag. Zwei der schönsten Renaissancegebäude Tschechiens sind das Belvedere nahe der Prager Burg und Schloss Stern am Weißen Berg, beide im italienisierenden Stil der 50er Jahre des 16. Jahrhunderts.

Barock (17. & 18. Jahrhundert): Die künstlerische Entwicklung wurde durch die bürgerkriegsähnlichen Wirren nach der Schlacht am Weißen Berg 1620 abrupt beendet. Der Dreißigjährige Krieg (1618–48) ließ weder Zeit noch Muße für solche Dinge. Es wurde sogar, wie während der Hussitenkriege im 15. Jahrhundert (siehe S. 38 f.), ein wesentlicher Teil des architektonischen und künstlerischen Erbes im tschechischen Gebiet zerstört. Mit dem Ende der kriegerischen Wirren besaßen die katholischen Sieger Selbstvertrauen und Reichtum genug, um sich Stadthäuser und große Herrensitze auf dem Land im herrlichsten Barock bauen zu lassen. Dieser Stil wurde nun im ganzen Habsburger Reich prägend, führende österreichische Architekten wie Johann Bernhard Fischer von Erlach (1656–1723) wurden auch in Böhmen beschäftigt.

In der Glashütte Rückl in Nižbor entstehen wertvolle Glasobjekte für Sammler in aller Welt

TSCHECHISCHE GLASBLÄSEREI

Böhmisches Glas ist seit Jahrhunderten ein Statussymbol von Königen, und obwohl viele tschechische Glasfabriken heute ums Überleben kämpfen, gibt es noch an die 200 Fabriken, die hervorragende Waren anfertigen. Eine der erfolgreichsten, die Glashütte Rückl, 45 Autominuten außerhalb von Prag, bietet Besuchern die Möglichkeit, bei der Herstellung dieser typisch böhmischen Produkte zuzusehen.
Eines der modernisierten, florierenden Unternehmen, Ajeto Glassworks, liegt in der Region Liberec etwa zwei Autostunden nördlich von Prag. Hier in der Lindava Glasfabrik, die inmitten von Bächen und Wäldern liegt, die auch die Buchenasche liefern, die für klassisches böhmisches Glas benötigt wird, können die Besucher bei der Herstellung zarter Glaskunst zusehen oder sie können das Glasblasen selbst ausprobieren. Nach einem Besuch im Glasmuseum im nahegelegenen Nový Bor können sie auch noch ein traditionelles Essen genießen.
Im Busausflug ist die Abholung im Hotel oder Transport zu/von einem Treffpunkt nahe dem Wenzelsplatz inklusive – darüber hinaus muss man sich nicht in die auf Touristen ausgerichteten Kristallläden begeben, sondern gewinnt in viel authentischerer Kulisse einen besseren Einblick in die Glasbläserkunst.

Der Barock war ein theatralischer Stil mit ausgeklügelten Perspektiven und Lichteffekten, weit entfernt von den harmonischen, ausgewogenen Proportionen der Renaissance. Alle optischen Tricks wurden in den Dienst des Barock gestellt. Das Palais Waldstein in Prag ist ein frühes Beispiel.
Der Bauboom nach der Schlacht am Weißen Berg ermutigte arbeitssuchende Architekten, Bildhauer und Maler, nach Böhmen zu gehen. An Aufträgen fehlte es nicht. Viele der Barockmeister waren Franzosen (Jean-Baptiste Mathey) oder Italiener (Francesco Caratti, Carlo Lurago). Ein typisch böhmischer Stil entstand im 18. Jahrhundert dank des Genies von Christoph Dientzenhofer und seines Sohnes Kilian Ignaz.
Christoph Dientzenhofer (1655–1722) wuchs in Oberbayern auf und kam zusammen mit seinen vier Brüdern nach Prag, um bei Carlo Lurago Architektur zu studieren. Die Brüder kehrten nach Deutschland zurück, doch Christoph blieb in Prag und baute sein Leben lang Kirchen und verschiedene andere Gebäude in ganz Böhmen. Seine Hauptwerke sind das Kloster von Teplá in Westböhmen und die Kirche im Kloster Břevnov am Stadtrand von Prag. Sein Meisterwerk ist St. Nikolaus auf der Prager Kleinseite, die Kirche hat ein breites Schiff, eine hohe Kuppel, mächtige Pfeiler und herausragende Statuen. Bei diesem Projekt wurde Christoph von seinem Sohn Kilian Ignaz (1689–1751) unterstützt, der die Kuppel und den Chor ent-

warf. Kilian war wohl letztendlich noch begabter als sein Vater. Seine dichten Entwürfe strahlen eine große Kraft und eine sichere Beherrschung des Raums aus. Zu seinen herrlichen Gebäuden in Prag gehören die doppeltürmige Kirche St. Johann auf dem Felsen, die Fassade des Loreto-Heiligtums, die St.-Thomas-Kirche auf der Kleinseite, das elegante Palais Sylva-Taroucca am Platz Na Příkopě und die Vila Amerika, heute das Dvořák-Museum. Werke Dientzenhofers in anderen Teilen Böhmens sind die ovale Kirche Sankt Maria Magdalena in Karlovy Vary und das elegante Ursulinenkloster in Kutná Hora. Die Dientzenhofers entwarfen wenigstens 120 Gebäude im ganzen Land. Barockarchitekten arbeiteten eng mit Malern und Bildhauern zusammen, deren Werke viele Kirchen und Paläste zieren. Aus den Ateliers von Künstlern wie Karel Škréta (1610–74) und Petr Brandl (1668–1735) kam eine Vielzahl von Altarbildern. Ferdinand Brokoff (1688–1731), Jan Bendl und der große Matthias Braun schufen viele dramatische Skulpturen; ein Großteil findet sich in Prag, doch gibt es auch herrliche Beispiele in Kuks in Ostböhmen. Wichtige Werke der Barockmalerei stammen von Škréta und Brandl, die sich in der Fülle ihrer Werke zwangsläufig manchmal wiederholen. Das Gleiche gilt für die berühmten Freskomaler Wenzel Reiner und den Österreicher Franz Anton Maulbertsch. Barockkunst ist in Böhmen und Mähren nicht auf die Museen beschränkt; sie begegnet Ihnen auf Schritt und Tritt. Die meisten Kirchen zieren Altarbilder von Barockmeistern, an den Fassaden finden sich oft die Skulpturen von Brokoff und Braun.

Barockkunst ist in Böhmen und Mähren nicht auf Museen beschränkt. Kirchen zieren oft Altarbilder von Barockmeistern.

Traditionelle Bauten: Eine volkstümliche, vermutlich schon aus dem Mittelalter stammende Bauweise hat sich in entlegenen ländlichen Gebieten Ostmährens bis heute gehalten. Hölzerne Bauernhäuser mit typischen Verzierungen und Kirchen aus Holz findet man dort in einem über die Jahrhunderte gleichbleibenden Stil. Viele dieser Gebäude, darunter Kirchen, Hütten und Schulhäuser, wurden in Freilichtmuseen zusammengetragen; das größte ist Roznov pod Radhoštěm in Nordmähren (siehe S. 312 f.).

Vom Rokoko zum Eklektizismus: Die Erhabenheit der Barockarchitektur wich Mitte des 18. Jahrhunderts allmählich dem Charme und der Zierlichkeit des Rokoko mit seinen weit ausholenden, geschwungenen Linien und seiner verspielten Eleganz. Das Palais Kinský in Prag ist ein hervorragendes

Beispiel dafür. Im frühen 19. Jahrhundert war für kurze Zeit der Neoklassizismus in Mode – einige Landhäuser, vor allem Kačina, wurden in diesem herrschaftlichen, durch Kolonnaden und Pavillons gekennzeichneten Stil errichtet. Doch die meisten mährischen und böhmischen Architekten des 19. Jahrhunderts gaben sich nicht mit dem Neoklassizismus ab, sondern kombinierten für ihre Bauwerke verschiedenste Stile. So entstanden zahlreiche pseudobarocke Landhäuser und pseudomittelalterliche Burgen wie Bouzov. Typisch für diesen repräsentativen Baustil sind offizielle Gebäude wie das Nationalmuseum und das Nationaltheater in Prag. Auch Maler

Ein typischer Entwurf von Alfons Mucha für ein Glasfenster im St.-Veits-Dom in Prag

adoptierten diesen eklektischen Stil; in den Werken von Josef Mánes (1820–71) und Karel Purkyně (1834–68) finden sich verschiedenste Stilelemente. Josef Navrátil (1798–1865) ist einer der vielseitigsten und begabtesten Maler des 19. Jahrhunderts. Die besten Werke der genannten Künstler können Sie im Messepalast in Prag besichtigen. Das Gebäude ist selbst ein Meisterwerk aus den 20er Jahren des 20. Jahrhunderts.

Sezession & Kubismus: Um die Wende zum 20. Jahrhundert fand die für Wien typische Form des Jugendstils, die Sezession, mit ihrer überschwänglichen Fassadendekoration und den einfallsreichen Schmiedearbeiten den

Weg nach Böhmen. Beispiele finden Sie in Josefov in Prag, aber auch in vielen kleineren Städten, wie Pardubice in Ostböhmen und Karlovy Vary. Auch eine weitere Richtung der modernen Kunst hatte in Böhmen Anhänger: der Kubismus. Ein typisches Beispiel ist das Haus der Schwarzen Madonna von Josef Gočár an der Celetná in Prag. Dort ist heute auch das Museum des tschechischen Kubismus untergebracht.
Die neuen Kunstrichtungen zu Beginn des 20. Jahrhunderts fanden ihre Entsprechung in der bildenden Kunst, etwa in Gemälden des Jugendstilkünstlers Alfons Mucha (1860–1939). Erfindungsreiche Maler wie Emil Filla, Bohumil Kubišta und František Kupka zeigten in ihren kubistisch, expressionistisch oder anderen Stilen gemalten Werken Originalität und Kraft.

Im Zeichen des Kommunismus: In den Jahren des Kommunismus galt der sozialistische Realismus als einzig zulässige Stilrichtung. Entsprechend schwierig war diese Zeit für die Künste und die Architektur, wenn man einmal von einer kurzen Blüte in den 1960er Jahren absieht. Gesichtslose, funktionale Bauten, oft genug ohne jedes Gespür für den traditionellen Charakter einer Stadt errichtet, zerstörten das Bild zahlreicher Innenstädte. Seit der Samtenen Revolution werden die Arbeiten moderner tschechischer und slowakischer Künstler, die unter dem vorherigen Regime unter Verschluss gehalten werden mussten, nach und nach ausgestellt und entdeckt. Am bekanntesten ist der mittlerweile für seine Collagen berühmte Maler und Dichter Jiři Kolář (1914–2002).

Das gequälte Genie Franz Kafka fand zu Lebzeiten (1883–1924) keine Anerkennung

LITERATUR

Das Tschechische entwickelte sich erst im 13. Jahrhundert zur Schriftsprache. Vorher schrieb man in Deutsch, Latein und Kirchenslawisch, jener Sprache, die von den Bischöfen Kyrillos und Methodios 863 ins heutige Tschechien gebracht worden war. Die frühesten bekannten Werke sind Heiligenviten und Chroniken. Selbst im Mittelalter gab es Spannungen zwischen der tschechischen und der deutschen Kultur; Spannungen, die in der Mitte des 19. Jahrhunderts zu getrennten Kultureinrichtungen führten.

Das mittelalterliche Böhmen und Mähren waren weitgehend zweisprachig. Reformator Jan Hus (siehe S. 38) predigte nur in der Volkssprache und gab dem Tschechischen so auch eine literarische Bedeutung. Hus selbst reformierte zu diesem Zwecke die tschechische Schreibweise. In den Jahrhunderten nach seinem Tod wurde das Tschechische weiterhin vorwiegend für religiöse und philosophische Werke verwendet. Der protestantische Lehrer und Prediger Johann Amos Comenius (1592–1670) wurde eine der meistgeschätzten Figuren der tschechischen Literaturgeschichte. Seine Schriften trugen ihm den Ruf als Verfechter eines allgemeinen Unterrichts für Kinder und größerer Einheit innerhalb des christlichen Glaubens ein.

Jan Hus predigte nur in der Volkssprache und gab dem Tschechischen so auch eine literarische Bedeutung.

Unter den Habsburgern wurde die tschechische Sprache dann durch das Deutsche verdrängt. Eine Renaissance des Tschechischen fand mit der Hilfe von Josef Dobrovský (1753–1829) statt, der eine maßgebliche Geschichte der tschechischen Sprache schrieb und ein deutsch-tschechisches Wörterbuch zusammentrug. Die Zunahme des tschechischen Selbstbewusstseins im 19. Jahrhundert hinterließ auch in der Literatur ihre Spuren. Lyriker wie Karel Hynek Mácha (1810–36) und Dramatiker wie Josef Kajetán Tyl (1808–59) und Václav Klipcera (1792–1852) waren beliebt und einflussreich. Der bei weitem bekannteste tschechische Autor des 19. Jahrhunderts war Jan Neruda (1834–91), der unter anderem wegen seiner Essays, Skizzen und Kurzgeschichten, die meist in Prag spielen (siehe S. 142), berühmt wurde.

Trotz des Wiederauflebens der tschechischen Sprache wurde immer noch bedeutende Literatur auf Deutsch geschrieben. Viele Schriftsteller gingen ins Ausland und hofften, dort ihren Weg zu machen. So etwa der Lyriker, Dramatiker und Romancier Franz Werfel (1890–1945) sowie der Dichter Rainer Maria Rilke (1875–1926), der aus Prag stammte.

Andere Schriftsteller wiederum blieben in Prag. Am bekanntesten ist Franz Kafka (1883–1924), zu dessen düsteren Erzählungen »Der Prozess« gehört. Der Journalist Egon Erwin Kisch (1885–1948) bereiste die ganze Welt, kehrte aber 1945 in sein Prag zurück.

Die Ausrufung der Republik 1918 gab der literarischen Szene neuen Auftrieb. Der Dramatiker Karel Čapek (1890–1938) unterhielt die Tschechen mit seinen satirischen Theaterstücken und Reiseberichten. Seine bekanntesten Dramen sind das in viele Sprachen übersetzte »R.U.R.« (1920), in dem er der Welt das Wort »Roboter« schenkte, und »Die Sache Makropoulos« (1922), die später von Leoš Janáček vertont wurde.

MARIONETTENTHEATER

In einem Land, das lange von fremden Mächten besetzt war, kommt der Kunst zuweilen eine besondere Rolle zu. So sind tschechische Marionetten seit Jahrhunderten in der Lage, die Eitelkeit von Königen und Despoten zu parodieren – besser als jede lebende Person, jedenfalls wenn diese nicht geköpft werden wollte.

Die böhmischen Kunsthandwerker, die das Puppentheater im Barock perfektionierten, waren in ganz Europa für die Beherrschung ihrer Figuren, deren Bewegungen und besondere Effekte berühmt. Damals zogen die Puppenspieler durchs Land, doch heute ist das Marionettentheater eine kunstvolle Unterhaltungsform mit Satire, Fantasien, Musik und Humor. Prags Nationales Marionettentheater ist eine über die Grenzen hinaus renommierte Institution.

PUPPENHERSTELLUNG

Marionetten können aus Holz, Kunststoff, Gips etc. gefertigt sein. Viele der heute verkauften Puppen sind jedoch schlechte Kopien der lustigen, bösen oder majestätischen Kreationen von einst. Glücklicherweise üben eine Handvoll Handwerker der alten Schule noch die Kunst des Puppenmachens aus. Der Marionettenmacher Pavel Truhlář und seine Frau Karolina schaffen und verkaufen voll funktionstüchtige Holz- und Gipspuppen und geben ihre Kunst gerne weiter. Das Paar gibt in seiner Werkstatt auf der Kleinseite *(U lužického semináře 5, €€€€€)* für 1200 Kč Nachmittagskurse für bis zu sechs Personen, auch für Kinder ab sechs Jahren. Alle Materialien werden gestellt, und man wird professionell angeleitet. Aus vorgefertigten Lindenholz-Bauteilen und Zubehör kreiert man seine eigene Puppe. Wer keine Zeit für einen Kurs hat, kann einen »Do-it-yourself«-Marionetten-Baukasten samt Anleitung für Dutzende von Figuren kaufen.

Seit Jahrhunderten ist das Marionettentheater populär

VORSTELLUNGEN

Die erfolgreichsten Puppenshows aus dem modernen Prag werden noch immer aufgeführt. Informationen findet man unter *marionety.com*. Im ganzen Land gibt es Dutzende von Marionettenensembles, und Chrudim bietet ein Marionettenmuseum und -festival.

Der berühmteste moderne Lyriker des Landes war Jaroslav Seifert (1901–86); am bekanntesten sind wohl die Gedichte, die er während der Besetzung durch die Nazis über Prag schrieb. Er war 1977 Mitunterzeichner der Charta 77 (siehe S. 51) und erhielt 1984 den Nobelpreis für Literatur. Der weitaus populärste Autor der Zwischenkriegszeit war Jaroslav Hašek (1883–1923), der den bekannten Roman »Die Abenteuer des braven Soldaten Schwejk« schrieb. Bedeutende jüdische Schriftsteller, die eindringliche Berichte über das Leben unter der Nazibesatzung und die Verfolgung hinterließen, waren Jiří Weil (1900–50), dessen Meisterwerk »Leben mit einem Stern« ist, und Arnošt Lustig (1926–2011), ein Filmemacher und Romanautor, der sich später in den USA niederließ. Die meisten von Lustigs Romanen spielen während des Zweiten Weltkrieges, einer Zeit, die er in den Todeslagern der Nazis verbrachte.

Entweder schwiegen Schriftsteller, die nach 1968 in der Tschechoslowakei blieben, oder sie publizierten heimlich.

Die Literatur entwickelte sich während der kommunistischen Herrschaft nicht weiter als unter der deutschen. Die Nazis hatten viele Intellektuelle und Literaten getötet, die Kommunisten wollten sie dazu zwingen, dem sozialistischen Realismus zu huldigen, der den Klassenkampf rühmt. Bis in die 1960er Jahre war die Tschechoslowakei eine literarische Wüste. Es waren nur einige Verlage zugelassen, der nationale Schriftstellerverband legte enge Regeln fest. In den Jahren vor dem Prager Frühling (siehe S. 138) gab es größere Freiheit, eine Reihe von Autoren kamen in dieser Zeit zu Ruhm: Arnošt Lustig, Josef Škovrecký, Milan Kundera und Ivan Klíma.

1968 ging die ernsthafte Literatur in den Untergrund. Schriftsteller, die in der Tschechoslowakei blieben, schwiegen entweder oder ihre Arbeiten wurden heimlich publiziert, in fotokopierten Exemplaren innerhalb eines kleinen Kreises. Eine Hand voll guter Autoren vermied gefährliche oder umstrittene Themen und wurde trotz der kommunistischen Zensur veröffentlicht. Dazu gehören Miroslav Holub (1923–98) und Bohumil Hrabal (1914–97). Hrabal schrieb das köstliche und berührende »Reise nach Sondervorschrift« (1965) und den phantastisch-komischen Roman »Ich habe den englischen König bedient«.

Viele andere Schriftsteller verließen das Land, darunter Josef Škvorecký (1924–2012), der in Náchod aufwuchs. Einige seiner Romane, wie »Feiglinge«, spielen in dieser schlesischen Region. Er emigrierte 1968 nach Kanada, wo er nicht nur weiterschrieb, sondern auch den Verlag 68 Publishers gründete, der die tschechische Literatur am Leben erhielt.

Ein Kammermusikensemble spielt im Dvořák-Museum in Prag

Der bekannteste Romancier, der ins Exil ging, ist Milan Kundera (geb. 1929). Er reiste 1975 nach Frankreich, um an der Universität von Rennes zu lehren, daraufhin wurde ihm die tschechische Staatsbürgerschaft aberkannt. Seine anspruchsvollen, gelegentlich schelmischen Romane haben großen internationalen Erfolg; zu seinen bekanntesten Werken gehören »Das Buch vom Lachen und Vergessen« und »Die unerträgliche Leichtigkeit des Seins«. Seine frühesten Romane, darunter »Der Scherz« (1967), geben Einblicke in die absurden Seiten des Lebens im Kommunismus.
Unter den Schriftstellern, die trotz aller Schwierigkeiten in der Tschechoslowakei blieben, waren Ludvík Vaculík und Václav Havel, dessen Stücke wie »Das Gartenfest« und »Audienz« öfter in London oder Paris als in Prag aufgeführt wurden. Havel, der die Charta 77 unterstützte, wurde in den 1970er und 1980er Jahren wiederholt verhaftet, viele seiner ausgezeichneten Essays entstanden im Gefängnis. Eines seiner bekanntesten Bücher präsentiert die Briefe, die er aus der Zelle an seine Frau Olga schrieb. Ivan Klíma (geb. 1931), der seine Werke vor der Samtenen Revolution schrieb, erlangte ebenfalls Weltruf. Seine Bücher beschäftigen sich mit seiner Kindheit in Theresienstadt (siehe S. 236 f.) und der Komplexität von Liebe in einem kommunistischen Land. Zu seinen besten Werken gehören »Liebe und Müll« und »Richter in eigener Sache«.
Eine neue Generation tschechischer Schriftsteller kennt man noch kaum außerhalb von Tschechien: Michal Ajvaz (geb. 1949), Jáchym Topol (geb. 1962) und die Science-Fiction-Autorin Eva Hauserová (geb. 1954).

MUSIK

Böhmen und Mähren besitzen eine lange musikalische Tradition, doch erst spät fand die Region Anschluss an die Hauptströmung der klassischen europäischen Musik. Bedřich Smetana (1824–84) und Antonín Dvořák (1841–1904) führten die Volksmusik in die Kammer- und Orchestermusik ein. Schon seit dem frühen Mittelalter gab es eine Kirchenmusik-Tradition sowie hussitische Hymnen in tschechischer Sprache, die beide das gemeinsame Singen betonten. Diese wiederum hatten ohne Zweifel Einfluss auf die lutherischen Choräle. Eine anspruchsvollere Musik reifte im Zeitalter des Barock in Böhmen. Die heimische Tradition schlug keine Wurzeln. Die erfolgreichsten tschechischen Komponisten, darunter der Violinvirtuose František Benda (1709–86), Johann Stamitz (1717–57) und Jan Ladislav Dusík (1760–1812), arbeiteten lieber in Deutschland oder in Wien, wo die zahlreichen Fürstenhöfe Musikern attraktive Anstellungen boten.

Mozart, Smetana & Dvořák: Wolfgang Amadeus Mozart (siehe S. 113) war in Prag hoch geschätzt und verbrachte viel Zeit in der Stadt bei seinen Freunden, den Dušeks. In ihrer Vila Bertramka vollendete er seinen »Don Giovanni«, der 1787 in Prag uraufgeführt wurde. Smetana (siehe S. 256 f.) war der erste tschechische Komponist, der sich mit den nationalen Gedanken seines Volkes identifizierte. Weltbekannt ist sein aus sechs sinfonischen Dichtungen bestehender Zyklus »Má vlast« (Mein Vaterland), in dem die Naturschönheiten Böhmens gepriesen werden.
Dvořák (siehe S. 155), der in Smetanas Orchestern die Viola spielte, war ein glühender Bewunderer der Werke des älteren Komponisten. Am Ende des 19. Jahrhunderts übertraf sein Ruhm jedoch den seines Lehrers. Obwohl Dvořák elf Opern komponierte, kennt man ihn besser als Komponisten von Sinfonien und Kammermusik. Er verwendete oft Volksmelodien von großer Schönheit und Einzigartigkeit in seinen Kompositionen.

Antonín Dvořák verwendete oft Volksmelodien von großer Schönheit in seinen Kompositionen.

Ein weiterer tschechischer Komponist war Dvořáks Schwiegersohn, Josef Suk (1874–1935), der in einem üppigen romantischen Stil komponierte. Gustav Mahler (1860–1911), der große Dirigent und Komponist vieler Sinfonien, wird in der Regel nicht als Tscheche betrachtet, doch er war Mähre von Geburt und stammte aus Jihlava.
Leoš Janáček (1854–1928) befasste sich intensiv mit den älteren Musiktraditionen des Landes und integrierte sie in seine Werke. Er wurde in

Hukvaldy geboren, studierte in Prag und verbrachte die meiste Zeit seines schöpferischen Lebens in Brno. Seine Spätwerke, darunter die Opern »Katja Kabanova«, »Das schlaue Füchslein« und »Jenufa«, haben heute einen festen Platz im Opernrepertoire, doch es sind andere Werke wie die »Glagolitische Messe«, die am deutlichsten in der tschechischen Tradition stehen. Bohuslav Martinů (1890–1959) war sehr produktiv und schrieb mehr als 400 Werke, darunter Opern, Ballette und Kammermusik.

In den 1980er Jahren schlossen sich junge Tschechen mit Begeisterung dem Punk an. Inzwischen ersetzen ihn viele Pop- und Rockmusik-Richtungen.

Aus der Tschechoslowakei kamen viele ausgezeichnete Interpreten, darunter Ema Destinnová (Emmy Destinn) und Eva Randová. Die Tschechische Philharmonie war unter ihren Dirigenten Karel Ančerl und Václav Neumann lange eines von Europas herausragenden Orchestern. Der Geigenvirtuose Josef Suk ist nur einer von vielen Solisten von Weltrang.

Die Tschechen waren schon immer große Jazz-Liebhaber. In den 1980er Jahren schlossen sich junge Tschechen mit Begeisterung dem Punk an. Die führende Band jener Tage war Plastic People of the Universe. Inzwischen ersetzen viele andere Pop- und Rockmusik-Richtungen den Punk.

THEATER & PANTOMIME

Das tschechische Theater, das im 19. Jahrhundert vorwiegend nationale Bestrebungen unterstützte, wurde von Karel Čapek und dem Avantgarde-Regisseur E. F. Burian zu neuem Leben erweckt. Um 1920 wurde das Befreite Theater (Osvobozené divadlo) in Prag eines der europäischen Zentren für die Aufführung von surrealistischen Stücken von André Breton (1896–1966) und Jean Cocteau (1889–1963). Nach dem Zweiten Weltkrieg erlebte das Theater eine neue Blüte, und in den 1960er Jahren entstand eine Reihe ausgezeichneter kleiner Theatergruppen in Prag, Brno und anderen Städten. Einige, wie das Divadlo Na Zábradlí in Prag, zeigten Inszenierungen von hoher Qualität. Dort fanden die begabtesten der neuen tschechischen Autoren und die modernen Avantgarde-Schriftsteller der Zeit, darunter Samuel Beckett, ein Forum.
Das Theater Laterna Magika, das heute zum Nationaltheater (Národni divadlo) gehört, wurde 1958 von Alfred Radok gegründet und bietet seinen Zuschauern eine geschickte Kombination aus Film und Theater: Gesang, Tanz und Pantomime werden mit Filmprojektionen, beweglichen Wänden und Schauspiel zusammen zu einer atemraubenden theatralischen Illusion.

Die Pantomime hat in Tschechien eine lange Tradition; ihre herausragenden Vertreter waren Ladislav Fialka (1931–91) und Bolek Polívka (geb. 1949). Großen Erfolg hat auch das Puppentheater, dessen Wurzeln ins 17. Jahrhundert zurückreichen. Damals zogen Puppenspieler durchs Land, heute handelt es sich um eine ausgefeilte Kunstform, die Satire, Phantasie, Musik und Humor einsetzt. Dutzende von Puppentheatern sind im Land verstreut; in Chrudim gibt es ein Puppentheatermuseum und -festival (siehe S. 268).

FILM

Die Tradition ausgezeichneter Filme datiert aus den 30er Jahren des 20. Jahrhunderts. Damals schufen Regisseure wie Martin Frič (1902–68) Filme, die der Republik Weltruf in diesem Medium verschafften. Zlín in Mähren wurde vom Schuhfabrikanten Tomáš Bat'a als Avantgarde-Filmstadt geschaffen und unter seinem Mäzenat ein Zentrum für Trickfilmkunst. Hier erwarb sich der Regisseur Karel Zeman (1910–89) seinen internationalen Ruf.

Der Regisseur Jirí Weiss (1913–2004) setzte bereits 1950 neue Gedanken um, etwa die Arbeit mit Laiendarstellern. In den 1960er Jahren kam es zu einer kurzen Blüte, doch Filme wie Jan Nemecs »Vom Fest und den Gästen« mit vielen politischen Anspielungen wurden bald verboten.

Weitere herausragende Regisseure sind Miloš Forman (geb. 1932), zu dessen bekanntesten tschechischen Werken die Komödie »Die Liebe einer Blondine« (1965) gehört, und Jirí Menzel (geb. 1938), der mit »Scharf beobachtete Züge« (1966) eine großartige Filmversion von Hrabals »Reise nach Sondervorschrift« schuf.

Regisseur Jan Hřebejk neben einem Plakat für seinen oscar-prämierten Film

Der tschechische Film hat noch nicht wieder die Bedeutung erlangt, die er in den 1960er Jahren hatte: Nur ein Film erlangte seit der Samtenen Revolution Weltruf: Jan Svěráks (geb. 1965) »Kolja« (1996), eine charmante Erzählung über einen Prager Musiker, eine bezahlte Scheinehe und einen kleinen russischen Jungen. Vielleicht trägt dieser Erfolg ja zu einer Wiederbelebung des tschechischen Films bei. ■

PRAHA (PRAG)

HRADČANY & MALÁ STRANA (HRADSCHIN & KLEINSEITE)

Seite 68/69: Blick vom Altstädter Rathausturm auf Teynkirche und Altstädter Ring
‹ Wenzelskapelle, Prager Burg

HRADČANY & MALÁ STRANA (HRADSCHIN & KLEINSEITE)

Als im 9. Jahrhundert über der Moldau eine Burg (Hrad) gebaut wurde, entstanden bald neue Siedlungen. Das Gebiet um die Burg wurde als Hradčany (Burgviertel), das Viertel zwischen Burg und Fluss als Malá Strana bekannt.

Malá Strana wurde 1257 offiziell zur Stadt erklärt. Im 14. Jahrhundert umschlossen es Befestigungsmauern, doch diese boten während der Hussitenkriege (15. Jh.) nur wenig Schutz. Die Kriege verursachten große Schäden in der Stadt, die, kaum dass sie wiederaufgebaut war, bei einem großen Brand 1541 erneut zerstört wurde. In der Folgezeit erlebte Malá Strana eine Blütezeit, der Adel verpflichtete italienische Baumeister für den Bau von Stadthäusern und Palästen. Die Bautätigkeit beschleunigte sich nach der Schlacht am Weißen Berg (1620), als der Adel des Habsburger Reiches sich in Prag niederließ. Zu Beginn des 19. Jahrhunderts gewannen die Neustadt und andere Viertel jenseits des Flusses an Bedeutung. Malá Strana geriet etwas ins Hintertreffen, doch half dies sicherlich, seinen einzigartigen Charakter zu bewahren. Nur in wenigen europäischen Städten haben sich so viele jahrhundertealte Paläste und Herrenhäuser erhalten, davon viele noch mit ihren schönen Barockgärten.
Obwohl die Kommerzialisierung auch in den Plätzen und Straßen von

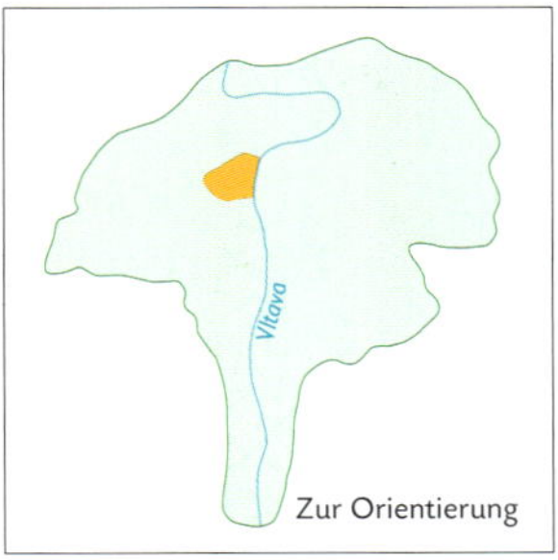

Kleinseite und Burgviertel eingekehrt ist, staunt man, wie viele ruhige Straßen und Gärten es noch gibt.

Sie können das Viertel nur zu Fuß erforschen; die steilen Straßen werden Sie zwar ermüden, doch es lohnt sich. Verglichen mit den gegenüberliegenden Stadtteilen, ist die Anwohnerdichte hier sehr gering. Die Kleinseite bezaubert vor allem bei Nacht, wenn nichts die Illusion zerstört, dass Sie sich auf einer Zeitreise drei Jahrhunderte zurück befinden. ■

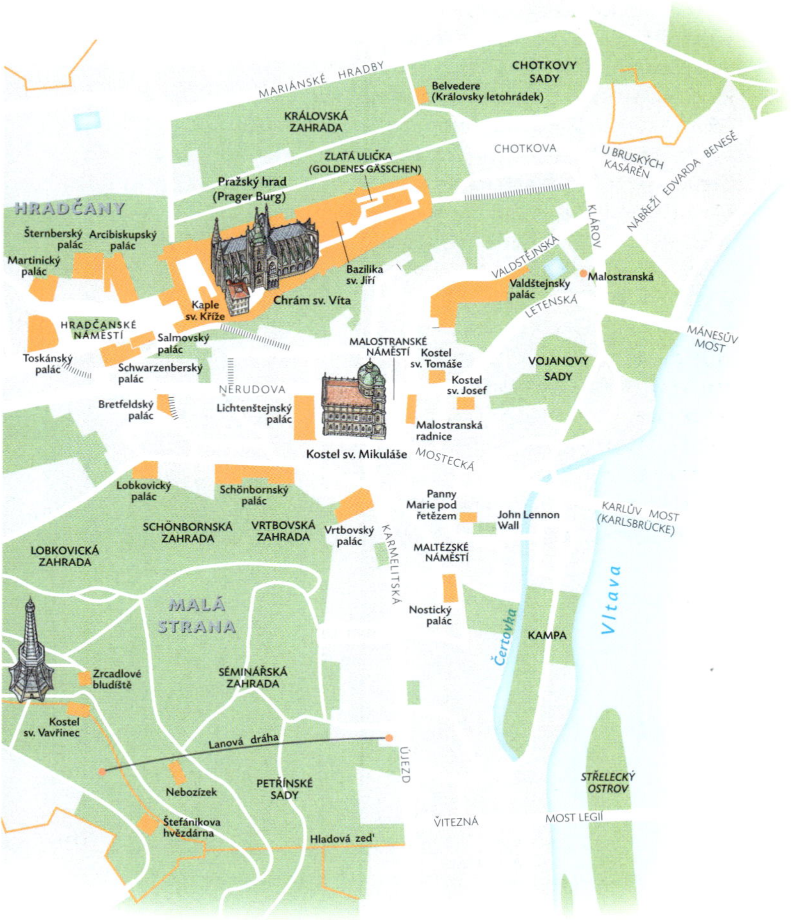

PRAŽSKÝ HRAD (PRAGER BURG) & CHRÁM SV. VÍTA (ST.-VEITS-DOM)

Von unten betrachtet, wirkt die Prager Burg gigantisch und bedrohlich, hinter den Burgtoren finden Sie eine Stadt in der Stadt. Verstreut zwischen den vielen Höfen und Sträßchen liegen der königliche Palast, der Dom und weitere Paläste, eine romanische Basilika und Befestigungsanlagen. Nehmen Sie sich reichlich Zeit, denn in vielen Teilen sind Museen untergebracht.

CHRÁM SV. VÍTA (ST.-VEITS-DOM)

Der Dom, eine der großen gotischen Kathedralen Europas, nimmt einen großartigen Platz hoch über der Moldau ein. Er steht im Dritten Hof der Prager Burg auf dem Platz einer Rundkirche von 929. Als Prag 1344 Erzbischofssitz wurde, beschloss König Johann von Luxemburg (Reg. 1310–46) den Bau einer größeren Kirche – erst 600 Jahre später war sie vollendet. Karl IV. führte die ehrgeizigen Pläne weiter und berief dazu den französischen Architekten Matthias von Arras nach Prag. Als dieser 1352 starb, waren erst Teile des Chors, die daran anschließenden Kapellen und der Chorumgang fertig. Ihm folgte 1356 der schwäbische Baumeister Peter

Die Wachablösung an der Prager Burg findet zu jeder vollen Stunde statt

REDEWENDUNGEN

Promiň	Entschuldigung
Děkuje	Danke
Kde je...?	Wo ist ...?
Vpravo	Rechts
Vlevo	Links
Rovno	Geradeaus
Kolík to stoje?	Wie viel kostet das?
Zaplatím	Ich möchte zahlen
Dve pivo, prosím	Zwei Bier, bitte
Pokoj pro dva, prosím	Ein Zimmer für zwei, bitte
Pomoc!	Hilfe!
Potřebujeme doktor	Wir brauchen einen Arzt

Parler, der den großartigen Chor und das als Goldene Pforte bekannte Südportal baute. Der Turm wurde von Peter Parlers Söhnen nach dessen Tod 1399 hinzugefügt.

Die Hussitenkriege (15. Jh.) stoppten den Bau, doch Mitte des 16. Jahrhunderts wurde die Arbeit wieder aufgenommen. Dem Wiener Baumeister Bonifaz Wohlmut schreibt man die Fertigstellung des **Großen Turms** zu, dem 1770 von Nikolaus Pacassi noch ein Helmaufsatz zugefügt wurde. Die Gesamthöhe des Turms beträgt 96,5 Meter. Die Arbeit an der Westseite wurde um 1870 fortgesetzt, doch vollendet wurde der Dom erst 1929.

Bevor die Westfassade entstand, war die **Goldene Pforte (Zlatá brána)** der Haupteingang in den Dom. Die Glasmosaiken, die Karl IV. und Elisabeth von Pommern zeigen, wie sie vor Christus knien, strahlen herrscherlichen Stolz aus. Die Mosaiken bestehen aus mehr als einer Million bunter Stücke. Zu beiden Seiten befindet sich ein Jüngstes Gericht (14. Jh.). Das große Fenster über dem Portal wurde 1908 hinzugefügt, doch es passt sich dem gotischen Bau an. Der Chor aus der Werkstatt der Parler ist ebenso meisterhaft wie die Goldene Pforte, ein Gewirr aus Strebebogen und Wasserspeiern.

Sehen Sie nach oben und an den Emporen entlang. Sie werden eine Reihe von Büsten der königlichen Familie und anderen bedeutenden Würdenträgern sehen. Die Büsten stammen ebenfalls aus der Parler-Werkstatt.

Im Mittelpunkt des Chors steht das riesige **Königsmausoleum**, das 1589 für die Sarkophage Ferdinands I., seiner Frau Anna und seines Sohnes Maximilian II. gefertigt wurde. Es ist umgeben von einem wunderschönen, schmiedeeisernen Gitter von J. Schmidthammer. Die Sarkophage wurden zwischen 1571 und 1589 vom niederländischen Bildhauer Alexander Collin

Chrám sv. Víta (St.-Veits-Dom)

geschaffen. Drei Bildnisse ruhen auf den Sarkophagen, doch leider zu hoch oben, als dass man sie sehen könnte. Kehren Sie ans westliche Ende des Doms zurück, um die zahlreichen Seitenkapellen zu besichtigen. Die ersten Kapellen auf der Nordseite sind mit spätgotischen Altären und Gemälden sowie mit wappengeschmückten Grabplatten bestückt. In der dritten Kapelle befindet sich ein farbenfrohes Glasfenster von Alfons Mucha (1860–1939). Die Wendeltreppe, die auf die Empore führt, wurde mit modernem Schmuck in gotischem Stil versehen. Genau hinter der Orgelempore birgt eine weitere Kapelle Grabmale aus Renaissance und Barock. Im Chor auf der rechten Seite kommen Sie zum ersten einer Reihe von Holzreliefs, die 1623 von Caspar Bechteller geschnitzt wurden. Ganz in der Nähe steht eine wesentlich modernere Arbeit, die Bronzestatue des Kardinals Friedrich von Schwarzenberg im Gebet von Josef Myslbek (1895).

INSIDERTIPP

Folgen Sie dem Seitenschiff um die Kirche, hinter der Apsis finden Sie das silberne Grab des hl. Johannes von Nepomuk, der gefoltert und von der Karlsbrücke geworfen wurde.

ROZ HOAGLAND
REISELEITER, HOAGLAND ART TRAVEL

In mehreren Kapellen im nördlichen Chorumgang finden sich die Sarkophage von Přemysliden-Königen aus dem 11. und 12. Jahrhundert, die Peter Parlers Werkstatt ab 1370 geschaffen hat. So stehen in der Reliquienkapelle die Sarkophage von Ottokar I. und Ottokar II. Und zwischen der Marienkapelle und dem Hochaltar liegt das Grab des hl. Veit, ein vergleichsweise bescheidenes Werk aus dem 19. Jahrhundert.

Die mittelalterlichen Königsgräber in den Kapellen und die Gräber im Habsburger-Mausoleum werden alle vom silbernen **Grab des hl. Johannes von Nepomuk** in den Schatten gestellt. Wenzel IV. ließ ihn 1393 in der Moldau ertränken und schuf so einen tschechischen Märtyrer (siehe S. 38). Johannes von Nepomuks Leichnam wurde geborgen, 1729 wurde er heilig gesprochen. Für das spektakuläre Reliquiengrab wurden zwei Tonnen Silber verbraucht; Joseph Emanuel Fischer von Erlach entwarf es.

Auch in benachbarten Kapellen findet man Schätze: vier silberne Halbfiguren von Heiligen in der Adalbertskapelle (Ende des 17. Jh.); eine monumentale Grabplatte in der Waldsteinkapelle, die die Handschrift von Peter Parler trägt, und gegenüber der Kapelle ein weiteres geschnitztes Relief von Bechteller, das die Zerstörung des Doms der Heiligen Veit, Wenzel und Adalbert durch die Hussiten am 21. Dezember 1619 zeigt. Neben der Waldsteinkapelle liegt das **Königliche Oratorium**, dessen Maßwerk Benedikt

Ried 1493 in Form von Zweigen gestaltete. Der Eingang zur Königsgruft liegt in der nächsten Kapelle, der **Heilig-Kreuz-Kapelle**, in der Sie einen silbernen Altar und ein verblasstes Fresko (14. Jh.) finden, das die böhmischen Schutzpatrone zeigt. Der Weg hinunter in die Krypta führt durch Reste der romanischen Rundkirche. Viele der böhmischen Herrscher sind hier beigesetzt, wenn auch meist in modernen Sarkophagen: Karl IV., Georg von Poděbrady, Wenzel IV. und Rudolf II.

Kehren Sie aus der Gruft in den Chorumgang zurück. Rechts von der Heilig-Kreuz-Kapelle sehen Sie die **Martinitz-Kapelle** mit schönen Renaissancegräbern. Jaroslav von Martinitz war ein fanatischer Katholik, der den Zweiten Fenstersturz von 1618 (siehe S. 41) überlebte. Gegenüber der Kapelle steht ein Denkmal für den Feldherrn Graf Schlick von Joseph Emanuel Fischer von Erlach und František Kaňka.

Die letzte Kapelle im Chorumgang ist die herrlichste von allen: die **Wenzelskapelle** (Kaple sv. Václava), die Peter Parler zwischen 1362 und 1367 über dem Grab des Heiligen errichtete. Der Schrein entstand im frühen 20. Jahrhundert, auf ihm ruht eine Silberbüste des Heiligen. Etwa 1300 Halbedelsteine – meist Jaspis, Amethyst und Chrysopras – zieren die Kapellenwände, die auch Freskenzyklen (um 1370) tragen. Der untere Zyklus zeigt Szenen der Passionsgeschichte, die Meister Oswald von Prag schuf, der Hofmaler Karls IV. Der obere Zyklus stammt von einem der großen böhmischen Maler des Mittelalters, vom Meister von Litoměřice, und stellt Episoden aus dem Leben Wenzels dar (um 1500). Ein Gemälde rechts der Statue des Heiligen (1373, von Heinrich Parler) zeigt den Augenblick, als Wenzel brutal ermordet wurde. Beachten Sie auch den mächtigen Bronzekandelaber von Hans Vischer aus Nürnberg.

Bevor Sie den Dom verlassen, werfen Sie einen Blick auf einige der modernen Glasfenster. Außer der Arbeit von Mucha gibt es eine Rosette von Josef Klasak in der Westfassade nach Entwürfen von František Kysela (1925–27). Im südlichen Querschiff zeigt ein riesiges Fenster, das Max Švabinský 1934 vollendete, das Jüngste Gericht.

DER HL. WENZEL & DER TÜRKLOPFER

Der hl. Wenzel wurde wegen der Machtkämpfe mit seinem Bruder Boleslav am 28. September 929 oder 935 ermordet, niedergestochen von Attentätern, als er nach dem Türklopfer der Kirche griff. Der Legende nach stand er auch nach seiner Ermordung weiterhin aufrecht – eine Erklärung für den Türklopfer an der Kapellentür nahe dem Chorumgang (der jedoch aus dem 14. Jahrhundert stammt).

WEITERE ATTRAKTIONEN

Hohe Buntglasfenster im Hauptschiff des Veitsdoms

Die Burg, die im 9. Jahrhundert von den Přemysliden errichtet wurde, war oft der Sitz der politischen Macht. Es gab umfangreiche Bauprogramme unter Karl IV. (Reg. 1346–78) und Vladislav Jagiello II. (Reg. 1471–1516) sowie erneut unter den Habsburgern. Seit 1918 ist die Burg die offizielle Residenz des tschechischen Präsidenten. Wachen paradieren im Ersten Hof (První nádvoří), um die Staatsräume zu bewachen.

Im Zweiten Hof (Druhé nádvoří), den man durch das eindrucksvolle barocke Matthiastor (Matyášova brána) betritt, liegt die Heilig-Kreuz-Kapelle (Kaple sv. Kříže) mit ihrem herrlichen, mit Gold und Fresken geschmückten Inneren. Der Zugang führt durch die Wechselstube, die einen Teil des Gebäudes einnimmt. Die Kapelle stammt aus der Mitte des 18. Jahrhunderts und wurde von Nikolaus Pacassi entworfen. Auf der gegenüberliegenden Seite des Hofes befindet sich der Eingang zur **Burggalerie (Obrazárna Pražského hradu)**, die in den früheren Ställen untergebracht ist. Ihr Grundstock ist die Sammlung Kaiser Rudolfs II., doch wurde sie beständig erweitert. Es gibt schöne Gemälde von Tizian, Veronese, Tintoretto und Rubens, dazu tschechische Meister des Barock wie Petr Brandl. Nicht weit von der Galerie ist der Eingang zur riesigen **Spanischen Halle (Španělský sál)** aus dem 17. Jahrhundert (*nicht öffentlich zugänglich*).

Bogengänge führen vom Zweiten Hof zum Domplatz. An der Westseite schmiegt sich die **Alte Probstei (Staré Proboštsví)** an, ein würdevolles Gebäude aus dem 17. Jahrhundert an der Stelle des früheren Bischofspalais. Nicht weit davon, genau in der Mitte des Hofes, steht die Kopie eines gotischen Reiterstandbildes des hl. Georg mit dem Drachen von den Brüdern Jiří und Martin aus Cluj (14. Jh.).

Geradeaus liegt der Eingang zum **Alten Königspalast (Starý královský palác)** aus dem 12. Jahrhundert, der sich über mehrere Ebenen erstreckt. Gleich hinter der Eingangshalle erreichen Sie in den **Vladislav-Saal**

(Vladislavský sál), der Ende des 15. Jahrhunderts von Benedikt Ried entworfen wurde. Durch die großen Renaissancefenster fällt das Licht auf das herrliche Gewölbe, eines der Markenzeichen von Ried. Ein Durchgang führt rechts in die **Böhmische Kanzlei (Česká kancelář)**, einen weiteren Renaissance-Raum; hier fand 1618 der Zweite Prager Fenstersturz statt (siehe S. 41). Über den Verlust ihrer Privilegien verärgerte protestantische Adlige warfen hier zwei katholische Beamte zusammen mit ihren Sekretären aus dem Fenster.

Vom Vladislav-Saal kann man verschiedene andere Räume erreichen:

INSIDERTIPP

In der Audio-Tour durch das Palais Lobkowicz erzählt Fürst Lobkowicz selbst Familiengeschichten, das sorgt für eine persönliche Note.

BARBARA NOE
NATIONAL GEOGRAPHIC
BOOKS-REDAKTEURIN

Pražský Hrad (Prager Burg)

den **Alten Landtag**, den früheren Thronsaal, in dem der böhmische Adel tagte; von dort führt eine Wendeltreppe zum Gerichtssaal (1558) und dem daneben liegenden Archiv mit Besitzurkunden, in denen die Landbesitzrechte der böhmischen Stände dokumentiert waren. Die Decken dieser Räume sind mit schönen Wappen geschmückt. Vom Vladislav-Saal hat man Zugang zum Treppenhaus von Ried mit seinem originellen Schlingrippengewölbe; das Treppenhaus war breit genug, dass Ritter hinaufreiten konnten, um an Turnieren im Saal teilzunehmen. Die Treppe führt hinunter zum Georgsplatz (Jiřské náměstí), an dem die St.-Georgs-Basilika und das St.-Georgs-Kloster liegen. Vikařská, eine kleine Gasse entlang des Domchors, führt rechts zum Pulverturm (Praš-ná Věž oder Mihulka), der 1494 von Benedikt Ried erbaut und nach einem Feuer im 16. Jahrhundert wiederaufgebaut wurde. Dort erinnert eine Ausstellung an die Alchimisten, die im Turm einst ihre Arbeitsplätze hatten.

Bei der Restaurierung wurden die meisten barocken Elemente der **St.-Georgs-Basilika (Bazilika sv. Jiří)** entfernt und der romanische Urzustand wiederhergestellt. Seit 920 stand an dieser Stelle eine Kirche, die somit älter als der Veitsdom war; die heutige Basilika mit den charakteristischen Doppeltürmen entstand jedoch erst 1142. Die düstere Fassade wurde nach 1670 errichtet. Vor dem Chor sieht man den bemalten hölzernen Sarkophag von Vratislav I., der 921

MUSIK & KUNST IN DER PRAGER BURG

Das Kulturprogramm *(kulturanahrade.cz)* auf der Prager Burg zeugt durchweg von gutem Geschmack. Die angesehene Veranstaltungsreihe bringt für hunderte Musik- und Kunstliebhaber Leben in die kalten gotischen Hallen der Burg und bietet unterschiedlichste Events von einer Ausstellung der Schätze des St.-Veits-Doms, über Porträts von Tizian bis hin zu Streichkonzerten mit Meistern wie Václav Hudecek. Die Prager Burg dient auch als beeindruckende Kulisse für das Sommer Shakespeare Festival *(shakespeare.cz)* ein beliebtes Open-Air-Theater. Diese Veranstaltungen wurden von Václav Havel ins Leben gerufen, um die Burganlage wieder für die Öffentlichkeit nutzbar zu machen. Sie erfüllen das Haus des Obersten Burggrafen mit Licht und Leben und nutzen auch den Innenhof der Fakultät für Musik und Tanz der Akademie für Darstellende Künste den Hügel hinunter am Malostranské námestí.

starb, sowie eine Grabplatte. Auch Ludmilla, die Frau des im 9. Jahrhundert regierenden Fürsten Bořivoj, liegt in der Basilika begraben; sie war die erste tschechische Märtyrerin und Heilige.

Das bescheidene Ausmaß der Basilika täuscht ebenso über ihre uralte Herkunft hinweg wie über die primitiven, heidnischen Gräber, die in der Nähe ausgegraben wurden (sie sind jetzt Teil der Dauerausstellung »Story of Prague« nebenan). Es lohnt sich, hineinzugehen, um die Vertraulichkeit des warmen Sandsteins zu erleben, besonders wenn er von der sanften Morgensonne beleuchtet wird, die durch die schmalen Altarfenster fällt. Die teilrestaurierten Deckenfresken erinnern an eine Zeit höfischer Intrigen und mystischer Rituale, die während des Mittelalters hier vorherrschten.

Gehen Sie die Jiřská entlang an der Basilika vorbei. Links liegt das **Goldene Gässchen** (**Žlatá ulicka**; siehe S. 84), eine Gasse mit Handwerkerhäuschen. Der Turm am Ende der Straße ist der **Daliborka-Turm (Daliborka)**, benannt nach einem Geige spielenden Ritter, der hier gefangen gehalten wurde.

Bei der Restaurierung der Basilika St. Georg wurde 1670 die romanische Fassade durch eine barocke ersetzt

Palais Lobkowicz: Vom Goldenen Gässchen zurück auf der Jiřska, gelangt man zu einem imposanten Herrenhaus, dem Palais Lobkowicz (Lobkovický palác). Das im 16. Jahrhundert errichtete Gebäude nahmen 1952 die Kommunisten dem Fürsten Maximilian Lobkowicz ab. 2003 wurde es der Familie rückerstattet, und heute beherbergt das prächtige Haus die Lobkowiczer Kunstsammlungen. In den schön rekonstruierten Galerien voller weltberühmter Gemälde, dekorativer Kunstwerke und Musikinstrumente lernt man die 700-jährige Familiengeschichte kennen, die die Geschichte ganz Mitteleuropas widerspiegelt. Zu entdecken gibt es Schätze wie Pieter Brueghels d. Ä. »Heuernte« (Galerie H), eine Original-Partitur von einer Symphonie Beethovens mit Korrekturen aus der Hand des Meisters selbst (Galerie G) und eine der bedeutendsten Feuerwaffensammlungen Mitteleuropas. Zuweilen finden im Palais Konzerte statt, im Café mit Panoramablick lässt es sich gut entspannen, und der Museumsladen führt hochwertige Artikel.

Gegenüber dem Palais liegt das **Burggrafenamt (Nejvyšší purkrabství)**, das in der kommunistischen Zeit zum größten Spielzeugmuseum der Welt umgewandelt wurde. Am anderen Ende der Jiřská ragt der **Schwarze Turm** (**Cerná vež**) auf, das östliche Tor der Burg. Es entstand im 12. Jahrhundert und wurde in der Renaissancezeit umgebaut. Von hier kommen Sie über die **Alte Schlossstiege** (**Staré zámecké schody**) zur U-Bahn-Station Malostranská. ■

PRAGER BURG

73
Hradčanské náměstí
€–€€€€ (je nach Option)
224 37 33 68
Tram: 12, 22, 23 (Malostranské náměstí); 22, 23 (Pražský hrad); 1, 2, 8, 18 (Prašný most). Metro: Malostranská, Hradčanská

ST.-VEITS-DOM

73
Pražský hrad
Chor & Kirchturm Nov.-März geschl.
Bus: 22, 23 Metro: Malostranská

PALAIS LOBKOWICZ

Mo geschl.
€€€

PRAGER BURG FÜHRUNGEN

Die **große Tour** beinhaltet den Alten Königspalast, die St.-Georgs-Basilika, das Goldene Gässchen mit Daliborka-Turm, den Pulverturm, den St.-Veits-Dom und den Rosenberg-Palast (€€€€€).
Die **kürzere Tour** führt zum Alten Königspalast, zur St.-Georgs-Basilika, zum St.-Veits-Dom und zum Goldenen Gässchen mit Daliborka-Turm (€€€).

DAS GOLDENE GÄSSCHEN & DIE ALCHEMIE

Die heute so charmante Gasse (der Eintritt ist im Ticket für die Burg mit inbegriffen) mit ihren leuchtend bunten Häuschen war unter der Herrschaft Rudolf des II. (1576–1611) der Rückzugsort der Alchemisten.

Kaiser Rudolf interessierte sich sehr für die Alchemie. So waren im 16. Jahrhundert englische Magier wie John Dee und Edward Kelley am böhmischen Hof willkommene Gäste, denn der Kaiser war ein Anhänger der geheimen Künste. Rudolf, der unter Anfällen von Verwirrung litt, war fasziniert von den Theorien der Alchemisten und anderer Pseudowissenschaftler, die behaupteten, den Schlüssel zu den Geheimnissen des Alls zu besitzen. Alchemie war im Wesentlichen die Anwendung von wissenschaftlichen Prinzipien (wie man sie damals verstand) auf die Magie. Hauptziel war es, ein Elixier für ewiges Leben zu finden und aus unedlen Metallen Gold zu gewinnen. Obwohl viele Alchemisten Quacksalber waren, wurde das Thema sehr ernst genommen, im 17. Jahrhundert führte selbst Isaac Newton alchemistische Experimente durch.
Das Goldene Gässchen wurde verschönert, als Kaiserin Maria Theresia (Reg. 1740–80) verlangte, dass die schäbigen Holzhäuser aus stabilerem Material neu gebaut werden sollten. Im späten 19. Jahrhundert kam die Straße als Künstlerviertel in Mode. Franz Kafka und seine Schwester lebten 1917 kurze Zeit in der Nr. 22; der Dichter und Nobelpreisträger Jaroslav Seifert wohnte ein Jahrzehnt später hier. Mitte des 20. Jahrhunderts wurden die Häuser geräumt und das heutige Farbschema des malerischen Gässchens entwickelt. Um einen Überblick zum Thema Alchemie zu bekommen, sollten Sie den Pulverturm an der Vikářská (siehe S. 81) besuchen.

Bunt bemalte Läden schmücken das restaurierte Goldene Gässchen

Hradčany, das Viertel um die Burg, nimmt einen Felssporn oberhalb der Kleinseite ein. Ursprünglich war es eine Wohngegend für die Bediensteten der Burg. Einige Straßen um Nový Svět haben noch heute die von Werkstätten geprägte Atmosphäre, doch einen großen Teil des Viertels nehmen riesige Paläste und Gärten ein.

KÖNIGLICHE GÄRTEN

Der **Königliche Sommerpalast (Královsky letohrádek)**, auch **Belvedere (Belvedér)** genannt, liegt in den **Königlichen Gärten (Královská zahrada)**

Die alte Burgtreppe windet sich von der Prager Kleinseite zur Burg hoch

und wurde im 16. Jahrhundert von Ferdinand I. für seine Frau Anna in Auftrag gegeben. Das Renaissance-Lustschlösschen wurde von Paolo della Stella aus Genua und Bonifaz Wohlmut entworfen. Stattliche Arkaden verwandeln das Parterre in eine schattige Loggia. Vor dem Gebäude steht der Singende Brunnen von 1568. Da das Belvedere heute eine Kunstgalerie beherbergt, können Sie es nur besuchen, wenn hier Sonderausstellungen stattfinden.

Ebenfalls in den Königlichen Gärten steht Wohlmuts **Ballhaus (Míčovna)**, das 1569 errichtet wurde. Der Originalbau wurde im Zweiten Weltkrieg

Nový Svět ist die malerischste und stillste Gasse in Hradčany

zerstört; was Sie heute sehen, ist einschließlich der Sgraffito-Dekoration eine moderne Rekonstruktion. Das Gebäude wurde 1723 in einen Stalltrakt umgewandelt. In der früheren barocken Reitschule (Jrdzárna) von Jean-Baptiste Mathey befindet sich heute eine Kunstgalerie.

Der Burgplatz (Hradčanské náměstí) mit der Pestsäule (1726) von Ferdinand Brokoff liegt dem Eingang zur Burg gegenüber. Auf der linken Seite sehen Sie das **Palais Salm (Salmovský palác)** aus dem 19. Jahrhundert und den massiven Renaissance-Bau des **Palais Schwarzenberg (Schwarzenberský palác)**. Die Wände sind komplett mit den besten Sgraffiti Prags dekoriert. Das Palais wurde ursprünglich für die Familie Lobkowicz gebaut, erst 1719 kauften ihn die Schwarzenbergs. Im Inneren befindet sich ein Museum für Heeresgeschichte.

Auf der gegenüberliegenden Seite des Platzes erhebt sich das **Erzbischöfliche Palais (Arcibiskupský palác)** mit seiner hübschen Rokokofassade.

Das Palais wurde von Wohlmut für Ferdinand I. entworfen, der einen Sitz für den katholischen Erzbischof wünschte. Es wurde oft umgebaut und renoviert. Die Stuckdekoration der Fassade wurde um 1760 angebracht.

Eine Passage am Erzbischöflichen Palais führt zum **Palais Sternberg (Šternberský palác)**, das Giovanni Alliprandi schuf und in dem seit 1949 die Sammlung europäischer Kunst der Nationalgalerie untergebracht ist. Zur Sammlung gehören byzantinische Ikonen und außergewöhnliche Bronzen aus der Renaissance. Eine der schönsten mittelalterlichen Arbeiten ist die »Beweinung Christi« von Lorenzo Monaco (1408). Höhepunkte sind das »Rosenkranzfest« (1506) von Albrecht Dürer, »Adam und Eva« von Lucas Cranach d. Ä. (um 1538), das »Antlitz Christi« von El Greco, ein Rembrandt-Gemälde, das

INSIDERTIPP

Beim Blick vom Aussichtspunkt beim Hradčany-Platz versteht man, warum Prag die Stadt der 1000 Türme genannt wird.

BARBARA NOE
NATIONAL GEOGRAPHIC BOOKS-REDAKTEURIN

DEKORATIVE KUNST & DESIGN

Seit Böhmens Goldenem Zeitalter unter Karl IV. im 14. Jahrhundert lockt Prag die besten Künstler Europas an, von denen sich Hunderte zu aufwendigen Werken inspirieren ließen, die weit über traditionelle Malerei und Bildhauerei hinausgehen. Dekorative Kunst, ob in Form von königlichem Schmuck, ornamentalem Glas, herrlichen Textilien oder edlen Holz- und Einlegearbeiten, verschönerten im Lauf der Jahrhunderte unzählige Häuser von Prags wohlhabenderen Einwohnern.

Die besten Beispiele dafür präsentiert das **Museum der Dekorativen Künste** in der Altstadt *(17, Listopadu 2, Tel. 251 093 111, Mo geschlossen, €€, Tram: 17, Metro: Staromestská; upm.cz)*. Auf Tschechisch heißt es Uměleckoprůmyslové muzeum, es wird aber kurz UmPrum genannt. Das 1885 gegründete Museum steht gegenüber dem Konzertgebäude Rudolfinum. Unter den Exponaten vom Mittelalter bis ins 20. Jahrhundert befinden sich prächtige Uhren, Porzellan und Mobiliar – Hauptattraktion ist jedoch die herrliche Sammlung von Jugendstil- und Art-déco-Objekten.

Da die staatlichen Sammlungen so viele Tausend schöne Stücke umfasst, zeigen auch die neueste Zweigstelle der Nationalgalerie, das **Palais Schwarzenberg**, und ihre wichtigste Dependence für moderne Kunst, der **Veletržni-Palast**, (für beide: *ngprague.cz*) Werke von Alfons-Mucha-Fenstern bis zu aufwendigen Barockgewändern.

SPAZIERGANG DURCH MALÁ STRANA

Dieser Spaziergang führt Sie durch alle Hauptstraßen und -gassen der Kleinseite. Im Schatten des Schlosses drängen sich barocke Palais und Stadthäuser, während weiter unten und näher zum Fluss weitere Paläste sowie einige von Prags interessantesten Kirchen und Plätzen liegen.

Die barocken Vrtba-Gärten liegen hinter einem Haus an der Karmelitská versteckt

Beginnen Sie diesen Spaziergang am **Malostranské náměstí (Kleinseitner Ring)**, der leicht mit der Straßenbahn 12 oder 22 zu erreichen ist. Zunächst führt der Spaziergang die **Nerudova** ❶ hinauf, um einen Eindruck von Malá Strana zu bekommen. Am oberen Ende wird die Nerudova zur Úvoz die zum **Kloster Strahov** führt (siehe S. 94 f.). Kehren Sie jetzt um und gehen Sie die Nerudova hinunter. Zu den größeren Gebäuden gehört das **Palais Bretfeld (Bretfeldský palác,** Nr. 33) von 1765 mit seinen barocken Geländern. Das **Palais Thun-Hohenstein (Thun-Hohenštejnský palác,** Nr. 20) aus den 20er Jahren des 18. Jahrhunderts ist heute die italienische Botschaft. Es besitzt auf der Rückseite bemerkenswerte Renaissance-Giebel und einen Haupteingang, den zwei Adler von Matthias Braun bewachen. Nr. 5, das **Palais Morzin (Morzinský palác)** ist mit gebeugten Mohren geschmückt. Dreh- und Angelpunkt von Malá Strana ist der Malostranské náměstí. In der Mitte steht die **Kirche Sankt Nikolaus (Kostel sv. Mikuláše)** ❷ und gegenüber die majestätische Pestsäule (1715) und das **Palais Liechtenstein (Lichtenštejnský palác)** von 1791 (Nr. 13). Die Kirche ist eines der Meisterwerke von Vater und Sohn Dientzenhofer. Gehen Sie ans untere Ende des Platzes. Nr. 21 ist das frühere **Rathaus** des Viertels **(Malostranská radnice)**, der Renaissance-Bau wurde 1622 fertig gestellt. Gegenüber dem Parkplatz liegt das **Palais Smiřický (Smiřický palác,** Nr. 18), das im 17. Jahrhundert errichtet und hundert Jahre später umgebaut wurde.

Die Gasse Sněmovní läuft am Palais Smirický entlang und führt zu weiteren barocken Palais. Nach einer kurzen Strecke kommen Sie auf die Thunovská. Gehen Sie nach links, dann kommen Sie zuerst zur britischen Botschaft und dann zu Treppen, die zur Burg führen. Von der Thunovská aus sehen Sie die Rückseite einiger Palais, die an der Nerudova stehen, viele von ihnen aus der Zeit der Renaissance. Auf der Zámecká kommen Sie zurück zum Kleinseitner Ring.

Gehen Sie zur Nr. 12 am oberen Ende des Platzes. Von hier führt eine Passage zur Tržiště und zur Vlašská. Gehen Sie nach rechts in die Vlašská. Die Nr. 15 auf der linken Seite, das **Palais Schönborn (Schönbornský palác)** ❸ beherbergt heute die amerikanische Botschaft. Weiter die Vlašská hinauf, kommen Sie zum **Palais Lobkowicz (Lobkovický pa-**

Siehe Stadtteilkarte S. 72–73
➤ Malostranské námestí
5 Kilometer
4 Stunden (dazu Zeit fürs Mittagessen)
➤ Vojanovy Garten

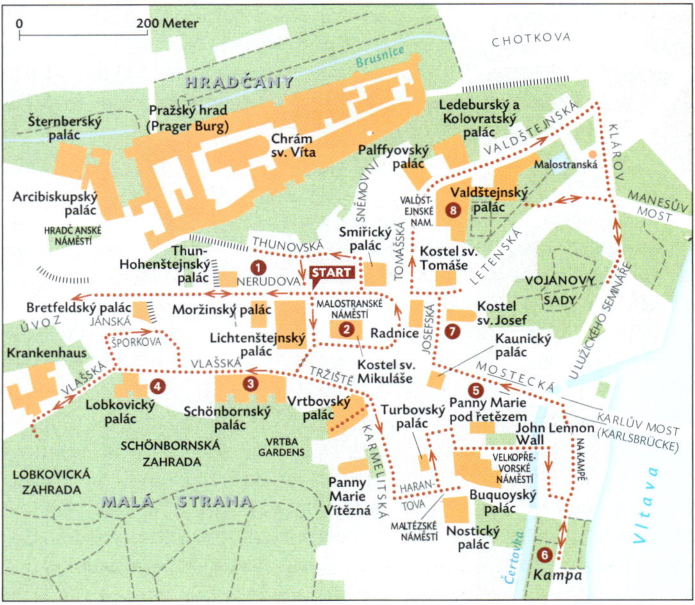

lác) mit dem spektakulären Dreiecksgiebel ❹, heute Sitz der deutschen Botschaft. Gehen Sie am Palais Lobkowicz vorbei; gegenüber einem Klinikeingang auf der Vlašská sehen Sie links ein Tor, das in einen kleinen Garten führt, von dem aus man das Palais gut sehen kann. Gegenüber der deutschen Botschaft kommen Sie durch die Sporkova zu einem kleinen Platz, an dessen Ecke zur Jánská hin ein hübsches Haus mit Sgraffito-Verzierung steht. Queren Sie den Platz, halten Sie sich rechts, und Sie kommen wieder zur Vlašská. An der amerikanischen Botschaft und einem irischen Pub vorbei gelangen Sie zur Karmelitská. An deren Ecke liegt auf Nr. 25 das **Palais Vrtba** (Vrtbovský palác).

Ein Durchgang etwas unterhalb des Palais führt in die **Vrtba-Gärten (Vrtbovská zahrada**; *geschl. Nov. bis März*) an den Hängen hinter dem Palais. Etwa hundert Meter weiter die Karmelitská hinunter, sehen Sie auf der rechten Seite die frühbarocke Kirche Maria vom Siege (Panny Marie Vítězná). Hier finden Sie rechts das verehrte Prager Jesulein (Pražské Jezulátko). Von der Karmelitská halten Sie sich rechts zur Harantova und dem Maltézské náměst, der vom **Palais Nostitz** (**Nostický palác**) und Ferdinand Brokoffs mächtiger Statue Johannes' des Täufers bestimmt wird. Nr. 6 ist das hübsche Rokoko-**Palais Turba** (**Turbovský palác**) aus dem 18. Jahrhundert, heute Sitz der japanischen Botschaft.

Hinter dem französischen Restaurant U Malířů liegt die Kirche **Sankt Maria unter der Kette (Panny Marie pod řetězem)** ❺, die älteste Kirche

SONNTAGS-JAMSESSIONS IM UMG

Prags renommierter Jazzclub ist eine unscheinbare Kneipe im Erdgeschoss mit einer U-Boot-großen Musikbar im Keller, die um etwa 21 Uhr aufmacht. Trotzdem nimmt das U Malého Glena *(Karmelitska 23, malyglen.cz)* einen ganz besonderen Platz in den Erinnerungen vieler Besucher ein. In geselligem Flair treffen sich hier Böhmen und Bohemians aus aller Welt.

Ein super Anlass, sich darunterzumischen, ist die sonntägliche Jazz-Jamsession auf der winzigen Bühne, bei der seit der Eröffnung Mitte der 1990er Jahre schon unzählige Musiker und Sänger mitmischten. Am letzten Sonntagabend im Monat gibt es eine Blues-Jamsession, kompetent moderiert vom Chicagoer Gitarristen und Sänger Rene Trossman.

Als Musiker sollte man vor jeder Jam kurz vor 21 Uhr da sein und dem Mitarbeiter, der den Eintritt kassiert, sagen, dass man mitspielen möchte. Er trägt einen dann in die Anmeldeliste ein, fragt nach dem Spezialgebiet und teilt einem mit, wann man dran ist. Das kleine Publikum ist relaxt und nachsichtig, man sollte sich also nicht schüchtern drücken. Im Little Glen's, wie es auch genannt wird, draufloszuspielen ist ein Erlebnis, das man nicht vergessen wird.

in Malá Strana (1169). Romanische Arkaden und zwei gedrungene gotische Türme sind erhalten, während das Innere von Carlo Lurago ansprechend barock umgestaltet wurde (1640). Links von der Kirche stehen mehrere barocke Stadthäuser. Rechts, die Nr. 2, ist das frühere Palais des Großpriors (Velkopřevoský palác) und die Residenz des Großpriors der Malteserritter. Um die Ecke, am Velkopřevoske náměstí, liegen die zwei Palais Buquoy (Buquoyský palác), heute Teil der französischen Botschaft. Von hier ist es nur noch ein Katzensprung zur **Halbinsel Kampa** **6**.

Der Čertovka (Teufelsbach) trennt die Insel vom Ufer. Es gab drei Mühlen am Fluss, die größte wurde restauriert. Verlassen Sie den Park in Richtung Karlsbrücke (Karlův most) zum großen Platz mit Namen Na Kampě, dem früheren Töpfermarkt. Na Kampě schließt an die Karlsbrücke an. Steigen Sie die Stufen zur Brücke hinauf und gehen Sie nach links in die lebhafte Mostecká. Am schönsten ist das Palais Kaunitz (Kaunický palác) von 1775 mit seiner Rokokofassade.

Die Josefská führt zur barocken **St.-Josefs-Kirche** (**Kostel sv. Josef**) **7** auf der rechten Seite. Die Kirche St. Thomas (Kostel sv. Tomáše) etwas weiter ist ebenfalls ein Meisterwerk von Kilian Ignaz Dientzenhofer.

Hinter der **St.-Thomas-Kirche (Kostel sv. Tomáše)** auf der Letenská liegt das berühmte Bierlokal **U sv. Tomáše**, in dem ab der Mitte des 14. Jahrhunderts eigenes Bier gebraut wurde. Gehen Sie an der Kirche vorbei zurück zum Platz, wo die Tomášská, den Kleinseitner Ring mit dem Valdštejnské náměstí (Waldstein-Platz) verbindet. Eine Statue des hl. Hubertus und ein Hirsch zieren das Portal der Nr. 4. Nr. 14 ist das große **Palais Palffy (Palffyovský palác)**.

Der Valdštejnské náměstí wird beherrscht vom frühbarocken **Palais Waldstein (Valdštejnský palác)** **8**, der Stadtresidenz des ehrgeizigen Feldherrn Albrecht von Wallenstein (siehe S. 42). Im Gegensatz zum Palais sind die Gärten der Öffentlichkeit zugänglich. Bevor Sie dort hineingehen, folgen Sie dem Bogen der Valdštejnská, wo zwei Palais – das **Ledebur** (**Ledeburský palác, Nr. 5**) und das **Kolowrat** (**Kolovratský palác**) in der Valdštejnská 10 – schöne Terrassengärten besitzen.

Um zu den **Gärten des Palais Waldstein** zu gelangen, halten Sie sich am Ende der Straße rechts; gehen Sie durch die U-Bahn-Station und dann nach rechts zur Letenská. Der Eingang an der Nr. 10 ist deutlich gekennzeichnet, trägt aber keine Hausnummer. Die Gärten werden dominiert von der prachtvollen Loggia, die als **Sala Terrena** (1627) bekannt ist. Ein weiterer historischer Garten, der **Vojanovy-Garten** (**Vojanovy sady**) längs der U lužického semináře ist weniger stark besucht. Von hier aus kommen Sie über die Letenská nach links zur U-Bahn-Station Malostranská.

Anselmo Luragos ehrwürdiges Portal führt ins Kloster Strahov

einen Gelehrten beim Studium zeigt (1634) und das Porträt »Don Miguel de Lardizábal« von Goya. Im ersten Stock befindet sich das Chinesische Kabinett, in dem die Sternbergs früher ihre Porzellansammlung ausstellten. Am anderen Ende des Platzes sehen Sie das große **Palais Toskana (Toskánský palác)** im römischen Barockstil, einst Eigentum der Großherzöge der Toskana. Dicht dabei steht das Palais Martinitz (Martinický palác,

Nr. 8), im Besitz eines der könglichen Ratgeber, die beim Fenstersturz 1618 aus dem Fenster geworfen wurden (siehe S. 41). Nr. 6 gehört noch der Familie Mucha. Es war einst ein Museum; 1998 wurde es durch das Mucha-Museum in der Neustadt ersetzt (siehe S. 153).

Hinter dem Palais Toskana führt die Loretánska am früheren Rathaus (Hradčanská radnice) von 1603 und an einigen Palais aus dem 18. Jahrhundert vorbei. Dann kommen Sie auf einen Platz, der vom mächtigen **Palais Černín** (**Černínský palác**) beherrscht wird, das 1697 für den kaiserliche Botschafter in Venedig geschaffen wurde. Francesco Caratti war der Hauptarchitekt, die Innenausstattung stammt von František Kaňka. Seit 1929 hat hier das Außenministerium seinen Sitz (*für Besucher geschl.*). Manchmal finden im Garten Konzerte statt.

Gegenüber dem Palais führt eine Rampe hinunter zum **Loreto-Heiligtum** (**Loreta**) von 1626, die heute sichtbare, um 1720 entstandene Fassade stammt von Kilian Ignaz Dientzenhofer. Der außergewöhnliche Wallfahrtsort wurde von Katharina von Lobkowicz in Auftrag gegeben, die besessen war von der Santa Casa in Loreto. Diese soll das Heim der heiligen Familie gewesen und im 13. Jahrhundert von Engeln nach Italien gebracht worden sein. Das Haus ist von einem kunstvoll freskierten Kreuzgang umgeben. Die Santa Casa ist ein Backsteinbau mit Tonnengewölbe und einem eckigen Renaissanceäußeren, das von vielen Figuren geschmückt wird. Wenn nicht aus Frömmigkeit, sollte man auf jeden Fall wegen der außergewöhnlichen Schatzkammer hierher kommen. Das erstaunlichste Stück ist eine vergoldete Silbermonstranz, die mit 6222 Diamanten besetzt ist.

Gehen Sie die Rampe weiter hinunter an der bescheidenen Kapuzinerkirche von 1602 vorbei bis zu einer gepflasterten Gasse namens **Neue Welt** (**Nový Svět**). Mit den einfachen Häusern, zumeist aus dem 17. und 18. Jahrhundert, war dies die ärmste Gegend des Hradčany. Die Handwerker und Diener sind hier schon lange ausgezogen, heute ist Nový Svět wegen seiner Galerien und Restaurants in Mode.

INSIDERTIPP

Bummeln Sie durch den malerischen Neue-Welt-Teil des Hradschin, öffnen Sie das kleine Tor zum oberen Teil des Hirschgrabens und gehen Sie über Fußgängerbrücken zur grünen Wiese, um zu picknicken (April–Okt.).

MILOŠ ČUŘIK
REISELEITER, ARTS & MUSIC TRAVEL

Die Gasse führt zu einer weiteren schönen Dientzenhofer-Kirche, **Sankt Johannes von Nepomuk** (**Kostel sv. Jan Nepomucký**), die 1729 vollendet wurde. Das Innere zieren Fresken von Wenzel Reiner. Von hier können Sie der Kanovnická zurück zum Burgplatz folgen.

STRAHOVSKÝ KLAŠTER (KLOSTER STRAHOV)

Kloster Strahov liegt auf dem Hügel westlich der Prager Burg bei Pohořelec. Das 1140 von Herzog Wenzel II. gegründete Kloster ist 1258 abgebrannt und erhielt bei späteren Wiederaufbauten sein heutiges Aussehen. Das Kloster war bis zur Schließung durch die Kommunisten 1950 in den Händen der Prämonstratensermönche.

Sie betreten den Klosterkomplex durch ein bedeutendes Barocktor, das Anselmo Lurago 1742 schuf; die Statue zeigt den hl. Norbert, den Gründer des Prämonstratenserordens. Direkt vor Ihnen liegt der Eingang zur Klosterkirche, die **Mariä Himmelfahrt (Nanebezvetí Panny Marie)** geweiht ist. Linker Hand sehen Sie die frühere Kirche **Sankt Rochus (Kostel sv. Rocha)**, die auf Befehl Rudolfs II. 1612 gebaut wurde. Dort finden heute Kunstausstellungen statt. Im Hof haben die Mönche, die nach 1989 zurückgekehrt sind, ein Restaurant und einen Biergarten eingerichtet.

Die Fassade der Klosterkirche ist ein weiterer Entwurf von Lurago, geschmückt von Statuen aus der Werkstatt von Johann Anton Quittainer (1709–65), der auch die Figuren über dem Tor schuf. Betreten Sie das Kirchenschiff, und Sie finden sich in einer exzellent restaurierten Kirche. Die symmetrischen Altarbilder lenken das Auge zum hohen Hauptaltar. Sehen Sie nach oben und bewundern Sie das Deckengemälde. Die sonstige Ausstattung – Kanzel, Kirchenbänke, Orgel, Gitter – ist dunkel und üppig und wurde im 18. Jahrhundert weitgehend erneuert.

Im früheren Klostergebäude befinden sich heute zwei der schönsten barocken Bibliotheken Europas. Die erste ist der hohe **Philosophische Bibliothekssaal (Filosofický sál)**. Seine Bücherregale und anderen Möbel wurden aus dem Kloster Louka in Südmähren hierher gebracht, das um 1780 aufgelöst worden war. Die Mönche verschönerten die Bibliothek durch ein Deckengemälde, mit dem Franz Anton Maulbertsch (1724–96) beauftragt wurde; er wählte die Aufklärung als Thema und zeigte, welche Fortschritte die Menschheit unter göttlicher Führung auf dem Weg zur Erkenntnis gemacht hatte. Die römischen Büsten stiftete ein privater Sammler 1965.

STRAHOV-GARTEN

Eine Tür in der östlichen Mauer des Klosters führt in die Gärten und Obstgärten von Strahov (Strahovská zahrada), die sich den Hang hinunter in Richtung Malá Strana erstrecken.

Ein Flur führt zum **Theologischen Bibliothekssaal (Teologický sál)**, der älteren der zwei Bibliotheken. Sie wurde 1671 von Giovanni Orsi gebaut und um 1720 erweitert. Die intime Atmosphäre wird durch die niedrige Decke verstärkt, deren Fresken vom Strahover Mönch Siard Nosecký geschaffen und in raffiniert stuckierte Rahmen gesetzt wurden. Diese Fresken zeigen unter anderem ein Selbstporträt sowie Darstellungen anderer Ordensmitglieder. Sechs alte Globen und hölzerne Lesepulte gehören zur Einrichtung der Bibliothek.

Der größte Teil der Sammlung stammt aus Stiftungen; man kann sich nur schwer einen herrlicheren Rahmen für 3000 Handschriften und mehr als 1500 Inkunabeln (seltene Wiegendrucke, vor 1500) vorstellen. Die älteste Handschrift ist das aus dem 9. Jahrhundert stammende **Strahover Evangeliar**, dessen Einband reich mit Juwelen verziert ist; ein Faksimile wird beim Eingang zum Theologischen Bibliothekssaal gezeigt. Andere seltene Missale, Miniaturen, Handschriften – darunter eine Handschrift (9. Jh.) mit Darstellungen der Evangelisten (10. Jh.) – und ein Himmelsatlas aus dem 14. Jahrhundert sind in der Nähe der Buchhandlung zu sehen.

Im Kreuzgang an der Ostseite der Kirche zeigt eine **Ausstellung** ein Zehntel der klostereigenen Kunstsammlung mit mehr als tausend Exponaten. Zu den wichtigsten zählen eine Kreuzigungsszene aus Jihlava (um 1330), Gemälde des Meisters von Litoměřice, Arbeiten von Karel Škréta, Franz Palko, Wenzel Reiner und Petr Brandl sowie Rokokogemälde von Maulbertsch. In der Ausstellung können Sie auch einige mit Edelsteinen besetzte Kreuze und Monstranzen aus der Schatzkammer sehen. Wie in der Nationalgalerie (Národní galerie; siehe S. 87 f.) ist Brandl auch hier gut vertreten. ■

DIE UMGEBUNG DER BURG
73

PALAIS SCHWARZENBERG
Hradčanské náměstí 233
233 081 713
€€
ngprague.cz

PALAIS STERNBERG
Hradčanské náměstí 15
233 09 05 70
Mo geschl.
Tram: 22, 23 (Pražský hrad)
€€€; frei am ersten Mi des Monats
ngprague.cz

LORETOKIRCHE
72
Loretánské náměstí
€€
loreta.cz

KLOSTER STRAHOV
72
Strahovské nádvoří
233 10 77 22 (Galerie); 233 107 748 (Bibliothek)
Tram: 22, 23 (Pohořelec)
€
strahovskyklaster.cz

PETŘÍNSKÉ SADY (LAURENZIBERG)

Neben Hradčany und Burg liegt die große offene Fläche eines Parks, die als Petřín bekannt ist. Das weithin unberührte und an manchen Stellen noch ziemlich wilde Areal ist die größte Grünfläche im Stadtgebiet.

Das weitläufige Parkgelände des Petřín-Hügels mit seinem eigenen Eiffelturm-Doppelgänger

Im frühen Mittelalter war der Park ein Teil des großen Waldes, der die Stadt umgab; an den geschützten Südhängen wurden Weinreben angepflanzt. Im Lauf der Zeit ersetzten Gärten und Obstgärten die Wälder. Viele Obstbäume haben überlebt und sind im Frühling, wenn sie in Blüte stehen, ein herrlicher Anblick.

Sie gelangen von verschiedenen Seiten aus auf den Hügel. Es gibt Eingänge an der Úvoz und Vlašská in Malá Strana und am Kloster Strahov; näher am Fluss verbinden kurze Straßen den Park mit Hauptstraßen wie der Karmelitská und der Újezd. Von der Újezd geht es steil hinauf zum Gipfel des Petřín, der 327 Meter hoch ist.

Eine Alternative zum Spaziergang ist die **Standseilbahn (Lanová dráha)**, die an der Újezd abfährt und alle zehn Minuten fährt (*tägl. 9.30-23.30 Uhr*). Die Bahn wurde 1891 gebaut und hat zwei Haltestellen, über die erste erreicht man das teure Restaurant Nebozízek. Auf dem Gipfel angelangt, können Sie sich rechts in Richtung **Aussichtsturm (Petřínská rozhledna)** halten. Die 60 Meter hohe Miniaturausgabe des Eiffelturms ist nur ein Fünftel so hoch wie das Original. Der Turm wurde für die Prager Jubiläumsausstellung 1891 in Auftrag gegeben (nur zwei Jahre nach der Fertigstellung des Pariser Originals) und schließlich in den 1930er Jahren hier aufgebaut. Zur Aussichtsplattform ist es eine ziemliche Kletterei – fast 300 Stufen –, doch Sie werden mit einem atemraubenden Blick über die Stadt und weit darüber hinaus belohnt. Am Fuß des Turms lädt ein Café zum Ausruhen ein.

Auf dem Weg von der Seilbahnstation zum Turm kommen Sie am **Spiegellabyrinth (Zrcadlové bludiště)** vorbei. Diese burgähnliche Konstruktion wurde ebenfalls 1891 gebaut. Besonders für Kinder ist das Labyrinth eine große Attraktion; sie haben im Labyrinth selbst ebenso viel Spaß wie in den Räumen mit den Zerrspiegeln.

Hinter dem Turm und dem Labyrinth sehen Sie die **Hungermauer (Hladová zed')**, den noch bestehenden Teil der großen Befestigungsanlage, die Karl IV. einst als öffentlichen Bauauftrag von den hungernden Arbeitslosen errichten ließ: Die Reste auf der Mauer erstrecken sich über fast 1200 Meter und sind acht Meter hoch, sie verbinden die Újezd mit dem Kloster Strahov, zu dem eine Reihe von Wegen führen.

Längs der Mauer und nur wenige Schritte vom Spiegellabyrinth entfernt liegt die Kirche **St. Laurentius (Kostel sv. Vavřinec)** mit ihren typischen Zwiebeltürmen. Die Kirche wurde von Ignaz Palliardi entworfen und um 1775 neben einer älteren romanischen Kapelle vollendet.

Das **Observatorium (Šefánikova hvězdárna)** erreichen Sie, wenn Sie den vom Turm wegführenden Weg nehmen. Das Observatorium ist für die Öffentlichkeit zugänglich, Sie können dort einige der starken Teleskope ausprobieren. Eine kleine Ausstellung zeigt historische astronomische Geräte. Unweit des Observatoriums liegt der **Rosengarten** (**Růzový sad**) – ideal für eine Ruhepause vor der Rückkehr in die Stadt. ■

INSIDERTIPP

Wandern Sie im Frühling zwischen den blühenden Obstbäumen auf dem Petřín-Hügel. An kurvenreichen Wegen bieten sich viele Bäume zum Verweilen an. Im Herbst gibt's hier Äpfel und Birnen gratis.

TAYLOR KENNEDY
NATIONAL GEOGRAPHIC-FOTOGRAF

AUSSICHTSTURM
72
€€

SPIEGELLABYRINTH
€

OBSERVATORIUM
Mo sowie Okt.–Mai geschl.
€

‹ Pferde ziehen eine Kutsche über den Altstädter Ring

100 STARÉ MĚSTO (ALTSTADT)

Die Altstadt, Prags historisches Zentrum, hat sich ihre mittelalterliche Anlage bewahren können. Ihr Mittelpunkt ist der Altstädter Ring; hier und an den Straßen, die ihn mit dem Moldauufer verbinden, stehen alte Häuser, deren Fundamente aus dem 11. und 12. Jahrhundert stammen.

Obwohl nur ein relativ kleiner Teil der Altstadt, finden hier doch sehr viele kulturelle und religiöse Veranstaltungen statt. Zahlreiche mittelalterliche und barocke Kirchen stehen hier, ferner das Karolinum, die ursprüngliche mittelalterliche Universität, und ihr jesuitischer Nachfolger, das Klementinum. Am Fluss steht das Rudolfinum, die wichtigste Konzerthalle. Neben dem weiten Altstädter Ring gibt es intimere Plätze wie den Betlémské náměstí und den Uhelný trh. Die Palais Clam-Gallas und Goltz-Kinský sind mindestens genau so eindrucksvoll wie die Stadthäuser auf der anderen Flussseite.

Genau nördlich vom Altstädter Ring liegt das frühere jüdische Getto in Josefov, das vor allem wegen seines Alten Friedhofs bekannt ist. Das Viertel heißt nach Kaiser Joseph II. Josefov, in Anerkennung seiner Toleranz gegenüber den Juden im späten 18. Jahrhundert. Heute finden Sie hier einige der elegantesten Einkaufsstraßen der Stadt mit Designer-Boutiquen und teuren Restaurants und Bars.

Am Nordostende von Josefov liegt das St.-Agnes-Kloster mit seinen zwei Kirchen, die für Konzerte genutzt werden. Die Nationalgalerie stellt in den Klosterräumen ihre mittelalterliche Kunst aus. ■

Vltava
ŠTEFÁNIKŮV MOST
ČECHŮV MOST
NA FRANTIŠKU
Anežský klášter
Kostel sv. Salvátor
Kostel sv. František
ŘÁSNOVKA
REVOLUČNÍ
NÁBŘEŽÍ
PAŘÍŽSKÁ
17. LISTOPADU
DUŠNÍ
Kostel sv. Hastal
DLOUHÁ
HAŠTALSKÁ
Staronová synagoga
Španělská synagoga
Kostel sv. Duch
Obřadní síň
Klausová synagoga
VĚZEŇSKÁ
KOZÍ
RYBNÁ
DLOUHÁ
Vysoka synagoga
UPM
Židovská radnice
STARÝ ŽIDOVSKÝ HŘBITOV
JOSEFOV
MASNÁ
ŠIROKÁ
PAŘÍŽSKÁ
DUŠNÍ
Pinkasova synagoga
Maiselova synagoga
palác Goltz-Kinských
Kostel sv. Jakub
Dům U k amenného zvonu
KAPROVA
RYBNÁ
Kostel sv. Mikuláše
Pomník Jana Husa
Chrám Matky Boží před Týnem
Staroměstská radnice
STAROMĚSTSKÉ NÁMĚSTÍ
Týnská škola
PLATNÉŘSKÁ
CELETNÁ
MARIÁNSKÉ NÁMĚSTÍ
Rottův dům
U kamenného stolu
Dům U černé Matky Boží
Klementinum
Clam-Gallasův palác
U zlatého jednorožce
MALÉ NÁMĚSTÍ
Dům U minuty
Karolinum
OVOCNÝ TRH
Kostel sv. Klimenta
ŽELEZNÁ
KARLOVA
U zlaté koruny
MELANTRICHOVA
U dvou zlatých medvědů
Stavovské divadlo
Dům pánů z Kunštátu
Kostel sv. Havel
HUSOVA
JILSKÁ
HAVELSKÁ
Kostel sv. Jiljí
RYTÍŘSKÁ
NA MŮSTKU
Betlémská kaple
BETLÉMSKÉ NÁMĚSTÍ
UHELNÝ TRH
SKOŘEPKA
PERLOVÁ
NA PERŠTÝNĚ
0
200 Meter
Vltava
Zur Orientierung

STAROMĚSTSKÉ NÁMĚSTÍ (ALTSTÄDTER RING)

Prags Altstädter Ring ist das eigentliche Herz der Stadt. Die Häuser stammen oft aus der Zeit der Romanik, doch ihre Fassaden sind größtenteils barock. Seit dem Mittelalter war der Platz der gesellschaftliche Kern der Stadt.

Das Palais Goltz-Kinský (palác Goltz-Kinských) steht gegenüber dem großen **Hus-Denkmal** von 1915, das Ladislav Šaloun zur Erinnerung an die Hinrichtung des Reformators 500 Jahre zuvor geschaffen hat. Im Palais hat die Nationalgalerie (Národní galerie) ihre Grafik- und Handzeichnungs-Sammlung untergebracht *(nicht öffentlich zugänglich)*, außerdem werden dort wechselnde Kunstausstellungen gezeigt.
Rechts vom Palais Goltz-Kinský steht das gotische Haus **Zur Steinglocke (Dům U kamenného zvonu)**. Alte Fotos zeigen, dass der Bau bis 1980 eine Barockfassade hatte, doch die Denkmalpfleger beschlossen, die barocke Verkleidung abzunehmen und die gotischen Fenster und das Maßwerk, mit dem das Haus aus dem 14. Jahrhundert verziert war, freizulegen.
Gegenüber finden Sie die frühere **Teyn-Schule (Týnská škola)**. Der frühgotische Bau mit dem abgerundeten Giebel scheint den Fenstern nach im 16. Jahrhundert in italienischem Stil renoviert worden zu sein.

DIE BESTEN STADTRUNDGÄNGE

Prag ist eine großartige Stadt für Fußgänger. Große Teile der Altstadt sind autofrei, und die schmalen, kurvigen Kopfsteinpflastergassen säumen viele Bogengänge und herrliche verzierte Fassaden.
Gut ein Dutzend Touranbieter buhlen um neugierige Touristen, die die Stadt zu Fuß erkunden wollen. Bei der »Kommunismus-Führung« besucht man, kein Wunder, die Stätten der Samtenen Revolution, und der »Franz-Kafka«-Weg führt durch Kafkas Heimatviertel Josefov in der Altstadt. Einige der faszinierenderen Führungen widmen sich Prags dunkler Vergangenheit und den schier zahllosen Legenden über Untaten und Mysterien. Die nächtliche »Prague Ghost Tour: Esoteric Mysterious Prague« ist etwas für Fans des Makabren und handelt von Alchemie, Okkultismus und angeblich auch von Kafkas spirituellen Andeutungen. **Prague Walks** *(praguewalks.com)* unterhielt mit diesen Führungen (nur auf Englisch) schon Hunderte von Teilnehmern. **DiscoverWalks** *(discoverwalks.com/prague-walking-tours)* bietet von Einheimischen geführte Touren zu den wichtigsten Sehenswürdigkeiten an, dazu gehören der Altstädter Ring, die kubistische Architektur, das ehemalige jüdische Ghetto und essenzielle Shoppingtipps für Fashionistas, alles gewürzt mit tschechischen Legenden und Erzählungen von Lokalhelden, wie Supermodels und Tennisprofis, die von hier gestartet sind.

In vielen der Arkadenhäuser am Altstädter Ring sind heute Restaurants und Cafés untergebracht

Die typischen Zwillingstürme der **Teynkirche (Chrám Matky Boží před Týnem)**, ein Prager Wahrzeichen, ragen am Platz hinter der Schule auf. Sie gelangen durch die Lauben der Schule zum Eingang. Der Bau der Kirche wurde 1365 begonnen, trotz zahlreicher zwischenzeitlicher Veränderungen behielt der Bau seine gotische Atmosphäre. Die Türme wurden 1402 begonnen, allerdings mussten die Arbeiten wegen der Hussitenkriege unterbrochen werden – so wurden sie erst 1511 vollendet.

Das Barockgewölbe des hohen Innenraumes ersetzte das gotische Dach, das bei einem Brand zerstört wurde. Erhalten sind jedoch die ursprünglichen Bogengänge und Fenster in den Seitenschiffen. Zur barocken Ausstattung gehört vor allem der Hochaltar von 1649 sowie einige Gemälde von Karel Škréta. Leider ist der Zutritt zur Kirche trotz der Bedeutung der Kirche auf wenige Minuten vor und nach den Gottesdiensten beschränkt.

Links von der Kanzel finden Sie das **Grab** des großen dänischen Astronomen Tycho Brahe (1546–1601), den Kaiser Rudolf II. 1599 nach Prag eingeladen hatte und der vier Jahre später hier starb. Brahe entwickelte die Theorie der um die Sonne kreisenden Planeten. Zur Besänftigung der Kirche gab er jedoch vor, der Überzeugung zu sein, dass sich das Weltall um die Erde drehe.

Kehren Sie auf den Altstädter Ring zurück, um einen Blick auf einige der angrenzenden Häuser zu werfen. Auf der Südseite befindet sich unter einem mit einem Hirsch verzierten Erkerfenster ein massives Portal aus dem 16. Jahrhundert (Nr. 17). Nr. 18, **Zum steinernen Tisch (U kamměného stolu)**, ist ein hübsches Barockhaus mit feinen Stuckaturen. In der Nr. 20, **Zum goldenen Einhorn (U zlatého jednorožce)**, leitete der Komponist Smetana eine Musikschule.

Gegenüber den gotischen Arkaden steht das **Dům U minuty** mit Sgraffito-Schmuck aus dem 17. Jahrhundert sowie einem Löwen mit Schild. Das Haus ist heute Teil des **Altstädter Rathauses (Staroměstská radnice)**, einem weitläufigen Komplex. Der Haupteingang ist ein herrliches gotisches Portal, dessen Figurenschmuck von Matthias Rejsek geschaffen wurde; eines der Renaissancehäuser hat ein schönes vergoldetes Fenster, über dem sich das Wappen der Altstadt befindet. Am berühmtesten ist aber die **Astronomische Uhr (Orloj)**, die Mikuláš von Kadaň entworfen hat und die 1410 konstruiert wurde. Sie ist die älteste dieser Art in Europa und zieht zur vollen Stunde Menschenmassen an. Es erscheint der Zug der zwölf Apostel, dazu die menschliche Eitelkeit, der Geiz, der Tod und ein Türke.

Christbäume und Marktstände tauchen den Altstädter Ring in einen Lichterglanz. Weihnachtsmärkte finden im Dezember an mehreren Plätzen statt

Die Uhr ist oft renoviert worden, zuletzt nach Beschädigungen durch deutsche Truppen (1945), als die Apostel ersetzt werden mussten.
Das Innere, das Sie durch die Touristeninformation betreten, ist ebenfalls einen Besuch wert. Das Gebäude wird heute nur noch bei feierlichen Anlässen und für Kunstausstellungen genutzt. Attraktive Türen und bemalte Deckenbalken beleben einige der Räume. Peter Parler baute die Kapelle des Altstädter Rathauses 1381, die Wände sind mit heraldischen Motiven geschmückt. Die Glasfenster wurden 1945 zerstört und sind durch moderne Fenster ersetzt worden. Manchmal kann man den romanischen Keller des Rathauses besuchen, hier befand sich unter dem Turm früher das Gefängnis.
Zwischen dem Rathaus und der Teynschule können Sie am Boden das **Mahnmal** für 27 protestantische Adlige sehen, die hier nach der Schlacht am Weißen Berg (siehe S. 42) hingerichtet wurden.

INSIDERTIPP

Kaufen Sie sich einen Wegweiser zu den Hausmarken, die über viele Türen in der Altstadt gemalt, geschnitzt oder gemeißelt sind. Sightseeing mit »Schatzsuche« ist toll für Kids.

CHARLES RECKNAGEL
RADIO FREE EUROPE, PRAG

Gehen Sie hinter dem Rathaus zur glanzvollen **Kirche St. Nikolaus (Kostel sv. Mikuláše)**, an die Kilian Ignaz Dientzenhofer um 1735 letzte Hand anlegte. Die breite Fassade ist mit Statuen und Büsten von Antonín Braun verziert. Die Kirche hat einen kreuzförmigen Grundriss, über dem sich eine fast quadratische Kuppel erhebt, überbordender Stuck von Bernardo Spinetti ziert das Innere, das zu den schönsten Kirchen Prags zählt.
Kehren Sie zum Dům U minuty zurück und folgen Sie der Passage zum **Kleinen Ring (Malé náměstí)**, der früher der Obstmarkt der Stadt war. In der Platzmitte steht ein Renaissancebrunnen mit einem sehr schönen Gitter von 1560, hübsche Häuser säumen den Platz. Nr. 2, **Zum weißen Löwen (U bílého lva)**, ist eine verblüffende Mischung aus Gotik und Rokoko. In der Nr. 13, **Zur goldenen Krone (U zlaté koruny)**, steht eine besonders schöne alte Apotheke mit klassizistischen Möbeln. Das **Rott-Haus (Rottův dům**, Nr. 3) geht auf die romanische Epoche zurück, obwohl die Fassade Gemälde von Mikuláš Aleš, dem populären Künstler aus dem 19. Jahrhundert, trägt. ■

ALTSTÄDTER RING
101
Metro: Staroměstská

ALTES RATHAUS
101
236 002 629
€

SPAZIERGANG DURCH STARÉ MĚSTO

Der Spaziergang führt Sie durch die Straßen der Altstadt, die um den Altstädter Ring herumführen. Das Viertel ist ein faszinierendes Gewirr aus Stadthäusern, Kirchen, Palästen, Museen und dem alten Teil der Karlsuniversität.

Beginnen Sie an der Karlsbrücke (siehe S. 110 ff.) auf der Altstädter Seite. Halten Sie sich rechts und gehen Sie durch die Einkaufsarkade, bis Sie zu einer Promenade kommen, die in den Fluss hinausragt. Auf dieser erreichen Sie das **Smetana-Museum (Muzeum Bedřicha Semtany)** ❶ (*geschl. Di,* €). Das 1926 gegründete Museum präsentiert eine Sammlung von Originalpartituren, daneben Porträts, Briefe und persönliche Gegenstände des Komponisten. Kehren Sie zum Platz zurück, der zur Karlsbrücke führt. Neben **Sankt Salvator (Kostel sv. Salvátor)** liegt ein Eingang zum wuchtigen **Klementinum** ❷, dem früheren Jesuitenkolleg, das die Habsburger 1556 zur Förderung der Gegenreformation gründeten. Da das Klementinum heute zur Karlsuniversität gehört, sind einige Teile für Besucher geschlossen, aber Sie kommen in den 52 Meter hohen **Astronomischen Turm (Hvězdárenská věž**; *tägl. ab 10 Uhr,* €€), den üppig mit Stuck verzier-

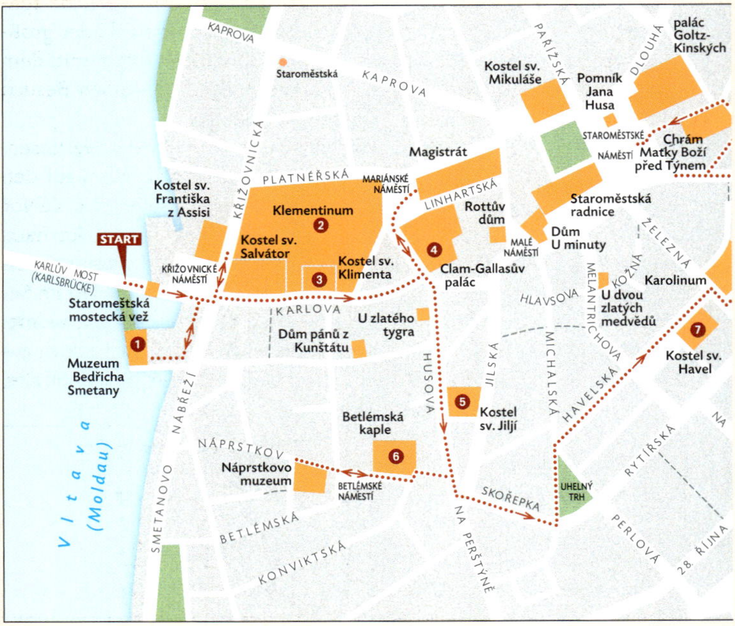

ten großen Lesesaal (17. Jh.), die **Barockbibliothek** von 1727 und die stark verzierte und vergoldete Kapelle, die als **Spiegelkapelle** (**Zrcadlová kaple**; *nur zu Konzerten geöffnet,* €) bekannt ist.

Die Gasse, die die Karlsbrücke und den Altstädter Ring verbindet, heißt **Karlova**. Nr. 2 ist das barocke Palais Colloredo-Mansfeld (palác Colloredo-Mansfeldský); Nr. 3, Zum goldnen Brunnen (U zlaté studny), hat eine schöne Barockfassade; Nr. 4 ist das Haus, in dem der deutsche Astronom Johannes Kepler 1607–12 lebte. Auf dem Weg kommen Sie an der **Clemenskirche (Kostel sv. Klimenta)** 3 vorbei. Das Kircheninnere mit seinem reichen Figurenschmuck von Matthias Braun ist atemberaubend, leider aber ist die Kirche nur selten geöffnet. Am besten findet man am Spätnachmittag Zutritt, kurz bevor der Gottesdienst beginnt. Gehen Sie weiter die Karlova hinunter, biegen Sie dann links auf die Husova ab, dann können Sie das riesige **Palais Clam-Gallas (Clam-Gallasův palác)** 4 kaum verfehlen, in dem heute das Stadtarchiv untergebracht ist. Das Palais hat eine der schönsten Fassaden Prags, den Entwurf schuf im frühen 18. Jahrhundert der bedeutende österreichische Baumeister Fischer von Erlach. Auch wenn die Archive nicht allgemein für den Publikumsverkehr zugänglich sind, können Sie doch durch die öffentlichen Bereiche spazieren. Es lohnt sich, der großartigen Steintreppe mit dem Deckengemälde einen Besuch abzustatten.

Wenn Sie das Palais verlassen, gehen Sie nach rechts auf den Mariánské náměstí, wo sie vor sich das gewaltige **Rathaus (Magistrát)** sehen, das 1906 bis 1911 von Osvald Polívka im Sezessionsstil entworfen wurde. Kehren Sie auf die Husova zurück und folgen Sie der Straße,

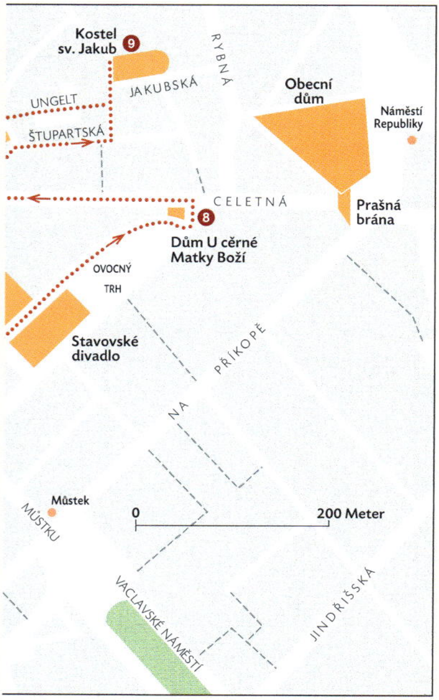

Siehe Stadtteilkarte S. 88–89
➤ Karlsbrücke auf der Altstadtseite
3,2 Kilometer
Ca. 4 Stunden
➤ Altstädter Ring

Wenn die Altstädter Astronomische Uhr zur vollen Stunde schlägt, bewegen sich die Figuren

die einige sehr hübsche Rokokofassaden aufzuweisen hat. Achten Sie auf das berühmte Lokal **U zlatého tygra**. Links kommen Sie an der Dominikanerkirche **Sankt Ägidius (Kostel sv. Jiljí)** 5 vorbei. Das Äußere stammt zwar aus dem frühen 14. Jahrhundert, doch das Innere wurde barockisiert und von Wenzel Reiner, der in der Kirche begraben liegt, mit Fresken (1734) versehen.
Wenden Sie sich nach rechts zum Betlémské náměstí, um die **Bethlehemskapelle (Betlémská kaple)** 6 (€) zu besichtigen. Diese düstere Halle geht auf das spätere 14. Jahrhundert zurück, die Kapelle wurde zerstört und um 1950 wiedererrichtet. Hier predigte Jan Hus in Tschechisch; er lebte im Haus rechts neben der Kapelle. An der Ecke Náprstkova befindet sich das **Náprstek Museum (Náprstkovo muzeum**; *geschl. Mo,* €). Das Völkerkundemuseum umfasst 95 000 Ausstellungsstücke aus aller Welt, darunter Masken, Statuen und Waffen.
Spazieren Sie zurück zur Husova und gehen Sie auf der Skořepka zum Uhelný trh. Gehen Sie die Havelská entlang bis zur **St.-Gallus-Kirche (Kostel sv. Havel)** 7, die 1280 errichtet und im 18. Jahrhundert von Giovanni Santini renoviert wurde. Dahinter liegt das **Ständetheater (Stavovské divadlo)** und das **Karolinum**, die ursprüngliche Heimstätte der Prager Universität, die Karl IV. 1348 gegründet hatte. Das Ständetheater wurde 1781 errichtet, hat aber viele Umbauten und Renovierungen erfahren. Hier wurden zwei von Mozarts wichtigsten Opern uraufgeführt, »Don Giovanni« und »La Clemenza di Tito«.
Über den Ovocný trh zwischen Karolinum und Theater kommen Sie zur **Celetná**, einer Hauptverkehrsstraße. An der Ecke liegt das unverkennbare **Haus zur Schwarzen Madonna (Dům U černé Matky Boži)** 8, eines der schönsten kubistischen Häuser, entworfen von Josef Gočár. Viele der Fassaden an der Celetná sind barock, doch datiert der Ursprung vieler Häuser weiter zurück, manche stammen aus dem frühen Mittelalter. Franz Kafka lebte von 1896 bis 1907 in Haus Nr. 3.

Gehen Sie ein kleines Stückchen zurück, nehmen Sie die linke Abzweigung in die Štupartská, dann die zweite links, die Malá Štupartská, zur **St.-Jakobs-Kirche (Kostel sv. Jakub)** 9. Der barocke Schmuck dieser Kirche (spätes 17. Jh.) mit einem extrem langen Schiff und der theatralischen Doppelempore im Chor zählt zum schönsten in ganz Prag. Im linken Seitenschiff befindet sich das Grab des Grafen Vratislav von Mitrovice, ein Meisterwerk von Brokoff nach einem Entwurf von Fischer von Erlach (1716). Hinter dem Eingang auf der rechten Seite sehen Sie einen mumifizierten Arm: Er soll einem Dieb gehört haben, der vor 400 Jahren den Schmuck von der Statue der Madonna am Altar zu stehlen versuchte. Die Madonna habe seinen Arm so fest gehalten, dass ihm dieser abgehackt werden musste.

Gegenüber der Kirche liegt der **Teynhof (Ungelt)**, bis zum 18. Jahrhundert ein Lagerhaus und Kaufmannszentrum. Anfang 1980 war der Hof fast verfallen, heute erstrahlt er renoviert. Verlassen Sie den Teynhof durch die Arkade der Teynkirche, dann kommen Sie zurück zum Altstädter Ring.

INSIDERTIPP

Haben Sie keine Angst, sich in der Alt- oder Unterstadt zu verlaufen. Die Straßen können zwar voll werden, aber die meisten Besucher halten sich an die touristischen Pfade. Nur einen oder zwei Häuserblocks weiter sind Sie in dieser schönen Stadt völlig allein.

MARK BAKER
NATIONAL GEOGRAPHIC TRAVELER
MAGAZINE-AUTOR

KAFFEEHAUSKULTUR

Nicht nur die Samtene Revolution wurde in Prags *kavárny*, den traditionellen Kaffeehäusern, eingeleitet. Im 19. Jahrhundert entstanden hier die Prinzipien eines unabhängigen tschechischen Staats und große literarische Werke.

Von den einstmals mehreren Dutzend großartiger Kaffeehäuser in der Altstadt konnte nur eine Handvoll ihren Geist von einst bewahren. Schon lange verschwunden ist Kafkas Lieblingscafé, das Arco, in dem sich eine Gruppe von Schriftstellern und Künstlern formierte, die Arconauten. (Das farblose Café von heute kann es mit dem alten nicht aufnehmen.)

Eines jener Kaffeehäuser, in denen man den Geist von einst noch spürt, ist das **Café Montmartre** in der Řetězová 7 in der Altstadt. Abgewetzte Sofas aus viktorianischer Zeit, zusammengewürfelte Holzstühle und schummriges Licht bilden die Kulisse für lange Gespräche über Theater, Literatur, Filme und Kunst im Allgemeinen. Das Café in einer ruhigen Gasse lohnt den Besuch – und im Winter muss man unbedingt den Glühwein *(svarák)* probieren.

KARLŮV MOST (KARLSBRÜCKE)

Die 500 Meter lange, 16-bogige Brücke ist ein mittelalterliches Meisterwerk. Sie wurde im Auftrag Karls IV. 1357 von Peter Parler begonnen, doch erst 1402 vollendet. Sie ersetzte die nahe gelegene Judithbrücke, die 1342 nach einem Hochwasser aufgegeben wurde. 500 Jahre lang war die Karlsbrücke die einzige Verbindung zwischen den beiden Stadthälften.

INSIDERTIPP

Kommen Sie frühmorgens zur Karlsbrücke, zum Sonnenaufgang. Sie haben die Brücke nicht nur (fast) für sich allein, sondern sehen die Sonne hinter den gotischen Türmen der Altstadt aufsteigen.

SCOTT WARREN
NATIONAL GEOGRAPHIC-FOTOGRAF

Doch nicht nur die Brücke fasziniert, sondern auch die Ausblicke. Von der Mitte aus können Sie nach beiden Richtungen eine einzigartige Dachlandschaft aus barocken Kuppeln, gotischen Kirchtürmen und Renaissancegiebeln genießen.
Nicht weit vom Brückenende auf der Kleinseite steht das berühmte Lokal **Zu den drei Straußen (U tří pštrosů)**. Das Fresko zeigt drei Strauße – ein Hinweis auf den Federhandel des Besitzers Jan Fux, der das Haus 1597 kaufte. Federn waren in der Renaissance ein wichtiges Mode-Accessoire. Man nimmt an, dass 1714 hier das erste Kaffeehaus Prags war.
Das Schönste an der Karlsbrücke sind die barocken Heiligenstatuen. Viele sind Nachbildungen aus dem 19. Jahrhundert und später. Die Originale sind heute im Nationalmuseum zu sehen.
Die Verbindung zwischen der gotischen Brücke und ihrem barocken Schmuck ist perfekt. Nicht alle Statuen sind künstlerisch wertvoll, doch die folgenden sollten Sie sich ansehen. Wir beginnen auf der Kleinseite.
Brokoff schuf 1714 zwei herrliche Gruppen von Statuen. Eine von ihnen (die zweite auf der linken Seite) zeigt den **hl. Veit** auf einem Felsgipfel, offensichtlich nicht erschreckt von Schlangen und wilden Tieren unterhalb von ihm; die Statue direkt gegenüber zeigt die **Heiligen Johannes von Matha**, **Felix von Valois** und **Ivan**.
Die nächste Figur, der **heilige Adalbert**, ist eine Kopie der Brokoff-Statue (1709). Gegenüber sehen Sie das einzige Marmorstandbild, es zeigt den **hl. Philipp Benitius** (1714). Der Heilige, der vor einem von Putten bevölkerten Obelisken steht, ist der **hl. Kajetan**, ebenfalls von Brokoff (1709). Gegenüber sehen Sie die blinde **hl. Luitgard** von Matthias Braun (1710). Weiter auf der rechten Seite steuerte Brokoff die Statuen der **Heiligen Vinzenz Ferrer** und **Prokop** (1712) bei.

Statuen in Prag wären undenkbar ohne den **hl. Johannes von Nepomuk**, der etwa in der Brückenmitte auf der linken Seite in einer schönen Bronzefigur von Matthias Rauchmüller und Jan Brokoff zu sehen ist (1683); der Sockel zeigt seinen Märtyrertod im Fluss.
Wieder auf der rechten Seite kann man bewundern, wie Brokoff sich bei seiner Statue des **hl. Franz Xaver** (Kopie, 1711) an Exotischem versuchte; der Heilige wird von einem Chinesen mit Zopf, einem Türken und einem

Die bekannteste mittelalterliche Brücke, die Karlsbrücke, verbindet seit 1402 die Altstadt mit der Kleinseite

Ein gut ausgerüsteter Straßenmusikant unterhält auf der Karlsbrücke die Passanten

indianischen Häuptling begleitet, Anspielungen auf seine Missionarstätigkeit. Auf der linken Seite ein Stück weiter ersetzt eine ausgezeichnete **Kreuzigungsgruppe** (17. Jh.) das mittelalterliche Kreuz. Ein Stückchen weiter auf der rechten Seite sehen Sie die **Heiligen Margarete, Elisabeth** und **Barbara**, wiederum von Brokoff (1707). Das letzte Paar auf der Brücke sind Kopien: links Jäckels Madonna mit dem **hl. Bernhard von Clairvaux** (1709), gegenüber die Figur des **hl. Ivo** von Matthias Braun (1711).

Nach so vielen Figuren möchten Sie rasch davoneilen, doch der Turm verdient einen Blick. Die schönste Fassade ist die zur Altstadt hin: Das Wappenschild zeigt die Gebiete des Heiligen Römischen Reiches Deutscher Nation zur Zeit Karls IV. Darüber sind der Kaiser und Wenzel IV. zu sehen, der eine Kaiserkrone trägt. Zwei Kirchen in der Nähe der Brücke lohnen einen Besuch: links die **St.-Franziskus-Kirche (Kostel sv. Františka z Assisi)** und geradeaus die **St.-Salvator-Kirche (Kostel sv. Salvátor)**. ■

MIT DEM RUDERBOOT AUF DER MOLDAU

Den schönsten Blick auf Matka Praha (Mutter Prag) hat man nicht von irgendeiner Straße, einer Burg oder vom Flussufer aus, sondern von der Moldau selbst. Die Stadt erhebt sich hier vor einem derart schön, dass man meint, sie sei vor langer Zeit allein auf diese Aussicht hin angelegt worden.

Von April bis Oktober kann man Ruder- und Tretboote für zwei Personen für rund 60 Kč die Stunde ausleihen. Man findet sie auf Slovanský ostrov, der Insel gegenüber dem Nationaltheater, und an der Lavka-Bar gleich flussaufwärts der Karlsbrücke auf der Altstadtseite.

Bei schönem Wetter auf dem ruhigen, kühlen Wasser dahinzugleiten, ist eine wunderbare Art, eine oder zwei Stunden zu verbringen – man begegnet nur hin und wieder langsam tuckernden Ausflugsbooten, die auch nur eingeschränkt fahren.

Noch romantischer ist es am Abend, im Sommer kann man noch nach Einbruch der Dunkelheit Boote mieten. Nehmen Sie ruhig eine Flasche Wein mit – dagegen haben die Verleiher nichts einzuwenden.

Wolfgang Amadeus Mozart (1756–91) besuchte Prag das erste Mal im Januar 1787, um eine Vorstellung seiner Oper »Die Hochzeit des Figaro« zu dirigieren, die von den Pragern mit Begeisterung aufgenommen wurde. Es folgte der Auftrag für eine neue Oper, die in Prag uraufgeführt werden sollte: »Don Giovanni«.

Ein zeitgenössischer Stich zeigt die Trauernden auf dem Weg in die Kirche St. Nikolaus zu einem Requiem zu Ehren Mozarts (1791)

Im Oktober kehrte Mozart nach Prag zurück, um die Oper fertigzustellen. Zunächst wohnte er im Haus Die Drei Goldenen Löwen (Dům U tří zlatých lvů) in der Uhelny trh. Das Haus gehörte dem Komponisten und Pianisten František Dušek (1731–99). Mozart hatte Dušek und seine Frau Josefina, eine berühmte Sängerin, in Wien und Salzburg getroffen und war eingeladen worden, bei ihnen in der Vila Bertramka zu wohnen. Die Villa stand inmitten von Weinbergen im Smíchov-Viertel. Hier vollendete Mozart seinen »Don Giovanni« – die Ouvertüre schrieb er erst in der Nacht vor der Premiere am 29. Oktober 1787.

Eine Anekdote erzählt, Josefina habe Mozart gedrängt, für sie eine Konzertarie zu schreiben. Dafür habe sie Mozart im Gartenhaus eingesperrt, bis er diese schließlich vollendet hatte. Das Ergebnis ist ein Meisterwerk seiner Gattung: »Bella Mia Fiamma«.

Mozart kehrte viele Male nach Prag zurück und wohnte meist bei den Duseks. Er spielte auf einigen der bekanntesten Tasteninstrumente der Stadt – auf einer Orgel in der Spiegelkapelle des Klementinums und in der Kirche St. Nikolaus auf der Kleinseite; außerdem kursiert die Geschichte, dass er auf der Orgel im Kloster Strahov (siehe S. 94) eine Sonate improvisiert habe.

Sein letzter Besuch fand 1791 statt, als er den Auftrag für eine weitere Oper erhielt, die die Krönung von Kaiser Leopold II. zum König von Böhmen feiern sollte. Er war krank und konnte nicht einmal der Aufführung der Oper »La Clemenza di Tito« im Ständetheater beiwohnen. Drei Monate später starb er.

Wie viele böhmische und mährische Städte hatte Prag seit dem frühen Mittelalter eine jüdische Gemeinde. Die Juden wurden geduldet, da die böhmischen Herrscher ihr Geschick als Geldverleiher brauchten – aus dem gleichen Grund wurden sie auch beneidet und verfolgt. Das ursprüngliche jüdische Viertel lag bei der Burg, erst im 12. Jahrhundert dehnte es sich über den Fluss aus.

Josefov war bis 1848 ein von einer Mauer umgebenes Getto, doch es entwickelte sich zu einer lebendigen Mischung aus Geschäften, Mietshäusern und Synagogen.
1850 wurde Josefov zu einem eigenen Prager Stadtviertel erklärt, doch es blieb ein Slum mit völlig unzureichender Wasserversorgung. 1892 schließlich wurden die übervölkerten und lauten Gassen und Mietshäuser abgerissen und durch Apartmenthäuser im Jugendstil ersetzt. Einige der attraktivsten dieser Häuser finden Sie an der Pařížská und Břehová.
Vom Altstädter Ring geht es über die Pařížská ins jüdische Viertel. Nicht zu übersehen ist die **Altneusynagoge (Staronová synagoga)**, ein Backsteinbau mit Giebeln. Die Synagoge wurde etwa 1275 gebaut. Die Backsteingiebel sind Teil des originalen mittelalterlichen Baus.
Das Innere wirkt sehr düster: Der Raum mit schönem Rippengewölbe, schmiedeeisernem Gitter, alten Leuchtern, Bannern und Kirchenbänken wurde jahrhundertelang nicht verändert. Der große Betstuhl rechts vom Thoraschrein war der Platz des berühmten Rabbi Judah Löw ben Bezalel (1520–1609). Er war eine der führenden Persönlichkeiten in den jüdischen Intellektuellenkreisen im späten 16. und frühen 17. Jahrhundert. Die Geschichte vom Golem (siehe 118 f.) ist mit ihm verbunden. Das Banner, das über der Thorabühne (*bima*) hängt, gehört der jüdischen Gemeinde, der Karl IV. 1357 das Recht

Auf dem Alten Jüdischen Friedhof stehen Tausende von Grabsteinen dicht an dicht auf eine eigene Flagge verliehen hatte. Das Banner wurde beschädigt und erneuert, das heutige stammt von 1716.

Beim Verlassen der Synagoge halten Sie sich links und gehen die Maiselova hinunter. Links sehen Sie das mächtige **Jüdische Rathaus (Židovská radnice)**. Es wurde 1541 errichtet und nach einem Brand 1764 wiederaufgebaut. Das bemerkenswerteste Detail ist die Uhr, deren Zeiger sich gegen den Uhrzeigersinn bewegen und damit auf die Rechts-links-Richtung der hebräischen Schrift verweisen. Das Privileg für einen Turmbau erhielt die Gemeinde in Anerkennung der Leistungen, die jüdische Bewohner bei der Verteidigung der Karlsbrücke gegen die Schweden 1648 erbracht hatten.

Wenden Sie sich nach rechts auf die Široká, dann liegt rechter Hand der Eingang zum **Alten Jüdischen Friedhof (Starý židovský hřbitov)**.

INSIDERTIPP

Zum Jüdischen Friedhof mit seinen ca. 12 000 Grabsteinen sollte man nicht zu Stoßzeiten gehen, um lärmenden Gruppen zu entgehen.

SCOTT WARREN
NATIONAL GEOGRAPHIC-FOTOGRAF

Zuerst kommen Sie zur **Pinkas-Synagoge (Pinkasova synagoga)** aus dem 16. Jahrhundert. Sie wurde oft umgebaut und dient heute als ergreifendes Mahnmal für die 77 297 jüdischen Opfer des Holocaust aus Böhmen und Mähren. Die Namen aller Ermordeten sind innen an den Wänden einzeln verzeichnet. Das kommunistische Regime ließ sie 1975 übermalen, die Namen wurden jedoch in mühevoller Kleinarbeit wieder restauriert.

Für viele Besucher ist der Alte Jüdische Friedhof die Hauptattraktion des Viertels. Das letzte Begräbnis fand hier 1787 statt, danach verbot Joseph II. weitere Beisetzungen innerhalb der Stadtmauern. Seitdem scheint im eingefriedeten Gelände die Zeit stehen geblieben zu sein. Viele der alten Grabsteine stehen schräg und sind verwittert, doch das verstärkt die würdevolle Ruhe des Friedhofs noch. Das älteste Grab, das von **Avigdor Karo**, stammt von 1439. Ein berühmter Bürgermeister der jüdischen Stadt, **Mordechai Maisel** (1528–1601), ist zwischen der Klausen-Synagoge (Klausová synagoga) und dem Kunstgewerbemuseum (Uměleckoprůmsylové muzeum) begraben. Nahe der Museumsmauer steht ein weiterer ungewöhnlich geschmückter Grabstein, er gehört zum Grab von **Hendela Bassevi** (1628), deren Ehemann in den Adelsstand erhoben worden war.

Im Lauf der Jahrhunderte wurden hier 100 000 Tote begraben, etwa 12 000 Grabsteine blieben erhalten. Raumknappheit führte dazu, dass Erde auf bestehende Gräber geschichtet wurde; bis zu zwölf Gräber liegen übereinander. Die alten Steine sind mit hebräischen Inschriften bedeckt, die an die Toten und ihre Tugenden erinnern. Häufig sind sie mit Symbolen geschmückt wie Kiefernzapfen, Krügen und Trauben, die für Werte wie Fruchtbarkeit oder das historische Volk Israel stehen, dem der Verstorbene angehörte. Jüdische Besucher huldigen noch immer der Sitte, als Zeichen der Achtung Kiesel auf die Grabsteine zu legen. Die meisten Kiesel liegen auf dem Grabstein von Rabbi Löw in der Nähe des Kunstgewerbemuseums.

Sie verlassen den Friedhof durch ein Tor direkt beim **Zeremoniensaal (Obřadní síň)**. Heute ist der Saal ein Museum, das jüdische Kultgegenstände zeigt. Der Zeremoniensaal ist eines von mehreren Gebäuden in der Nähe des Friedhofs, die alle zum Jüdischen Museum gehören.

Wenn Sie den Saal verlassen, sehen Sie rechts den Eingang zur **Klausen-Synagoge (Klausová synagoga)**. Sie hat ein verziertes Tonnengewölbe und zeigt eine Ausstellung mit alten hebräischen Handschriften und Büchern. Weitere Exponate stehen im Zusammenhang mit dem Sabbat und jüdischen Feiertagen, ausgestellt werden gestickte Thoravorhänge und silberne Thoraschilde und -kronen, mit denen die Gesetzesrollen geschmückt wurden, sowie jüdische Kultgegenstände.

Gehen Sie von hier zum Jüdischen Rathaus zurück und biegen Sie rechts ab in die Maiselova. Überqueren Sie die Široká, bei Nr. 10 kommen Sie zur **Maisel-Synagoge (Maiselova synagoga)**. Hier befinden sich jüdische Silberwaren aus ganz Böhmen und Mähren, Manuskripte und Thoramäntel, manche stammen aus dem 17. Jahrhundert.

HIGHLIGHTS DES JÜDISCHEN MUSEUMS

Prags Jüdisches Museum spielt eine wichtige Rolle für die Verbreitung des Geschichtsverständnisses. Die Robert-Guttmann-Galerie in der U Staré školy 3 im Josefov-Viertel in der Altstadt zeigt regelmäßig Ausstellungen wie zuletzt über die Geschichte der jüdischen Auswanderer in Europa, die gemeinsam von der Eugeen van Mieghem Stiftung und dem Red Star Line Museum in Antwerpen ins Leben gerufen wurde. Die Ausstellung konzentriert sich auf die Auswanderung von Millionen von Menschen aus Osteuropa nach Amerika im späten 19. und frühen 20. Jahrhundert und zeigt unter anderem eindringliche Schwarz-Weiß-Fotografien und alte Reiseposter. Von Antwerpens Hafen aus brachen fast 2,4 Millionen Europäer zwischen 1873 und 1934 in ein neues Leben auf. Unter den Reisenden waren hunderttausende osteuropäische Juden, die durch Armut und Verfolgung zur Auswanderung gezwungen wurden. Der Auszug wurde vom belgischen Künstler Eugeen van Mieghem (1875–1930) dargestellt, dessen Bilder vor Kurzem große Besuchermengen in die Guttmann-Galerie zogen.

Die letzte Synagoge ist die **Spanische Synagoge (Španělská synagoga)**. Um dorthin zu gelangen, wenden Sie sich beim Verlassen der Maisel-Synagoge nach rechts und dann wieder rechts in die Široká. Nach einem Stück Weg sehen Sie die Heilig-Geist-Kirche (Kostel sv. Duch) und dahinter die Spanische Synagoge von 1868, die der sephardischen Gemeinde Prags als Versammlungsort diente. Jeder Zentimeter der Oberfläche des überkuppelten Inneren ist im maurischen Baustil gestaltet und bemalt. Sie war viele Jahre geschlossen, doch wurde sie restauriert und zeigt heute das Leben der jüdischen Gemeinde Prags im 19. Jahrhundert. Oben auf der Empore gibt es alte Fotos vom jüdischen Leben in Böhmen und Mähren; andere geben einen lebhaften Eindruck davon, wie das alte Getto vor der Zerstörung ausgesehen haben muss. Dokumente und Fotografien verdeutlichen die Deportationen von 1941 bis 1945, welche die einst so lebendige jüdische Gemeinde Prags fast ausgelöscht haben. ■

Souvenirstände in der Nähe des Alten Jüdischen Friedhofs hoffen, mit ihrer Ware die Besucher des Friedhofs anzulocken

JOSEFOV
101

ALTNEUSYNAGOGE
Sa & in den jüdischen Ferien geschl.
€€€€

JÜDISCHES MUSEUM
Verschiedene Orte; U Staré školy 1
222 749 211
Sa & in den jüdischen Ferien geschl.
€€€€
Metro: Staromestská
www.jewishmuseum.cz

Auf dem Alten Jüdischen Friedhof in Prag steht der Grabstein von Jehuda Löw ben Bezabel ben Chaim, Rabbi Löw (1520–1609). Er hatte einen guten Ruf als Experte in den Naturwissenschaften ebenso wie in der Kabbala, den mystischen jüdischen Schriften. Man schrieb es Löw zu, aus Lehm ein Wesen geschaffen zu haben, das der Golem genannt wurde und dem er ein eigenes Leben gab.

Es erstaunt nicht, dass diese phantastische Geschichte in Prag aufkam. Prag war unter Rudolf II. eine der europäischen Hochburgen der Alchimie und Magie. Obwohl man es Löw zuschreibt, den Golem geschaffen zu haben, sind diese Geschichten nicht neu. Mittelalterliche kabbalistische Texte beschreiben ein Wesen, das als abhängiger Diener und Verteidiger der Juden agieren sollte. Doch erst Rabbi Löw stattete seinen Golem mit einer eigenen, anarchischen Energie aus.
Die bekannteste Version der Legende berichtet, dass Löw mit seinen Schülern zum Ufer der Moldau eilte, weil er eine unbestimmte, aber schreckliche Gefahr spürte. Ihr Zauber rief das Wesen aus Lehm ins Leben, unter Mithilfe der vier Elemente – Erde, Feuer, Luft und Wasser. Der Golem wurde zum lebenden Wesen, so sagt die Geschichte, nachdem Löw das Wort »Shem«, den unbekannten Namen Gottes, ausgesprochen hatte. Andere Versionen berichten, dass der Rabbi einen Zettel oder einen Stein, auf den das heilige Wort geschrieben war, in den Mund des Wesens legte; wieder andere, dass er sieben Mal gegen den Uhrzeigersinn um den Golem gelaufen sei. Mit Leben ausgestattet, konnte der Golem jedoch nur schwer kontrolliert werden. So wird berichtet, dass der Rabbi vergessen habe, das Papier aus dem Mund des Golem zu nehmen, woraufhin der Golem in einem Wutanfall fürchterlich im Getto gewütet haben soll.
Wiederum andere Geschichten schildern den Golem als ein heroisches Wesen, dessen Abenteuer teils düster, teils spielerisch sind und das immer dann zur Hilfe eilte, wenn jüdische Werte oder Leben in Gefahr waren. In einer Zeit, in der Juden sich ständig unsicher fühlten – nach Jahrhunderten der Verfolgung und der falschen Anklagen –, muss es für sie sehr beruhigend gewesen sein zu wissen, dass ein übernatürliches Wesen seine Kräfte zu ihrer Verteidigung ein-

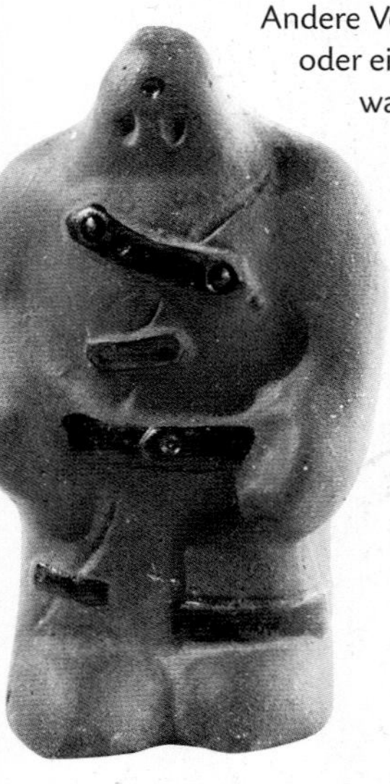

Die Legende vom Golem inspirierte viele Schriftsteller und Dramatiker

Rabbi Löw war im 16. Jahrhundert der hochverehrte Führer der jüdischen Gemeinde in Prag

setzte. Es gab nur eine Möglichkeit, den Golem leblos zu machen: Man musste ihm den Lebensatem nehmen.

Die Geschichte des Golem ist durch zahlreiche Nacherzählungen bekannt geworden, vor allem durch den gleichnamigen Roman von Gustav Meyrink im frühen 20. Jahrhundert. 1920 war die Legende das Thema eines Stummfilms mit Paul Wegener, weitere Tonfilmversionen folgten.

120 ANEŽSKÝ KLÁŠTER (ST.-AGNES-KLOSTER)

Das 1234 gegründete Klarissenkloster am Nordrand von Josefov wurde 1782 aufgelöst und verfiel im 19. Jahrhundert immer stärker. Heute werden seine beiden restaurierten Kirchen für Konzerte genutzt.

Das königliche Kloster wurde um 1230 von Agnes, der Tochter Ottokars I., gegründet; der Bau dauerte bis 1280. Die Blütezeit fand mit den Hussitenkriegen (1419–34) ein jähes Ende. Verschiedene Mönchsorden lebten bis 1782 im Kloster, das dann von Joseph II. säkularisiert wurde. Die beiden Kirchen des Klosters – **St. Salvator (Kostel sv. Salvátor)** und **St. Franziskus von Assisi (Kostel sv. František)** – verfielen zu Ruinen. Sie wurden inzwischen vorbildlich restauriert, die Kreuzgänge wiederaufgebaut. Ausgrabungen förderten das Grab von Wenzel und anderen Přemysliden-Herrschern zu Tage. Die Chorräume der beiden Kirchen (beide Mitte des 13. Jh.) liegen nebeneinander. 1986 wurde St. Franziskus zur Konzerthalle umgebaut; ein großer Teil des restlichen Klosters wurde Galerie.

MITTELALTERLICHE KUNST

Viele Jahre lang waren die mittelalterlichen Sammlungen der Nationalgalerie im Kloster St. Georg in der Prager Burg untergebracht. Eine Um-

Im stimmungsvollen mittelalterlichen Kreuzgang des St.-Agnes-Klosters finden oft Konzerte statt organisation der Sammlung brachte die mittelalterliche Abteilung ins St.-Agnes-Kloster. Es handelt sich um eine großartige Sammlung mittelalterlicher Kunst aus Mitteleuropa: Tafelbilder, geschnitzte Madonnen, Flügelaltäre sowie ganze Gemäldezyklen.

INSIDERTIPP

Der Prager Frühling *(www.festival.cz)* ist ein internationales Festival mit klassischer bis experimenteller Musik und geht auf das Jahr 1946 zurück.

ANDREA LIŠKOVÁ
CZECHTOURISM, USA

Die Sammlungen: Der erste Raum zeigt Madonnen aus dem 12. und 13. Jahrhundert, die deutlich den Einfluss französischer Kunst zeigen. Zu sehen sind ein Gemälde der Muttergottes mit Kind aus der Kirche am Vyšehrad (Mitte 14. Jh.), ein ungewöhnliches Kopfreliquiar aus vergoldetem Silber, das einst den Schädel der hl. Ludmilla, der Großmutter des heiligen Wenzel, barg, sowie Madonnen des Meisters von Vyšší Brod.
Im zweiten Raum sehen Sie einen Zyklus von neun Gemälden mit Szenen aus dem Leben Christi. Es sind Andachtsbilder mit Charme, aber geringerer Qualität, da man den Eindruck hat, dass der Künstler Schwierigkeiten hatte, Kopf und Körper einander anzupassen. Die Gemälde mit der Geburt, Christus am Ölberg, der Kreuzigung und der Auferstehung sind von höherer Qualität.
Der dritte Raum zeigt Arbeiten des Malers, den wir als **Meister Theoderich** kennen. Am bekanntesten wurde er durch die 128 Gemälde, die er für die Kapelle auf Burg Karlštejn um 1360 schuf. Sechs sind hier ausgestellt. Sie sind in jenem Stil gemalt, der als »weicher Stil« bezeichnet wird.
Im nächsten Raum stockt einem fast der Atem vor einer Kreuzigungsszene, die durch ihre Unmittelbarkeit und ihren Realismus verblüfft. Sie gehörte einst dem Emmaus-Kloster (Klášter Na Slovanech, siehe S. 140). Ferner sehen Sie hier farbige Glasfenster aus Kolín, 35 Kilometer östlich von Prag, harmonische Schnitzarbeiten von Madonna und Kind sowie eine bewegende Pietà aus Lásenice.
Im folgenden Raum erwartet Sie ein Höhepunkt: Gemälde des Meisters von Třeboň, die einzigen erhaltenen Teile eines Flügelaltars von ca. 1380. Es sind herrliche Arbeiten von einer Genauigkeit und gezügelten Emotion, die den Gemälden aus Vyšší Brod so sehr fehlt. Sie sehen hier ebenfalls eine bewegende Kreuzigungsszene desselben Künstlers. Eines seiner Hauptwerke ist die »Madonna von Roudnice«, die um 1380 entstanden ist.
Im nächsten Saal finden Sie geschnitzte und gemalte Madonnen und einem Zyklus von 14 Porträts aus dem frühen 15. Jahrhundert. Im selben

Raum sehen Sie eine prachtvolle Monstranz von etwa 1400 aus Sedlec bei Kutná Hora. Höhepunkte des folgenden Raumes sind der »Roudnicer Altar« aus dem frühen 15. Jahrhundert und ein gotisches Meisterwerk: eine Variante der »Muttergottes von Český Krumlov«.
Gehen Sie wieder am Porträtzyklus vorbei, um in die große Halle zu gelangen. Hier sind unter anderem sechs sehr dekorative Gemälde vom **Meister von Rajhrad** und seiner Werkstatt aus Mähren ausgestellt (ca. 1430). Hier steht auch das außergewöhnlich lebhafte und unerbittlich realistische Triptychon, das als »Altar von Reininghaus« bekannt ist, blutrünstig, dicht und ausdrucksstark; eine zarte »Himmelfahrt Mariä« aus Deštná, sehr formalistisch und schön im Detail; dazu ein »St.-Georgs-Altar«, realistisch und vollendet, mit herrlich wiedergegebenem Faltenwurf. Aus Österreich kommt eine »Jungfrau Maria mit Girlanden«, eine harmonische Arbeit von 1480. Der tadellos erhaltene »Velhartice-Altar« ist eine vielschichtige Arbeit mit farbig gefassten Reliefs neben der Statue einer Madonna mit Kind. Es gibt weitere Gemälde von schöner Farbigkeit aus der Werkstatt des **Meisters von Litoměřice** und das würdevolle Triptychon der Heiligen Dreifaltigkeit.
Im nächsten Raum steht ein üppiges Reliquiar des hl. Adalbert (ca. 1490), während in den folgenden Räumen hervorragende Schnitzarbeiten eines Künstlers (1520–40), von dem man nur die Initialen I. P. kennt, ausgestellt sind. Seine Werke sind von Dürer (1471–1528) und Mantegna (1431–1506) beeinflusst. Gemälde von Lukas Cranach d. Ä. und seiner Werkstatt zeigen das Ende des Mittelalters und der Sammlungen an. ■

ST.-AGNES-KLOSTER
101
U Milosrdných 17
224 81 06 28
Mo geschl.
€€€, frei am ersten Mi des Monats
Tram: 5, 8, 26 (Dlouhá). Metro: Náměstí Republiky

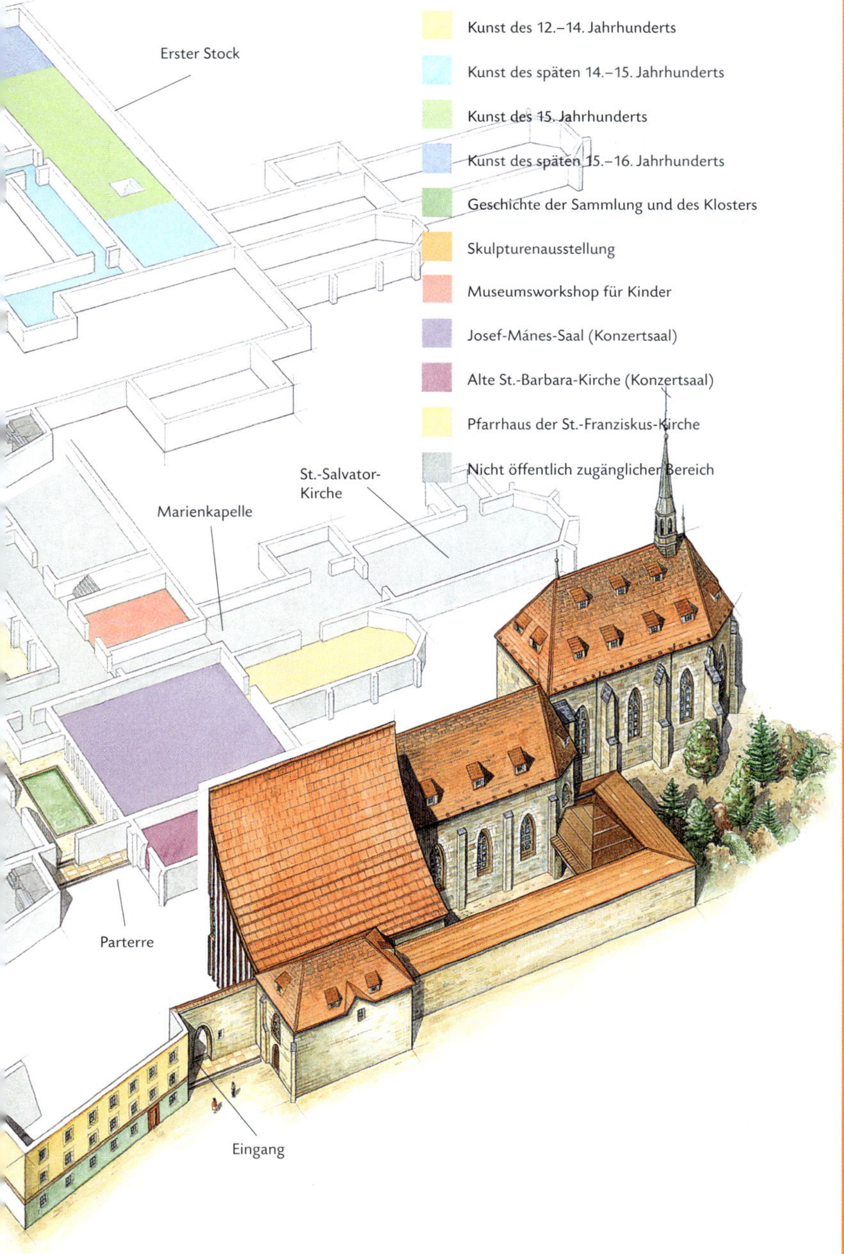
Kunst des 12.–14. Jahrhunderts
Kunst des späten 14.–15. Jahrhunderts
Kunst des 15. Jahrhunderts
Kunst des späten 15.–16. Jahrhunderts
Geschichte der Sammlung und des Klosters
Skulpturenausstellung
Museumsworkshop für Kinder
Josef-Mánes-Saal (Konzertsaal)
Alte St.-Barbara-Kirche (Konzertsaal)
Pfarrhaus der St.-Franziskus-Kirche
Nicht öffentlich zugänglicher Bereich
Erster Stock
St.-Salvator-Kirche
Marienkapelle
Parterre
Eingang

Ů DVOU ZLATÝCH MEDVĚDŮ (ZU DEN ZWEI GOLDENEN BÄREN)

Das schöne Renaissance-Haus steht an der Melantrichova, der Gasse gegenüber dem Altstädter Rathaus (Ecke Kožná). Den von zwei Bären gekrönten Eingang schuf 1590 Bonifaz Wohlmut. Wenn die Türe offen ist, können Sie in den wunderschönen Hof mit seiner Renaissance-Loggia gehen.

101 Kožná 1 Metro: Staroměstská

KOSTEL SV. HAŠTAL (KIRCHE SANKT KASTULLUS)

Die schöne gotische Kirche liegt an einem kleinen Platz nahe dem St.-Agnes-Kloster. Sie entstand ursprünglich um 1230, der heutige Bau stammt aus dem späten 14. Jahrhundert. In der Sakristei zeigen Reste gotischer Fresken die Apostel, sehenswert ist auch ein Kalvarienberg von Ferdinand Brokoff.

101 Haštalské náměstí

KUNST IN DER GALERIE NoD

Eines von Prags progressivsten Zentren für zeitgenössische Kunst ist das NoD in der Dlouhá 33 *(nod.roxy.cz)*. Es gehört zu einem jungen Non-Profit-Programm, das die Linhart-Stiftung organisiert, die im selben Haus auch den »Experimentalraum« Roxy Club betreibt. Dieses ehemalige Kino aus Vorkriegstagen ist ein Magnet für alle Arten internationaler Kultur, von Hochzeitsmusik aus dem Balkan bis zu britischen Meistern im Dub Mixing.
In der NoD-Galerie darüber finden aufstrebende Künstler in einem Etablissement, das zugleich Internet-Café ist, einen Rahmen für ihre Werke.
Zu den Veranstaltungen gehören Auftritte der Prager Philharmonie, Kammerkonzerte mit Jazz und tschechisch oder slowakisch inspirierter Folk-Musik, moderne Tanzstücke von Tantehorse und sogar Kurzfilme von einheimischen Künstlern. Theateraufführungen haben eine lange Tradition im NoD, hin und wieder beteiligen sich Studenten der Prager Theaterakademie DAMU. Zur Bandbreite der angebotenen Performances gehören sogar Arbeiten des japanischen Puppenspielmeisters Nori Sawa, dessen jüngstes Stück die Galerieräume während der kalten Wintersaison aufwärmte. Eine weitere Initiative der Kuratoren ist es, klassische Bands aus der Zeit der Samtenen Revolution wieder aufleben zu lassen, beispielsweise die einstige Underground-Band DG307.

Das Rudolfinum – Heimat der Tschechischen Philharmonie in der Abendsonne

SV. KŘÍŽ (RUNDKIRCHE)

Die Rundkirche aus dem 11. Jahrhundert, eine der drei in Prag erhaltenen romanischen Rundkirchen, steht an der Ecke von Konviktská und Karoliny Světlé. Im Inneren sind Fragmente von Wandgemälden aus dem 14. Jahrhundert zu sehen, doch ist die Kirche nur selten geöffnet.

100 Karoliny Světlé Tram: 17. Metro: Národní třida

RUDOLFINUM

Unweit der Karlsbrücke erstreckt sich das Rudolfinum, benannt nach dem Kronprinzen Rudolf von Österreich. Es ist die Heimat der Tschechischen Philharmonie und das Zentrum des jährlichen Musikfestivals im Frühling, das als Prager Frühling bekannt ist. Es dauert vom 12. Mai (Smetanas Geburtstag) bis zum 3. Juni. Der Kartenvorverkauf beginnt einen Monat vor Eröffnung des Festivals.

100 Alšovo nábřeží 12 226 539 625 (Kartenbestellung), 257 314 040 (Programmauskunft), 226 53 96 23 (allg. Infos) Tram: 17. Metro: Staroměstská **Prager Frühling Kartenvorverkauf: 257 31 22 05 www.festival.cz**

NOVÉ MĚSTO (NEUSTADT) & VORSTÄDTE

‹ Schloss Troja

NOVÉ MĚSTO (NEUSTADT) & VORSTÄDTE

Die Neustadt und die Vorstädte umfassen einige beachtenswerte Sehenswürdigkeiten; alle sind leicht mit den öffentlichen Verkehrsmitteln zu erreichen.

Die eigenartigen Giebel des Neustädter Rathauses überragen den Karlsplatz

Im Jahr 1348 veranlasste Karl IV. die Erweiterung der Altstadt, die Neustadt wurde großzügig und aus heutiger Sicht unter erstaunlich modernen stadtplanerischen Gesichtspunkten angelegt. Er ließ große freie Räume als Marktplätze und breite Straßen schaffen, die im auffallenden Kontrast zu den gewundenen Sträßchen, unregelmäßigen Plätzen und der Raumnot der mittelalterlichen Kleinseite und der Altstadt standen. Mittelpunkte des Projektes waren drei riesige Plätze, von denen sich zwei bis heute in der Originalform erhalten haben: der Wenzelsplatz und der Karlsplatz. Die Neustadt ist größer als die Altstadt und war von einer vier Kilometer langen Befestigung umgeben.

Als Stadtviertel hat die Neustadt weit weniger Charakter als die Kleinseite oder die Altstadt. Da sie nicht so kompakt gebaut wurde wie die älteren Teile der Stadt, konnte sie im 19. und 20. Jahrhundert leichter umgestaltet und saniert werden. Zwischen den Apartmenthäusern, Kliniken, Schulen, Büros und anderen großen öffentlichen Gebäuden finden sich einige sehenswerte Schmuckstücke. Dazu gehört die Vila Amerika, heute ein Museum; die Karlskirche, ein weiteres Vermächtnis Karls IV., und am anderen Ende der historischen Zeitskala das Tanzende Haus von dem amerikanischen Architekten Frank Gehry.

In diesem Kapitel werden auch der Vyšehrad und andere Prager Viertel, die nicht zu den alten Teilen der Stadt gehören, vorgestellt. Es werden Sehenswürdigkeiten am Stadtrand, darunter das großartige Schloss Troja, das faszinierende Technische Museum und die alte Klostergründung in Břevnov, präsentiert. ■

0
4 Kilometer
Trojský zámek
R8
601
Lapidárium
Praha-Ruzyně
Divoká Šárka
BUBENEČ
Národní technické muz.
Veletržní
10
12
ŽIŽKOV
R7
Kostel Panny Marie Vítězné
Národní památník
Olšanské hřbitovy
Letohrádek hvězda
6
Břevnovský klášter
PRAHA (PRAG)
Vila Bertramka
5
SMÍCHOV
Botič
PODOLÍ
R29
R1
Řeporyje
Vltava
Kunratice
D1
Slivenec
Libuš
Lochkov
R4
Radotín
Zbraslavský klášter
Berounka

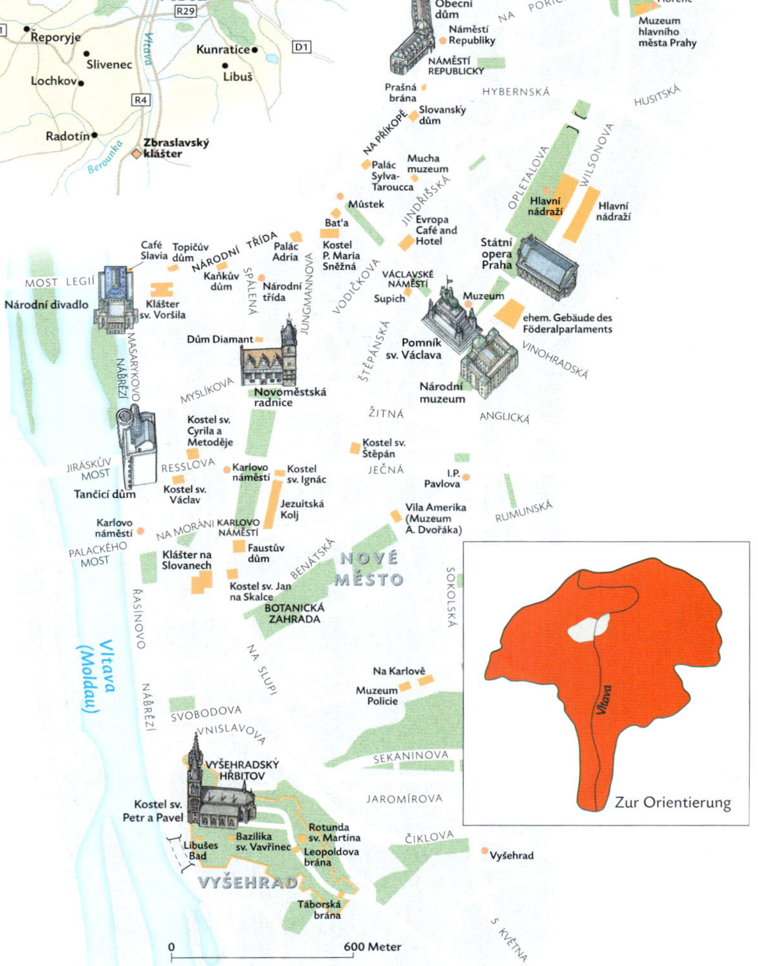
Vltava (Moldau)
ŠTEFÁNIKŮV MOST
NÁBŘEŽÍ LUDVÍKA SVOBODY
HLÁVKŮV MOST
ROHANSKÉ NÁBŘEŽÍ
REVOLUČNÍ
KLIMENTSKÁ
WILSONOVA
KE ŠTVANICI
SOKOLOVSKÁ
NA POŘÍČÍ
Florenc
Obecní dům
Náměstí Republiky
Muzeum hlavního města Prahy
NÁMĚSTÍ REPUBLIKY
Prašná brána
HYBERNSKÁ
HUSITSKÁ
Slovanský dům
NA PŘÍKOPĚ
Mucha muzeum
Palác Sylva-Taroucca
OPLETALOVA
WILSONOVA
JINDŘIŠSKÁ
Můstek
Hlavní nádraží
Hlavní nádraží
Evropa Café and Hotel
Bat'a
Café Slavia
Topičův dům
NÁRODNÍ TŘÍDA
Palác Adria
Kostel P. Maria Sněžná
Státní opera Praha
MOST LEGIÍ
Kaňkův dům
SPÁLENÁ
JUNGMANNOVA
VODIČKOVA
VÁCLAVSKÉ NÁMĚSTÍ
Národní třída
Supich
Muzeum
Národní divadlo
Klášter sv. Voršila
ehem. Gebäude des Föderalparlaments
MASARYKOVO NÁBŘEŽÍ
Dům Diamant
ŠTĚPÁNSKÁ
Pomník sv. Václava
VINOHRADSKÁ
MYSLÍKOVA
Novoměstská radnice
Národní muzeum
ŽITNÁ
ANGLICKÁ
Kostel sv. Cyrila a Metoděje
Kostel sv. Štěpán
JIRÁSKŮV MOST
RESSLOVA
Karlovo náměstí
Kostel sv. Ignác
JEČNÁ
I.P. Pavlova
Tančící dům
Kostel sv. Václav
Jezuitská Kolj
Vila Amerika (Muzeum A. Dvořáka)
RUMUNSKÁ
Karlovo náměstí
NA MORÁNI
KARLOVO NÁMĚSTÍ
PALACKÉHO MOST
Faustův dům
BENÁTSKÁ
NOVÉ MĚSTO
Klášter na Slovanech
SOKOLSKÁ
Kostel sv. Jan na Skalce
BOTANICKÁ ZAHRADA
RAŠÍNOVO
Vltava (Moldau)
NA SLUPI
Na Karlově
Muzeum Policie
NÁBŘEŽÍ
SVOBODOVA
VNISLAVOVA
VYŠEHRADSKÝ HŘBITOV
SEKANINOVA
Vltava
Zur Orientierung
JAROMÍROVA
Kostel sv. Petr a Pavel
Rotunda sv. Martina
Libušes Bad
Bazilika sv. Vavřinec
Leopoldova brána
ČIKLOVA
Vyšehrad
VYŠEHRAD
Táborská brána
5. KVĚTNA
0
600 Meter

VÁCLAVSKÉ NÁMĚSTÍ (WENZELSPLATZ)

Am Wenzelsplatz schlägt das wirtschaftliche und politische Herz der Stadt, hierhin strömen die Prager in Zeiten nationaler Feierlichkeiten.

Ursprünglich war der Platz ein Pferdemarkt, den Karl IV. um 1350 einrichten ließ. Größere Bedeutung errang er in der Mitte des 19. Jahrhunderts. 1885 wurde das Pferdetor, ein Teil der Stadtbefestigung, abgerissen und an seiner Stelle das Nationalmuseum gebaut. Die Museumskuppel ist Prags Wahrzeichen.

POMNÍK SV. VÁCLAVA (WENZELSSTATUE)

Die Statue des heiligen Wenzel steht vor dem **Nationalmuseum**. Das seit dem 17. Jahrhundert hier aufragende Standbild des Schutzpatrons wurde 1879 auf den Vyšehrad gebracht. Der Bildhauer Josef Václav Myslbek bekam den Auftrag, einen Ersatz zu schaffen, 1924 war die Arbeit schließlich vollendet. Die Statuen der vier anderen Schutzheiligen Böhmens – Ludmilla, Prokop, Veit und Agnes – umgeben das Denkmal.
Die Statue wurde bald zum Zentrum patriotischer Demonstrationen, die oft den ganzen Platz füllten. 1918 forderten die Tschechen hier die Unabhängigkeit vom untergehenden österreichisch-ungarischen Kaiserreich; 1968 trafen sich hier Tausende, um gegen den sowjetischen Einmarsch zu protestieren (siehe S. 48 ff.). Ganz in der Nähe verbrannte sich der Student Jan Palach aus Protest gegen die Invasion am 16. Januar 1969 selbst. So war

Von der Treppe vor dem Nationalmuseum hat man einen guten Blick auf den Wenzelsplatz

es unvermeidlich, dass ab dem Beginn der Samtenen Revolution Menschenmassen zum Wenzelsplatz strömten, um den Worten Václav Havels zu lauschen.

DIE GEBÄUDE

Zu den herausragenden Gebäuden zählt dagegen das **Café und Hotel Europa**, ein Jugendstilbau von 1906. Einige mutige Seelen haben tatsächlich ein Zimmer im sagenumwobenen Europa gebucht und konnten berichten, dass das Erlebnis, dort zu übernachten, nur von echten Liebhabern von Zeitkapseln der kommunistischen Ära wirklich wertgeschätzt werden könne. Annehmlichkeiten, Komfort, freundlicher Service und zusammenhängende Auskünfte wurden über die Jahre alle nachhaltig ausgemerzt. Hier trifft das alte tschechische Sprichwort über das kommunistische Regime zu: »Die tun so, als würden sie uns bezahlen und wir tun so, als würden wir arbeiten.« Allerdings wird ein umfangreiches Renovierungsprojekt die Institution vielleicht ins 21. Jahrhundert zerren. Nr. 6 ist das **Bat'a-Gebäude** mit prachtvollen Glasfenstern, die noch nach 70 Jahren makellos und elegant wirken. Tschechische und internationale Besucher stöbern hier noch heute nach Schuhen, auf der Suche nach echten Schnäppchen, und ehren das industrielle Imperium, das vor dem ersten Weltkrieg vom mährischen Unternehmer Tomáš Bata erschaffen wurde, dessen Sohn später nach Kanada auswanderte und die Hauptverwaltung mitnahm. Das nächste Haus, Nr. 8, ist die Adam-Apotheke (Adamova lékárna); es ist hoch und schmal, über der Tür sieht man Adam und Eva. Nr. 12 ist ein gutes Beispiel für den Prager Sezessionsstil. An der Ecke der Štěpánská steht das **Supich-Gebäude** (Nr. 38–40).

Národní muzeum (Nationalmuseum): Das weitläufige Museum im Neorenaissancestil wurde 1890 an der exponiertesten Stelle des Wenzelsplatzes erbaut, um das 1818 gegründete Museum aufzunehmen. Die

---

PALACH-GEDENKSTÄTTE

Vor der Wenzelsstatue ist eine kleine Gedenkstätte für Jan Palach, der sich auf dem Platz aus Protest gegen die sowjetische Invasion selbst verbrannt hat, sowie für andere Opfer des Kommunismus errichtet worden.
Der Platz der Roten Armee wurde 1989 umbenannt in námestí Jana Palacha. An der Fassade des Philosophischen Instituts, wo Palach studierte (Ostseite des Platzes), ist eine bronzene Totenmaske von ihm angebracht, die Olbran Zoubek schuf.

INSIDERTIPP

Die Prager Staatsoper, ein wahres Juwel, bietet das ganze Jahr für ca. 25 Euro Eintritt Werke von Verdi, Puccini, Mozart und natürlich Dvořák.

PHILIP HEIJMANS
AUTOR & FOTOGRAF, THE PRAGUE

Gründung war nicht nur wissenschaftlich, sondern vor allem auch nationalistisch motiviert.

Das Innere ist ein ausgezeichnetes Beispiel für einen monumentalen Architekturentwurf: Von der Eingangshalle schreiten Sie die große Treppe unter dem Glasdach hinauf, flankiert von Kugellampen und Messingkandelabern. Die Treppe führt in eine quadratische, zweistöckige Halle mit Galerien unter der Kuppel. Im **Pantheon** wird an wichtige Persönlichkeiten des tschechischen Geistes- und Wissenschaftslebens erinnert.

Die eine Hälfte des ersten Stockwerks zeigt eine Ausstellung zur Vor- und Frühgeschichte, dazu nationale Münzen und Medaillen sowie Theaterkostüme. Die andere Hälfte beherbergt die Mineraliensammlung. Im zweiten Stock finden Sie die zoologischen Sammlungen. Die Beschriftungen sind in beiden Stockwerken nur in Tschechisch gehalten.

DIE GEHEIMNISSE DES WENZELSPLATZES

Prags bekannteste Prachtstraße eignet sich inzwischen leider nicht mehr zum Flanieren. Angesichts der Nachtclubs, Casinos und protzigen Kristallläden fällt es schwer, sich die Studentenmassen vorzustellen, die sich hier im November 1989 versammelten und als Protest gegen das kommunistische Regime mit ihren Schlüsseln klingelten.

Hunderttausende, die schließlich genug hatten, bevölkerten diese Straße und verlangten ihre Freiheit. Es war alles andere als klar, dass sie Gehör fänden, geschweige denn friedlich protestieren dürften, ohne verletzt oder inhaftiert zu werden. Nach ein paar Tagen kam jedoch ein entscheidender Wendepunkt: Der regimekritische Schriftsteller Václav Havel erschien an der Seite des Ersten Sekretärs Alexander Dubček auf dem Balkon des Melantrich-Gebäudes (Nr. 36), um die Massen zu unterstützen. Dubček, der seine eigenen Bemühungen um einen »Sozialismus mit menschlichem Antlitz« durch den Warschauer Pakt von 1968 gescheitert sah, schien symbolisch die Führung an Havel abzutreten.

Bis zur umfangreichen Renovierung in 2015 hatten die Außenmauern des Nationaltheaters am Anfang des Wenzelsplatzes noch Narben von Artilleriegeschossen, die während des Warschauer Pakts von Eindringlingen unter sowjetischer Führung hinterlassen wurden.

Engel musizieren auf dem Dach der Prager Staatsoper

Weitere Gebäude: Links vom Museum (wird zurzeit renoviert) an der Wilsonova-Straße steht das Gebäude, in dem heute Radio Free Europe untergebracht ist. Dieses ursprünglich um 1930 gebaute Haus wurde kühn mit einer modernen Stein- und Glasstruktur von Karel Prager überbaut. Einige Schritte weiter auf der Wilsonova kommen Sie zur **Prager Staatsoper (Státní opera Praha)**. Das hübsche Gebäude mit einer großen neoklassizistischen Säulenhalle ist heute das wichtigste Opernhaus Prags. Das hübsche, in Rot und Gold gehaltene Innere wurde der Wiener Staatsoper nachempfunden, ist jedoch wesentlich kleiner. ■

WENZELSPLATZ
129

NATIONALMUSEUM
Václavské náměstí 68
224 49 71 11
Soll 2018 nach größeren Renovierungen wiedereröffnet werden
€€€; frei am ersten Mo des Monats
Tram: 3, 9, 14, 24. Metro: Můstek, Muzeum
nm.cz

PRAGER STAATSOPER (STÁTNÍ OPERA PRAHA)
Legerova 75
224 901 448
€€–€€€€
Metro: Můstek, Muzeum
opera.cz

Das bekannteste Geschäfts- und Einkaufsviertel verläuft mehr oder weniger in einer geraden Linie vom náměstí Republiky (Platz der Republik) entlang der Straße Na Příkopě über den Můstek am Ende des Wenzelsplatzes und weiter über die Národní třída bis zur Moldau. Im 19. Jahrhundert teilten Tschechen und Deutsche die Gegend untereinander auf.

Das Gemeindehaus (Obecní dům) wurde um 1911 als Kulturzentrum und Konzerthalle gebaut. Für das Prestigeobjekt war ein Wettbewerb ausgeschrieben worden: Die Gewinner waren Antonín Balšánek, der das Äußere entwarf, und Osvald Polívka, der für das weitestgehend im Jugendstil gestaltete Innere verantwortlich zeichnete. Die bedeutendsten Künstler ihrer Zeit trugen zur Ausstattung bei, darunter Alfons Mucha mit eindrucksvollen Wandgemälden. Im von einer Glaskuppel gekrönten **Smetana-Saal** finden Konzerte statt. Es werden Führungen durch das Haus angeboten, doch einen guten Eindruck vermittelt auch das Kaffeehaus links vom Foyer mit einer üppigen Ausstattung.

NA PŘÍKOPĚ

Links vom Obecní dům erhebt sich der **Pulverturm (Prašná brána)**, einst Stadttor und Pulverlager, der vom 15. bis 19. Jahrhundert gebaut und umgebaut wurde. Der Pulverturm steht am Anfang der Celetná; folgen Sie dieser, bis Sie die **Na Příkopě** erreicht haben. Hier verlief ursprünglich ein Wassergraben entlang der Altstadt-Befestigung, der 1760 aufgefüllt wurde. Mitte des 19. Jahrhunderts war Na Příkopě in Mode gekommen: Restaurants, Hotels und Stadthäuser säumten die Straße, auch viele Banken siedelten sich hier an. Nr. 22, das **Slawenhaus (Slovanský dům)**, zeigt barocke und klassizistische Elemente. Nr. 20 ist die frühere Handels- und Handwerksbank (Živnostenská banka), ein plumper Bau, der durch Übergänge mit einer weiteren Bank in Nr. 18 verbunden ist. Ein weiteres Bankgebäude, das an der Wende zum 20. Jahrhundert entstand, ist die Staatsbank (Nr. 3–5), die mit Kupferreliefs und Statuen im babylonischen Stil geschmückt ist. Auch einige ältere Häuser stehen hier noch; das schönste davon ist das **Palais Sylva-Taroucca (Palác Sylva-Taroucca)**, das um 1740 von Kilian Ignaz Dientzenhofer erbaut wurde. Die Fassade zeigt im Wesentlichen Rokokoelemente.

Die Celetná öffnet sich zum Můstek am oberen Ende des Wenzelsplatzes. Můstek bedeutet »kleine Brücke« und bezieht sich auf die Brücke, die hier im Mittelalter den Graben überspannte. Einige ihrer Bogen kann man hinter Glas in der U-Bahn-Station sehen.

Vom Můstek in Richtung Národní třída sehen Sie links die **Maria-Schnee-Kirche (Kostel Panny Maria Sněžná)**, die Karl IV. 1347 als Krönungskirche in Auftrag gab. Nur der riesige Altarraum (33 m hoch) wurde fertiggestellt, dann unterbrachen die Hussitenkriege (Anfang 15. Jh.) den Bau. Neben dem von einem Tympanon bekrönten Portal (*geschl.*) steht eine Säule – ein kubistischer Laternenpfahl von 1912.

NÁRODNÍ TŘÍDA

Der Platz Jungmannovo náměstí wurde nach dem Linguisten und Schriftsteller Josef Jungmann (1773–1847) benannt, der bei der Festlegung der Grundlagen der tschechischen Sprache mithalf; sein Denkmal steht auf dem Platz. Dahinter zieht sich die Národní třída bis zur Moldau; auch sie

Das Gemeindehaus, ein Prunkstück aus dem frühen 20. Jahrhundert

Skulptur auf dem Adria Palast

entstand, als der Graben zwischen Alt- und Neustadt um 1760 aufgefüllt wurde.
Das Gebäude genau vor Ihnen ist der **Adria-Palast (palác Adria)** von Pavel Janák und Joseph Zasche. Heute finden Sie hier Büros, Restaurants und das Theater Bez zábradlí. Auf der rechten Seite (Nr. 37) steht das klassizistische Platyz, in dessen Hof zahlreiche Läden einen Platz gefunden haben. Ein Stückchen weiter, unter den Arkaden des **Kaňka-Hauses (Kaňkův dům**, Nr. 16), erinnert eine Gedenktafel an eine große Demonstration, die hier in der Nähe am 17. November 1989 stattfand.
Einen großen Teil des nächsten Blocks nimmt das **Kloster St. Ursula (Klášter sv. Voršila)** ein, das 1704 von Marc Antonio Carnevale gebaut wurde. Auf der anderen Straßenseite erheben sich zwei bedeutende

OPEN-AIR-KINO

Abendliche Filmvorführungen locken viele Zuschauer auf die Moldauinsel Střelecký ostrov, auf die man über die Most legií (Brücke der Legionen) gelangt. Ebenfalls beliebt, sind nächtliche Filmvorführungen an warmen Abenden. Wenn keine auf dem Programm stehen, schauen Sie auf der Veranstaltungsliste auf prague.eu nach Alternativen. In den letzten Jahren haben etwa ein halbes Dutzend Orte, darunter auch der Prager Strand (eher eine freie Stelle zwischen glatten Ufersteinen) flussaufwärts, Filme gezeigt und begeisterten Fans Bier serviert.
Tschechische Spielfilme, die außerhalb des Landes kaum zu sehen sind, werden häufig mit englischen Untertiteln gezeigt, wie z. B. Pavel Juráčeks »Prípad pro zacínajícího kata« (1969, »Ein Fall für einen junger Henker«), und auch Arthouse-Filme westeuropäischer und amerikanischer Indie-Produktion stehen auf dem Programm. Bierzelte und Imbisse machen den Abend noch angenehmer, es schadet aber nie, eine Jacke oder eine Decke mitzunehmen für den Fall, dass der unvorhersehbare tschechische Sommer beschließt, für gewisse Spannung zu sorgen.

TSCHECHISCHES THEATER

Nicht zufällig war der erste Präsident der freien Tschechoslowakei nach dem Krieg ein Bühnenautor. Das Theater spielte in der Geschichte des Landes schon immer eine große Rolle. Das größte Baudenkmal des 19. Jahrhunderts war das Nationaltheater, dessen Grundstein – mit öffentlicher Finanzierung – 1868 gelegt wurde und das mit einem Gedicht über slawische Mythologie, »Libuše«, eröffnet wurde.

Die Welt der tschechischen Oscar-Preisträger Jiří Menzel und Miloš Forman öffnet sich durch die Einführung von Untertiteln bzw. über die Bühne projizierten Übersetzungen auch fremdsprachigen Zuschauern. Eines der fortschrittlichsten Theater (*divadlo*) ist das Švandovo im Stadtteil Smíchov. Hier kann ein internationales Publikum z. B. Václav Havels »Gauneroper« sehen. Auch das Archa-Theater ist führend in Prags Bühnenlandschaft. Zu vielen Produktionen gibt es Übersetzungen, andere, nonverbale Stücke von hohem künstlerischen Niveau basieren auf global verständlicher Pantomime und Mimik.

Bauten im Sezessionsstil: Nr. 7 ist der ehemalige Sitz einer Versicherung und Nr. 9 das **Topič-Haus (Topičův dům)**, beide zwischen 1903 und 1906 erbaut.

Národní divadlo (Nationaltheater): Das **Nationaltheater** schließt an das Ursulinenkloster an. Josef Zítek (1832–1909), der auch das Rudolfinum (siehe S. 125) entwarf, wurde als Architekt beauftragt, doch schon kurz nach seiner Eröffnung brannte es 1881 ab. Ein kompakter Neubau von Josef Schulz (1840–1917) ersetzte das alte Theater, es wurde in Teilen von Mikoláš Aleš ausgestattet. Viele Opern Smetanas und Janáčeks wurden hier uraufgeführt und stehen neben denen von Dvořák noch heute auf dem Spielplan. Das Neue Theater (Nová scéna), das 1983 fertiggestellt wurde, ist ein gläserner Bau von Karel Prager. Auch die Laterna magica hat hier ihren Sitz.

Gegenüber dem Theater steht eines der bekanntesten Prager Kaffeehäuser, das Café Slavia. ■

NA PŘÍKOPĚ & NÁRODNÍ TŘÍDA
129
Metro: Můstek, Náměstí Republiky, Národní třída

ŠVANDOVO
Stefanikova 57
234 651 111
Tram: 6, 9, 12 oder 20 nach Švandovo Divadlo
svandovodivadlo.cz

ARCHA
Na Poříčí 26
221 716 111
archatheatre.cz

PRAGER FRÜHLING

Im Januar 1968 löste der Slowake Alexander Dubček den Hardliner Antonín Novotný als Ersten Sekretär der Kommunistischen Partei ab. Seine verwegenen Ideen, die Versammlungsfreiheit und Abschaffung der Zensur mit einschlossen, machten die Tschechoslowakei schon fast zu einem sozialdemokratischen Staat.

Cartoonisten kommentieren den sowjetischen Einmarsch von 1968

Es war klar, dass trotz der öffentlichen Unterstützung für seine neue Politik eines »Sozialismus mit menschlichem Antlitz« einige Hardliner damit Probleme hatten – sowohl innerhalb der eigenen Partei als auch in Moskau. Tschechen wie Slowaken reagierten rasch auf die Lockerung der Fesseln: Die Künste blühten auf, anti-sowjetische Artikel wurden in den Zeitungen veröffentlicht. Der süße Duft der Freiheit zog endlich durchs Land. Doch das Ende nahte. Im August hatte das Sowjetregime lange genug zugesehen. Am 21. August 1968 marschierten russische Panzer, unterstützt von 500 000 Soldaten aus Ländern des Warschauer Paktes (außer Rumänien), ins Land ein. Panzer bezogen Stellung auf dem Wenzelsplatz. Mutige Männer und Frauen stellten sich den Truppen entgegen.

Es kam zu blutiger Konfrontation. Dubček und andere Mitglieder der Parteiführung protestierten gegen den Einmarsch, doch sie wurden nach Moskau ausgeflogen und dort stark unter Druck gesetzt. Sie durften erst nach Hause zurückkehren, als sie sich quasi der Parteiraison unterworfen hatten. Dubček blieb dem Namen nach Regierungschef der Tschechoslowakei, doch die Macht lag in anderen Händen. Die Proteste gingen weiter und erreichten am 16. Januar 1969 eine neue Stufe der Intensität und Verzweiflung, als Jan Palach sich vor dem Wenzelsdenkmal selbst anzündete (siehe S. 130). Schließlich wurde der gebrochene und erniedrigte Dubček im April 1969 durch Gustáv Husák ersetzt. Mit seiner Ernennung wurde aus dem Frühling ein Winter. Viele tschechische Künstler und Intellektuelle waren unter den 150 000 Menschen, die emigrierten, bevor die Grenzen sich endgültig schlossen. Das Land verlor Talente wie Miloš Forman, Milan Kundera und Josef Škvorecký. Husák führte eine gründliche Säuberung der Partei durch, stellte die zentrale Kontrolle wieder her und erweiterte die Befugnisse der Geheimpolizei. Den Tschechen und Slowaken wurde ein Deal angeboten: Für das Akzeptieren der neostalinistischen Orthodoxie garantierte man ihnen Lebensstandard. Die Lösung funktionierte 20 Jahre lang, bis 1989 mit Beginn der Samtenen Revolution das Regime zusammenbrach (siehe S. 51 f.).

Die Neustadt hat ihren mittelalterlichen Charakter weitgehend verloren, doch stehen noch der Karlsplatz und viele schöne Kirchen, die von Karl IV. geplant wurden. Das Viertel entwickelte sich mehr und mehr zum Geschäftszentrum Prags. Mitte des 19. Jahrhunderts wurden die Grünanlagen am Karlsplatz angelegt.

Auf der Nordseite überragt der stolze Turm des **Neustädter Rathauses (Novoměstská radnice)** den Platz. Das Rathaus wurde um 1360 erbaut und war Schauplatz des Ersten Prager Fenstersturzes (siehe S. 38).
Wer sich für die kubistische Architektur Tschechiens begeistert, sollte hinter dem Rathaus zum eigenwilligen **Diamantenhaus (Dům Diamant)** gehen, das 1912 fertig gestellt wurde. Seine Struktur – Kiesel auf Beton – ist rau, seine Ausstattung kühn und eckig.
Zwischen dem Platz und der Moldau liegt Kilian Ignaz Dientzenhofers barocke **Kirche Sankt Kyrill und Methodios (Kostel sv. Cyrila a Metoděje)**, seit 1935 die geistige Heimat der tschechischen Orthodoxen Kirche in Prag. Im Mai 1942 wurde Reinhard Heydrich, der stellvertretende Reichsprotektor für Böhmen und Mähren, ermordet. Die Attentäter flüchteten sich in diese Kirche, doch ihr Versteck wurde verraten. Eine Gedenktafel an

Die mächtige Kirche St. Ignatius und das daran anschließende Jesuitenkolleg beherrschen die Ostseite des Karlsplatzes

der Kirche erinnert an diese Ereignisse; noch heute kann man die Einschusslöcher der Kugeln sehen. Gegenüber liegt die kleine gotische **Kirche St. Wenzel (Kostel sv. Václav)** mit Resten gotischer Fresken. An der Resslova steht das **Fred-und-Ginger-Haus** (**Tančící dům**, siehe S. 152 f.).
An der Ostseite des Platzes erhebt sich die große Jesuitenkirche **Sankt Ignatius (Kostel sv. Ignác)**, die 1671 weitgehend vollendet war. Das Innere weist eine reiche barocke Ausstattung auf. Der Blick wird durch das Längsschiff mit dem großen Tonnengewölbe zum mit Säulen verzierten Hochaltar gezogen. Nebenan nimmt das weitläufige **Jesuitenkolleg (Jezuitská Kolj)** die ganze Seite des Platzes zwischen Ječná und U-Nemocnice ein.
Am Ende des Platzes steht das **Fausthaus (Faustův dům)**, das man einst mit Doktor Faust in Verbindung brachte. Im 16. Jahrhundert kaufte der Alchimist Edward Kelley das Haus. Er versuchte Rudolf II. davon zu überzeugen, dass er den »Stein der Weisen« schaffen könne (siehe S. 84). Kelley kam jedoch so langsam voran, dass der verärgerte Kaiser ihn einsperren ließ.
Wenn Sie südlich auf der Vyšehradská weitergehen, sehen Sie rechts das **Emmaus-Kloster (Klášter na Slovanech)**. Karl IV. gründete es 1347, um eine Brücke zwischen dem östlichen und westlichen Zweig der Christenheit zu schaffen. 1880 wurde der größte Teil von deutschen Benediktinern im neugotischen Stil umgestaltet. Das aufsehenerregende Dach von František Černý ersetzte das im Zweiten Weltkrieg beschädigte Dach. Im Kreuzgang sind einige gotische Fresken erhalten geblieben. ■

TSCHECHISCH LERNEN

Die beste Art, sich in tschechische Kultur einzufühlen – und mit Einheimischen ins Gespräch zu kommen –, ist, Tschechisch zu lernen. Dutzende von Schulen bieten kurze Intensivkurse, viele internationale Unternehmen schicken ihre Mitarbeiter etwa zum Akcent International House *(akcent.cz)*, wo man in drei Wochen die Verbkonjugation und genug Tschechisch lernt, um sich zu verständigen.
Die renommierte Caledonian School *(caledonianschool.com)* bietet Sprachkurse für Anfänger wie Fortgeschrittene. Um »Der brave Soldat Schwejk« im Original lesen zu können, braucht man freilich mehr als einen kurzen Kurs, aber Tschechisch ist nicht allzu schwer zu lernen. Es gibt keine lautlosen Buchstaben, nur eine einfache Vergangenheitsform und relativ wenig unregelmäßige Verben. Geschlecht und Deklination (Verben ändern je nach Verwendung und Sprecher die Endung) benötigen etwas mehr Übung.
Die beste Belohnung fürs Üben ist das Lächeln eines Tschechen, wenn er Ausländer in seiner Muttersprache reden hört.

IM PRAGER UNTERGRUND: DAS ÖKOTECHNISCHE MUSEUM

Vielleicht mit Filmklassikern wie Carol Reeds »Der dritte Mann« als Vorbild, der seit der Premiere im Jahr 1949 eine wahre Filmtour-Industrie in Wien nach sich zog, beschloss die Prager Stadtverwaltung einst, ihre Kanalisation dem Publikum zu öffnen, um damit Geld zu verdienen.

Doch wie im Höhepunkt des düsteren Thrillers mit Orson Welles, als sich das stinkende Labyrinth unter Wiens Straßen offenbart, war der tschechischen Tourismusindustrie kein Erfolg beschieden.

Mehrere Pläne wurden vorgestellt, immer wieder kündigte man die Eröffnung bestimmter Abschnitte der Abwasserkanäle an – meist mit Pressekonferenzen, bei denen Prags junger Bürgermeister von experimenellem Fremdenverkehr und neuen Ideen sprach. Aber bislang ist der einzige Zugang zu den weitläufigen unterirdischen Gängen unter der tschechischen Hauptstadt die alte Kläranlage *(stara-cistirna.cz)*. Das Museum ist nicht leicht zu finden: Von der Metrostation Hradčanská fährt man mit Bus 131 zur Haltestelle Nádraží Bubeneč, dann geht es zu Fuß unter die Eisenbahnbrücke zu Papíreská 6.

Das Ökotechnische Museum widmet sich der großen tschechischen Tradition des Bauwesens und zeigt die 100 Jahre alten Technologien, die für Prags erstes Abwassersystem entwickelt wurden. Der Weg hierhin lohnt sich: Im Inneren befinden sich riesige Kammern, lange Tunnel, elegante hohe Ziegelmauern, die einer gotischen Kathedrale würdig wären, und ein Maschinenraum wie aus einem Jules-Verne-Roman.

Zur Zeit der Errichtung war das System nicht nur das modernste seiner Art in Europa, sondern löste auch die zunehmenden Gesundheits- und Entsorgungsprobleme.

Das Abwassersystem war der Herausforderung gewachsen und trug dazu bei, dass Prag zu einer der schönsten Städte Europas wurde. Die Wahl der Stadtoberen fiel auf ein Zwei-Level-System des Engländers William Heerlein Lindley. Die Bauarbeiten begannen 1896, ein Jahr später wurde der Betrieb aufgenommen. Heute sind Prags Abwasserkanäle insgesamt rund 3500 Kilometer lang.

Das Museum ist von April bis Oktober am Wochenende geöffnet. Manchmal finden auch Konzerte statt, und man kann es für Veranstaltungen mieten.

KARLSPLATZ
129
Tram: 4, 6, 10, 16, 18, 22, 23.
Metro: Karlovo náměstí

KIRCHE ST. KYRIL UND METHODIOS
Resslova 9

KIRCHE ST. WENZEL
Resslova & Dittrichova

EMMAUS-KLOSTER
Vyšehradská 49

Man glaubte lange, dass auf dem Vyšehrad die ursprüngliche Burg gelegen habe, aus der sich die böhmische Hauptstadt entwickelt hat, doch jüngste archäologische Forschungen lassen darauf schließen, dass die Burg am Hradčany früher errichtet wurde.

Eine Legende berichtet von der Gründung des Vyšehrad: Libuše war eine tschechische Prinzessin und die Tochter eines Anführers namens Krok. Als dieser starb, brauchte sie einen Ehemann zur Legitimation ihrer Herrschaft. Sie wählte einen armen Pflüger (*Přemysl*) und legte den Grundstein für die Dynastie der Přemysliden. Auf die Gründung von Vyšehrad folgte die Prager Burg. Obwohl Vyšehrad später die königliche Residenz von Vratislav II. wurde, verlor die Burg langsam an Bedeutung gegenüber derjenigen am Hradčany auf der anderen Seite des Flusses; 1140 hatte ihr die Prager Burg endgültig den Rang abgelaufen.
Unter Karl IV. wurden die Verteidigungsanlagen verbessert und mit den Stadtbefestigungen verbunden. Die Hussiten besetzten im 15. Jahrhundert die Festung einige Jahre, bauten auch Teile an, doch die einzigen wesentlichen Umbauten fanden im 17. Jahrhundert statt, als weitere Befestigungen hinzugefügt wurden. Im 19. Jahrhundert bot der Vyšehrad keinen Nutzen mehr, viele Gebäude wurden abgerissen, doch die Tore und einige Mauern blieben erhalten.
In der Burg steht die **Rundkirche St. Martin (Rotunda sv. Martina)**, ein romanischer Bau aus dem späten 11. Jahrhundert. Auch Teile der Befestigung von Karl IV. sind noch zu sehen. Die Tore zur Burg, das **Tábor-Tor (Táborská brána)** und das **Leopold-Tor (Leopoldova brána)**, stammen beide aus der Mitte des 17. Jahrhunderts. Das Tábor-Tor war der Haupteingang zur Festung, doch um auf die Zitadelle zu kommen, muss man zusätzlich das beeindruckende barocke Leopold-Tor passieren. Sein Giebeldreieck krönen verwitterte Steinlöwen und ein Adler. Zu beiden Seiten des

JAN NERUDA

Jan Neruda, Sohn eines Tabakhändlers, wurde 1834 auf der Kleinseite geboren und verbrachte einen großen Teil seines Lebens im Haus Zu den zwei Sonnen (Nerudova 47).
Nach einer Zeit als Lehrer verdiente er seinen Lebensunterhalt als Essayist und Kritiker für führende Prager Tageszeitungen, doch am bekanntesten wurde er als Lyriker und Autor von Kurzgeschichten, vor allem seiner Kleinseitner Geschichten (1878). Seine radikalen Ansichten wurden in seinen Essays am deutlichsten, die sich oft mit sozialen Problemen befassten. Jan Neruda starb 1891.

Tores schließt die mächtige Steinmauer (1742) an.
Genau gegenüber der Rotunde gehen Sie auf der Straße Ke Rotundě links. So kommen Sie zu den Resten der **Sankt-Lorenz-Basilika (Bazilika sv. Vavřinec**; *geschl. Di und Fr nachmittags*). Von dort geht es weiter zu einer Esplanade hoch über den Mauern. Halten Sie sich rechts und folgen Sie dem Weg zu weiteren Aussichtspunkten. Von dort können Sie die gotischen, als **Libušes Bad** bekannten Ruinen auf einem Felsen sehen, der Blick öffnet sich zur Burg und zum Petřín.
Sie sind jetzt dicht bei der **Sankt-Peter-und-Paul-Kirche (Kostel sv. Petr a Pavel)**. Die ursprünglich romanische Kirche musste einer weitgehend neugotischen weichen. Der schöne Bau mit seinen zwei hohen Kirchtürmen, der 1902 entstand, ist weithin sichtbar. Ganz in der Nähe steht eine Kopie der Wenzelsstatue von Jiří Bendl. Den Park südlich der Kirche schmücken vier riesige Statuen von Josef Myslbek (1848–1922).
Am Vyšehrad liegt auch Prags bedeutendster Friedhof, der **Vyšéhradský hřbitov**. Ein bereits bestehender Friedhof wurde 1875 erweitert und um Arkaden im Renaissance-Stil ergänzt. Hier haben die wichtigsten Persönlichkeiten der tschechischen Nationalbewegung ihre letzte Ruhe gefunden, darunter Dvořák und Smetana, Jan Neruda (siehe links), der Schriftsteller Karel Čapek und die Künstler Mikoláš Aleš, Josef Myslbek und Alfons Mucha. Dvořáks Grab ist eines der größten, darauf steht eine konventionelle Büste des Komponisten und sein Name in Goldschrift. Am Ende des Friedhofs befindet sich das großartige Slavín-Ehrenmal, das 54 bedeutender tschechischer Künstler gedenkt. ■

Die zerklüfteten Felsen des Vyšehrad bieten einen herrlichen Blick auf Fluss und Stadt

VYŠEHRAD
129
Metro: Vyšehrad
praha-vysehrad.cz

KIRCHE ST. PETER UND PAUL
Di & Fr
nachmittags geschl.

VELETRŽNÍ PALÁC (MESSEPALAST)

Der Messepalast am Stromovka-Park wurde um 1920 als Ausstellungshalle für die tschechische Industrie gebaut, doch nach einem Brand 1974 praktisch aufgegeben. Nach der Rekonstruktion Ende der 1990er Jahre fanden hier 2000 Exponate aus der Sammlung moderner und zeitgenössischer Kunst der Nationalgalerie einen adäquaten Rahmen.

Der im Funktionalstil erbaute Veletržní palác präsentiert moderne und zeitgenössische Kunst

Die wichtigsten Ausstellungsräume liegen in den Hauptstockwerken, weitere Exponate werden auf den Galerien um das Atrium gezeigt. Wenn Sie die Sammlungen in chronologischer Ordnung besichtigen möchten, beginnen Sie oben und arbeiten sich nach unten vor.

DRITTER STOCK

Die ältesten Werke stammen aus dem 19. Jahrhundert. Josef Myslbek ist mit einigen Büsten vertreten. Antonín Machek (1775–1849) war ein begabter Porträtist, ebenso Josef Manes (1820–71) und Karel Purkyne (1834–68), doch vielleicht fühlen Sie sich mehr zu den Prager Interieurs von Ludvik Kohl (1746–1821) hingezogen. Es gibt zarte Landschaften von F. X. Procházka (1746–1815) und Josef Navrátil (1798–1865), daneben auch schwülstige Historien sowie Genregemälde von Mikoláš Aleš (1852–1913). Ein Gemälde von Gabriel Max (1840–1915), die »Kreuzigung der heiligen Julia«, rief 1865 einen Skandal hervor, weil die Heilige als dralles Bauernmädchen dargestellt ist. Ausgestellt werden symbolträchtige

Holzschnitzereien von František Bílek (1872–1941) und einige schöne Stücke von Gustav Klimt (1862–1918) sowie von Egon Schiele (1890–1918). Sammlungen, die der angewandten Kunst gewidmet sind, ergänzen die Hauptkollektion hier wie auf den anderen Stockwerken.

ZWEITER STOCK

Im zweiten Stock stehen die Jahre 1900 bis 1930 im Mittelpunkt. Es gibt leuchtend bunte Bilder, darunter einige Akte und später rein abstrakte Arbeiten von František Kupka (1871–1957). Ausgezeichnete Gemälde der tschechischen Kubisten Emil Filla (1883–1953), Antonín Procházka (1882–1945) und Bohumil Kubišta (1884–1918) unterstreichen deren Bedeutung. Beachten Sie auch die kubistischen Möbel: Das Design ist sehr originell. Eine schöne Sammlung französischer Kunst stammt aus dem Palais Sternberg (siehe S. 87). Es handelt sich um eine stattliche Zahl von Gemälden von Delacroix und Daumier, Büsten von Rodin, ein seltenes Selbstbildnis von Henri Rousseau und impressionistische und nachimpressionistische Arbeiten von van Gogh und anderen. Die Picasso-Sammlung ist in Quantität und Qualität außergewöhnlich.

INSIDERTIPP

Einen Besuch wert ist das Dox (*dox.cz*), ein Zentrum für zeitgenössische Kunst in einer renovierten Fabrik. Die minimalistische Galerie bietet ein tolles Kunsterlebnis.

ANDREA LIŠKOVÁ
CZECHTOURISM, USA

ERSTER STOCK

Hier finden Sie die verschiedensten Beispiele für die tschechische Kunst ab 1930. Einige orientieren sich stark an anderen Künstlern – František Janoušek (1890–1943) an Dalí, Václav Bartovský (1903–61) an Bonnard –, andere sind typisch für verschiedene Bewegungen, vom Abstrakten bis hin zur modernen Installation. Die unteren Stockwerke werden auch für Wechselausstellungen genutzt. ■

MESSEPALAST
129
Dukelských hrdinů 47
224 30 11 11 Mo geschl.
€€€; frei am ersten Mi des Monats, 15–18 Uhr
Tram: 5, 12, 17. Metro: Nádraží Holešovice
ngprague.cz

DOX
Poupětova1
295 568 123
Di geschl.
dox.cz

Böhmisches Bier mit seiner ins Mittelalter zurückreichenden Geschichte ist für Tschechen eher soziales Bindemittel als nur Getränk. Die vielen verrauchten Prager Kneipen sind inzwischen zwar sauberer, aber noch immer billig.

In Prags Kneipen kann man eine herzhafte Mahlzeit mit viel Bier hinunterspülen

Neue Vorrichtungen erhalten Geschmack und Körper des Biers. Viele Schenken haben inzwischen Tanksysteme, die dafür sorgen, dass das Bier aromatischer serviert werden kann, weil es nicht pasteurisiert wird – diese Erhitzung tötet zwar Mikroben, aber eben auch den Geschmack. Solche Kneipen, *tankovna*, lassen sich ihr Rohbier in versiegelten Säcken liefern, die dann in die Tanks kommen. Das »Tankbier« wird bei tschechischen Biertrinkern immer beliebter. Probieren kann man es z. B. im U Pinkasů und im U Medvídků in der Altstadt (siehe rechts). Viele, wie etwa das Pivovarský dům, haben auch ihr Speisenangebot enorm verbessert und bieten nun z. B. herzhafte Entengerichte und neu belebte Klassiker wie Speckknödel und sämige Suppen.

Das bekannteste aller Prager Lokale ist **U Fleků** in der Křemencova 11 (*Tel. 224 93 40 19*), zwischen Neustädter Rathaus und Moldau gelegen. Das riesige Gasthaus, benannt nach der Familie Flek, ist bekannt für seine holzverkleideten Wände, die großen Höfe, das tschechische Essen zu annehmbaren Preisen und für das starke, dunkle Bier, das seit 1499 auf dem Gelände gebraut wird und als *Flekovský lezák* bezeichnet wird. U Fleků wird von vielen Touristen aufgesucht und ist eines der wenigen Gasthäuser mit einem Kabarettprogramm.

Fast ebenso bekannt ist **U kalicha (Zum Kelch)** an der Na bojišti 14 (*Tel. 296 18 96 00*) in der Neustadt. Hier spielt ein großer Teil des Romans »Der brave Soldat Schwejk« (siehe S. 63), dessen Held ein eifriger Biertrinker ist. Heute ist es mehr ein Restaurant denn ein Gasthaus.

NEUSTADT

Zwei Kleinbrauereien in der Neustadt (Nové Město) bieten exzellentes Bier. Die erste ist **Novoměstský pivovar** *(Vodickova 20, Tel. 224 237 552)*, ein Kellergewölbe in der Nähe vom Wenzelsplatz. In dem lebhaften Lokal gibt es einfache, aber leckere tschechische Küche. Die andere Brauerei ist das luftigere **Pivovarský dům** *(Tel. 296 216 666)* an der Ecke von Ječná und Lípová, in der Nähe des Karlsplatzes. Die Biere sind ausgezeichnet, besonders das Weizen. Beide Anbieter bieten zudem auch Kaffee und Sauerkirschen an.

KLEINSEITE

Es gibt nur wenige Gasthäuser von einiger Authentizität auf der Kleinseite, doch die folgenden lohnen einen Besuch:
U Hrocha (Zum Nilpferd): Ein echtes Prager Gasthaus direkt unterhalb der Burg (*Thunovskà 10*). Im Inneren gibt es nur einfache Holztische und Holzbänke – und gutes Bier.
U Kocoura (Zur Katze): Hier können Sie Ihren Durst löschen, nachdem Sie auf den Hügeln des Hradčany herumgeklettert sind (*Nerudova 2*). Versuchen Sie die preiswerten Klöße mit Rotkohl oder kalte Speisen zum Bier.
U Glaubiců: Die großartige alte Barockschenke *(Malostranské náměstí 5)* bietet Pilsner und herzhafte tschechische Klassiker. Freundliche Kellner bedienen internationale Gäste, die in den Sälen und Kellerräumen dieses altehrwürdigen Kulturjuwels auf Holzbänken sitzen.

ALTSTADT

In der Altstadt sind viele Gasthäuser verschwunden. Doch mit etwas Geduld lassen sich noch einige sehr ursprüngliche Lokale finden.
U Medvídků: Die Ahnentafel der beliebtesten Budvar-Kneipe in der Altstadt *(Na Perštýne 7)* reicht bis 1466 zurück, und noch immer gibt es Traditionelles im althergebrachten Stil: Kellner in Westen servieren Schweinshaxe und Biergulasch zum Bier. Die Spezialität des Hauses, das vollmundige Oldgott, sollte man probieren.
U Pinkasů: Eine der populärsten Schenken der Stadt ist ein gemütlicher Klassiker *(Jungmannovo náměstí 16)*. Auf der Karte steht viel Wild mit köstlichen Soßen und zahlreiche typische Biergerichte wie Kartoffelpuffer und eingelegte Bockwurst mit Zwiebeln. Hier gibt's das frischeste Pilsner Urquell der Stadt. Seit 1934 ist die Kneipe Mittelpunkt des Stadtlebens und gehüteter Schatz der Prager.
U Rotundy (Zur Rotunde): Wenn Sie das »echte Leben« erfahren wollen, besuchen Sie dieses derbe Lokal, es liegt genau gegenüber der Rundkirche *(Karoliný Světlé)*. Das Innere ist klassisch: dicker Zigarettenrauch und Männer in Arbeitskleidung.
U zlatého tygra (Zum Goldenen Tiger): Die überfüllte Literatenkneipe, in der Bohumi Hrabal verkehrte, ist immer noch authentisch, obwohl sie so nahe dem Touristenzentrum Karlsplatz liegt (*Husova 17*).

Am Stadtrand von Prag liegen eine Reihe von Kirchen und Schlössern, die einen Besuch lohnen. Schloss Stern lässt sich mit keinem anderen Schloss in Böhmen vergleichen, das Kloster Břevnov ist ein ausgezeichnetes Beispiel für eine nach der Samtenen Revolution zu neuem Leben erwachten religiösen Stätte.

BŘEVNOVSKÝ KLÁŠTER (KLOSTER BŘEVNOV)

Das Kloster wurde 993 von Fürst Boleslav II. und dem heiligen Adalbert, dem Bischof von Prag, als erstes Kloster Böhmens gegründet. Im 18. Jahrhundert errichteten die Dientzenhofers (siehe S. 57) ein Ensemble barocker Gebäude. Das größte Gebäude ist die Kirche **St. Margarete (Kostel sv. Marketá)**. Trotz ihrer Größe besitzt sie keine Seitenschiffe. Neben der schönen Orgelempore, die von weißen Putten belebt wird, finden Sie ein sehenswertes Chorgestühl und Altargemälde von Petr Brandl (1668–1735). In der Krypta können Sie noch Relikte der Kirche aus dem 11. Jahrhundert sehen, die 1964 ausgegraben wurden.

KOSTEL PANNY MARIE VÍTĚZNÉ (KIRCHE DER SIEGREICHEN JUNGFRAU MARIA AM WEISSEN BERG)

Kurz nach der Entscheidungsschlacht 1620 hier in der Nähe (siehe S. 42) wurde eine dem heiligen Wenzel geweihte Kapelle gebaut, die einige Jahre später auf Befehl Ferdinands II. durch ein Kloster und eine neue Kapelle ersetzt wurde. Die Arkaden, die die Kirche umgeben, erinnern an jene des Loreto-Heiligtums (siehe S. 93). Das Innere schmücken zahlreiche Fresken.

INSIDERTIPP

Fahren Sie mit der U-Bahn-Linie A bis Nádraží Veleslavín und dann mit der Tram 5 oder 26 bis zum Naturpark Divoká Šárka. In welcher anderen europäischen Großstadt gibt es Kletterfelsen?

MILOS ČUŘIK
REISELEITER, ARTS & MUSIC TRAVEL

LETOHRÁDEK HVĚZDA (SOMMER-PALAST)

Der sehenswerte Sommer-Palast hat die Form eines sechszackigen Sterns und liegt inmitten eines früheren Wildparks, den Ferdinand I. 1530 anlegen ließ. Eine Reihe von Alleen durchzieht den Park, sie alle führen zum Schloss auf dem Gipfel des Weißen Berges, das 1550 als Jagdschloss für Erzherzog Ferdinand von Tirol gebaut wurde. Am interessantesten im Inneren sind die Renaissance-Stuckaturen, Medaillons und rein ornamentaler Stuck. Heute ist das Schloss als Museum dem Leben und Werk des Schriftstellers Alois Jirásek (1851–1930) und des Malers Mikoláš Aleš (1852–1913) gewidmet. Im Keller beschäftigt sich eine Ausstellung mit der Schlacht am Weißen Berg (siehe S. 42).

TROJSKÝ ZÁMEK (SCHLOSS TROJA)

Graf Wenzel Sternberk ließ Schloss Troja um 1680 als Sommerresidenz errichten. Der erste Bau wurde von Gian Domenico Orsi entworfen, doch das Gebäude mit weiß verputzten Wänden und rotem Ziegelmauerwerk, das Sie heute sehen, ist Jean-Baptiste Matheys Version einer römischen Villa. Kühn gestikulierende Götterstatuen säumen die große doppelte Freitreppe (1685–1703). Der beeindruckendste Raum ist ohne Zweifel der üppig mit Fresken geschmückte Bankettsaal; die Wandgemälde zeigen zum großen Teil habsburgische Errungenschaften und die Siege Leopolds I. über die Türken im 17. Jahrhundert. Eine Dauerausstellung mit tschechischen Gemälden (spätes 19., frühes 20. Jh.) ist in der Villa untergebracht.

ZBRASLAVSKÝ KLÁŠTER (SCHLOSS/KLOSTER ZBRASLAV)

Zbraslav wurde 1292 als Begräbnisstätte für die böhmischen Könige erbaut. Doch nur Wenzel II. und Wenzel IV. ruhen hier. In der Folge lag das Kloster in Ruinen, bis es im frühen 18. Jahrhundert als Schloss wiederaufgebaut wurde. Jahrelang beherbergte dieses verschlafene Schlösschen die Sammlung asiatischer Kunst der Nationalgalerie. Heute befinden sich die Kunstwerke im Kinsky Palais auf dem Altstädter Ring (*Staromestské námestí 12, ngprague.cz*). ■

BŘEVNOVSKÝ KLÁŠTER
129
Markétská 1
220 40 61 11
Mo–Mi geschl. €
Tram: 8, 22. Metro: Malostranská
brevnov.cz

KOSTEL PANNY MARIE VÍTĚZNÉ
129
Zbecenská
Tram: 25

LETOHRÁDEK HVĚZDA
Siehe Nebenkarte S. 115
235 357 938
Mo geschl. €
Metro: Hradcanská, dann Tram 1 oder 18 bis Endstation

TROJSKÝ ZÁMEK
129
U Trojského zámku 1
283 85 16 14
April–Okt. Mo, Nov.–März Mo–Fr geschl.
€€€
Metro nach Nádraží Holešovice, dann Bus 112 bis Endstation

ZBRASLAVSKÝ KLÁŠTER
129
Bartonova 2, Prag 5 Zbraslav
257 92 16 38
Mo geschl.
€€
Metro: Smíchovské nádraží, dann Bus 243 nach Zbraslavské námestí

Die tschechische Küche ist herzhaft, sättigend und wärmend. Geräuchertes Fleisch *(uzený)*, gedämpfte Knödel *(knedlíky)* und Sauerkraut *(zelí)* sind Klassiker. Dazu trinkt man meistens kühles (nicht eiskaltes) Lagerbier.

Fleisch ist die Grundzutat vieler tschechischer Gerichte

Für jüngere Tschechen bedeutete die Samtene Revolution neben der Betonung der Menschenrechte vor allem die Freiheit, zu reisen und andere Kulturen kennenzulernen. So entwickelte sich in den letzten 20 Jahren eine Faszination für ostasiatische, indische und mexikanische Küche sowie Seafood – gute Neuigkeiten für alle Restaurantgäste in der Tschechischen Republik.

Zugleich werden tschechische Klassiker neu entdeckt – von denen viele im richtungweisenden Kochbuch von Magdalena Dobromila Rettigová, einer Schriftstellerin des 19. Jahrhunderts und Expertin in allen Haushaltsfragen, enthalten sind. Ihr 1826 erschienenes Buch »Die Haus-Köchin« war einer der meistverkauften böhmischen Titel aller Zeiten.

Für moderne Versionen dieser alten Rezepte legt man natürlich mehr Wert auf frische, hochwertige Zutaten, Gewürze, Techniken und die Präsentation. (Vielerorts hat man sich sogar bemüht, den Kellnern die Barschheit und Gleichgültigkeit anzutrainieren, für die Prager Restaurants berühmt sind.)

Es gibt noch einiges zu tun, so scheint es. Sogar hiesige Restaurantkritiker beklagen das immer gleiche Angebot – vielleicht bekommt man auch so etwas wie Tortilla-Wraps oder rotes Fischcurry, die Restaurants fühlen sich aber immer genötigt, für Gäste, die das Neue fürchten, mindestens Gulasch oder Schnitzel auf der Karte zu haben.

Die Organisation Ola Kala *(olakala.cz)* weist einen gern in die Kunst der gehobenen Küche ein. Sie bezeichnet sich selbst als »kulinarisches Atelier« und bietet einen Kochkurs, der sowohl traditionelle tschechische als auch internationale Gerichte umfasst – vom mitteleuropäischen klassischen Filet in Sahnesoße, *svíčková*, bis zu Kartoffelpuffer mit Schmand und Räucherlachs. Von Michail Nikodem, Chefkoch bei Ola Kala, lernen die Kursteilnehmer Techniken und Tricks, die zu tollen Geschmackserlebnissen führen. Während des Kochens darf man ruhig probieren, um die Veränderung von Aroma und Konsistenz nachzuvollziehen. Die Kreationen nimmt man mit nach Hause.

BOTANICKÁ ZAHRADA (BOTANISCHER GARTEN)

Die hügeligen, offenen Weiten des Prager botanischen Gartens sind eine angenehme Erholungsfläche in einem mit großen Häusern bestandenen Viertel. Ursprünglich lag der botanische Garten in Smíchov, südlich der Kleinseite; 1897 wurde er hierher verlegt.

129 Na Slupi 16 234 148 111 € Tram: 18, 24. Metro: Karlovo náměstí

KOSTEL SV. JANA NA SKALCE (ST.JOHANNES VON NEPOMUK AM FELSEN)

Die herrliche, 1738 von Dientzenhofer entworfene Kirche ist besonders wegen ihrer phantastischen Freitreppe sehenswert; Anton Schmidt fügte sie 1770 hinzu. Die Kirche liegt dramatisch auf einem Felsen oberhalb des Straßenniveaus. Sankt Johannes ist nur während der Messe geöffnet, der Eingang befindet sich am Karlsplatz.

129 Tram: 18, 24. Metro: Karlovo náměstí

KOSTEL SV. ŠTĚPÁN (ST. STEPHAN)

Die gotische Stephanskirche wird von den Straßen Žitná und Ječná eingefasst. Hier liegt Matthias Braun, der bedeutendste Barockbildhauer Böh-

EISHOCKEY-FIEBER

Tschechen begeistern sich nicht für vieles, aber es gibt eine Sache, für die sie noch leidenschaftlicher entbrennen als für böhmisches Bier. Nach wichtigen Eishockey-Siegen feiern sie in den Straßen und schwenken tschechische Fahnen. Wenn eine tschechische Mannschaft die eines Konkurrenzlandes wie etwa Russland schlägt, sollte man sich Ohrstöpsel kaufen.

Um einen Eindruck von der Leidenschaft zu bekommen, sollte man die – kleine – Investition in Tickets für ein Spiel erwägen. Das Team HC Slavia Praha, das häufig mit Siegen in der Extraliga (der höchsten Spielklasse im tschechischen Eishockey) für Schlagzeilen sorgt, wird einen nicht enttäuschen. Die Mannschaft legt eine Raffinesse und Schlagkraft an den Tag, wie es sich für einen hundertjährigen Verein gehört. Ihr Heimstadion ist die O2 Arena *(o2arena.cz)*, das größte neue Hallenstadion in Prag. Tickets (ab 150 Kč) kann man online bestellen. Für wichtige Spiele sollte man frühzeitig buchen (die Lokalderbys gegen HC Sparta Praha etwa sind schnell ausverkauft).

Von September bis Februar spielt Slavia hier vor mehr Fans, als zu den Rockkonzerten kommen, die ebenfalls in der Arena mit 18 000 Sitzplätzen stattfinden.

LESUNGEN IM GLOBE

Ein Land, das den Autor absurder Dramen zum ersten Präsidenten nach dem Kalten Krieg macht, muss sich nicht wundern, wenn es eine Invasion internationaler Schriftsteller anlockt.
So ist es nur selbstverständlich, dass 1993 in Prag der Globe Bookstore and Café *(Pštrossova 6, Tel. 224 934 203, globebookstore.cz)* eröffnet wurde, um deren Bedürfnisse zu befriedigen. Das literarische Herz der in Prag lebenden Expats ist inzwischen in die Neustadt umgezogen und führt Tausende von neuen und gebrauchten Büchern über alle nur vorstellbaren Themen, von Filmgeschichte bis hin zu Samisdat-Literatur (selbst verlegte, häufig politische Titel).
Im Globe finden auch nach wie vor Autorenlesungen statt, zu den bisherigen prominenten Gästen gehörten z. B. Allen Ginsberg, Richard Ford und Amy Tan.
Inzwischen sind jedoch öfter neue Talente – Dichter und manchmal Musiker – zu hören, die bei Kaffee oder billigem Rotwein mit den Gästen plaudern. Auf der Website ist das vollständige aktuelle Programm einzusehen, aber häufig nehmen auch Schreiberlinge ohne Ankündigung das Mikro in die Hand, während man gerade gemütlich in einem Buch schmökert.

mens, begraben. Sehenswert sind die schöne Kanzel (15. Jh.) und Gemälde von Karel Škréta, dazu eine gotische Darstellung der Muttergottes.

129 Štěpánská Tram: 4, 6, 10, 16, 22, 23. Metro: Karlovo náměstí, I. P. Pavlova

DIVOKÁ ŠÁRKA

Diese Waldoase ist gerade mal eine zwölfminütige Tramfahrt von der Metrostation Dejvická entfernt. Der weitläufige Park liegt in einem kleinen, von Felsen umgebenen Tal. Sein besonderer Reiz im Sommer sind das Schwimmbecken am östlichen Ende und die zwei von kaltem Bachwasser gespeisten Teiche im Westen – samt Bierkiosken.

129 Divoká Šárka Mai–Okt. tägl. €
Metro: Dejvická, dann Tram 20

TANČICI DŮM (FRED-UND-GINGER-HAUS)

Es überrascht immer wieder, im historischen Prag auf dieses verrückte Haus von Frank Gehry zu stoßen. Wegen seiner Ähnlichkeit mit zwei Tänzern wird es liebevoll das Tanzende Haus genannt. Das neue Bürohaus entstand am Ufer neben einem Gebäude im Besitz der Familie Václav Havels. Dieser hatte sich für das unkonventionelle Projekt an einem so exponierten Platz eingesetzt. Am auffälligsten ist der gebogene Glasturm, in dem sich oben das Restaurant Ginger & Fred befindet.

129 Corner of Resslova & Rašínovo nábřeží Tram: 3, 7, 16, 17, 21. Metro: Karlovo náměstí tancici-dum.cz

NA KARLOVĚ (KARLSKIRCHE)

Die Karlskirche ist eines der schönsten Gebäude, das Karl IV. 1350 errichten ließ. Die höchst ungewöhnliche Achteckform ist eine architektonische Verneigung vor dem Aachener Dom. Die Kirche wurde 1575 von Bonifaz Wohlmut verändert, der das außergewöhnliche Gewölbe und die Kuppel baute. František Kaňka half bei der Renovierung um 1730 und ist weitgehend für die Gestaltung des Inneren verantwortlich. Heute ist die Kirche eine der theatralischsten Barockkirchen Tschechiens, mit mehrfarbigen Figuren, die die Heimsuchung darstellen.

129 Ke Karlovu/Horská So & an Feiertagen nachmittags geöffnet Metro: I. P. Pavlova

LAPIDÁRIUM

Im Stromovka-Park stehen viele Ausstellungsgebäude; der Pavillon rechts ist das Lapidárium des Nationalmuseums, hier stehen empfindliche und verwitterte Originalstatuen aus dem 11. bis 19. Jahrhundert. Es wurde 1905 eingerichtet. Zu den Höhepunkten zählen viele der Originalskulpturen vom Altstädter Brückenturm und von der Karlsbrücke sowie der herrliche Krocín-Brunnen, der bis 1864 am Altstädter Ring stand.

129 Výstaviště Mo geschl. € Metro: Nádraží Holešovice, dann Tram 5, 12 oder 17 bis Stromovka Park

MUCHA MUZEUM (ALFONS-MUCHA-MUSEUM)

Dieses Museum, das den Arbeiten Alfons Muchas, eines der bekanntesten Jugendstilkünstler Böhmens, gewidmet ist, ist im Palais Kaunicky (Kaunicky palác) aus dem 18. Jahrhundert untergebracht. Das Museum wurde 1998 eröffnet. Ausgestellt sind Gemälde, Zeichnungen und Skulpturen, ferner Erinnerungsstücke an Alfons Mucha (1860–1939). Seine Plakate sind inzwischen

Mit Alfons Mucha verbindet man vor allem seine Plakate; hier der Salon des Cent von 1896

weithin bekannt – Mädchen mit schwingenden Gewändern, alle in Jugendstil-Einfassungen aus stilisierten Blüten. Nach der Rückkehr aus Paris 1910 erinnert Muchas Werk an den Sozialistischen Realismus.

129 Panská 7 224 216 415 €€€ Tram: 3, 9, 14, 24. Metro: Můstek mucha.cz

NÁRODNÍ TECHNICKÉ MUZEUM (TECHNISCHES NATIONALMUSEUM)

Das Technische Nationalmuseum wurde 1908 gegründet und beherbergt eine Sammlung zu den Themen Zeitmessung und Transport. In den knapp hundert Jahren seines Bestehens wurde eine großartige Sammlung an Lokomotiven, alten Autos, Doppeldecker-Flugzeugen, Motorrädern, Kameras und einem Heißluftballon zusammengetragen. Im Tiefgeschoss befindet sich eine realistische Nachbildung eines Kohlebergwerks.

129 Kostelní 42 220 39 91 11 Mo geschl. €€ Metro: Vltavská, dann Tram 1, 8, 25 oder 26 ntm.cz

OLŠANSKÉ HŘBITOVY (OLŠANY-FRIEDHOF)

Seit 1784 war das große Gräberfeld entlang der Vinohradská der Hauptfriedhof der Stadt. Er ist in verschiedene Sektionen unterteilt. Viele Besucher kommen zum jüdischen Friedhof, auf der anderen Seite der Jana Želivského, um das Grab des berühmten Schriftstellers Franz Kafka zu besuchen (*deutlich gekennzeichnet*). Der melancholisch wirkende Friedhof erinnert daran, wie groß Prags jüdische Gemeinde vor dem Zweiten Weltkrieg war. Dicht rechts neben dem Eingang des christlichen Friedhofs ist das Grab von Jan Palach (siehe S. 131). Seine sterblichen Überreste waren

---

FASCHINGSDIENSTAG

Für eine Nation, die offiziell weltweit den größten Anteil an Agnostikern hat, halten die Tschechen in überraschendem Maß an alten religiösen Ritualen fest. Der von der katholischen Welt gefeierte Karneval wird von den Tschechen als *Masopust* zelebriert. Für den Faschingsdienstag werden Schweine geschlachtet, es wird geschlemmt, in den Straßen getanzt, musiziert und freilich viel getrunken.

Das Fest von Bacchus und Venus, das mindestens auf römische Zeiten zurückgeht, als sich die Bürger vor der kargen Fastenzeit satt aßen und tranken, wird in Prag vor allem in Žižkov gefeiert, dem Stadtteil der Boheme und des Bar-Hoppings. Der Club Akropolis *(palacakropolis.cz)* ist der Mittelpunkt der Party, mit der der Winter vertrieben wird – aber nur, wenn genug gezecht wird.

---

von den Behörden 1973 entfernt worden, doch 1990 wurde der Sarg wieder in sein ursprüngliches Grab gesenkt.

129 Vinohradská 153 Tram: 5, 10, 11, 16. Metro: Flora (christlicher Friedhof), Želivského (jüdischer Friedhof)

MUZEUM POLICIE (POLIZEIMUSEUM)

Das Polizeimuseum ist im früheren Kreuzgang neben der Karlskirche zu finden (siehe S. 153). Das heutige Museum ignoriert jedoch die üble Rolle, die die Polizei vor 1989 gespielt hat, und konzentriert sich stattdessen auf Uniformen, Waffen und Ausrüstung. In Räumen, die der Verkehrssicherheit gewidmet sind, zeigen Videos spektakuläre Autounfälle.

129 Ke Karlovu 453/1 224 922 183 Mo geschl. € Bus: 291. Metro: I. P. Pavlova

MUZEUM HLAVNÍHO MĚSTA PRAHY (PRAGER STADTMUSEUM)

Das Museum erzählt die Stadtgeschichte und zeigt Bilder, Möbel und Skulpturen aus Prags Türmen und Kirchen. Das beliebteste Ausstellungsstück ist das Stadtmodell aus Holz und Papier, das Antonín Langweil 1834 geschaffen hat. Die Fleißarbeit umfasst 2000 Gebäude.

129 Na Poříčí 52 224 816 772 Mo geschl. € Tram: 8, 25. Metro: Florenc muzeumprahy.cz

VILA AMERIKA

Diese elegante, wenn auch etwas an eine Schachtel erinnernde Villa wurde von Kilian Ignaz Dientzenhofer 1720 als Sommerresidenz für den Grafen Michna gebaut. Heute beherbergt das Haus das **Dvořák-Museum** (**Muzeum A. Dvořáka**). Die Exponate beinhalten eine kleine Sammlung der Partituren des großen Komponisten, Instrumente und persönliche Gegenstände. Von April bis Oktober finden im Konzertsaal Konzerte statt.

129 Ke Karlovu 20 224 91 80 13 Mo geschl. € Metro: I. P. Pavlova

ŽIŽKOV

Der auf einem Hügel gelegene Vorort ist nach dem Hussitenkämpfer Jan Žižka (ca. 1360–1424) benannt. Oben auf dem Hügel steht ein riesiges Nationaldenkmal (1929–32). Fresken illustrieren siegreiche Momente der böhmischen Geschichte, das riesige Reiterstandbild des Generals von Bohumil Kafka (1950) ist laut Unesco das größte der Welt.

129 Metro: Florenc

‹ Die Burg Karlštejn wurde als königliches Schloss für Karl IV. erbaut

Im Vergleich mit den meisten europäischen Hauptstädten ist Prag eine kleine Stadt. Wenn Sie hinausfahren, sind Sie bald in ländlicher Umgebung. Hier findet sich eine erstaunliche Anzahl an Burgen und Schlössern.

Die bekannteste Burg ist Karlštejn, die Sommerresidenz Karls IV. Sie ist neben dem Hradschin in Prag die am häufigsten besuchte Burg, doch auch Český Šternberk, Kokořín und Křivoklat sind sehenswerte Burgen. Beliebt ist ein Ausflug zum Schloss Konopište, das Ende des 19. Jahrhunderts von Erzherzog Franz Ferdinand wiederaufgebaut wurde.
Zwei Schlösser, die der Familie Lobkowicz gehören, sind für die Öffentlichkeit zugänglich. Die Familie zählt zu den vielen böhmischen Familien, die sich unter den Habsburgern ein Vermögen aufbauten. Eines der sehenswerten Schlösser liegt in Mělník, im bekanntesten Weinanbaugebiet Böhmens; das andere steht in Nelahozeves, dem Geburtsort von Antonín Dvořák.
Unter den vielen kleinen, leicht von Prag aus zu erreichenden Städten zählt Kutná Hora zu den reizvollsten. In der früheren Bergbaustadt finden sich viele prachtvolle Gebäude. Kolín besitzt eine mächtige mittelalterliche Kirche, in Mladá Boleslav steht das Škoda-Museum, das Autonarren begeistert, und Poděbrady ist ein hübscher Kurort.
Obwohl alle Ziele nahe Prag liegen, sind einige doch ohne Auto schwer zu erreichen. Prag besitzt keine Umgehungsstraße, deshalb kann die Fahrt von einem Ort zum nächsten eine Weile dauern. Das sollten Sie bei Ihrer Planung berücksichtigen. ■

Zur Orientierung
Prag

0
20 Kilometer
NORDBÖHMEN
S. 205
4 ▷
OSTDBÖHMEN
S. 223
SÜDBÖHMEN
S. 155
C
D
E
F
Mnichovo Hradiště
Žď'ár
Bělá pod Bezdězem
Bakov nad Jizerou
Kokořín
Mšeno
Mladá Boleslav
Dolní Bousov
Labe
Mělník
Bezno
Dobrovice
E55
16
Jizera
10
Byšice
Velvary
Veltrusy
Všetaty
Rožd'alovice
Nelahozeves
D8
Neratovice
Benátky nad Jizerou
Mrlina
Slaný
Kralupy nad Vltavou
Odolena Voda
Kostelec nad Labem
E65
38
32
Vltava
Klecany
Brandýs nad Labem
Lysá nad Labem
Nymburk
Kladno
61
240
Roztoky
Labe
Městec Králové
Lidice
Čelákovice
Přerov nad Labem
Poděbrady
11
Unhošť
Hostivice
D11
Sadská
E67
Cidlina
PRAHA (PRAG)
Úvaly
Český Brod
Pečky
Rudná
101
Labe
Luděnice
Průhonice
12
Dolní Břežany
D1
Říčany
Kouřim
Kolín
Záhoří nad Labem
Karlštejn
Kostelec nad čer. Lesy
Kutná Hora
Kačina
Český kras
Dobřichovice
Bečváry
Zásmuky
Sedlec
Řevnice
Jílové u Prahy
Mnichovice
Malešov
17
Mníšek pod Brdy
Kamenice
E65
Čáslav
Uhlířské Janovice
Kocába
Sázava
Čerčany
Sázava
Týnec nad Sázavou
E65
Český Šternberk
Dobříš
Zbýšov
Benešov
Konopiště
Zbraslavice
vodní nádrž Slapy
E50
Kácov
Neveklov
D1
Zruč nad Sázavou
18
Bystřice
Vlašim
vodní nádrž Želivka
Kamýk nad Vltavou
Vltava
Sedlčany
Jankov
Votice
638m
Mastník
Krásná Hora
Louňovice
Sedlec-Prčice
Načeradec
Čechtice
vodní nádrž Orlík
Petrovice
Miličín

Mitten im Böhmischen Karst gelegen, ragt die Burg Karlštejn auf einem steilen Hügel über dem Fluss Berounka auf. Sie wurde von Matthias von Arras, der auch am St.-Veits-Dom tätig war, als königliches Schloss für Karl IV. erbaut. Die Arbeiten begannen 1348; geplant war eine Burg, die als Sommerresidenz für den König und als sicherer Platz für seine Kunstschätze und Kronjuwelen dienen sollte.

Trotz teilweisem Umbau in der Renaissance und nicht sehr gelungener Restaurierung im späten 19. Jahrhundert bleiben die einprägsamen Mauern und Türme – vor allem der 27 Meter hohe Bergfried oder Große Turm – ein beeindruckender Anblick. Auch das Innere lohnt einen Besuch, obwohl es relativ kahl wirkt. Sie können die Räume des Kaisers und zwei Kapellen besuchen. In der **Marienkapelle (Mariánská kaple)** zeigen verblasste Fresken die Gründung der Burg. Die **Katharinenkapelle (Kaple sv. Kateriny)** diente als privater Betraum des Kaisers. Sie ist reich mit Fresken und Halbedelsteinen geschmückt; hier hängt auch ein Porträt Karls IV. mit seiner dritten Ehefrau, Anna von Svídnik.
Das Herz der Burg ist der **Große Turm**, in dem die kostbaren Juwelen und Reliquien aufbewahrt werden. Im Turm befindet sich die **Heiligkreuzkapelle (Kaple sv. Krize)**, sie ist vergoldet und mit 2200 Halbedelsteinen

INSIDERTIPP

Im Dorf Karlštejn verkaufen talentierte Maler in ihren Läden nicht nur kitschige Souvenirs.

EMILY THOMPSON
REDAKTEURIN, THE PRAGUE POST

BEEREN PFLÜCKEN

Die Tschechen lieben ihre Wälder und Wiesen. Lange Waldspaziergänge mit häufigen Stopps, um Beeren und Pilze zu sammeln, sind ein festes Ritual. Jedes tschechische Kind lernt früh, welche wilden Waldfrüchte genießbar sind. Die meisten Leute haben eine (geheime) Lieblingsstelle, an die sie Jahr für Jahr zurückkehren. Aus den Beeren und Pilzen werden dann Suppen, Kuchen und Eingemachtes hergestellt.
Am Sonntagabend füllen sich die Bahnhöfe mit zurückfahrenden Studenten und Rentnern, voll beladen mit der Beute ihrer Wochenendwanderungen. Wer selbst Beeren und Pilze sammeln möchte, sollte einen lokalen Führer engagieren oder sich einfach einer einheimischen Gruppe anschließen. Ist man auf eigene Faust unterwegs, hält man sich am besten an Erd- und Blaubeeren. Juli und August sind die besten Monate, dann findet man in den Wäldern bei jeder tschechischen Ortschaft überraschend viele Früchte.

Karlštejn war die befestigte Burg und Sommerresidenz Karls IV.

geschmückt. Sehenswert ist der Gemäldezyklus mit Heiligenbildern, den Meister Theoderich von Prag im 14. Jahrhundert schuf. Die Kapelle wurde gebaut, um unersetzliche Reliquien und die habsburgischen Kronjuwelen aufzunehmen, die heute in Wien und Prag zu bewundern sind. Die Kapelle ist in der Regel für Besucher geschlossen, um die Kunstschätze zu sichern; einige von Theoderichs Bildern kann man im Agneskloster in Prag (siehe S. 108ff) bewundern. Gelegentlich stattfindende Führungen sind allerdings auf zwölf Personen beschränkt *(nur nach Anmeldung)*.
Karlštejn ist bei Touristen so beliebt, dass der Zugang zur Burg von Souvenirständen und Imbissbuden gesäumt ist. Am besten kommt man früh, bevor die Reisebusse eintreffen.
Vom Prager Bahnhof Smíchov fahren stündlich Züge nach Karlštejn. Dann sind es noch 15 Minuten Fußweg bis zur Burg, im Sommer stehen auch Kutschen zur Verfügung, die Besucher gegen Bezahlung dorthin bringen. ■

KARLŠTEJN
159 C2
28 km südwestlich von Prag
274 00 81 54 (für Anmeldungen zur Führung)
Mo ; Mo–Fr Nov.–März geschl.
€€€–€€€€; Führungen: €€€€
Zug ab Prags Bahnhof Smíchov
hradkarlstejn.cz

KUTNÁ HORA (KUTTENBERG) & UMGEBUNG

Im Mittelalter war Kutná Hora eine der bedeutendsten Städte Mitteleuropas. Silberminen legten den Grundstein für den Reichtum. Die Einrichtung einer Münze um 1300, die italienische Arbeiter beschäftigte, sorgte für Weltoffenheit.

Die Husova führt über den langen Grat, auf dem Kutná Hora liegt, zu einem Platz mit einer Pestsäule (1715). Rechts kommen Sie durch die Lierova zum **Steinernen Haus (Kammený dům)**, einem gotischen Haus, in dem sich heute das Heimatmuseum befindet. Weiter oben an der Husova sehen Sie die herrliche Barockfassade der **Sankt-Johann-Nepomuk-Kirche (Kostel sv. Jana Nepomuckého)** von František Kaňka. Die Husova mündet auf den Rejskovo náměští, der von einem gotischen Brunnen (1495) beherrscht wird.

Das herrliche Gewölbe der Kathedrale in Kutná Hora

Links liegt Narodního odboje náměsti, ein ruhiger, begrünter Platz. Auf der gegenüberliegenden Seite erhebt sich das **Jesuitenkolleg (Jezuistká kolej)** von Domenico Orsi. Am Kolleg entlang nach rechts abbiegend, kommen Sie zur **Kathedrale St. Barbara (Chrám sv. Barbory)**, auf die 13 große barocke Statuen aufmerksam machen.

Die heilige Barbara ist die Patronin der Bergleute, und so waren es auch sie, die den Bau der Kathedrale finanziert haben. Der Bau der Kathedrale wurde 1388 von Peter Parler und seinem Sohn Jan begonnen und von Benedikt Ried und Matthias Rejsek fortgesetzt. Sie entwarfen ab Ende des 15. Jahrhunderts das gotische Rippengewölbe. Endgültig abgeschlossen wurde der Bau erst im 19. Jahrhundert. Fresken aus dem 15. Jahrhundert zeigen in den Kapellen des Südflügels und des Chores die Arbeit der Bergleute.

Kathedrale St. Barbara

Südlich des Hauptplatzes, Palackého náměstí, ragt der Turm der gotischen **St.-Jakobs-Kirche (Kostel sv. Jakuba)** auf. Sie ist die älteste Kirche von Kutná Hora; im Inneren sehen Sie Gemälde von Petr Brandl, der hier begraben ist, sowie von Karel Škréta. Daneben liegt der **Italienische Hof (Vlašský dvůr)**, in dem die Münze untergebracht war. Der Hof diente unter Wenzel IV. zugleich als königliche Residenz. Das mittelalterliche Erkerfenster der Kapelle geht auf den sonst etwas nüchtern restaurierten Hof hinaus. Im Inneren sind einige der Silbermünzen ausgestellt, die bis 1547 hier geprägt wurden. Zwischen dem Italienischen Hof und der Kathedrale befindet sich der **Hrádek** (Kastell) aus dem 15. Jahrhundert, in dem heute ein Münzmuseum untergebracht ist. Im Rahmen einer Führung lässt sich eine stillgelegte mittelalterliche Mine unter seinen Fundamenten besichtigen.

Nördlich des Hauptplatzes kommen Sie über die Straße Jiřiho ž Poděbrad zum **Ursulinenkloster (Voršilský klášter)** von Kilian Dientzenhofer.

INSIDERTIPP

Kutná Hora unweit von Prag muss man erkunden und die Mythen um die Gebeine hören. Um die Kirchen zu besichtigen, sollte man im Sommer herkommen.

WENDY YASCUR
NATIONAL GEOGRAPHIC-MITARBEITERIN

SILBERBERGWERKE

Das mittelalterliche Silberbergwerk in Kutná Hora blieb jahrhundertelang verborgen, bis ein geohydrologisches Team zufällig darauf stieß. Archäologen bestimmten, dass es aus der Zeit stammte, als man das Silber mit Hammer und Meißel gewann – darauf wiesen Spuren auf den eng stehenden Wänden hin.

Die Silberader in Kutná Hora füllte das königliche Säckel zu Zeiten Karls IV., der das Reich und sein Vermögen dank der Arbeit von Hunderten, die in den nasskalten Gängen schufteten, vergrößerte. Wer das Bergwerk heute besichtigt, kann die Klaustrophobie in der sogenannten Galerie, einem 250 Meter langen Abschnitt der Mine, nachempfinden. Die Wände und die Decke enthalten noch immer Quarz- und Gneißstückchen – Teile des Konglomeratsgesteins, das Männer bearbeiteten und Pferde mit mittelalterlichen Loren hinausbeförderten. Kleine Stalaktiten aus kalzithaltigem Sediment hängen an manchen Stellen herab – Resultat des stetigen Tröpfelns von Mineralien. Dieser Prozess ist noch besser erkennbar in den mährischen Karsthöhlen im Osten der Tschechischen Republik.

SEDLEC

Kunstwerke im Beinhaus

Sedlec, drei Kilometer nordöstlich von Kutná Hora (Busse 1 oder 4) gelegen, hat eine sehenswerte frühe Kirche von Giovanni Santini. Die **Kirche Mariä Himmelfahrt (Kostel Nanebevzetí Panna Marie)** hat ein sehr eindrucksvolles stuckiertes Gewölbe (€). Das Zisterzienserkloster neben der Kirche ist heute eine Tabakfabrik. Über die Straße zeigen Wegweiser die Richtung zum Klosterfriedhof, wo Sie in der Krypta einer gotischen Kapelle ein außergewöhnliches **Beinhaus** finden. Der Friedhof war eine beliebte Begräbnisstätte des böhmischen Adels, doch bald überfüllt. 1870 bekam František Rint den Auftrag, mit den Knochen Kunstwerke zu gestalten. Er hatte die skurrile Idee, daraus Glocken, Kelche, Lüster und ein Wappenschild zu bilden.

KAČINA

In Kačina, sieben Kilometer nordöstlich von Kutná Hora, liegt ein schönes Beispiel für den Empirestil in Böhmen: Das Schloss wurde 1802 begonnen, der Giebelbau ist durch zwei Kolonnaden mit den seitlichen Pavillons verbunden. Ein englischer Park umgibt das cremefarbene Gebäude. ■

KUTNÁ HORA
159 E2
65 km östlich von Prag
Züge von Nádraží Hlavní über Sedlec. Bus ab Florenc in Prag
kutnahora.cz

Besucherinformation
Palackého náměstí 377
327 51 23 78

STEINERNES HAUS
Václavské náměstí 183
Mo geschl.
€

KATHEDRALE ST. BARBARA
€

ITALIENISCHER HOF
Havlickovo náměstí
€

KASTELL
Barborská 28
327 51 21 59
Mo & Nov.–März geschl.
€€€

BEINHAUS
Zámecká, Sedlec
326 551 049
€

WEITERE AUSFLUGSZIELE RUND UM PRAG

ČESKÝ ŠTERNBERK

Český Šternberk ruht auf einem Felsen. Ursprünglich stand hier eine mittelalterliche Burg, doch dank Um- und Anbauten erscheint Český Šternberk heute vor allem als Renaissancebau. Die Burg gehörte bis auf wenige Jahrzehnte seit dem 13. Jahrhundert bis 1948 der Familie Sternberg. In den 1990er Jahren erhielt die Familie die Burg zurück. Die Grafiksammlung mit Werken aus der Zeit des Dreißigjährigen Kriegs ist sehenswert.

159 D2 45 km südöstlich von Prag, über die E50 von Prag Richtung Brno 317 85 51 01 Mai–Sept. Mo & Nov.–März geschl., Apr. u. Okt.: nur Sa, So u. Feiertage geöffnet €–€€€

KOKOŘÍN

Nordöstlich von Mělník liegt eine malerische Region mit bewaldeten Hügeln und kleinen Tälern, das Kokořínsko. Das Dorf Kokořín liefert die dramatische Kulisse für eine Burg aus dem 14. Jahrhundert.

159 D4 20 km nordöstlich von Mělník (siehe S. 168) über die Straße 273 315 695 064 Geschl. Mo; Mo–Fr Okt. & April; Nov.–März hrad-kokorin.cz

KOLÍN

Die alte Industriestadt liegt an den Ufern der Labe (Elbe). Am Hauptplatz steht das 1887 reich mit Sgraffiti und Giebeln verzierte Rathaus. Den Hang hinauf kommen Sie zur Kirche **St.-Bartholomäus (Kostel sv. Bartoloměje)** aus dem 13. Jahrhundert; der Bergfried (1504) ist durch einen Bogen mit dem Kirchturm verbunden. Die Kirche besticht durch die bloße Höhe des Chores mit seinen Strebebögen. Im Inneren kontrastiert die Eleganz des Chores mit der kompakten Schlichtheit des Schiffs.

159 E2 58 km östlich von Prag an der Straße 12 Zug von Hlavní nádraží Prag

KONOPIŠTĚ

Das Schloss von Konopiště liegt in einem Park mit einem berühmten Rosengarten. Es gehörte dem Habsburger Erzherzog Franz Ferdinand d'Este ab 1887 bis zu seiner Ermordung in Sarajewo 1914. Ende des 19. Jahrhunderts ließ er das Schloss umfangreich umbauen, erhielt aber die mittelalterlichen Türme und ein schönes barockes Tor von František Kaňka. Um alle Innenräume zu sehen, müssen Sie an drei Führungen teilnehmen. Die erste zeigt die Prunkgemächer, die zweite die Waffen- und Rüstungssammlung der Familie Este und die dritte die Privaträume des Erzherzogs.

159 D1 40 km südlich von Prag über die E50, dann südlich über die Straße 3 317 721 366 (Führungen Säle 1 u. 2); 317 72 13 66 (Saal 3)

Die prächtige barocke Einrichtung der Burg Šternberk kann besichtigt werden. Die Burg aus dem 15. Jahrhundert befindet sich in Privatbesitz

Nov. Mo–Fr & Dez.–März geschl. €€–€€€€€ Zug von Hlavní nádraží Prag bis Benešov. Bus ab Bhf. Florenc in Prag zamek-konopiste.cz

ZÁMEK KŘIVOKLÁT (BURG KŘIVOKLÁT)

Křivoklát überragt das Naturschutzgebiet Křivoklátsko, eine bewaldete Felsregion. Die Burg wurde im 13. Jahrhundert als Jagdsitz für die Přemysliden-Könige erbaut. Der zukünftige Karl IV. verbrachte hier seine Kindheit. Mitte des 17. Jahrhunderts verkauften die Habsburger Křivoklát. 1685 begannen die neuen Besitzer, die Fürstenbergs, mit der Umgestaltung. Bei der 80 Minuten dauernden Führung werden z. B. die Kapelle und der Rittersaal gezeigt.

158 B2 45 km westlich von Prag über die Straße 6 und dann 201 313 558 440 Nov.–März Mo geschl. €€–€€€ Zug von Hlavní nádraží Prag; in Beroun umsteigen nach Křivoklát krivoklat.cz

LÁNY

Das Schloss von Lány stammt aus dem 14. Jahrhundert; es ist die Sommerresidenz der tschechoslowakischen Präsidenten. Nur die Gärten und der

Hirschpark sind der Öffentlichkeit zugänglich. Tschechen besuchen Lány vor allem, um den hier begrabenen Gründer der tschechischen Demokratie, Masaryk, zu ehren.

158 B3 40 km westlich von Prag über die Straße 7, dann links auf der Straße 236 April–Okt. Mo–Di & Nov.–März. geschl.

LIDICE

Nur an wenigen Orten kann man das Grauen so stark empfinden wie in Lidice. Am 4. Juni 1942 wurde der Reichsprotektor Reinhard Heydrich ermordet, sechs Tage später rächten sich die Nazis. Jeder männliche Bewohner des Bergbaudorfes Lidice wurde erschossen, die Frauen und Kinder in Konzentrationslager deportiert. Anschließend wurde das ganze Dorf, das man willkürlich ausgewählt hatte, dem Erdboden gleichgemacht. Nach Kriegsende wurde in der Nähe ein neues Dorf gebaut. An die schrecklichen Ereignisse der Vergangenheit erinnert eine Reihe von Steinreliefs unter Betonarkaden. Neben dem eindrucksvollen Mahnmal finden Sie ein kleines **Museum**, dass die barbarischen Geschehnisse jenes fürchterlichen Tages erzählt.

159 C3 32 km nordwestlich von Prag über die Straße 7, dann links auf der Straße 61 Richtung Kladno Museum: 10 června 1942 € Bus ab U-Bahn-Station Dejvická lidice-memorial.cz

MĚLNÍK

Auf den Südhängen wurden 1365 erstmals Reben angepflanzt, die Karl IV. aus Burgund mitgebracht hatte. Schwedische Truppen zerstörten im Dreißigjährigen Krieg das **Schloss** weitgehend, doch wurde es wieder aufgebaut. 1753 erwarb es die Familie Lobkowicz, die Kommunisten enteigneten

WEINPROBE IN MĚLNÍK

Zum Palais Lobkowicz in Mělník *(lobkowicz-melnik.cz)* gehört das Weingut, auf dem Karl IV. französische Rebsorten in Böhmen einführte. Eine Führung durch die Weinkeller gehört dazu, wenn man die verschlafene Stadt besucht. Im Château, das dem Label »Château Mělník« den Namen gab, werden die Rotweine Pinot noir, St. Laurent, Zweigelt und Blauer Portugieser sowie die Weißweine Pinot blanc und gris, Riesling, Traminer, Chardonnay, Mährischer Muskat und Müller-Thurgau gekeltert. Mit den bis zu 40 Jahre alten Weinen, die in Eichen-Barriquefässern lagern, zieht die Kellerei Weinliebhaber an. Verschnitte wie die Labels Ludmilla und Lobkowicz – durchaus gute trockene, fruchtige Weine – sind günstig. Weinproben für 90–220 Kč finden täglich 10–17 Uhr statt (€–€€€).

Schloss Mělnik in Mittelböhmen hoch über dem Zusammenfluss von Elbe und Moldau.

die Familie, die ihren Besitz aber nach 1989 zurückerhielt. Der Hof prunkt mit mittelalterlichen Elementen und sgraffitoverzierten Galerien. Die Räume sind barock möbliert und mit Gemälden geschmückt. Sie können den Weinkeller besuchen und die hier erzeugten Weine verkosten oder sie in der Weinstube oder im Restaurant genießen (€€€). Neben der Burg steht eine gotische Kirche; in der Krypta befindet sich ein **Beinhaus** mit den Skeletten von Pestopfern. Neben dem Rathaus steht ein **Weinbaumuseum**.

159 D4 32 km nördlich von Prag über die Straße 608, dann die Straße 9 Zug von Hlavní nádraží Prag bis Všetaty, von dort nach Mělník. Bus von Florenc oder Holešovice nádraží Prag Schloss: €; Kellerführung: €€–€€€ Beinhaus: Mo geschl. € Museum: Náměstí Míru 11 315 63 09 22 Mo geschl.

MLADÁ BOLESLAV (JUNGBUNZLAU)

Lange Zeit wurde die Stadt von der Autoindustrie beherrscht. Inzwischen hat man sie veschönert: Das Jugendstil-Postamt wurde lila und blau gestrichen, das Renaissance-Rathaus mit Sgraffiti versehen. Nördlich des Stadtzentrums, an der Václava Klementa, liegt das **Škoda-Museum**.

159 D4 50 km nordöstlich von Prag über die E65 Zug von Hlavní nádraží Prag Škoda-Museum: Václava Klementa 294 326 832 038 € skoda-auto.cz

MNICHOVO HRADIŠTĚ

Hier liegt Albrecht von Wallenstein begraben. Das E-förmige **Schloss** gehörte seinen Nachfahren bis 1945. Drei Führungen werden angeboten. Die erste zeigt die elegant möblierten Salons und die Bibliothek, die zweite das

NELAHOZEVES

Auf einem Hügel über dem Dorf Nelahozeves (Mühlhausen), gleich nördlich von Prag, steht ein stattliches Schloss aus der Spätrenaissance ***(277 Nelahozeves 51, Tel. 315 709 154, geschl. Mo; So–Fr Nov.–März, €€, Führungen außerhalb der Saison: Tel. 315 709 154, lobkowiczevents.cz, Zug ab Bahnhof Masarykovo in Prag),*** **das seit 1623 der Familie Lobkowicz gehört (allerdings hatten es 1948–1993 die Kommunisten konfisziert). Die schlichten Fassaden des Landschlosses wurden im 16. Jahrhundert mit Sgraffito verschönert. Die opulenten, im Stil der Zeit dekorierten Räume – mit Gemälden, dekorativer Kunst, Möbeln und Erinnerungsstücken aus der familiären Privatsammlung – erzählen vom Leben der Fürsten und Fürstinnen, die hier im Lauf von fünf Jahrhunderten wohnten. Der berühmte Komponist Antonín Dvořák kam 1841 in Nelahozeves zur Welt. Sein Haus ist heute ein einfaches Museum** ***(Nelahozeves 12, Tel. 315 785 099, geschl. Sa–Di, außer jedes 1. und 3. Wochenende im Monat).***

noch heute bespielbare Schlosstheater und die dritte besucht Wallensteins Grab. Der General wurde 1634 in Cheb ermordet und bei Jičín begraben; ein Jahrhundert verging, bevor seine sterblichen Überreste in sein Schloss überführt wurden.

159 E4 50 km nordwestlich von Jičín
Schloss: Mo; April & Okt. Di–Fr; Nov. & Dez. geschl. €–€€

PODĚBRADY

Weiter östlich liegt an der Elbe Poděbrady, die Stadt der Glasfabriken. Der Hauptplatz wird vom Reiterstandbild des ersten hussitischen Königs, Georg von Poděbrady, beherrscht. Man nimmt an, dass er 1420 hier geboren wurde. Hinter der Statue erhebt sich das **Renaissanceschloss**. Eisenhaltige Quellen förderten im 20. Jahrhundert die Entwicklung zum Kurort.

159 E3 40 km östlich von Prag über die E67 Zug von Hlavní nádraží Prag Besucherinformation: Jiřího náměstí 19 325 511 946
Schloss: Mo & Nov.–April geschl.

PŘEROV NAD LABEM

In Přerov nad Labem gibt es ein kleines Freilichtmuseum mit Bauernhäusern. Bereits 1895 gegründet, war es das erste Museum dieser Art in Mitteleuropa.

159 E3 30 km östlich von Prag über die E67 dann nördlich über die Straße 272 Mai–Sept. Mo; April & Okt. Mo–Fr; Nov.–März geschl.
€ Zug von Hlavní nádraží Prag bis Čelakovice; ab dort örtlicher Bus. Bus von Bhf. Palmovka in Prag

PŘÍBRAM

Am östlichen Ortsrand der Bergbaustadt liegt der Marienwallfahrtsort **Svatá Hora (Heiliger Berg)**. Von der Dlouhá führt eine überdachte Treppe zum Heiligtum. Das große **Bergbaumuseum (Hornické muzeum)** zeigt die Kate eines Bergmanns, einen Maschinenraum mit Dampfmaschine und eine Mineraliensammlung. Die Hauptattraktion ist die Einfahrt in einen stillgelegten Kohlenstollen.

158 B1 56 km südwestlich von Prag über die Straße 4 Bus vom Busbhf. Na Knížecí in Prag Bergbaumuseum: Náměstí Hynka Kličky 293, Příbram IV–Březové Hory 318 62 63 07 April–Okt. Mo; Nov.–März Sa–Mo geschl. €€

VELTRUSY

Veltrusy ist ein Schloss aus dem frühen 18. Jahrhundert. Es besitzt eine originelle Sternform mit einer riesigen Kuppel. Viele der Rokokoräume sind mit Porzellan und wunderschönen Möbeln ausgestattet. Der Schlosspark ist reizvoll.

159 C3 25 km nördlich von Prag über die E55, dann nördlich über die Straße 608 Mai–Sept. Mo; März–April & Okt.–Nov. Mo–Fr; Dez.–Feb. geschl. €–€€€ Zug von Masarykovo nádraží Prag bis Kralupy, dann Bus

Besonders der Schlosspark des sternenförmigen Schlosses Veltrusy lohnt einen Besuch

TSCHECHIEN

S. 172/173: Schloss Lednice, Südmähren

‹ Nationalpark Böhmerwald

Südböhmen ist das Land der Burgen, attraktiver Städte und vielfältiger Landschaften. Die Šumava bietet ausgezeichnete Möglichkeiten zum Wandern, Bootfahren oder Entspannen. Weiter im Osten liegt Třeboňsko mit seinen im Mittelalter angelegten Fischteichen, in denen auch heute noch die in Böhmen so beliebten Karpfen gezüchtet werden.

České Budějovice ist die wichtigste Stadt der Region und Heimat des Budvar-Bieres (siehe S. 182 f.). Das Stadtzentrum ist attraktiv, hat außer einem Brauereibesuch aber wenig zu bieten. Idealer Ausgangspunkt für Ausflüge zu den Burgen, Kirchen und Schlössern der Region ist das wunderschöne mittelalterliche Städtchen Český Krumlov. Der Ort ist wahrscheinlich der beste Platz, um einen Einblick in das reiche kulturelle Erbe der Tschechischen Republik zu gewinnen. Die Autofahrt (siehe S. 184 ff.) führt zu einigen der eindrucksvollsten Burgen, die von tristen mittelalterlichen Festungen bis zu verschwenderischen Imitationen aus dem 19. Jahrhundert reichen.

Viele Burgen überblicken die durch die Region fließende Moldau. Die nördlichen Gebiete sind vor allem bei Ausflüglern aus Prag beliebt.

Der östliche Teil der Region, hinter Třeboň liegend, ist weniger malerisch als das Moldautal oder die Šumava mit ihren Seen. Aber auch hier gibt es interessante Städte und Burgen, wie Jindřichův Hradec und Pelhřimov. Auch Tábor ist einen Besuch wert, vor allem wenn man sich für die Kultur und Geschichte Böhmens interessiert: Die Stadt war ein Zentrum der Hussiten und hat viele Erinnerungen an diese Zeit bewahrt. ■

Český Krumlov wird auf spektakuläre Weise vom Schloss dominiert, das sich hoch oben über mehrere Felsen erstreckt. Die Felsformation ist so unregelmäßig, dass ein Felsvorsprung in das Fundament des Hauptschlosses eingebunden wurde. Von 1302 bis 1602 war die Burg im Besitz der Rosenbergs (Rožmberks); 1717 ging sie in den Besitz der Schwarzenbergs über.

Kanuten bereiten sich in Český Krumlov auf eine Fahrt auf der Moldau vor

DAS SCHLOSS (HRAD)

Brücken verbinden das Schloss mit der Altstadt. Ein kurzer Anstieg führt zum Schlossportal, das mittels einer Brücke über den Bärengraben erreicht wird. Der farbenprächtige, 1590 bemalte Turm überblickt den Eingang, der zu mehreren mit Sgraffiti und Fresken bemalten Schlosshöfen führt. Ein dreistöckiger Viadukt mit einem gedeckten dreigeschossigen Gang verbindet die auf verschiedenen Felsen errichteten Schlossgebäude.
Um das Schloss zu besuchen, müssen Sie sich für eine oder beide von zwei Führungen anmelden, außer Sie wollen nur den Turm besteigen (er ist das ganze Jahr geöffnet). Die meisten Räume sind im Barock- oder Rokokostil gehalten, und zu den Sammlungen, die in einigen der 300 Räume ausgestellt sind, gehören chinesisches Porzellan und seltene Gobelins. Der Ball- bzw. Maskensaal ist mit hübschen Karnevalsszenen bemalt, die 1748 von Josef Lederer vervollständigt wurden (nur Führung 1). Über die überdachte Brücke erreicht man den Schlossgarten und das **Schlosstheater** im Rokokostil (Zámecké divadlo, 1767), das noch die ursprünglichen Bühnen-

einrichtungen und Kostüme enthält. Das elegante Theater ist nach den unheimlichen, labyrinthartigen Kellergewölben eine willkommene Abwechslung.

ALTSTADT

Die Altstadt ist sehr kommerzialisiert, Dutzende von Glas- und Porzellangeschäften sowie kitschige Souvenirgeschäfte, Cafés und Restaurants sind auf die Ströme der Besucher eingestellt. Führungen starten vom Rathaus am Hauptplatz, náměstí Svornosti. Das **Rathaus (Radnice)** selbst hat gotische Lauben und ein Kranzgesims. Hinter dem Platz erhebt sich **St. Veit (Kostel sv. Vita)** aus dem 15. Jahrhundert mit zeitgenössischen Fresken im nördlichen Seitenschiff, hohen Gewölben und dem Grab von Wilhelm von Rosenberg. In der Nähe auf der Horní liegt das **Jesuitenkolleg** von 1588 (teilweise zu einem Luxushotel umgebaut), dessen Dachvorsprünge mit Sgraffiti geschmückt sind. 1911 zog der österreichische Expressionist Egon Schiele (1890–1918) nach Český Krumlov und schockierte die Bevölkerung mit seinen Aktmodellen. Ende des 20. Jahrhunderts wurde ein ehemaliges Brauereigebäude auf der Široká in eine Galerie umgebaut, in der eine ständige Ausstellung seiner Arbeiten zu sehen ist. Alternativ bietet sich ein Besuch des **Heimatmuseums (Okresní muzeum)** auf der Horní an; gezeigt werden Ausstellungsstücke zur Stadtgeschichte sowie Waffen und Möbel. Am Hauptplatz befindet sich auch ein **Foltermuseum** (€€).

INSIDERTIPP

Mieten Sie sich ein Schlauchboot für eine Fahrt auf der Moldau durch diese perfekt erhaltene Renaissance-Stadt.

CHARLES RECKNAGEL
RADIO FREE EUROPE, PRAG

EGON SCHIELE ART CENTRUM

Das ruhige, seriöse Český Krumlov (Krumau) war Anfang des 20. Jahrhunderts nicht wirklich bereit für Avantgardekunst – vor allem wenn darin nackte Mädchen vorkamen. Doch genau das kam in die Stadt, und zwar mit dem österreichischen Künstler Egon Schiele, dessen zuweilen groteske Gouache-Bilder, die er hier schuf, inzwischen von der Stadt wie ein Schatz gehütet werden. Die Ausstellung im Egon Schiele Art Centrum *(schieleartcentrum.cz)* bietet Einblick in seinen kurzen Aufenthalt in Böhmen. Er lebte hier ein Jahr lang »in Sünde« mit Wally Neuzil, dem ehemaligen Modell Gustav Klimts, ehe die Einwohner ihn 1911 vertrieben. Doch das nach ihm benannte Kunstzentrum führt seinen kühnen Geist weiter, auch in Gastausstellungen wie »Russische Videokunst« oder »Tschechische Textverarbeitung«.

Im Sommer finden verschiedene Festivals statt. Das Fest der Fünfblättrigen Rose im Juni ist ein zweitägiger Rummel mit mittelalterlichen Umzügen, Feuerwerk und Jahrmarkt. Im Frühsommer findet ein Kammermusik-Festival statt und im August ein internationales Jazzfestival. ■

Český Krumlov Burg

ČESKÝ KRUMLOV

176 C2

160 km südlich von Prag über E65, Ausfahrt Süd, weiter auf Straße 3, dann rechts auf Straße 39

Zug von Prag über Ceské Budejovice. Bus von Prag

Besucherinformation

Námestí Svornosti 2, 38101 Český Krumlov

380 70 46 22

ckrumlov.cz

SCHLOSS UND PARK

380 70 47 21

Mo & Nov.–März geschl.

Führungen: jeweils €€–€€€; Theater: €€–€€€

www.castle.ckrumlov.cz

EGON SCHIELE ART CENTRUM

Široká 71

380 70 40 11

Mo geschl.

€€

schieleartcentrum.cz

HEIMATMUSEUM

Horní 152

380 71 16 74

Mo & Okt.–April geschl.

€

ČESKÉ BUDĚJOVICE (BUDWEIS)

Die Kreisstadt liegt am Zusammenfluss von Malše (Maltsch) und Moldau. Bierliebhaber auf der ganzen Welt kennen den deutschen Namen der Stadt, Budweis, denn sie ist die Heimat von Budvar oder Budweiser. Den milden, goldenen Gerstensaft kann man in einer der zahlreichen Bierhallen kosten.

Das nahe der österreichischen Grenze liegende České Budějovice strahlt Wohlstand aus. Die Stadt verdankt ihren Reichtum dem Salzhandel und später dem Silberbergbau. 1265 erhielt sie von Přemysl-König Ottokar II. das Stadtrecht. Obwohl immer streng katholisch, blieb sie während der Hussitenkriege von Angriffen verschont; nach dem Dreißigjährigen Krieg stand sie unter der Schirmherrschaft der Habsburger. 1641 wurde ein Großteil der Stadt durch ein Feuer zerstört, es dauerte Jahrzehnte, bis sie wieder den Wohlstand erreichte, den sie im 16. Jahrhundert hatte.
Die Stadt ist von Kanälen und Flüssen umgeben. In der Mitte des mittelalterlichen Gitterschemas liegt der große Stadtplatz, **náměstí Přemysla Otakara II**. Der von Lauben umgebene Platz ist weniger eine Ansammlung individueller Gebäude (von denen viele aus dem 18. und 19. Jahrhundert stammen) als vielmehr ein städtebauliches Ensemble. Im Zentrum sprudelt der Samsonbrunnen von Josef Dietrich (1727). Das herrliche **Rathaus (Radnice)** mit seinen Barocktürmen wurde 1730 von Antonio Martinelli umgebaut. In der gegenüberliegenden Ecke des Platzes erhebt sich der beeindruckende, 72 Meter hohe **Schwarze Turm** (**Černá věž**, 16. Jh.), den jeder mit genügend Durchhaltevermögen erklimmen kann, um die Stadt aus der Vogelperspektive zu sehen. An klaren Tagen sieht man im Osten

KANUFAHRT AUF DER MOLDAU

Die Moldau wird zwar im weiteren Verlauf sehr mächtig, sodass sie 2002, als sie über die Ufer trat, in Prag große Schäden anrichtete, doch nahe ihrer Quelle in Südböhmen fließt sie ruhig dahin.
Schlauchboot- und Kanufahrten am oberen Flusslauf sind wohl die erfrischendsten und angenehmsten Sommersportarten. Allein in Český Krumlov (siehe S. 178–181) findet man mehrere Bootsverleihe und Guides zu vernünftigen Preisen. Der beliebte Bootsverleih **Surfsport** *(surfsport.cz)* etwa bietet Schlauchboote für vier bis sechs Personen sowie Kanus für zwei; der Transport zu bzw. von den Anlegestellen sowie Schwimmwesten und wasserdichte Behältnisse sind inklusive.
Wer nicht selbst Kapitän spielen möchte, geht zu **Český Krum Love** *(www.ckrumlov.info/docs/de/kpr6.xml)*. An einer Pier im Ortszentrum starten Fahrten (für bis zu zwölf Personen) auf altmodischen Holzflößen.

Kein tschechischer Stadtplatz kann es bezüglich der Größe mit jenem in České Budějovice aufnehmen

das 19 Kilometer entfernte Třeboň. Der Turm grenzt an die nach 1640 barockisierte Kathedrale.

Die Krajinská führt zu den ehemaligen Fleischbänken (Masné krámy) aus dem 16. Jahrhundert, die in eine Bierhalle umgewandelt wurden. Von hier führt die Piaristická zum barockisierten mittelalterlichen Dominikanerkloster. Das **Salzhaus (Solnice)** von 1513 ist mit seinem Treppengiebel ein seltenes Beispiel eines Zeughauses aus der Renaissance.

Vom Rathaus führt die Biskupská am weiß- und pfirsichfarbenen ehemaligen Bischofspalast vorbei zur Malše, hier stehen noch einige mittelalterliche Befestigungsanlagen. Im **Südböhmischen Museum** (**Jihoceské muzeum**) in der Nähe des Flusses finden sich umfangreiche Sammlungen.

Die modernisierte **Budvar-Brauerei** liegt nördlich vom Stadtzentrum, an der Straße nach Prag. Für Bierliebhaber ist die einstündige Führung ein Muss *(Voranmeldung nötig)*. Im Rahmen der Führung wird erläutert, warum traditionell gebrautes tschechisches Bier nichts mit dem amerikanischen Budweiser gemein hat, mit dem es häufig verwechselt wird. ■

ČESKÉ BUDĚJOVICE
176 C2
147 km südlich von Prag über E65, dann auf der 3 nach Süden
Zug von Prag
c-budejovice.cz

Besucherinformation
Náměstí Přemysla Otakara II
386 80 14 13

SCHWARZER TURM
Mo & Nov.–März geschl.
€

MUSEUM VON SÜDBÖHMEN
Dukelská 1
391 001 531
Mo geschl.
€

BUDVAR-BRAUEREI
Karolíny Světlé 4
387 705 199
Jan. & Feb. So & Mo geschl.
€€ (Voranmeldung nötig, mind. fünf Teilnehmer)
hbudejovickybudvar.cz

RUNDFAHRT DURCH DAS LAND DER SCHLÖSSER

Der Süden Böhmens ist das Land der Schlösser und Burgen: Hier gibt es Festungen, die Kleinstädte schützen, Burgen, die einst über wichtige Handelswege wachten, und ländliche Zufluchtsorte für den Adel.

Acht Kilometer nördlich von České Budějovice, auf der Straße 105, liegt das Schloss **Hluboká nad Vltavou (Frauenberg)** **1**, das sich auf einem breiten Felsen über der Moldau erhebt. Es ist eines der neugotischen Fantasieschlösser der Familie Schwarzenberg *(geschl. Mo; Sept.–Juni, €€€)*. Die mittelalterliche Königsfestung wurde 1662 von der Familie erworben. Zwei Jahrhunderte später fiel die Entscheidung, Hluboká zum Stammsitz in Böhmen zu machen; in den Folgejahren gab die Familie ein Vermögen für deren Neugestaltung aus. Auch die Parkanlage stammt von den Schwarzenbergs, sie kann auch besucht werden, wenn das Schloss

Die Familie Schwarzenberg baute die mittelalterliche Festung Hluboká nad Vltavou in vermeintlich viktorianischem Stil in ein neugotisches Schloss um

geschlossen ist. Das Gebäude ist voller zinnenbesetzter Türme und Pseudobefestigungsanlagen. Die Räumlichkeiten sind mit Holzarbeiten ausgeschmückt, aufwendig möbliert und mit einem Waffensaal, einer Bibliothek, Gobelins und einer Sammlung böhmischer Gemälde ausgestattet. Sehenswert ist auch die Kunstsammlung in der ehemaligen Reitschule *(jízdárna; Mo geschl.)*, die einen Querschnitt von mittelalterlichen böhmischen Tafelbildern bis zu tschechischen Gemälden des 20. Jahrhunderts zeigt. Es gibt

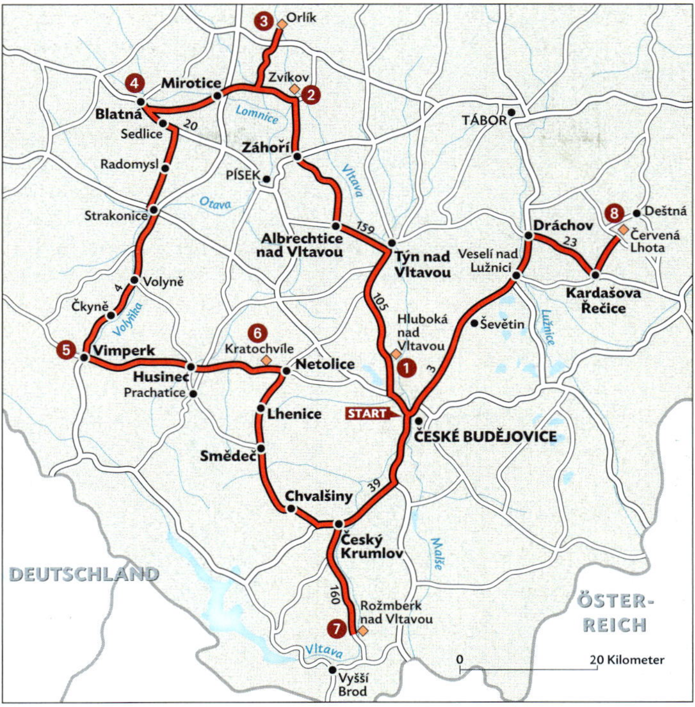

eine umfassende Schlossführung sowie eine kürzere zur Waffensammlung.

Von hier geht es 24 Kilometer auf der Straße 105 nach Týn nad Vltavou, dann links in Richtung Písek. Von Albrechtice nad Vltavou führen Nebenstraßen nach

Siehe Karte S. 176/177
➤ České Budějovice
375 Kilometer
2–3 Tage
➤ Červená Lhota

Zvíkov (Klingenberg) **2**, einer abgelegenen Burg, die sich auf einem bewaldeten Felsvorsprung oberhalb des Zusammenflusses von Otava (Wottowa) und Moldau erhebt *(geschl. Mai–Sept. Mo; April, Okt. Mo–Fr; Nov.– März, €, hrad-zvikov.eu)*. Zvíkov, im 13. Jahrhundert von den herrschenden Přemysl erbaut, wurde später Eigentum der Rosenbergs, einer mächtigen Adelsfamilie, im 17. Jahrhundert aber ein weiterer Besitz der Schwarzenbergs. Glücklicherweise widerstanden diese der Versuchung, das Renaissancegebäude umzubauen. Nach schweren Beschädigungen, die der Burg im Laufe des Dreißigjährigen Krieges zugefügt wurden, musste diese teilweise wiederaufgebaut werden. Der Rundturm (13. Jh.) sowie ein

Das von einem Wassergraben umgebene, idyllisch gelegene Schloss in Blatná

gotischer Arkadenhof sind erhalten geblieben. In der Burgkapelle finden sich wunderschöne, wenn auch stark restaurierte Fresken von etwa 1500. Auf der an der Moldau entlangführenden Straße geht es in nördlicher Richtung weiter nach **Orlík (Worlik)** ❸, das sich seit 1719 im Besitz der allgegenwärtigen Schwarzenbergs befindet und 1992 von der Familie zurückverlangt wurde. Die an einem Stausee gelegene Burg *(Mo; Nov.–März geschl., €–€€€, zamekorlik.cz)* wurde im 13. Jahrhundert erbaut und in der zweiten Hälfte des 19. Jahrhunderts im neugotischen Stil umgebaut. Die Räume sind im Empirestil ausgestattet. In Vitrinen wird die Geschichte der Eigentümer chronologisch erläutert.

INSIDERTIPP

Die Radtour von Prag nach Wien führt durch Felder, Wälder, kleine Dörfer und vorbei an Burgen, Flüssen und Seen *(praguevienna-greenways.org)*.

ANDREA LIŠKOVÁ
CZECHTOURISM, USA

Fahren Sie zurück nach Zvíkov und von dort aus in westlicher Richtung nach Mirotice und **Blatná (Platten)** ❹, einer Kleinstadt, die vor allem für ihre Rosenzucht bekannt ist. Die Wasserburg *(geschl. Mo; Mo–Fr 15. Sept.–Okt.; Nov.–März, €, castle-blatna.com)* an der Straße nach Plzeň betritt man durch einen Torturm. Die gotische Kapelle mit ihrem zierlichen Erkerfenster stammt aus dem 13. Jahrhundert. Der Renaissanceflügel wurde um 1520 von Benedikt Ried entworfen. Das Schloss kann im Rahmen einer Führung besichtigt werden; bizarrer Höhepunkt ist eine aus Geweihen gefertigte Möbelgarnitur.

Von Blatná geht es Richtung Süden weiter nach Strakonice und auf der Straße 4 nach **Vimperk (Winterberg)** ❺. Die Stadt kauert sich unter der auf einem Felsen thronenden Burg *(Mo und Nov.–April geschl.)*, zu der man über einen Pfad vom Marktplatz gelangt. Von Přemsyl Ottokar II. im

13. Jahrhundert erbaut, wurde sie später von den Schwarzenbergs umgestaltet. In östlicher Richtung geht es weiter Richtung České Budějovice. Nach 36 Kilometern erreicht man das Renaissanceschloss **Kratochvile (Kurzweil)** 6 *(Mai–Sept. Mo; April, Okt., Nov.–März Mo–Fr geschl., €–€€€).* Das 1580 erbaute Schloss ist absolut symmetrisch konzipiert und von Mauern, Pavillons und Gärten umgeben. Einst als Jagdschloss von den Rosenbergs erbaut, ist es heute ein Museum, das die Produktion der legendären tschechischen Zeichentrickfilme erläutert.

Südlich Richtung Český Krumlov fahrend, kommt man nach **Rožmberk nad Vltavou (Rosenberg)** 7, einem nach den Rosenbergs benannten Dorf und Schloss *(Mai–Sept. Mo; April, Okt., Nov.–März Mo–Fr geschl., €–€€).* Das die Moldau überblickende, mit Sgrafitti geschmückte Gebäude erscheint wie eine Aneinanderreihung von Festungen auf einem Höhenzug. Der schönste Raum ist der Bankettsaal, den italienische Fresken aus dem 16. Jahrhundert schmücken.

Kehren Sie zurück nach Český Krumlov und fahren Sie auf der Straße 39 in nordöstlicher Richtung weiter nach Budweis. Verlassen Sie die Stadt auf der Straße 3 in Richtung Tábor. In Dráchov geht es rechts nach Jindřichův Hradec und von Kardašova Řečice nördlich weiter nach Deštná. Halten Sie Ausschau nach Schildern Richtung **Červená Lhota** 8. Es ist eine lange, aber lohnenswerte Fahrt, denn das versteckt in der bewaldeten Landschaft liegende Wasserschlösschen *(Mai–Sept. Mo; April, Okt. Mo–Fr; Nov.–März geschl., €–€€)* ist das schönste von allen.

EINSTIGES SPERRGEBIET BÖHMERWALD

Vor 1989 bekam jeder, der im Böhmerwald wanderte und kein Mitglied des tschechischen Militärs war, ernsthafte Probleme. Weil diese südwestliche Region aus grünen Hügeln und Seen an Österreich und Bayern grenzt, war sie eine verlockende Route für jene, die vor den Unbilden des sowjetischen Satellitenstaats in den Westen fliehen wollten. Dies bedeutete aber auch, dass die Landschaften und Wildtiere, u. a. Luchse, Füchse und Gämsen, hier in Ruhe gelassen wurden – mehr als in jedem anderen Naturpark des Landes. Heute fliehen wiederum viele Tschechen vor dem modernen, hektischen Leben im Rest der Republik in den Nationalpark Böhmerwald – auf Tschechisch: Šumava (*npsumava.cz/cz*). Hier können sie wandern, Beeren pflücken und einfach in der Natur sein. Hilfreich in Sachen Outdoor-Aktivitäten ist die Website Kudy z nudy (»Der Langeweile entkommen«, *kudyznudy.cz*) mit Listen von Organisationen für Wanderungen für alle Ansprüche, mehrsprachigen Guides sowie Sehenswürdigkeiten wie den Archeopark in Netolice und uralten Ruinen auf Hügeln.

Das Becken von Třeboň (Wittingauer Becken) ist ein Feuchtgebiet, in dem seit dem 14. Jahrhundert Fischteiche angelegt wurden, um vor allem in der Weihnachtszeit den Appetit der Tschechen auf den schmackhaften Karpfen zu befriedigen. Zum Naturschutzgebiet gehören ausgedehnte Hochmoore.

Die mächtigen Rosenbergs entwickelten die Karpfenzucht im 16. Jahrhundert zu einem eigenen Wirtschaftszweig. Die Rosenbergs ließen dazu Kanäle von den damals besten Ingenieuren anlegen; ihre Nachfolger in Třeboň, die Familie Schwarzenberg, führten die einst 6000 Teiche umfassende Teichwirtschaft weiter.

Třeboň (Wittingau) ist von einer Stadtmauer umgeben. Die noch erhaltenen Stadttore stellen den einzigen Zugang zur Altstadt dar. In der Nähe des Svinenská (Schweinitzer) Tores aus dem 16. Jahrhundert liegt die **Regent-Brauerei**, in der seit Gründung der Stadt Bier gebraut wird. Petr Vok, der Letzte der Rosenbergs, starb hier 1611.

Die kleine Stadt wird vom **Schloss** dominiert, das von den Rosenbergs 1370 errichtet wurde. 1660 kam das Schloss in den Besitz der Schwarzenbergs. Die bayerische Familie hatte es sich zur Angewohnheit werden lassen, den Besitz ausgestorbener böhmischer Adelsfamilien aufzukaufen. Schon bald waren sie die größten Landbesitzer und blieben es bis zu ihrer Ausweisung 1945.

INSIDERTIPP

Nehmen Sie in Třeboň an einer Führung durch die St.-Ägidius-Kirche teil oder lauschen dort einem Orgelkonzert.

PHILIP HEIJMANS
AUTOR & FOTOGRAF, THE PRAGUE POST

Die ausgedehnten Renaissancegebäude des Schlosses mit ihren monotonen Sgraffitoeffekten scheinen einen Großteil der Altstadt einzunehmen. Vom Hauptplatz kommt man durch aufwendige Renaissanceportale in ruhige Innenhöfe. Das Schloss selbst kann nur im Rahmen einer Führung besichtigt werden. Es werden drei Führungen angeboten: Die erste zeigt die Renaissanceräume, die zweite führt zu den Privatgemächern, die im 19. Jahrhundert möbliert wurden, die dritte ist eine Kombination der beiden. Nach der Führung bietet sich ein Spaziergang in dem im englischen Stil angelegten Park an.

Vom Schloss aus kann man zu Fuß zum **Hauptplatz** gehen. Die Laubengänge der Renaissance- und Barockhäuser öffnen sich zu einer Mariensäule (1780) und einem Brunnen (1569). Im Sommer lässt sich der Rathausturm aus dem 17. Jahrhundert besteigen. Von den Giebelhäusern ist das mit Zinnen geschmückte Weiße Rössel (Bílý koníček, 1544) erwähnenswert. Einen Block vom Marktplatz entfernt, auf der Husova, ragt die **Augustinerklosterkirche St. Ägidius** (**Kostel sv. Jiljí**) auf. Im eleganten Innern finden sich Fresken aus dem 15. Jahrhundert.

Der Hauptplatz von Třeboň mit Renaissancehäusern und einer barocken Mariensäule

Třeboň liegt neben dem Svět-Teich. In den Gebäuden des Sanatoriums kann man Schlammbäder nehmen. Auf der gegenüberliegenden Seite liegt der Park **U Hrobky**, der zu Fuß in etwa 20 Minuten von der Stadt erreicht werden kann. Die Schwarzenbergs ließen hier 1877 ihr **Mausoleum** im neugotischen Stil errichten. Die Gruft lässt sich besichtigen.

Durch das Wittingauer Becken führen markierte Wege zu einigen der größeren Teiche nördlich von Třeboň. Der größte, nach den Rosenbergs benannte Teich, der um 1580 angelegt wurde, ist nicht weit entfernt. Ein weiterer Weg führt durch die Torfmoore von Červené blato, 15 Kilometer südlich der Stadt. Die Region ist Naturschutzgebiet und beliebtes Ziel für Vogelliebhaber. ■

TŘEBOŇ
176 D2
145 km südlich von Prag über die Straße 3, dann über die 24
Bus von České Budějovice. Fast alle Züge von Prag nach Wien halten hier

Besucherinformation
Masarykovo náměstí 103
384 72 11 69
Geschl. So; Sa–So Nov.–März
itrebon.cz

SCHLOSS
April–Okt. Mo; Nov.–März geschl.
€–€€€

SCHWARZENBERG-MAUSOLEUM
Mo; Nov.–März geschl.
€

JINDŘICHŮV HRADEC (NEUHAUS)

Östlich von České Budějovice, an der Grenze zu Mähren, liegt die Kleinstadt Jindřichův Hradec. Im Mittelalter waren die Rosenbergs die Herren von Hradec. Im frühen 13. Jahrhundert errichteten sie die erste Festung, die sie in den folgenden Jahrhunderten immer wieder erweiterten. Im Mittelalter wurde die an einem Handelsweg liegende Tuchmacherstadt wohlhabend, später verlor sie an Ansehen.

Als das letzte Mitglied der Familie Rosenberg 1611 verstarb, war das Schloss über dem Vajgar-See eine Mixtur architektonischer Stile. Zum steinernen Bergfried (13. Jh.) kommen Gebäude aus der Renaissance und Arkadenhöfe. Einer Legende nach wird das Schloss von der Weißen Dame heimgesucht, dem Geist von Berta von Rosenberg, einer unglücklichen Schlossherrin aus dem 15. Jahrhundert, die zu einer Ehe mit einem ungeliebten Mann gezwungen wurde. Als Berta sich von Herzog Sternberg, ihrem Liebhaber, verabschiedete, wurde das Paar von ihrem Gatten überrascht; sie musste jahrelang dessen Misshandlungen erdulden.
Auch wenn ein Großteil der Außenfassade des Schlosses nicht sehr ansprechend ist, so sind die renovierten Räume ein Juwel. Es werden drei 50-minütige Führungen angeboten. Führung A zeigt die Barockräume, Führung B die aus dem Mittelalter stammenden Abschnitte, Führung C konzentriert sich auf die Renaissanceteile. Am schönsten ist wohl der Gartenpavillon (Rotunda) mit seinen Bullaugen und vergoldeten Stuckarbeiten (Führung C). Wie ein Großteil des Schlosses wurde er von italienischen Baumeistern entworfen. Baldassare Maggi, der ab 1575 für die Rosenbergs arbeitete, war der wichtigste unter ihnen. Die eindrucksvollsten Räume

BÖHMISCHE KÜCHE

Besucher der Tschechischen Republik stoßen immer und überall auf ein paar durchaus schmackhafte Gerichte, die jedoch unterschiedlich gut zubereitet werden: Gulasch, Geräuchertes und Schnitzel *(řízek)*. Doch echte Feinschmecker sollten nach den interessanteren, raffinierteren Klassikern Ausschau halten, z. B. böhmische Ente mit Weiß- und Blaukraut oder nach sättigender Hausmannskost wie slowakischen Kartoffelnockerln *(halušky)* mit Schmand und knusprig gebratenem Speck.
Suppen sind eine besondere Stärke der Tschechen. *Bramboračka*, Kartoffelsuppe mit Thymian, kann man in fast allen Restaurants bestellen. *Česnečka*, Knoblauchsuppe, ist zur Vorbeugung gegen Winterviren beliebt. *Kulaja*, Eier-Dill-Suppe, dagegen wird eher in der wärmeren Jahreszeit gegessen.
Der klassische Nachtisch ist freilich der Apfelstrudel *(závin)* mit Rosinen und Zimt, der fast immer frisch aus dem Ofen mit Schlagsahne serviert wird.

Das Schloss von Jindřichův Hradec zeigt die verschiedensten böhmischen Architekturstile

sind die gotische Kapelle und die Zeremonienhalle, deren Fresken aus dem 14. Jahrhundert das Leben des hl. Georg erzählen (Führung B).

Eine Gasse führt vom Schloss zum Hauptplatz, **náměstí Míru**, auf dem eine Mariensäule aus dem 18. Jahrhundert steht. Der Platz ist umgeben von attraktiven, mit Stuck verzierten Bürgerhäusern und dem Rathaus. In der gotischen Hauptkirche **St. Johann der Täufer (Kostel sv. Jana Krtitele)** finden sich Wandgemälde aus dem 14. Jahrhundert. Hinter dem Rathaus ragt die gotische **Kirche Mariä Himmelfahrt (Kostel Nanebevzetí)** mit Fresken aus dem 17. Jahrhundert auf.

Das **Heimatmuseum** befindet sich im ehemaligen Jesuitenkolleg (17. Jh.) auf der Komenského. Attraktion ist die mit über tausend Figurinen bevölkerte Darstellung der Geburt Christi, die von Thomáš Krýza (1838–1918) in einem halben Jahrhundert gestaltet wurde. Man nimmt an, dass dies die weltweit größte Darstellung dieser Art ist. ■

JINDŘICHŮV HRADEC
177 E3
128 km südöstlich von Prag über E65, dann südlich über die Straße 3
Zug ab Prag, umsteigen in Veselí

Besucherinformation
Panská 136
384 351 546
jh.cz

SCHLOSS
384 32 12 79
Mo; Nov.–März geschl.
Führungen einzeln: €€–€€€; alle drei: €€€–€€€€€
zamek-jindrichuvhradec.eu

HEIMATMUSEUM
Balbínovo náměstí 19
384 36 36 60
Mo April–6. Jan.; 7. Jan.–März geschl.
€
mjh.cz

Tábor wurde 1420 am Ufer der Lužnice (Lainsitz oder Luschnitz) von Flüchtlingen aus Prag gegründet, die einen hussitischen Stützpunkt in Südböhmen etablieren wollten. Die Taboriten, eine Gruppe radikaler religiöser und sozialer Reformer, benannten sich nach dieser Stadt. Sie bestanden unter anderem auf der Gleichheit aller Menschen – im Mittelalter eine radikale Ansicht.

Die unterhalb der Altstadt von Tábor fließende Lužnice

Unterhalb der Stadt fließt der Fluss, im Westen liegt der Jordánteich, der 1492 gestaut wurde. Die Altstadt ist ein Labyrinth schmaler Gassen, umgeben von zum Teil erhaltenen Befestigungen. Von der mittelalterlichen Burg steht nur noch der runde Kotnov-Turm. Der Hauptplatz der Stadt, **Žižkovo náměstí**, ist nach dem Hussitengeneral Jan Žižka benannt, dessen Statue hier steht. In der Mitte des Platzes sehen Sie einen Renaissancebrunnen von 1567. Im 1440 erbauten Giebelrathaus, das später im Renaissancestil umgebaut wurde, befindet sich der Ratssaal mit einem Gewölbe von 1515 sowie das **Hussitenmuseum (Husitské muzeum)**.
Unter dem Rathaus erstreckt sich ein Labyrinth von bis zu 14 Kilometer langen Gängen. Anfangs zur Lagerung von Bierfässern gedacht, dienten sie wahrscheinlich zum Schutz vor feindlichen Attacken sowie vor Feuern. Ein Teil dieser Katakomben kann besichtigt werden (Führungen starten im Museum). An der Nordseite des Platzes liegt die Dekanatskirche **Verklärung Christi auf dem Berge Tábor** (**Kostel Proměnění Páně**), die im spätgotischen Stil erbaut wurde (2. Hälfte des 15. Jh.), wobei die Giebel in der Renaissance angefügt wurden. Das Kreuzrippengewölbe ist eine Mischung aus Barock und neugotischen Elementen. Für einen Ausblick über die Stadt kann man auf den hohen **Turm** steigen (€). Svatošova, ein Gässchen neben der Kirche, führt zur Augustinerklosterkirche mit Barockfassade. Auch die Haupteinkaufsstraße Pražská führt zum Platz. Die Straße hat Renaissancehäuser mit gut erhaltenen Sgraffitoeffekten zu bieten.
Vom Hauptplatz führt die Mariánská, dann die Klokotská zu den Resten der mittelalterlichen **Burg Kotnov (hrad Kotnov)**, von der ein Teil seit 1611 als Brauerei dient. Neben dem Schloss steht das **Bechiner Tor** (**Bechyňská brána**, 15. Jh.), in dem ein kleines Museum zum Thema mittelalterliche Gesellschaft untergebracht ist. Von dort aus hat man Zugang zum Burgturm, von dem man die Stadt überblicken kann.
Etwa einen Kilometer westlich der Altstadt liegt die sehenswerte Barockkirche Klokoty mit ihren Zwiebeltürmen. ■

TÁBOR
176 D4
84 km südlich von Prag über E65, dann Straße 3
Zug und Bus ab Prag

Besucherinformation
Infozentrum, Žižkovo náměstí 2
38 14 86 23 04
taborcz.eu

HUSSITENMUSEUM
381 25 22 42
So–Di; Okt.–März geschl.
Museum: €, Katakomben: €

BECHINER TOR
Mo–Fr Okt.; Nov.–April geschl.
Museum: €, Turm: €

JAN HUS & DIE HUSSITEN

Jan Hus (Johannes Huß), der erste tschechische Nationalheld, wurde um 1370 in Husinec in Südböhmen geboren. Er studierte an der Prager Universität. 1400 wurde Hus zum Priester geweiht, 1402 zum Dekan der philosophischen Fakultät an der Prager Universität ernannt.

Ein Porträt aus dem 16. Jh. stellt den Tod von Jan Hus auf dem Scheiterhaufen 1415 dar

Jan Hus war stark von John Wycliffes (um 1330–84) Ideen geprägt. Er predigte auf Tschechisch statt in lateinischer Sprache und gab so seine reformistischen Botschaften an die Gemeinde weiter. Er sprach sich gegen Luxus, die Selbstbereicherung des Klerus, den Amtsmissbrauch der Kirche und die oft elenden Lebensumstände der Landbevölkerung aus.

Hus' Parteinahme für die tschechische Sprache und Literatur war umstritten. Deutschsprachige Professoren verließen Prag und gründeten 1409 in Leipzig eine neue Universität. 1410 wurde er exkommuniziert, und es wurde ihm untersagt zu predigen. Am Anfang genoss er noch die Unterstützung von König Wenzel IV., aber 1413 alarmierte seine Verurteilung des Verkaufs von Gütern zur Finanzierung päpstlicher Feldzüge den König, der selbst Nutzen aus dieser Praxis zog. Hus fand Zuflucht in Südböhmen. Auf dem Konstanzer Konzil wurde Hus dann als Ketzer verbrannt.

Einige Doktrinen, die mit Hus in Verbindung gebracht werden, wurden erst nach seinem Tod verbreitet. Der zentrale Glaubenssatz der Hussiten war das Empfangen des Abendmahls »sub utraque specie« (»unter beiderlei Gestalt«) durch die Gemeinde – in der katholischen Praxis empfingen damals nur Priester den Wein. 1419 erlaubte Wenzel den Hussiten, zu ihren Gemeinden zurückzukehren, doch Aufstände brachen aus und endeten in den ersten Fensterstürzen (siehe S. 38). Wenige Wochen später rief der Papst zum Kreuzzug gegen die Hussiten auf. Die Bewegung war jedoch inhaltlich uneins: Die eher moderaten Anhänger, die Utraquisten oder Kalixtiner, waren theologische Reformer, während die radikalen Taboriten religiöse mit sozialen Reformen verbanden. Sie richteten ihre gewalttätigen Angriffe gegen katholischen Besitz und die mächtigen deutschen Kaufleute. Unter ihrem charismatischen Führer Jan Žižka genossen die Taboriten große Unterstützung unter der verarmten Landbevölkerung. Sie kämpften erfolgreich gegen die katholische Armee. 1433 einigte sich der

Keiner ist sicher, ob dieses Porträt aus dem 16. Jahrhundert dem großen Reformer tatsächlich gleicht

Vatikan mit den Utraquisten im Konzil von Basel darauf, das Abendmahl künftig »unter beiderlei Gestalt« zuzulassen, doch war dies den Taboriten nicht ausreichend. Schließlich wurden sie in der Schlacht bei Lipany 1434 geschlagen.

Die moderne Hussitenkirche, die 1920 gegründet wurde, tritt für die Ordination von Frauen und gegen den Zölibat ein.

Die Berge der Šumava erstrecken sich entlang der deutschen und österreichischen Grenze. Am Ende der Bergkette wurde am Südufer des schmalen, etwa 40 Kilometer langen vodní nádrž Lipno (Lipno-Stausees) ein Urlaubsort angelegt. Die Anlagen sind einfach und sprechen alle an, die einen günstigen Urlaubsort suchen. In den Hügeln hinter den Dörfern kann man Wanderungen unternehmen.

In **Loučovice (Kienberg)**, unweit von Vyšší Brod (siehe S. 200), findet man einige Unterkünfte. Wer lieber herumreisen will, übernachtet am besten in **Prachatice (Prachatitz)**. Die mittelalterliche Stadt mit ihren Befestigungsanlagen wurde im 16. Jahrhundert zum Großteil durch die Familie Rosenberg wiederaufgebaut; die spätgotische **Dekanatskirche St. Jakob (Kostel sv. Jakuba)** ist noch erhalten. Viele der Häuser am Hauptplatz (Velké náměstí) und in den Gassen der Altstadt sind mit Sgraffiti geschmückt. Mitte Juni findet in der Stadt ein mittelalterliches Festival, der Goldene Steg, mit Umzügen, und sportlichen Wettbewerben statt.
Für einen Aufenthalt am See bietet sich **Frymburk (Friedburg)** an, das am Ende einer Halbinsel liegt. Eine Fähre verbindet die Stadt mit dem Südufer. In **Černá v Pošumaví (Schwarzbach)** findet man viele Pensionen und Zeltplätze. **Horní Planá (Oberplan)** ist der Geburtsort des Dichters und Malers Adalbert Stifter (1805–68), dessen Haus nun ein **Museum** ist.
Nordwestlich von hier, unmittelbar am Beginn der Šumava, ändert sich das Landschaftsbild. Der Name Šumava wird von *šumět* abgeleitet, was »rauschen« bedeutet. Das Rascheln der Blätter war das einzige Geräusch, das die Waldarbeiter hörten, die seit dem Mittelalter in den Wäldern lebten. Wenig hat sich seither geändert: Kaum befahrene Straßen winden sich durch spärlich besiedelte Hochebenen.

REITEN IM BÖHMERWALD

Die Tschechische Republik hat eine lange Reit- und Pferdezuchttradition, und überall auf dem böhmischen Land trifft man auf Reitschulen. Einige der eleganten Hengste, die da umhergaloppieren, haben in vielen in der Republik gedrehten Historienfilmen mitgespielt. Die Shagya-Araber haben nämlich eine besonders anmutige Gangart, die Filmemacher mögen.
In Südböhmen sollten Pferdefans den **Reitclub Slupenec** *(jk-slupenec.cz)* aufsuchen, der ein- bis vierstündige Ausritte anbietet. Wie in den meisten tschechischen Reitschulen verwendet man hier den englischen Sattel und Reitstil, aber die Mitarbeiter sind gerne behilflich. Zu Reitschule und Gestüt gehört auch eine Gastwirtschaft, in der man in der wärmeren Jahreszeit Gegrilltes und selbst gebackenen Kuchen bekommt.

Einsame Landschaft bei Kristanov im Böhmerwald

Volary (Wallern) eignet sich als Ausgangspunkt zur Erkundung der Region. Hier stehen noch einige Häuser im Alpenstil, die ein Feuer Mitte des 19. Jahrhunderts überstanden. Der Baustil wurde im 16. Jahrhundert von Siedlern aus Tirol und der Steiermark eingeführt. **Vimperk** mit seinem Schloss (siehe S. 187 ff.) wird mehr und mehr zum Urlaubsort.
Seit 1991 wurde ein Großteil der Region zum Nationalpark erklärt. Auch wenn er weniger entwickelt ist als andere Regionen, so erfreut sich der Böhmerwald nicht zuletzt wegen der Nähe zu Deutschland wachsender Beliebtheit. Obwohl der höchste Gipfel nur 1456 Meter misst, sind die Berge überraschend wild und unwegsam. Die steinigen Hochebenen sind von Bergseen und Torfmooren, wie beispielsweise dem Modrava-Moorgebiet, unterbrochen. Mit viel Glück erspäht man sogar einen Luchs oder Otter. Heute führen markierte Wege durch das Terrain, früher nutzten Schmuggler Geheimpfade durch die Moore. Die mit Urwald bedeckten Hänge des Boubin (1362 m), der seit 1858 als Naturschutzgebiet ausgewiesen ist, können leicht von Volary oder Vimperk aus erreicht werden. Verfallene Befestigungsanlagen auf den Hügeln erinnern daran, dass die Region eine natürliche Barriere zwischen dem germanischen Westen und dem slawischen Osten war. ■

ŠUMAVA
176 A2, B1, B2, C1
Bus ab Prag nach Prachatice. Zug ab České Budějovice nach Volary

STIFTERMUSEUM
Palackého 21, Horní Planá
380 73 84 73
Mo März–Juni & Sept.–Okt.; So–Mo Nov.–Mitte Dez.; Mitte Dez.–März geschl.
€

BECHYNE (BECHIN)

Das kleine Heilbad liegt über der Lužnice-Schlucht. Das Schloss der Rosenbergs ist nicht zugänglich, doch die alte Veste wird für Ausstellungen genutzt. Die ehemalige Franziskanerkirche hat ein Gewölbe aus dem 16. Jahrhundert. Da das Kloster als Schule dient, ist der Besuch außerhalb der Gottesdienste schwierig. Die ehemalige Synagoge der Stadt auf der Široká beherbergt das **Feuerwehrmuseum** (**Hasičké muzeum**; *Mo & Nov.–April geschl., €*).

176 C3 · 22 km südwestlich von Tábor, über die Straße 137, dann westlich bei Sudomerice über die Straße 135 · Zug von Tábor; Bus von Tábor und České Budějovice
Besucherinformation: Náměstí T. G. Masaryka 9 · 381 21 38 22
mestobechyne.cz

Die aus dem Mittelalter stammende Steinbrücke in Písek ist die älteste der Republik

HUSINEC

Der Ort liegt nördlich von Prachatice an der Straße nach Vimperk. Das einfache Geburtshaus von Jan Hus dient als **Jan-Hus-Museum** *(Mo & Nov.–April geschl., €)*. Jedes Jahr erinnert ein Festival am 5. und 6. Juli an sein Leben und seine Errungenschaften.

176 B2 40 km nordwestlich von České Budějovice, über die Straße 20, dann westlich bei Cesnovice über die Straße 145 Bus von Prachatice

KÁMEN

Das im 17. Jahrhundert errichtete **Schloss** thront auf einem Felsen über dem Dorf. Es beherbergt ein **Motorradmuseum**.

177 E4 24 km östlich von Tábor, über die Straße 19 Bus von Pelhřimov und Tábor Museum: Mai–Sept. Mo, April & Okt. Mo–Fr, Nov.–März geschl. €

PELHŘIMOV (PILGRAM)

In der alten, von Stadtmauern umgebenen Stadt säumen zwei Stadttore, eine gotische Kirche und Giebelhäuser aus der Zeit der Renaissance und des Barock den Marktplatz. Im **Stadtmuseum** *(geschl. Mo, €)* ist das mit Fresken geschmückte Musikzimmer von besonderem Interesse. Im **Muzeum rekordů a kuriozit** *(Juni–Aug. Mo & Sept.–Mai geschl., €)* im Iglauer Tor (Jihlavská brána) werden unter anderem ein hölzernes Fahrrad, ein aus Nudeln hergestelltes Gemälde und die längste Papierkette der Welt ausgestellt.

177 E4 39 km östlich von Tábor, über die Straße 19 Bus von Prag und Brno

PÍSEK

Písek erstreckt sich auf beiden Seiten der Otava (Wottawa). Im Mittelalter brachte der hier gewaschene goldhaltige Sand der Stadt Wohlstand. Písek rühmt sich der ältesten Steinbrücke Tschechiens (Mitte 13. Jh.). Im Hof des im Barockstil errichteten Alten Rathauses kann man die Überreste der mittelalterlichen Burg sehen, die 1510 niedergebrannt wurde. Der noch stehende Flügel beherbergt das **Stadtmuseum (Prácheňské muzeum)** und lohnt wegen des 1470 mit Fresken versehenen Rittersaals einen Besuch. Andere Ausstellungsstücke beziehen sich auf das Konzentrationslager im nahe gelegenen **Lety**, in dem ein Viertel der 1942/43 dorthin deportierten Roma ums Leben kam (siehe S. 31 f.). Rund um den Marktplatz findet man Renaissancehäuser, die zauberhafte **Kirche zum Heiligen Kreuz** (**Kostel Povýšení sv. Kríže**) sowie die gotische **Stadtkirche Mariä Geburt** (**Kostel Narození Panny Marie**).

176 C3 46 km westlich von Tábor über die Straße 19 Zug und Bus von Prag; Zug von České Budějovice Besucherinformation: Velké nám stí 113 387 99 99 99 Sept.–Juni Sa–So geschl. icpisek.cz

SLAVONICE (ZLABINGS)

Das nahe der Grenze zu Mähren und Österreich liegende Slavonice florierte vor allem dank seiner Nähe zu Wien. Nach dem Dreißigjährigen Krieg verlor die Stadt an Ansehen, die architektonischen Herrlichkeiten aber blieben erhalten. Wegen seiner Renaissancegebäude, von denen viele mit Sgraffito geschmückt sind, ist die Stadt Weltkulturerbe der Unesco. Die Gebäude gruppieren sich vor allem um zwei Plätze, **náměstí Míru (Unterer Platz)** und **Horní náměstí (Oberer Platz)**. Ebenfalls sehenswert ist die gotische **Kirche** mit ihrem hohen Kirchturm (1549).

177 F2 32 km südöstlich von Jindřichův Hradec. Östlich über die Straße 164, dann 151, rechts über die 409 Bus von Prag über Dačice

STRAKONICE (STRAKONITZ)

In Strakonice werden Feze, Motorräder und sogar eine hiesige Version von Dudelsäcken, die als *dudy* bekannt sind, hergestellt. Jedes Jahr finden hier die Festspiele der Dudelsackpfeifer statt.

In der Nähe der Stadt liegt ein **Schloss**, das bis 1964 das Hauptquartier des Johanniterordens war. Die Außenfenster der Burg verdeutlichen den Ursprung aus dem 13. Jahrhundert, wenngleich der Gesamteindruck eher der eines Renaissancebaus ist. Im Hof sieht man den eleganten gotischen Chor der Kapelle und den mittelalterlichen Bergfried. Die etwas baufällige Burg beherbergt heute ein Museum für Dudelsäcke und Motorräder.

176 B3 57 km nordwestlich von České Budějovice über die Straße 20 nach Vodňany, rechts über die Straße 22 Zug von České Budějovice Schloss: Mo & Nov.–April geschl. €

VYŠŠÍ BROD (HOHENFURTH)

Südlich von Český Krumlov liegt im Moldautal das weiße **Zisterzienserkloster** (*klastervyssibrod.cz, Mo & Okt.–April geschl., €*), das 1259 von den Rosenbergs gegründet wurde. Die befestigte Anlage konnte zwar Angriffe der Hussiten abwehren; 1536 und später im Dreißigjährigen Krieg wurden die Gebäude jedoch durch Feuer beschädigt. 1990 kehrten die Mönche zurück. Nach dem Ende der Rosenberg-Dynastie 1611 kam Vyšší Brod unter den Schutz der Schwarzenbergs. Der Kreuzgang und der Kapitelsaal (13. Jh.), dessen Gewölbe von einem zentralen Pfeiler gestützt werden, sind eindrucksvoll, ebenso die gotische Kirche. In den Klostergebäuden können Sie eine Rokokobibliothek mit 70 000 Bänden in geschnitzten Schränken, Deckenfresken sowie ein **Postmuseum** *(Nov.–März geschl., €)* besichtigen.

176 C1 31 km südlich von Český Krumlov über die Straße 160, dann westlich über die 163 Bus von Český Krumlov

ZLATÁ KORUNA (GOLDENKRON)

Das befestigte Zisterzienserkloster wurde 1263 von Přemysl Ottokar II. gegründet. Während der Hussitenkriege wurde es schwer beschädigt, später wiederaufgebaut. Sehenswert sind das Gewölbe im **Kapitelsaal** (13. Jh.) und die gotische **Kirche** mit ihren barocken Anbauten. Die mit vergoldetem Stuck verzierte Bibliothek wurde 1770 angebaut.

176 C2 6,5 km nordöstlich von Český Krumlov über die Straße 39 Bus von Český Krumlov Mo & Nov.–März geschl. Führung: €€

KERNKRAFTWERK TEMELÍN

Eine der erbittertsten internationalen Debatten dreht sich um die Frage, ob das unter den Sowjets geplante Kernkraftwerk Temelín, das nur 30 Kilometer hinter der österreichischen Grenze in Südböhmen steht, im Jahr 2000 überhaupt ans Netz gehen durfte.

Kritiker weisen auf technische Pannen in der Vergangenheit hin und darauf, dass die veraltete Konstruktion nach 1989 eigentlich sogar ganz aufgegeben werden sollte. Dennoch plant man, die zwei Reaktoren – ein Drittel aller betriebenen Reaktoren in der Tschechischen Republik – eines Tages auf vier zu erweitern. Drei Konkurrenten haben sich vor Kurzem um den Auftrag beworben: der US-Energieriese Westinghouse, die deutsch-französische Gruppe Areva und das russische Konsortium Atomstroyexport.

Vielleicht siegt am Ende die Geopolitik über alle Sorgen bezüglich nuklearer Sicherheit. Mehr als einmal hat Russland in den letzten Jahren die Absicht geäußert, die Versorgung Europas mit Öl und Erdgas einzustellen, wodurch selbst für umweltbewusste Tschechen die Eigenversorgung mit Energie an Bedeutung gewinnt.

Inzwischen arbeitet Temelín weiter, bislang wurden 100 Milliarden Kč investiert. Laut den Betreibern ist es so sicher wie alle anderen Kraftwerke in Europa.

GOLD
JEWELLERY
HEUTE
ANGEBOT
TEXTIL
TISCHDECKEN
BILDER

‹ Die prächtigen lichtdurchfluteten Kolonnaden im Marienbad aus dem Jahr 1890

Westböhmen grenzt direkt an Deutschland, so verwundert es nicht, dass der deutsche Einfluss auf diese Region schon immer groß war. Selbst heute sind die berühmten Kurorte eher unter ihren deutschen Namen Karlsbad und Marienbad als unter ihren tschechischen Namen bekannt.

Deutsche und Böhmen lebten über Jahrhunderte hinweg Seite an Seite. Das Zusammenleben war nicht immer harmonisch gewesen, doch die Vertreibung erwies sich für die gesamte Region als ein herber Verlust. Seit der »Grenzöffnung« 1989 besuchen deutsche Touristen wieder verstärkt die Kurbäder, die nun ihren alten Glanz zurückerhalten. Karlsbad ist zu einem hochkommerzialisierten Touristenzentrum geworden, ohne dass jedoch die Großartigkeit und der Charme der Stadt davon berührt werden. Die regionale Hauptstadt Pilsen spielt noch heute eine wichtige Rolle, da hier Schlüsselindustrien wie Maschinenbau und Bierproduktion angesiedelt sind.
Eine weniger willkommene Begleiterscheinung der offenen Grenzen zwischen Deutschland und dem früheren Osteuropa ist die weit verbreitete Prostitution entlang der Grenze. Das sollte jedoch niemanden von einer Reise abschrecken, da diese Probleme nur selten Touristen betreffen.
Das alte Stadtzentrum von Eger ist ein wunderbares Relikt des deutschen Böhmen, auch wenn es ein wenig heruntergekommen wirkt. Die Region Chodsko hat als eine der wenigen ihre folkloristischen Traditionen bewahrt, wie man in Domažlice sehen kann. Im westlichen Böhmen gibt es nicht so viele Burgen und Klöster wie in anderen Teilen Tschechiens, dafür das sehenswerte Kloster Teplá. Malerische alte Städte wie Loket und Klatovy haben sich ihren alten Charme bewahren können. ■

Das Kloster Chotěšov bei Plzeň wurde im 13. Jahrhundert gegründet

Hranice
Aš
Luby
Kraslice
Krušné hory (Erzgebirge)
Nejdek
Jáchymov
Ostrov
E442
Ohře
Chodov
Karlovy Vary
Sokolov
Loket
Františkovy Lázně
E49
Kynšperk nad Ohří
E48
Horní Slavkov
Bochov
Cheb
Teplá
Becov nad Teplou
Žlutice
Toužim
Lázně Kynžvart
940m
Mariánské Lázně
Teplá
Střela
Žilhe
Manětín
Kralovice
Plasy
Berounka
Bezdružice
Planá
Kaznějov
Horní Bříza
Radnice
Zbiroh
Tachov
Černošín
E49
Třemošná
Břasy
Chrást
Mže
Stříbro
E50
D5
PLZEŇ
Kladruby
Nýřany
D5
Bor
E50
Rokycany
Šťáhlavy
Český les (Böhmerwald)
Úhlavka
Stod
Radbuza
Mirošov
Bělá nad Radbuzou
Dobřany
Holýšov
Staňkov
Přeštice
Blovice
Úslava
Horšovský Týn
Poběžovice
Draženov
Kolovec
Úhlava
Nepomuk
Újezd
Domažlice
Švihov
E53
Bradlava
1042m
Čerchov
Chodsko
Kdyně
Klatovy
Plánice
Janovice nad Úhlavou
Horažďovice
Nýrsko
Kolinec
Šumava
Sušice
Otava
Petrovice
1343m
Kašperské Hory
Železná Ruda
1370m
NORDBÖHMEN S. 205
TAGESAUSFLÜGE VON PRAG AUS S. 139
SÜDBÖHMEN S. 155
DEUTSCHLAND
Zur Orientierung
Prag
0
20 Kilometer

Für viele steht der Stadtname in seiner deutschen Form zu Recht für Bier – das *Pilsner Urquell* ist für Bierliebhaber Symbol und Markenzeichen zugleich. Doch gibt es in der zweitgrößten Stadt Böhmens auch Kirchen und weitere Sehenswürdigkeiten der berühmten Stadt zu besichtigen.

Das berühmte Eingangstor der Brauerei kann man gar nicht verpassen. Es prangt als Symbol auf jedem Flaschenetikett des Plzeňský Prazdroj, wie das Bier auf Tschechisch heißt. Die Brauerei wurde 1842 gegründet und ist gelegentlich für Besichtigungen geöffnet. Nordöstlich des zentralen **náměstí Republiky** (**Platz der Republik**) liegt das exzellente **Pivovarské muzeum**, das **Brauereimuseum**. Die Bierstube Na Parkanu gehört zum Museum.

Atemberaubender Blick auf einen Teil des náměstí Republiky in Pilsen

Die Altstadt wird von einem breiten Ringboulevard umschlossen. So wirkt das historische Zentrum wie eine Insel inmitten der sie umgebenden Industrieviertel. Gegründet wurde Pilsen 1295 von König Wenzel II. Die günstige Lage am Zusammenfluss der vier Flüsse Mže, Radbuza, Úhlava und Úslava verhalf der Stadt schnell zu Wohlstand. Nach dem Dreißigjährigen Krieg setzte im 17. Jahrhundert eine Phase des Verfalls ein. Doch im 19. Jahrhundert wuchs die Stadt rasant, als sich sowohl die Brauerei wie auch die Škoda-Rüstungsfabriken ansiedelten. Hauptsehenswürdigkeit auf dem náměstí Republiky ist die hoch aufragende Kirche **St. Bartholomäus (Kostel sv. Bartoloměje)**. Der 102 Meter hohe Aufstieg führt auf den höchsten Kirchturm der Republik.

Nördlich der Kirche befindet sich die Pestsäule von 1686. Das Renaissance-Rathaus beeindruckt durch seine dunklen Sgraffiti und seine mächtigen Backstein-Obergeschosse sowie den Dachgiebel. Unmittelbar südlich des Platzes steht das Franziskanerkloster, dessen Inneres wunderbar gotisch ist, obwohl die Fassade barock umgestaltet wurde. Hinter dem Kloster steht das **Westböhmische Museum (Západočeské muzeum)**. Es zeigt unter anderem eine Sammlung von Rüstungen ab dem 14. Jahrhundert. Westlich des Platzes befindet sich in der Prešovská die **Große Synagoge** (**Velká synagoga**, 1892). Die Synagoge mit ihrer orientalischen Innenarchitektur ist eine der größten Europas. Jenseits des Rings liegt das neoklassizistische **Tyl-Theater (Divadlo J. K. Tyla)**. ■

PLZEŇ
205 C3
88 km südwestlich von Prag an der E50

Besucherinformation
Náměstí Republiky 41, 30116
378 03 53 30
pilsen.eu

BRAUEREIMUSEUM
U Prazdroje 7
377 06 28 88
€€€€
prazdrojvisit.cz

WESTBÖHMISCHES MUSEUM
Kopeckého sady 2
378 37 01 10
Mo geschl.
€
www.zcm.cz

GROSSE SYNAGOGE
Sady Pětatřicátníků 11
Sa & Mitte Okt.–März geschl.
€€€

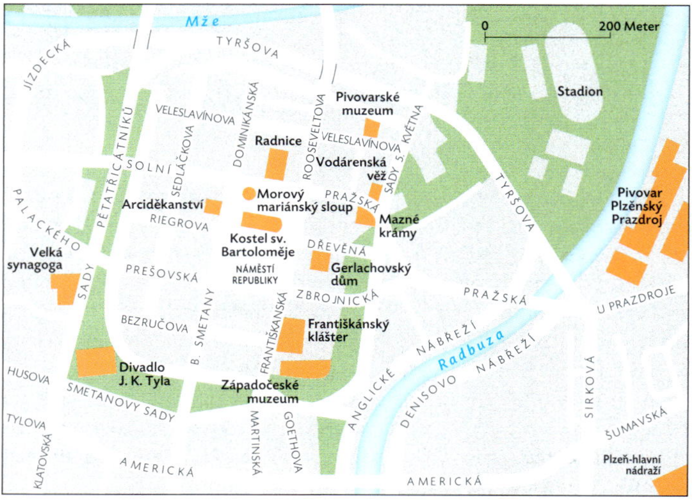

Kein tschechisches Dorf ist ohne *pivnice*: In diesen Kneipen schieben sich Kellner mit schwer beladenen Tabletts durch die Menschenmenge, um Gläser des herrlich schäumenden Pils zu servieren. Die Tschechen produzieren nicht nur hervorragendes Bier, sie trinken auch selbst große Mengen davon. Man schätzt, dass im Durchschnitt jeder Tscheche eine Flasche pro Tag trinkt.

Warum böhmisches Bier für den Rest der Welt zum Standard geworden ist, lässt sich nicht mit letzter Sicherheit klären. Wahrscheinlich ist aber die Qualität des Hopfens ein entscheidendes Kriterium. Dieser wird seit dem 9. Jahrhundert bei Žatec in Nordböhmen angebaut; seine Qualität ist so außergewöhnlich, dass er in alle Welt exportiert wird. Da vor der Gärung neben Hopfen auch Wasser dem Malz beigefügt wird, spielt auch die Wasserqualität eine große Rolle. Das Pilsener Wasser ist besonders weich, nimmt man dazu den von Hand geernteten »roten böhmischen« Hopfen aus Žatec und die süße Spitzengerste, erklärt dies vielleicht den intensiven Geschmack des Pilsener Bieres.
Die Industrie hatte sich im 13. Jahrhundert in Prag, Pilsen und Budweis niedergelassen und ist auch heute noch hier beheimatet.

BRAUEREIFÜHRUNGEN

Um einen Eindruck davon zu gewinnen, welche Rolle Bier in der tschechischen Geschichte und Gesellschaft spielt – und auch, um den Schauer zu erleben, in einem geheimen Labyrinth unter Plzeňs Stadtplatz zu wandeln –, ist das Brauereimuseum *(U Prazdroje 7, prazdrojvisit.cz)* der rechte Ort. Während man auf die Führung durch die unterirdischen Kammern wartet, in denen das Bier gelagert wurde, sollte man sich die Ausstellungen über die Ursprünge des Mälzens, den komplizierten Brauprozess und den gesellschaftlichen Status von Braumeistern in Tschechien ansehen.
Die Kunst der Bierherstellung ist seit 500 Jahren eine der Stärken Böhmens, und fast alle Tschechen mögen den Gerstensaft. Interessanterweise war das Braugewerbe auch in den Tagen vor irgendwelchen Bauverordnungen aus Plzeňs ehemaligen Festungswällen verbannt – weil Brauereien früher brandanfällig waren und der Brauprozess unangenehme Gerüche mit sich brachte. Heute hat man auf Brauereiführungen die Chance, ein seltenes Tröpfchen zu riechen und zu schmecken: unpasteurisiertes *pivo*. Hier kann man es unbedenklich trinken, aber diese Bio-Form des tschechischen Golds darf in die meisten Länder nicht importiert werden, weil sie nicht steril genug ist. Lassen Sie es sich also nicht entgehen, gegen die kostenlosen Biergutscheine, die Sie im Museum bekommen, ein Glas des trüben Biers einzutauschen, das einst in Europa hochgeschätzt wurde.

Die Braukunst beginnt mit dem Hopfenanbau und endet mit einem vollen Glas in der Kneipe

Das mittelalterliche Bier war dunkel und oftmals mit Kräutern und Gewürzen angereichert. Erst um 1840 erlaubte eine neue Gärungsmethode – die Untergärung – die Herstellung eines durchschimmernden und goldenen Pils-Bieres. Die Pilsener Brauerei wandte das neue Verfahren als Erste nach ihrer Gründung 1842 an.

Die Stärke, die auf dem Etikett angegeben ist, bezieht sich auf die »Stammwürze« oder den Malzgehalt, nicht aber auf den Alkoholgehalt. Am verbreitetsten sind 10-grädiges Bier (ca. 3,5 % Alkohol) und 12-grädiges (ca. 4,5 %). Einige besondere Flaschenbiere sind dunkel *(černé)* und haben einen wesentlich höheren Alkoholgehalt. Stärkere Biere sind zweifelsfrei voller, süßer und schwerer, aber weniger zum Durstlöschen geeignet als die leichteren Biersorten.

Heute gibt es Dutzende von Brauereien in Tschechien – viele davon sind regionale Kleinbrauereien. Die besten Sorten der bekannteren Produzenten sind Urquell und Gambrinus aus Pilsen, Staropramen und Braník aus Prag, das mildere Budvar aus Budweis, Kozel aus Velké Popovice und das außergewöhnlich hopfenhaltige Krušovice aus dem gleichnamigen Ort.

Den Reinheitsstandard erreicht man nicht nur durch exzellente Zutaten, sondern auch durch das Weglassen von chemischen oder anderen Zusätzen. Auch wenn das Bier rein bleibt, gibt es kontrovers diskutierte Veränderungen. Dazu gehört die zunehmende Pasteurisierung von Flaschenbieren, die Aromastoffe und Geschmack verringern kann. Ebenfalls umstritten ist die Zuspritzung von Kohlendioxid, um das Bier dünner und sprudelnder zu machen.

In Kneipen wird Bier in Halbliterkrügen serviert. Man kann aber auch ein *malé* verlangen (0,3 l). Kneipen spezialisieren sich in der Regel auf ein oder zwei Sorten.

Das prächtigste der böhmischen Kurbäder ist schon seit mehr als tausend Jahren für die Heilkraft seines Wassers bekannt. Die Gäste genießen die großartigen Kurgebäude und die reizvolle Lage des Ortes in einem engen Tal. Viele der wunderbar verzierten Jugendstilhäuser säumen die steilen Gassen. In den Einkaufsstraßen in der Nähe der Quellen drängen sich ganzjährig die Besucher.

Die Kurgebäude und Hotels von Karlsbad säumen das Ufer der Teplá

Eine erste Blüte erlebte das Bad zur Zeit Kaiser Karls IV., seither stand es immer unter königlicher Patronage. Zar Peter der Große besuchte den Kurort mindestens zweimal (1711 und 1712). Während die ersten Gäste noch zum Baden hierhin kamen, wurde im späten 18. Jahrhundert das Trinken des Heilwassers immer populärer.

In Karlsbad sind nur wenige historische Gebäude erhalten. Die meisten Kurgebäude, Hotels, Sanatorien und Paläste stammen aus den Boomjahren des späten 19. und des frühen 20. Jahrhunderts. Karlsbad folgt den Windungen der Teplá, die kurz da-

INSIDERTIPP

Becherovka, die »14. Quelle«, ist ein hier gebrannter Kräuterschnaps. Das Jan-Becher-Museum (siehe S. 212) bietet eine Führung durch die Brennerei samt Probe.

STEPHANIE ROBICHAUX
NATIONAL GEOGRAPHIC-MITARBEITERIN

rauf in die Eger (Ohře) mündet. Auf den wichtigsten Straßen ist Autoverkehr untersagt, es stehen aber ausreichend Parkplätze zur Verfügung.
Viele der Gebäude im Sezessionsstil – der österreichischen und tschechischen Variante des Jugendstils – sind großartig renoviert worden. Neue Hotels ersetzen einige der alteingesessenen Betriebe.
Die Popularität von Karlsbad wird durch mehrere große Festivals gesteigert. Das Filmfestival im Juli lockt zahlreiche Besucher an, aber auch das Jazz-Festival im Mai sowie das Dvořák-Festival im Herbst sind Publikumsmagneten. ■

KARLOVY VARY

205 B5
133 km westlich von Prag

Besucherinformation

Lázeňská 14
353 23 28 38

DIE HEILKRÄFTE DER KURBÄDER

Seit römischer Zeit, wenn nicht noch länger, weiß man in Europa, dass das Wasser von Mineralquellen heilende Kräfte haben kann. Im späten 18. Jahrhundert wurden bestimmte Kurbäder, darunter viele auf tschechischem Boden, aus diesem Grund sehr bekannt.
Kuren sind in der Tschechischen Republik nach wie vor im Trend, besonders im Kurdreieck – Karlovy Vary (Karlsbad), Mariánské Lázně (Marienbad) und Františkovy Lázně (Franzensbad). Die Kurgäste wohnen in hotelähnlichen Sanatorien und befolgen mehrere Wochen lang ärztlich vorgeschriebene Behandlungsprogramme mit Schlammbädern, Wasseranwendungen sowie Heilwasser-Trinken. Verschiedene Kurorte rühmen sich Heilwässern und Anwendungen gegen bestimmte Krankheiten.
Der Kuraufenthalt selbst kann auf Leute, die sich zuvor entspannende warme Bäder mit einem Gläschen Chardonnay am Wannenrand ausgemalt haben, recht klinisch wirken. Strenge Pfleger schicken einen von einer Wasserdüsenkammer in die nächste, dazwischen liegt man auf Tischen und wird durchgeknetet oder anderweitig behandelt, je nach Kurpaket.
Eines von Karlovy Varys luxuriösen Kurzentren ist **Zámecké lázně**, das Schlossbad *(Zámecký Vrch, Tel. 353 222 649, zamecke-lazne.com)* mit sieben verschiedenen Saunas – von einer, die mit ionisierter Salzluft das Atmen erleichtern soll, über entzündungshemmende Kräuterdampfbäder bis zu russischen und finnischen Saunas. Daneben gibt es z. B. Aromatherapie-Massage, Sauerstofftherapie und Fußreflexzonenmassage.
Beliebt ist auch das etablierte, sehr professionelle Badehaus **Lázně III** *(Mlýnské nábřeži 5, Tel. 353 242 500, windsor-carlsbad.cz)*. Die Angestellten bieten Bäder, Hydrotherapie, Massagen, Schlammpackungen, Paraffinwickel, trockene Kohlensäurepackungen, Elektrotherapie, Magnetfeldtherapie und sogar Darmspülungen an.

Karlsbad kann man in wenigen Stunden zu Fuß erkunden. Das Bäderviertel ist sehr kompakt, weil es von steilen Hügeln zu beiden Seiten eingeschlossen wird. Fast alle wichtigen Gebäude liegen in der Nähe der Quellen, die sich im Tal befinden.

Die massiven Säulen der Mlýnská kolonáda aus dem späten 18. Jahrhundert erinnern an die Zeit, als dies Europas mondänstes Kurgebiet war

Erster Anlaufpunkt ist die Fußgängerzone T. G. Masaryka in der Nähe des Bahnhofs. Am oberen Ende der Straße befindet sich das **Jan Becher muzeum** ❶ *(T. G. Masaryka 57, €€)*. Das Museum widmet sich dem Kräuterlikör Becherovka (Becherbitter). Jan Becher erfand den Likör gegen Ende des 18. Jahrhunderts, und er wird seit 1807 industriell hergestellt. Über die T. G. Masaryka gelangt man zur Teplá und zur Poštovní-Brücke (Poštovní most). Der imposante Eindruck, den die hundert Jahre alten Gebäude hinterlassen, wird durch das moderne Thermal-Sanatorium aus den 1970er Jahren geschmälert. Dahinter befindet sich ein großes Freibad.
Die Kuranlagen bestehen im Wesentlichen aus zwei Straßen zu beiden Seiten der Teplá, die durch zahlreiche Brücken miteinander verbunden sind. Flussaufwärts passiert man die zwölf wichtigsten Quellen, die sich in fünf Kolonnaden am Ufer befinden. Jenseits der Blumenpracht des Dvořák-Parks (Dvořákovy sady) erkennen wir die cremefarbene **Sadová kolonáda** ❷, die 1882 von einem Wiener Architekten errichtet wurde. Die Sadová

steigt zur Rechten zur restaurierten russisch-orthodoxen Kirche Peter und Paul (Kostel sv. Petra a Pavla) an. Sie entstand mit ihren Zwiebeltürmen 1897. Von der Kolonnade geht es über die Mlýnské weiter zur 1871 errichtete **Mühlbrunnkolonnade (Mlýnská kolonáda)** **3**. Unter den Säulen sprudeln vier heiße Quellen. Gegenüber dem Haupteingang steht das Fachwerkhaus Petr, hier soll Zar Peter der Große gewohnt haben.

Um das Wasser zu probieren, kann man sich an den zahllosen Straßenständen eine der kleinen Porzellan-Schnabeltassen kaufen. Natürlich sind eigene Becher auch erlaubt. Man kann sich an jeder warmen Quelle der verschiedenen Kolonnaden selbst bedienen.

Direkt hinter der Mlýnská kolonáda trifft man auf eine der Hauptstraßen von Karlsbad, die Lázeňská. Sie wird von grünen und senffarbenen Jugendstil-Gebäuden gesäumt, die mit eisernen Verzierungen versehen sind. Der Glasladen Moser in Trziste 7 ist eine Einkaufsattraktion. Hier wird das in der Stadt produzierte Moser-Glas verkauft. Die Lázeňská macht eine Rechtsbiegung, vorbei an der zierlich-hölzernen **Tržní kolonáda** (**Marktbrunnenkolonnade**, 1883). Ge-

Siehe Karte S. 205
- **T. G. Masaryka**
- **4,5 Kilometer**
- **3 Stunden**
- **Diana-Aussichtsturm**

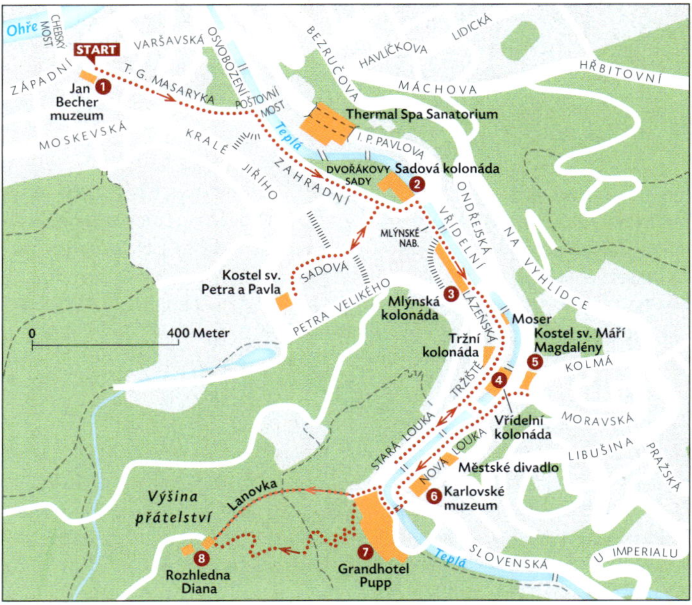

INSIDERTIPP

Auf dem Hügel am Westufer der Teplá steht ein Denkmal für Karl Marx, der den Kurort in dessen Blütezeit im 19. Jahrhundert besuchte.

EMILY THOMPSON
REDAKTEURIN, THE PRAGUE POST

genüber sprudelt die Hauptquelle, die **Vrídlo (Sprudelquelle)**. Sie befindet sich in der **Vřídelní kolonáda (Sprudelkolonnade)** ❹, die 1975 aus Glas und Marmor gebaut wurde. Weiter flussaufwärts erreicht man die Haupteinkaufsstraße Stará Louka. Jenseits der Teplá liegt an einem Hang oberhalb der Vřídelní kolonáda die schön geformte, blaugrau-weiße Kirche **St. Maria Magdalena (Kostel sv. Máří Magdalény)** ❺, ein Werk von Kilian Ignaz Dientzenhofer (1736). Der Innenraum ist atemraubend: ein ungeteilter Raum unter einer großen Kuppel mit Empore und reich vergoldeten Barockaltären.

An der Nová Louka liegt das blassgelbe neobarocke Theater Městské divadlo. Hier fand 1894 die Premiere von Dvořáks Sinfonie »Aus der Neuen Welt« statt. Die Fresken und der Vorhang wurden von führenden Jugendstilkünstlern bemalt, unter ihnen Gustav Klimt.

Am Ende dieses Flussabschnittes steht das **Karlsbader Museum (Karlovské muzeum)** ❻ *(Nová Louka 23, geschl. Mo–Di, €€)*. Im Mittelpunkt stehen die

FILMFESTIVAL KARLOVY VARY

Die wichtigste cineastische Veranstaltung des Landes ist das Internationale Filmfestival Karlovy Vary *(kviff.com)*, das diese verschlafene Kurstadt in Westböhmen jeden Sommer neun Tage lang verwandelt. Stars wie Sharon Stone, Robert Redford und Robert De Niro fliegen ein, und Horden von tschechischen Rucksackreisenden schauen sich mehr als 200 Spiel- und Dokumentarfilme aus aller Welt an.

Eintrittskarten bekommt man erst am Tag vor der Vorführung, aber das Programm steht auf der Website, und allmählich wird auch Online-Buchung möglich. Hotelzimmer sind während des Festivals viel teurer als sonst, aber jedes Jahr gibt es neue Unterkünfte, zuweilen zu recht vernünftigen Preisen.

Auf dem Festival werden die besten Filme aus dem ehemaligen Ostblock mit dem »East of the West Award« ausgezeichnet.

Im Dokumentarfilmbereich werden so exzellente Filme gezeigt wie der Gewinner von 2015 »Mallory«, die Geschichte vom Triumph einer tschechischen Frau über Drogenabhängigkeit und Obdachlosigkeit, von der meisterhaften Filmemacherin Helena Třeštíková, die international für ihre Jahrzehnte umfassenden Chroniken gefeiert wird.

In der ganzen Stadt finden sich natürliche Quellen mit ihrem kräftigenden Heilwasser

örtliche Geschichte und die Umwelt. Am Flussknick liegt inmitten reizender Gärten und Kiefernwälder das **Grandhotel Pupp** 7. Es verfügt über eine lebendig wirkende Beethoven-Statue, der das Bad sehr liebte. Das Hotel wurde Ende des 18. Jahrhunderts gegründet, doch wurde es umgebaut und erweitert. Am Hotel beginnen auch zahlreiche Wanderwege. Der beliebteste führt zu einem Café und dem **Diana-Aussichtsturm (Rozhledna Diana)** 8, den man auch per Standseilbahn (Lanovka) erreichen kann. Für besonders ambitionierte Wanderer führt ein Wanderweg ins reizvolle Örtchen Loket, 17 Kilometer südwestlich von Karlsbad (siehe S. 226).

Das moderne Cheb war vor dem Zweiten Weltkrieg unter dem Namen Eger bekannt. Heute ist es eine Industriestadt, doch die historische Altstadt ist einen Besuch wert. Die vielen Fachwerkhäuser vermitteln eher den Charakter einer deutschen denn einer tschechischen Kleinstadt. Kein Wunder: Eger liegt nur sechs Kilometer von der deutschen Grenze entfernt.

Egers strategische Lage bescherte der Stadt schwere Verwüstungen während des Dreißigjährigen Krieges, als beide Seiten die Stadt als Lager benutzten. Die Industrialisierung im 19. Jahrhundert bewirkte einen erneuten Aufschwung. Die deutsche Bevölkerung kämpfte hart gegen den wachsenden tschechischen Nationalismus. Ein Großteil der Bevölkerung sympathisierte mit den Nazis während des Zweiten Weltkrieges – nach dem Krieg veranlasste die Regierung die Vertreibung aller Deutschen.

Der Marktplatz náměsti Krále Jiřího z Poděbrad ist pfeilförmig angelegt. Hier finden sich ungewöhnlich hohe Häuser, die zumeist aus dem 17. Jahrhundert stammen. Nach Jahren des Verfalls ist der Platz heute mit vielen Cafés und Restaurants wieder zu neuem Leben erwacht. Am oberen Ende des Platzes befindet sich der berühmte **Rolandbrunnen,** am unteren Ende steht eine Gruppe von elf windschiefen, mittelalterlichen Fachwerkhäusern (Špalíček – das Stöckl). Hier wohnten einst jüdische Kaufleute. Die benachbarten Straßen lagen im jüdischen Getto. Die jüdische Gemeinschaft wurde mehrmals in der Geschichte der Stadt vertrieben und im Zweiten Weltkrieg ermordet.

Im barocken Rathaus am schmalen Ende des Platzes befinden sich jetzt eine Sammlung moderner tschechischer Kunst sowie Wechselausstellungen (€). Gegenüber vom Rathaus stehen in der Jateční wunderbare Barockhäuser. Die Gasse führt zum ehemaligen Franziskanerkloster, dessen Kreuzgang (14. Jh.) einen Besuch lohnt. Die herrliche Kirche **St. Klara (Kostel sv. Kláry)** stammt aus dem 18. Jahrhundert und wird Kilian Ignaz Dientzenhofer zugeschrieben.

Gegenüber dem Špalíček steht ein Haus mit besonders steilem Giebeldach und

Glockenturm auf Chebs barockem Rathaus

STRASSENSTRICH AN DER GRENZE

Eine negative Folge der Einführung des freien Markts in der Tschechischen Republik ist die beständig zunehmende Prostitution. Nach tschechischem Recht ist das älteste Gewerbe keine Straftat und wird somit auch offen praktiziert. Doch im Gegensatz zu Deutschland gibt es kein Reglement für Prostitution, und es gibt weder Gesundheits- noch Sicherheitskontrollen.

Besucht man Grenzstädte wie Cheb oder Dubí, ist man häufig verdutzt über die vielen jungen Frauen am Straßenrand, die selbst im tiefsten Winter nur kürzeste Miniröcke tragen. Das Leben dieser Frauen ist hart, aber es wurde diesbezüglich kaum etwas unternommen – nur hin und wieder kündigen Bürgermeister Antiprostitutions-Kampagnen an.

Internationale Menschenrechtsorganisationen fordern eine systematischere Vorgehensweise. Doch wie es scheint, scheuen sich die Gesetzgeber in Prag aus politischen Gründen, das Thema anzugehen – und sich somit mit der finanzkräftigen Mafia anzulegen, die hinter dem Gewerbe steckt.

einem schönen gotischen Eingangstor, nun eine Galerie. Im nebenstehenden, reich mit Rokokostuck verzierten **Gabler-Haus (Gablerův dům)** stieg einst Goethe ab. Das **Eger-Museum (Chebské muzeum)** befindet sich ebenfalls auf dieser Seite des Platzes. Hier wurde 1634 General Albrecht von Wallenstein ermordet (siehe S. 43). Im Museum ist das Zimmer rekonstruiert, in dem man Wallenstein auf Befehl des Kaisers tötete. Hinter dem Museum steht **St. Nikolaus (Kostel sv. Mikuláše)** mit romanischen Türmen.

Von der Kaiserpfalz am Flussufer, dem **Chebský hrad**, ist außer dem schwarzen Verlies aus Vulkangestein nur wenig geblieben. Kaiser Friedrich Barbarossa ließ die Burg im 12. Jahrhundert sowohl als Festung wie auch als Pfalz errichten. Die zweigeschossige Kapelle besitzt unten romanische Kapitelle und oben elegantere gotische Kapitelle. Die nahe gelegene **Kapelle St. Bartholomäus (Kaple sv. Bartoloměje)** wird nicht mehr genutzt. Sehenswert sind die Statuen und das Gewölbe. ■

CHEB
- 205 A4
- 180 km westlich von Prag
- Zug oder Bus ab Prag, Karlovy Vary & Plzeň

Besucherinformation
- Jateční 2
- 354 44 03 02

tic.cheb.cz

EGER-MUSEUM
- Náměstí Krále Jiřího z Poděbrad 4
- 739 322 499
- Mo geschl.
- €–€€

muzeumcheb.cz

CHEBSKÝ HRAD
- Nov.–April Mo & Di geschl.
- €

MARIÁNSKÉ LÁZNĚ (MARIENBAD)

Marienbad ist das schönste der böhmischen Kurbäder. Als relativer Neuling unter den Kurorten wurde es erst zu Anfang des 19. Jahrhunderts vom Abt des östlich gelegenen Klosters Teplá ausgebaut. Die Landschaftsgärten wurden von Václav Skalník entworfen – innerhalb weniger Jahrzehnte entstand hier ein herrliches Ensemble aus Parks und Pavillons, die sich um 40 Heilquellen gruppieren.

Unter einem weißen Mantel präsentiert Mariánske Lázně die Eleganz einer vergangenen Zeit

Der Kurort kam schnell in Mode, Geheimrat Goethe war ab 1820 einer der ersten berühmten Gäste. Der russische Schriftsteller Nikolai Gogol schrieb Teile seines Romans »Die toten Seelen« in Marienbad, und Wagner komponierte hier 1848 seinen »Lohengrin«. Noch entscheidender für den Ruf des Bades waren die königlichen Stammgäste: Der britische König Edward VII. und der österreichische Kaiser Franz Joseph waren häufige und gefeierte Gäste. Heute ist Marienbad vor allem bei deutschen Besuchern sehr beliebt.

Die Hauptstraße Hlavní durchquert die ganze Stadt. Gesäumt wird sie fast ausschließlich von Hotels, Kaffeehäusern und ausladenden Wohnhäusern, die an der Wende zum 20. Jahrhundert gebaut wurden. Hier trifft man auch auf das kleine **Museum (Dum F. Chopina)**, das sich dem polnischen Komponisten Frédéric Chopin (1810–49) widmet. Er kam 1836 nach Marienbad, um die Frau zu umwerben, die später seine Verlobte wurde. Geheiratet haben sie auf Grund seiner schwindenden Gesundheit nicht mehr. In der dritten Augustwoche veranstaltet die Stadt zu seinen Ehren ein Chopin-Festival. Alle Gebäude an der Hlavní, von denen viele über Balkone verfügen, haben Ausblick auf die Gärten und die bewaldeten Slavkov-Berge. Die Gebäude wirken zum Teil protzig und übermäßig verziert, doch auf eine gewisse Art auch sehr würdevoll. Hinter der Hlavní liegen an der Ruská die ehemalige **anglikanische Kirche (Anglickánský kostelík)**, die jetzt als Ausstellungssaal dient, sowie die **russisch-orthodoxe Kirche (Kostel sv. Vladimíra)** aus dem Jahre 1902. Die Besichtigung der russischen Kirche lohnt sich, um die großartige Ikonostase aus Porzellan zu sehen, die angeblich das größte Porzellanstück weltweit ist.

Die Hlavní endet am Hotel Pacifik, wo sich zur Rechten die Kuranlagen befinden. Viele Gebäude wurden gründlich renoviert. Das Herzstück der

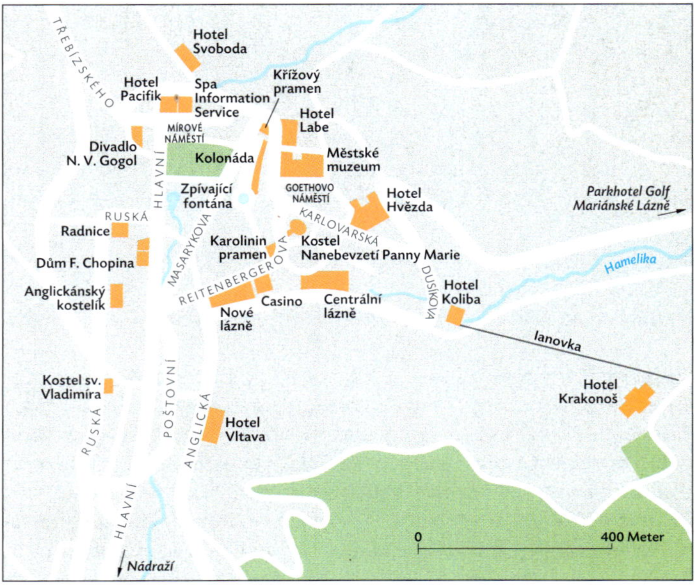

Anlage ist die schmiedeeiserne **Kolonáda** (**Kolonnade**, 1889). Sie ähnelt einem viktorianischen Bahnhof und strahlt viel Charme aus. Die Quellen selbst haben unterschiedliche chemische Zusammensetzungen. Die Kurärzte verschreiben deshalb je nach Beschwerden unterschiedliche Wassersorten.

Am südlichen Ende der Kolonnade steht der **Singende Brunnen (Zpívající fontána)**, dessen Strahlen und Gischt zur Freude der Umstehenden alle zwei Stunden zu klassischer Musik emporschießen. Südlich des Brunnens steht das Kasino, dort bietet eine Disko auch jüngeren Gästen Unterhaltung.

Hinter der Kolonnade liegt am Goethovo náměstí das **Městské muzeum (Städtisches Museum)**. In diesem Gebäude wohnte Goethe während seiner Besuche. Die Erklärungen sind nur in Tschechisch gehalten, aber es gibt ein englischsprachiges Video, das die Geschichte der Stadt umfassend darstellt.

Im nahe gelegenen ehemaligen Hotel Weimar war Goethe ebenfalls zu Gast. Hier stieg die High Society des 19. Jahrhunderts ab. Die merkwürdig achteckige neobyzantinische **Mariä-Himmelfahrt-Kirche (Kostel Nanebevzetí Panny Marie)** liegt vis-à-vis vom Hotel. Die Kirche stammt aus dem Jahre 1848.

Kurbäder sind nicht für kulinarische Hochgenüsse bekannt, doch Marienbad ist für seine überall erhältlichen Oblaten (*oplatky*) berühmt. Sie werden oft ohne Beilage gegessen, um den strengen Geschmack des Wassers auszugleichen.

Auf der Hochfläche oberhalb der Stadt liegt ein 18-Loch-Golfplatz, der einer der besten in Tschechien ist. Nebenan steht das luxuriöse Parkhotel Golf. Von Mai bis September verkehrt zwischen dem Hotel Koliba und dem Hotel Krakonoš eine Seilbahn. Die Luft in rund 600 Meter Höhe ist frisch und klar. Deshalb wurden viele Kilometer Wanderwege im 19. Jahrhundert angelegt, die zum Teil zu abgelegeneren Quellen führen. Von dort wie auch

LÁZNĚ KYNŽVART (BAD KÖNIGSWART)

Acht Kilometer nordwestlich von Marienbad liegt Lázně Kynžvart, das einstige Privatbad von Fürst Metternich (1773–1859). Heute werden hier Kinder mit Atemproblemen behandelt. Der erzkonservative Metternich war 1821–48 österreichischer Staatskanzler und ließ den barocken Familiensitz 1833–39 vom italienischen Architekten Pietro Nobil umbauen.

Haus und Park sind heute öffentlich zugänglich. Zu sehen sind Erinnerungsstücke und die Bibliothek.

Die beliebte Singende Fontäne in Mariánské Lázně

von den Kurgärten erreicht man schnell die gut markierten Wanderwege, die in die umliegenden Kiefernwälder führen – eine der Hauptattraktionen des Kurortes.

Um den unverdorbenen Charakter der Kleinstadt zu bewahren, ist im Stadtzentrum kein Autoverkehr erlaubt. Von den ausreichend vorhandenen Parkplätzen gelangt man zu Fuß schnell ins Zentrum. ■

MARIÁNSKÉ LÁZNĚ

205 B4

196 km westlich von Prag. Südwestlich über die Straße E50 über Plzeň, dann nördlich auf Straße 21

Zug oder Bus von Prag, dann vom Bhf. den Trolleybus 4 oder 5 nehmen zur Stadtmitte

Besucherinformation

Infozentrum, Hlavní 47

354 62 24 74 oder 777 08 50 35

marianskelazne.info

CHOPIN-MUSEUM

Hlavní 47

Mo, Mi, Fr & Sa geschl.

€

STÄDTISCHES MUSEUM

Goethovonáměstí 11

Mo–Di geschl.

€

SCHLOSS LÁZNĚ KYNŽVART

354 672 151

Mai–Sept. Mo; April & Okt. Mo–Fr; Nov.–März geschl.

€€

Domažlice ist die Hauptstadt der Region Chodsko. In dieser abgelegenen Gegend siedelten viele slawische Stämme, die später von den Tschechen assimiliert wurden. Eine Ausnahme war das Volk der wilden und kriegerischen Choden. Ihre Herkunft liegen im Dunkeln, doch waren die Choden im 11. Jahrhundert als Grenzwächter berühmt. So leitet sich ihr Name vom tschechischen Wort *chodit* (gehen) ab.

Das abwechslungsreiche Chodsko-Folkfestival bringt jeden August viel Leben nach Domažlice

Im Mittelalter durchquerte eine wichtige Handelsroute zwischen Regensburg und Böhmen das Chodenland, die die Choden im Auftrag der böhmischen Könige bewachten. Im Gegenzug erhielten die Choden 1325 zahlreiche Privilegien, darunter die Garantie, nicht abhängig zu werden. Auswärtige konnten keinen Boden in der Region erwerben, der einzige akzeptierte Herrscher war der böhmische König. Der Einfluss und die Unabhängigkeit der Choden wurde nach dem Sieg der Habsburger in der Schlacht am Weißen Berg (siehe S. 42) und der kompletten Unterwerfung Böhmens immer geringer. Die Region wurde nun vom gefürchteten General Wolf Maximilian Lammingen regiert. 1692 rebellierten die stolzen Choden, doch ihr Aufstand wurde brutal niedergeschlagen. Der Anführer, Jan Sladký Kozina, wurde 1695 in Pilsen hingerichtet.

In Domažlice stand früher das Zollhaus, das die Choden einst kontrollierten. Auch die Burg, in der ihre Verwaltung untergebracht war, sowie der Hof befanden sich dort. Die Stadt ist um den náměstí Míru herum angelegt, der von schlichten Giebelhäusern mit Arkaden gesäumt wird. Auf der einen Seite steht das **Dolní brána (Unteres Tor)**, auf der anderen die Augustinerkirche (18. Jh.). Dazwischen ragt die Barock-Kirche **Mariä Geburt (Kostel Narození Panny Marie)** auf. Sie wurde 1747 von Kilian Ignaz Dientzenhofer entworfen; zum Ensemble gehört ein mittelalterlicher Wachturm. 200 Stufen führen hinauf, von oben bietet sich ein herrlicher Blick über die Stadt.

Eine Gasse gegenüber der Augustinerkirche führt zu den Resten der **Burg Chod (Chodsky hrad)**, von der nur ein weiterer mittelalterlicher Rund-

turm erhalten geblieben ist. Einst befand sich hier das örtliche Gericht, während heute ein Museum die spannende Geschichte der Stadt erzählt. Auch folkloristische Gegenstände aus der Region werden ausgestellt.
Domažlice legt viel Wert auf seine Volkstraditionen. Leider trifft man nur noch selten sonntags Kirchgänger in der typischen Choden-Tracht. Die sommerlichen Feste bieten den Einwohnern deshalb eine willkommene Gelegenheit, ihre traditionellen Kleider zu tragen: Die Männer erscheinen in gelben Pantalons, weißen Kniestrümpfen und Hüten mit breiter Krempe. Die Frauen tragen kunstvolle Oberteile und Schürzen. Ein wichtiges Musikinstrument ist der *dudy* (Dudelsack). Das bedeutendste Festival findet im August statt.
Im **Muzeum Jindřicha Jindřicha** jenseits des Unteren Tores ist eine schöne Sammlung an Kostümen und Volkskunst untergebracht. Die Keramik- und Kostümausstellung befindet sich in einer nachgebauten Kate. Eine Kooperative stellt regionaltypische Keramiken her. In den benachbarten Dörfern Újezd und Draženov sind noch traditionelle Choden-Holzhütten zu sehen. ■

DOMAŽLICE
205 B2
Besucherinformation
Náměstí Míru 51
379 71 91 11 oder 379 72 58 52
idomazlice.cz

STADTMUSEUM CHODENBURG
Chodské náměstí 96
379 77 60 09
Sa–So; Mitte Okt.–März geschl.
€

MUZEUM JINDŘICHA JINDŘICHA
Náměstí Svobody 67
379 72 29 74
Bis 2017 wegen Umbaus geschlossen
€

DOMAŽLICER *KOLÁČ*

Auf den Festivals von Domažlice und Chodsko kommt man kaum umhin, den leckeren, kalorienreichen Kuchen namens *koláč* zu probieren. Das kreisrunde, mit Zuckerguss bestrichene Gebäck ist mit Quark und Marmelade (meist Zwetschge oder Aprikose) oder Mohn gefüllt. Diese Kuchen gibt es in fast jeder Bäckerei zu kaufen, aber jene in Domažlice erreichen eine gewaltige Größe und werden frisch und noch warm verkauft. Die hiesige Spezialität ist die Variante mit Mohn. Eigentlich sollte man meinen, Backwaren sind vor allem frisch aus dem Ofen begehrt, aber die Tschechen sind so erpicht auf diese Kuchen, dass sie manchmal froh sind, noch Reste davon zu bekommen, auch wenn diese mehrere Stunden alt und demnach kalt sind.

FRANTIŠKOVY LÁZNĚ (FRANZENSBAD)

Das kleinste der drei wichtigen Kurbäder Westböhmens wurde 1793 gegründet und später zu Ehren des österreichischen Kaisers Franz I. in Franzensbad umbenannt. Goethe und Beethoven gehörten zu den bekanntesten Gästen des Kurortes. Auch hier finden sich große Gärten und Parkanlagen. Durch die Gärten, Straßencafés und die neoklassizistischen, in Kaisergelb gestrichenen Gebäude wirkt der Ort einladend. Vor einigen Jahren wurde das Kasino mit seinem markanten grünen Dach restauriert – ein weiterer Anziehungspunkt für ausländische Besucher. Die **Glauber-Quelle (Glauberův pramen)** ist das ansehnlichste Kurgebäude, doch die wichtigste Quelle ist die **Franzensquelle (Frantiskův pramen)** in einer renovierten Rotunde. Hier kann man das schwefelhaltige Wasser am besten probieren. Radioaktiven Schlammbädern sagt man eine heilende Wirkung bei Herz- und Rheumabeschwerden nach.

205 A4 6 km nordwestlich von Eger an der Straße 21
Bus von Prag und Plzeň. Zug von Prag, in Eger umsteigen
Besucherinformation: Americká 2 354 20 11 04

JÁCHYMOV (ST. JOACHIMSTHAL)

Jáchymov ist einer der weniger ansehnlichen Orte Böhmens. Die Stadt wurde im 16. Jahrhundert gegründet, als man hier Silbervorkommen fand. Seit 1840 wurde Uran abgebaut, das man zur Färbung von Glas und Kristall verwandte. Mitte des letzten Jahrhunderts mussten Tausende zumeist politischer Gefangener in den Schächten arbeiten. Die gesundheitlichen Auswirkungen waren fatal, doch erst 1960 wurden die Bergwerke ge-

DAS EHEMALIGE SUDETENLAND

Die Unruhen nach dem Zweiten Weltkrieg haben die meisten Europäer inzwischen hinter sich gelassen. In der Tschechischen Republik jedoch, vor allem im Grenzgebiet zu Deutschland und Österreich, ist die zum Teil gewalttätige Vertreibung von Deutschstämmigen noch immer in den Köpfen präsent.
2009 erhielt Präsident Václav Klaus EU-weite Aufmerksamkeit, als er sich weigerte, den Lissabon-Vertrag, die Grundlage für eine EU-Verfassung, zu unterzeichnen. Als Grund gab er die Befürchtung an, dass deutsche Erben ihren 1945 und 1946 verlorenen Familienbesitz zurückforderten.
Im selben Jahr schloss Kommissar Pavel Karas eine polizeiliche Untersuchung ab, die ein 64 Jahre altes Rätsel löste, indem die Hauptschuldigen an einem Massaker während der Vertreibungen, bei denen mindestens 763 Menschen umkamen, identifiziert wurden. Obwohl die Täter nicht öffentlich genannt wurden, versprach der Staat Gerechtigkeit.

Das Kasino ist neben den Heilquellen die Hauptattraktion von Franzensbad

schlossen. Im oberen und hässlichsten Teil des Ortes existiert noch ein Fördergerüst. Erstaunlicherweise kommen immer noch regelmäßig Besucher in das schmuddelig wirkende Kurbad, um sich mit dem radioaktiven Heilwasser behandeln zu lassen. Eines der wichtigsten Zentren heißt Radium Palace!

205 B5 16 km nördlich von Karlovy Vary an der Straße 25
Bus von Prag. Zug von Karlovy Vary

KLATOVY (KLATTAU)

Die historische Stadt wurde 1260 am Rand des Böhmerwaldes gegründet und ist von einer Stadtmauer umschlossen. Der náměstí Míru ist wohlpro-

portioniert. In der oberen Ecke steht der grob behauene **Schwarze Turm** (**Černá věž**, 1550), der eine wunderschöne astronomische Uhr (1759) besitzt. Direkt daneben befindet sich das Rathaus (16. Jh.) mit einem Giebeldach. Die modernen Sgraffiti sind im böhmischen Stil gehalten.
Nicht weit entfernt wurde die beeindruckende **Jesuitenkirche** von Kilian Ignaz Dientzenhofer erbaut. In den Nischen der weißen Fassade stehen Statuen, während das Innere durch geschwungene Emporen und Stuckverzierungen auffällt. Dazu kommen schönes Barockmobiliar und bemerkenswerte Trompe-l'œil-Fresken. In der gespenstischen **Krypta** liegen 40 mumifizierte Leichen von städtischen Größen offen in ihren Särgen. In der Nähe der Kirche steht eine Apotheke aus dem 17. Jahrhundert, die seit Mitte der 1960er Jahre ein **Museum** ist. Das Gebäude wurde inklusive seiner neoklassizistischen Fassade und seiner originalen Rokokoeinrichtung hervorragend renoviert. Bei einem Bummel durch die Stadt stößt man auf die Reste der Stadtmauer und Festungsanlagen und passiert die gotische Kirche und den **WeißenTurm (Bílá věž)**.

205 C2 40 km südlich von Plzeň an der Straße 27 Bus von Prag oder Plzeň klatovy.cz Besucherinformation: Sa–So Okt.–März Námestí Míru 63 376 326 362 Schwarzer Turm: Mo Mai–Sept.; Mo–Fr April & Okt.; Nov.–März geschl. € Krypta: Mo April–Sept.; Okt.–März geschl. € Apothekenmuseum: 376 31 31 09 Mo Mai–Okt.; Nov.–März geschl. €€

LOKET (ELBOGEN)

Die Stadt liegt an einer Schleife der Ohře. Hoch oben thront die königliche **Burg** aus dem 12. Jahrhundert. Türme, Mauern und Verliese drängen sich dicht zusammen. Der dreijährige Thronfolger Karl IV. von Böhmen wurde hier von seinem Vater für mehrere Monate um 1320 gefangen gehalten. Dieser wollte damit eine mögliche Revolte verhindern. Zwischen 1788 und 1947 diente die Festung erneut als Gefängnis. Vom Wachturm genießt man einen herrlichen Ausblick. In Loket gibt es eine Porzellanmanufaktur.

205 B4 13 km südwestlich von Karlovy Vary an der Straße 6 Bus von Karlovy Vary Schloss: Mo geschl. €€

PLASY (PLASS)

Das Zisterzienserkloster wurde ursprünglich im 12. Jahrhundert errichtet. Jean-Baptiste Mathey (1630–96) und Giovanni Santini (1677–23) bauten es um. Seine größte Sehenswürdigkeit ist der prächtige Kreuzgang, der im Rahmen einer Führung besichtigt werden kann. Die Seitenkapellen zeigen schöne Fresken. 1826 gelangte das Kloster in den Besitz des österreichischen Staatskanzlers Metternich. Metternich ließ die Friedhofskirche jenseits der Hauptstraße zum Familienmausoleum im neoklassizistischen Stil umbauen.

205 C4 26 km nördlich von Plzeň an der Straße 27 Bus oder Zug von Plzeň klaster-plasy.cz Mai–Sept. Mo; April & Okt.; Nov.–März Mo–Fr geschl. €€€€

Bogeneingang zur Burg Loket

ŠVIHOV

Südlich von Pilsen liegt die düstere Burg von Švihov, deren Bau im späten 15. Jahrhundert begonnen und 1530 vollendet wurde. Die Festung der Familie Rosenberg war so stark, dass die Habsburger später die Zerstörung der Festungsanlagen befahlen. Übrig blieb eine verteidigungsunfähige Burg. Die Halle und die gotische Kapelle von Benedikt Ried können auf einer Führung besichtigt werden.

205 C2 29 km südlich von Plzeň an der Straße 27, Zug von Plzeň oder Klatovy hradsvihov.cz Mai–Sept. Mo; April & Okt. Mo–Fr; Nov.–März geschl. €€

TEPLÁ (TEPL)

Einst war die 1190 gegründete Prämonstratenser-Abtei Teplá sehr wohlhabend. 1950 von den Kommunisten geschlossen, dient sie jetzt wieder als Kloster. Nach der Säkularisierung wurde Teplá zunächst als Schule, später als Kaserne genutzt. Die zurückgekehrten Mönche restaurierten die Abtei. So wurde der historischen Anlage ein modernes Restaurant und Hotel angefügt, die sich in das aus dem 18. Jahrhundert stammende Ensemble einpassen. Der barocke Teil war von der Familie Dientzenhofer entworfen worden. Die Fassade der Kirche zeigt romanische Spuren, doch das Innere ist mit Barockstatuen und einem schön gearbeiteten Altar ausgestattet. Die Bibliothek mit ihrer Galerie ist mit 80 000 Bänden die zweitgrößte Tchechiens. Darunter befinden sich zahlreiche illuminierte Manuskripte und seltene Bücher ab dem 16. Jahrhundert. Sie wurde im frühen 20. Jahrhundert eingerichtet, zeigt aber den ganzen Überschwang des Neorokoko.

205 B4 12 km östlich von Mariánské Lázně. Nordöstlich über die Straße 230, dann südöstlich über die Straße 210 oder über ausgeschilderte Nebenstraßen Zug von Karlovy Vary und Mariánské Lázně Jan. geschl. €€ klastertepla.cz

‹ Die mittelalterliche Frýdlant-Festung

Nordböhmen, kulturell deutschen Ursprungs, ist eine der spannendsten Regionen des Landes. Städte wie Decín, Teplice, Liberec und Ústí nad Labem waren bis 1945, als die deutschstämmige Bevölkerung ausgewiesen und teilweise auch getötet wurde, überwiegend deutschsprachig.

Die Tschechische Republik war immer ein reiches Land; das gilt gleichermaßen für die Zeit unter den Habsburgern wie auch für den modernen Staat. Ihr Reichtum basiert auf den Bodenschätzen, die Grundlage der Schwerindustrie sind. Zum Nachteil der Industrialisierung geriet die Umweltverschmutzung, die nirgends so offensichtlich ist wie in Nordböhmen. Entlang der deutschen Grenze sieht man Schornsteinschwaden und Halden des Braunkohletagebaus sowie Rauchwolken giftiger Chemikalien. Ganze Städte wurden verlassen oder verlegt, um Platz für die Bulldozer zu machen. Die Umweltverschmutzung verschandelt aber nicht nur die Landschaft; sie beeinträchtigt auch die Gesundheit der Anwohner und zerstört die umliegenden Wälder. Seit 1989 wird im In- und Ausland dagegen demonstriert, heute versucht die Regierung, einige der schlimmsten Umweltsünden nach und nach stillzulegen.

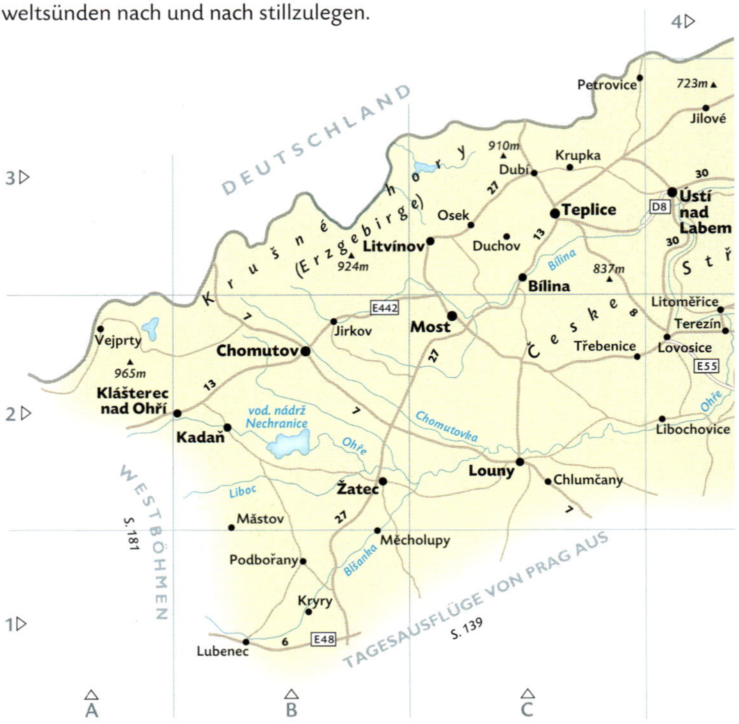

Ein Großteil der Landschaft ist flaches Ackerland, entlang der Grenze und in Klásterec an der Ohře ist es hügeliger. Die Böhmische Schweiz ist seit Langem ein beliebtes Wanderziel. Am Südrand der Region liegen kleine sehenswerte Städte wie Kadaň, Žatec, Louny und Litoměřice. Mögen die einst deutschsprachigen Städte Liberec und Jablonec auch nur noch Schatten ihrer selbst sein, so strahlen sie noch immer bürgerlichen Stolz aus. Auch Terezín, das unter den Habsburgern Garnisonsstadt war, ist einen Besuch wert. Unter den nationalsozialistischen Besatzern wurde die Stadt in das Getto Theresienstadt umgebaut und war für die meisten Insassen ein Durchgangslager auf dem Weg in die Todeslager Polens. ■

Litoměřice liegt in einer fruchtbaren Region, in der vor allem Obst und Blumen angebaut werden. Die im 9. Jahrhundert gegründete Festung florierte nach dem Zustrom deutscher Händler und wurde eine der wohlhabendsten Städte Böhmens.

INSIDERTIPP

Litoměřice ist perfekt, um nach dem Besuch in Theresienstadt wieder durchzuatmen, z. B. am Marktplatz mit seinen Türmen aus verschiedenen Epochen.

ROZ HOAGLAND
REISELEITER, HOAGLAND ART TRAVEL

Die Blütezeit endete jedoch mit der Zerstörung der Stadt während des Dreißigjährigen Krieges. Ferdinand III. (Reg. 1637–57) ordnete den Wiederaufbau an. Die prächtigen Barockgebäude säumen die Hänge über der Elbe (Labe).

Die Pestsäule und einige Brunnen gehen auf dem riesigen **Mírové náměstí** fast unter. In einer Ecke erhebt sich die von Broggio fast komplett umgestaltete gotische **Dekanatskirche Allerheiligen (Kostel Všech svatých)**, an die ein Turm der mittelalterlichen Stadtbefestigung angebaut ist und in der an Hexenhüte

Litoměřices Baustile umspannen mehr als fünf Jahrhunderte

SOMMERRESIDENZ PLOSKOVICE

In Ploskovice, 6 Kilometer nordöstlich von Litoměřice, baute Broggio 1720 ein Landhaus, das Kaiser Ferdinand V. und seine Familie um 1850 als Sommerresidenz nutzten. Josef Navrátil schuf das glitzernde Neorokoko-Interieur. Im Rahmen einer Führung werden die Privatgemächer des Kaisers und der Kaiserin sowie eine großartige Halle mit Wandmalereien von Václav Reiner (1689–1743) gezeigt. Das große weiße Landhaus, dessen abschließende Balustraden mit Statuen und Urnen geschmückt sind, liegt in einem von Mauern umgebenen Park.

erinnernde Türmchen den First des Chorraums säumen. Südlich der Stadtkirche, auf der Jezuitská, erhebt sich die ebenfalls von Broggio entworfene **Jesuitenkirche** mit ihrem prächtigen Portal. Das von Giebeln gekrönte **Alte Rathaus (Staroměstské radnice)** mit gotischem Laubengang wurde im Renaissancestil umgebaut. Es beherbergt ein Museum für Kirchenkunst *(Mo geschl., €)*.

Das auffallendste Haus am Platz ist das von einem artischockenförmigen Turm gekrönte **Kelchhaus (Dům U Kalicha)** von 1537 (Nr. 15). Der Turm soll den Kelch der Hussitenbewegung symbolisieren. Das **Haus zum Schwarzen Adler (Dům U Černého orla)** mit schokoladenfarbener Sgraffitofassade ist heute ein Hotel und Restaurant (Nr. 12).

Am anderen Ende des Platzes, an der Michalská 7, befindet sich die 1874 gegründete **Nordböhmische Galerie (Severočeská galerie vytvarného umení)**. Den Kern der Ausstellung bilden sechs Tafeln eines Altarbildes des Meisters von Litoměřice (ca. 1500), der als Hofmaler in Prag arbeitete.

Nördlich des Platzes steht das restaurierte Schloss (14. Jh.). Geht man am Ende der Michalská nach links, führt die zweite Straße auf der rechten Seite zur rosafarbenen und grauen **Kirche St. Wenzel (Kostel sv. Václava)** von Broggio. Geradeaus kommt man zum náměstí Dómské, dem Domplatz. Im **Dom St. Stephan (Chrám sv. Štěpána,** 11. Jh.) befinden sich Gemälde, die Cranach dem Älteren zugeschrieben werden. ■

LITOMĚŘICE

230 D2

74 km nördlich von Prag über die Straße E55

Bus ab Busbahnhof Florenc in Prag

Besucherinformation

Mírové námestí 16

416 916 440

Okt.–April So geschl.

litomerice-info.cz

NORDBÖHMISCHE GALERIE

Mo geschl.

€

TEREZÍN (THERESIENSTADT)

Der Besuch von Terezín vermittelt einen Einblick in die dunklen Tage des Zweiten Weltkrieges. Die Habsburger erbauten die Stadt 1780 als befestigte Garnisonsstadt und Gefängnis. Die Nationalsozialisten vertrieben einen Großteil der Bewohner aus der Stadt und verwandelten Terezín in ein Getto. Tausende von Juden aus ganz Europa wurden hierher deportiert.

Der ruhige Hauptplatz von Terezín lässt nichts von seiner furchtbaren Geschichte ahnen

Die Stadt ist von massiven, vier Kilometer langen doppelten Befestigungsanlagen aus Backstein umgeben, die durch unterirdische Gänge miteinander verbunden sind. Die Kleine Festung diente als Strafanstalt für politische Häftlinge. Der Attentäter von Erzherzog Franz Ferdinand, Gavrilo Princep, war hier bis zu seinem Tod 1918 inhaftiert. Im Juni 1940 wurde die Kleine Festung von der deutschen SS übernommen. Viele der hier inhaftierten Widerstandskämpfer und politischen Gegner wurden hingerichtet. Führungen durch die Festung sind eine anschauliche Mahnung an die Verbrechen der Nationalsozialisten. Allerdings bedarf es einiger Vorstellungskraft, sich die Straßen der Stadt als Getto vorzustellen.

Ausgangspunkt für eine Besichtigung sollte das 1991 gegründete **Gettomuseum (Muzeum ghetta)** sein, das im Stadtzentrum auf der Komenského liegt. Zum Museum gehört ein Mahnmal für Tausende hier verstorbener Kinder – die von den Kindern gemalten Zeichnungen sind ergreifend. Ein eindrucksvolles Video stellt Ausschnitte der nationalsozialistischen Propagandafilme, die die Wahrheit über Terezín verdrehten, zeitgenössischen Zeichnungen gegenüber, auf denen die Realität des Lagers zum Ausdruck kommt. Ein Sammelticket ermöglicht den Zugang zu allen Stätten, die auf den ausliegenden Stadtplänen markiert sind.

Eine der Besuchsstätten ist die **Magdeburger Baracke (Magdeburská kasárna)**, einige Blocks südlich auf der Tyršova. In dem Gebäude hatte der selbstverwaltete Rat des Gettos seine Büros. Ausstellungsstücke zeigen das außergewöhnliche kulturelle Leben des Lagers und erzählen von den Musikern, Künstlern und Schriftstellern, die selbst unter diesen trostlosen Umständen weiter arbeiteten. Zu den Ausstellungsstücken gehören die Rekonstruktion eines Frauenschlafsaals und anschauliche Zeichnungen über das Leben im beengten Getto. Einige der Künstler, die für ihre Arbeiten bezahlt wurden, wurden in die Kleine Festung deportiert, wo man sie hinrichtete, weil ihren allzu realistischen Bildern »Propaganda des Horrors« vorgeworfen wurde.

INSIDERTIPP

Trotz der finsteren Vergangenheit ist Terezín voller Leben. Entspannen Sie sich bei traditioneller Kost im Atypik Café am Hauptplatz.

PHIL HEIJMANS
AUTOR & FOTOGRAF, THE PRAGUE POST

Die **Kleine Festung (Malá pevnost)** befindet sich außerhalb der Stadt auf dem gegenüberliegenden Ufer der Ohře. Sie diente schon immer als Gefängnis und wurde 1940 in ein Konzentrationslager der SS umgewandelt. Wenn man sich der Festung nähert, sieht man die großen christlichen und jüdischen Friedhöfe mit ihren meist anonymen Grabsteinen. Innerhalb der ausgedehnten Festung selbst kann man die beengten Zellenblöcke und die Einzelzellen besichtigen, in denen die Gefangenen untergebracht waren. Das Krematorium befindet sich etwa einen Kilometer südlich. ■

THERESIENSTADT
230 D2
Bus von Prag

GETTOMUSEUM
Komenského 148
416 78 22 25
€€€
pamatnik-terezin.cz

Auch wenn die meisten Juden Mitteleuropas Antisemitismus als einen Teil des täglichen Lebens erfuhren, so waren Antisemitismus und Verfolgung doch kein besonderes Merkmal tschechischen Lebens. Jüdische Gemeinden waren seit Jahrhunderten in Böhmen und Mähren beheimatet, die Synagogen in Prag und Pilsen bezeugten den jüdischen Wohlstand zur Mitte des 19. Jahrhunderts.

Die Nation blieb jedoch nicht von den politischen Umwälzungen ab 1930 unberührt: Der Aufstieg Hitlers weckte bei den Sudetendeutschen den Wunsch, dem Dritten Reich angegliedert zu werden, und trug zur Förderung antisemitischer Gefühle bei.
Selbst nach der Invasion in die Tschechoslowakei 1939 waren Massenexekutionen eher selten. Stattdessen deportieren die Deutschen böhmische und mährische Juden in das neu gegründete »Getto« von Theresienstadt. Ab November 1941 wurden die 3500 Bewohner der Stadt umgesiedelt, die Baracken hinter den Befestigungsanlagen in ein Konzentrationslager umgewandelt. Theresienstadt war zwar kein Vernichtungslager, doch die Lebensumstände so entsetzlich, dass etwa 33 000 Insassen während des Krieges an Hunger und Krankheiten starben. Trotz der gefängnisähnlichen Bedingungen war das Lager teilweise selbstverwaltet. Die Insassen leiteten u. a. Schulen, die größtenteils Propagandamaßnahmen dienten: Sie sollten dokumentieren, wie gut die Juden behandelt wurden.
Ab Oktober 1942 wurde Theresienstadt für 155 000 Juden aus ganz Europa Durchgangslager in den Tod. Viele wurden ab 1942 weiter in polnische Gettos wie Lodz oder direkt nach Auschwitz und andere Vernichtungslager deportiert. Zu den Absurditäten gehörte, dass ein Teil des Lagers den Nationalsozialisten als Vorzeigelager diente. Ein hier gedrehter Film zeigt Insassen in ihrem scheinbar normalen Alltag, beim Besuch von Geschäften (die aber gar nicht existierten). Musikkapellen spielten und Teegesellschaften fanden statt. Auch die Ankunft jüdischer Kinder aus Holland wurde gezeigt, die vom Lagerkommandanten herzlich begrüßt wurden. Was der Propagandafilm jedoch nicht zeigte, war die Deportation derselben Kinder nach Auschwitz nur wenige Tage später.

Ein schlichtes jüdisches Mahnmal im Friedhof von Theresienstadt

Ein riesiger Davidstern erinnert Besucher des Friedhofs daran, dass es vor allem jüdische Insassen des Lagers waren, die hierher gebracht wurden

1944 wurden für eine Delegation des Roten Kreuzes Szenen des täglichen Lebens inszeniert. Ihnen wurden die Baracken, in denen die überlebenden Insassen unter erbärmlichen Bedingungen hausten, nicht gezeigt. Stattdessen wurden ihnen ältere Gettobewohner vorgeführt, die in einem Wagen mit Chauffeur durch die Straßen fuhren, nicht wissend, dass der Fahrer ein verkleideter SS-Offizier war. Die Delegation schrieb daraufhin einen positiven Bericht über das Getto. Als das Lager am 8. Mai 1945 von der sowjetischen Armee befreit wurde, fand man dort 17 500 völlig abgemagerte Überlebende. Unter ihnen waren die Schriftsteller Ivan Klíma und Arnošt Lustig. Doch viele der Schriftsteller und Künstler, die nach Theresienstadt gebracht wurden, verließen es nie mehr. Selbst an diesem furchtbaren Ort schafften es die Juden, ein kulturelles Leben aufrechtzuerhalten.

FRÝDLANT (FRIEDLAND) & DAS ISERGEBIRGE (JIZERSKÉ HORY)

In der östlichen Ecke Nordböhmens an der Grenze zu Polen erstreckt sich das Isergebirge, die westliche Verlängerung des Riesengebirges im Osten Böhmens. Die Hänge der Landschaft sind mit Fichtenwäldern und Blumenwiesen bedeckt.

Im Winter wirkt Jizerské wunderbar einsam

Auch wenn die Berge des Isergebirges nicht die Höhen des Riesengebirges erreichen, so sind einige doch über 1100 Meter hoch. Für einen wunderbaren Ausblick über die Region empfiehlt es sich, von dort auf den Gipfel des Ještěd (Jeschken) zu fahren, wo man in einem Drehrestaurant essen kann.

In einem Tal nördlich von Liberec liegt Friedland. Man nimmt an, dass das auf einer bewaldeten Basaltkuppe hoch über der Smědá (Wittig) gelegene **Schloss** eine der Vorlagen für Franz Kafkas Roman »Das Schloss« war. Es gibt zwar keinen Beweis dafür, doch man weiß, dass Kafka das Burgschloss im Rahmen seiner Tätigkeit für eine Versicherungsgesellschaft besuchte. Die aus dem 13. Jahrhundert stammenden Befestigungsanlagen und der Rundturm passen sich den Renaissance- und den neugotischen Gebäuden an. Vieles von dem, was man heute sieht, wurde vom lombardischen Baumeister Marco Spazzio (16. Jh.) geschaffen. Wie die meisten Schlösser dieser Gegend gehörte es Albrecht von Wallenstein, dem Herzog von Friedland (siehe S. 42). Später übernahm es die Familie Clam-Gallas, die die Gebäude renovieren ließ. Seit 1801 ist im Schloss ein Museum untergebracht. Viele der Räume sind üppig möbliert. Das Burgschloss kann im Rahmen einer Führung besichtigt werden.

Die **Dekanatskirche (Kostel Nazezení sv. Kříže)** enthält Renaissancegrabdenkmäler des niederländischen Steinmetzen Gerhard Heinrich.

LIBEREC (REICHENBERG)

Bevor die deutsche Bevölkerung 1945 ausgewiesen wurde, war Liberec eine wohlhabende Industriestadt, in der vor allem Textilien hergestellt wurden. Das fantastische neugotische **Rathaus (Radnice)** im flämischen Stil von 1893 ist fraglos beeindruckend, wenn auch nicht typisch böhmisch. Der Stil ist jedoch passend, da die Stadt im Mittelalter von flämischen

PRIVATUNTERKÜNFTE

Slawen sind zu Recht für ihre Gastfreundlichkeit bekannt, und am besten lernt man seine Gastgeber kennen, wenn man mit ihnen am Abendbrottisch sitzt. Die Prager Agentur **Stop City** *(stopcity.com)* ist auf Privatzimmer spezialisiert, aber dort lebt man meist nicht mit den Wohnungsbesitzern zusammen. Dafür gibt es z. B. das Netzwerk **Couchsurfing** *(couchsurfing.com)*.

Stimmungsvollere Privatunterkünfte findet man in Kleinstädten und dank des Agrotourismus auf dem Land. Eine gute Adresse ist etwa die **Ziegenfarm Žofin** *(kozifarma-zofin.cz)* in Horní Podluží am Rand des Landschaftschutzgebietes Lausitzer Bergland unweit von Varnsdorf. Der familiengeführte Milchhof ist auf Ziegenmilch und -käse spezialisiert, und die Gäste dürfen beim Melken helfen.

Leinenwebern gegründet wurde. Sie war auch die Heimatstadt Konrad Henleins, der eine Bewegung Sudetendeutscher anführte, die die Zusammenführung mit dem nationalsozialistischen Deutschland anstrebten.

Das **Schloss** war früher im Besitz der Grafen Clam-Gallas. Daneben befindet sich eine **Galerie** mit Gemälden der Sammlung des Textilmagnaten Johann Liebig. Im **Nordböhmischen Museum (Severočeské muzeum)** werden mittelalterliche Gobelins und Ausstellungsstücke der ortsansässigen Industrien ausgestellt.

LÁZNĚ LIBVERDA (BAD LIEBWERDA)

In den Hügeln etwa zwölf Kilometer östlich von Friedland liegt der kleine Kurort Lázně Libverda. Carl Maria von Weber schrieb hier 1821 Teile seiner Oper »Der Freischütz«. Die Lage ist äußerst reizvoll, auch wenn der Ort eher schlicht daherkommt und kaum mit den berühmteren Kurorten Westböhmens konkurrieren kann. Es gibt Hotels, Restaurants und Kurbäder; die umliegenden Hügel laden zu leichten Wanderungen ein. ■

FRIEDLAND
231 F4
23 km nördlich von Liberec
Zug von Liberec

SCHLOSS FRIEDLAND
482 312 130
Mo & Nov.–März geschl.
€€–€€€

NORDBÖHMISCHES MUSEUM
Masarykova 11
485 246 111
Mo geschl.
€
muzeumlb.cz

LIBEREC (REICHENBERG)
231 F3
106 km nördlich von Prag an der Straße E65

Besucherinformation
Náměstí Dr. E. Beneše 468
485 10 17 09
visitliberec.eu

AUTOTOUR DURCH DIE BÖHMISCHE SCHWEIZ (ČESKÉ ŠVÝCARSKO)

Der Nationalpark steht in auffallendem Gegensatz zum industrialisierten Norden Böhmens. Die Gegend erhielt ihren Namen nicht von tschechischen Tourismusexperten, sondern von Schweizer Künstlern der Romantik. Die Hügel zwischen Hřensko und Česká Kamenice werden von Tälern gegliedert, in denen hübsche Fachwerkdörfer liegen.

Zahlreiche Hotels richten sich auf die wachsende Zahl von Touristen ein. Die Klippen, Felssäulen und Sandsteinformationen, die den Landschaften um Jetřichovice und Hřensko ihre Dramatik verleihen, liegen tief in den Wäldern verborgen. Die Spalten, Schluchten und andere Felsformationen wurden gebildet, als vor Jahrtausenden vulkanisches Gestein an die Erdoberfläche drang. Leider hat die starke Luftverschmutzung die Erosion der Naturwunder beschleunigt. Die Region ist eine wichtige Schutzzone für Flora und Fauna, hier finden sich unter anderem zahlreiche Farnarten.
Die Böhmische Schweiz ist am besten von **Hřensko (Herrnskretschen)** 1 nördlich von Děčín (Tetschen) aus zu erreichen. Das Dorf liegt in einer Schlucht an der Elbe. Die Schönheit Hřenskos mit seinen Fachwerkhäusern wird durch die vielen Souvenirstände entlang der Straße etwas geschmälert.
Östlich von Hřensko liegt das **Prebischtor (Pravčická brána)**, das mit etwa 26 Meter Länge und 21 Meter Höhe das größte natürliche Felsentor Mitteleuropas ist. Es kann nur zu Fuß erreicht werden und liegt etwa fünf Kilometer von Hřensko entfernt. Von Mezní Louka führt ein kürzerer Weg zum selben Ziel. In Mezní Louka gibt es Hotels sowie einen Zeltplatz. Vom Dorf führt ein Weg in östlicher Richtung zu einem weiteren, wenn auch weniger spektakulären Felsentor, der Malá Pravčická brána. Von Mezní Louka ist es nur eine kurze Fahrt zum Weiler **Mezná** 2 hoch über der Kamnitzklamm, die hier über eine Holzbrücke überquert wird. Wanderer, die nach

Mezná laufen, können mit dem Schiff nach Hřensko zurückkehren. Der friedliche Ort ist selbst im Sommer selten überfüllt. Es gibt eine Handvoll rustikaler Pensionen und Gasthäuser. Von hier geht es auf der Hauptstraße östlich von Mezní Louka nach **Jetřichovice (Dittersbach)** 3, einem reizvollen Dorf, in dem einige der alten Bauernhäuser in einfache Pensionen umgewandelt wurden.

In südlicher Richtung geht es weiter zum eher eintönigen **Česká Kamenice (Böhmisch Kamnitz)** 4 mit schöner Barockkapelle. Fünf Kilometer östlich von hier, kurz nach Kamenický Šenov (Steinschönau), befinden sich die **Herrenhausfelsen (Panská skála)**. Tausende von polygonalen, an Orgelpfeifen erinnernde Basaltsäulen stehen hier in einer Linie aufgereiht.

Von Česká Kamenice geht es über **Benešov nad Ploučnicí (Bensen)** 5 weiter Richtung Děčín (Tetschen). Hier stehen zwei interessante Schlösser aus dem 16. Jahrhundert *(Tel. 412 518 905, zamekdecin.cz, €€)*.

Die Böhmische Schweiz erstreckt sich über den Westen von Děčín hinaus. Fahren Sie deshalb auf der Straße 13 an der Stadt vorbei nach Libouchec.

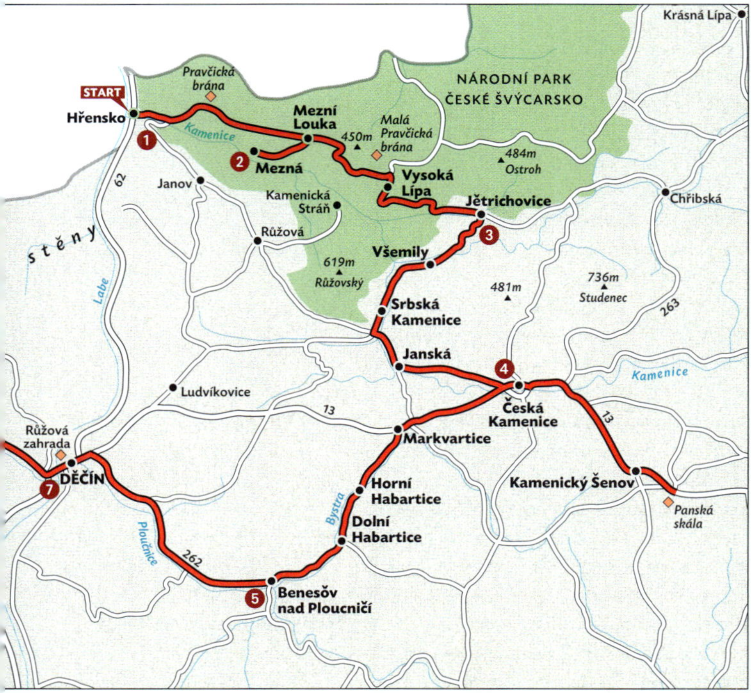

Das Felsentor Pravčická brána östlich von Hřensko ist das größte seiner Art in Mitteleuropa

Von dort führt eine Straße nördlich nach **Tisá** 6. Die mächtigen Felsblöcke aus Sandstein (Tiské stěny, Tyssaer Wände) können auf einem Fußpfad vom Dorf aus erreicht werden. Ein weiterer Anziehungspunkt ist der **Hohe Schneeberg (Děčínský Sněžník)**, ein Tafelberg zwischen Děčín und Ostrov. Von beiden Städten führen Wanderwege auf die Bergplatte.

Von Libouchec geht es in östlicher Richtung zurück nach **Děčín (Tetschen)** 7. Wie Ústí nad Labem (siehe S. 246 f.) ist auch Děčín ein Binnenhafen an der Elbe. Das Schloss (spätes 18. Jh.) erreicht man durch ein Portal. Am Ende einer langen Rampe liegt rechter Hand der wunderbare barocke **Rosengarten (Růžová zahrada)**, er wurde ursprünglich um 1670 von Maximilian Thun-Hohenstein angelegt, in dessen Besitz sich das Schloss bis 1932 befand *(€)*. Ein kleines Marionettenmuseum *(Mo geschl., €)* lädt ebenfalls zu einer Besichtigung ein.

JABLONEC NAD NISOU (GABLONZ AN DER NEISSE)

Jablonec nad Nisou war bis 1945 eine wohlhabende deutschsprachige Stadt. Die Villen und große konstruktivistische Gebäude (um 1920–1940) zeugen vom Erfolg der Modeschmuck- und Messingindustrie. Das **Museum für Glas und Schmuck** (**Muzeum skla a bižuterie**) lohnt wegen seiner erstklassigen Sammlungen einen Besuch.

231 F3 14 km östlich von Liberec an der Straße 14 Tram 11 von Liberec Besucherinformation: Kostelni 1, 466 01 Jablonec 774 66 76 77 geschl. So (außer Jul., Aug.) jablonec.com Museum für Glas und Schmuck: U Muzea 398/4 483 36 90 11 Mo geschl., €€ msb-jablonec.cz

JABLONNÉ V PODJEŠTĚDÍ (DEUTSCH-GABEL)

Den Ort dominiert eine große **Kirche**, ein Werk des österreichischen Barockbaumeisters Johann Lukas von Hildebrandt (1699). In der Krypta liegen mumifizierte Körper, zu denen man im Rahmen einer Besichtigung des Klosterkomplexes geführt wird. Drei Kilometer östlich der Stadt liegt **Lemberk**, ein aus dem 13. Jahrhundert stammendes Schloss, das von Wallenstein umgestaltet wurde. Die üppig möblierten Räume können besichtigt werden.

231 E3 22 km westlich von Liberec über die Straße 35, dann über die Straße 13 Bus ab Bahnhof Florenc in Prag oder ab Karlovy Vary und Liberec Kirche: Mo geschl.; Führung: nur Mai–Sept. Schloss Lemberk: Mai–Sept. Mo, April & Okt. Mo–Fr & Nov.–März geschl. € zamek-lemberk.cz

ÜBERLEBENSKAMPF DER TSCHECHISCHEN GLASKUNST

Dank hochqualifizierter Handwerker und der feinen Pottasche, die aus nordböhmischem Buchenholz gewonnen wird, florierte die Glasherstellung jahrhundertelang. Böhmisches Kristall war schon lange bewährt, ehe z. B. Irland in dieses Gewerbe einstieg. Die begehrte Exportware findet man überall auf der Welt – so auch in den Fenstern des Buckingham-Palasts in London. Doch in nordböhmischen Städten wie Jablonec nad Nisou und Nový Bor geht es heute ruhig zu, weil die einstigen Glas-Imperien im Zuge des harten Wettbewerbs geschrumpft sind.

Die globale Wirtschaftskrise ab 2008 trug das ihre dazu bei: Eines der größten noch exisitierenden Glaswerke, Crystalex, soll verkauft und seine 40 Jahre alte Niederlassung Sklo Bohemia geschlossen werden. Wie viele ältere Industriezweige leidet auch die tschechische Glasproduktion unter der Globalisierung.

KOHLEBERGBAU IM WANDEL

Als in den 1990er Jahren der Abbau von Braunkohle bzw. Lignit limitiert wurde, war der Anfang der tschechischen Umweltschutzbewegung gemacht. Doch inzwischen ist die positive Entwicklung erneut in Gefahr: Staatliche Energiebeauftragte lancierten die Idee, die erlaubte Fördermenge anzuheben, weil der momentane Vorrat bis 2030 erschöpft sei und Russland wiederholt damit droht, Erdgaslieferungen in den Westen einzustellen.
Eine Ortschaft könnte in dieser Kontroverse zum »Ground Zero« werden: Das historische Dorf Horní Jiřetín (Obergeorgenthal) am Rand eines reichhaltigen Kohlelagers soll dem Erdboden gleichgemacht werden, sobald dort mit dem Abbau begonnen wird. Falls diese Pläne weiterverfolgt werden, wird es sicherlich leidenschaftliche Proteste dagegen geben.

KADAŇ

Die alte, von einer doppelten Stadtmauer umgebene Stadt Kadaň wurde während des Dreißigjährigen Krieges stark beschädigt. Den Hauptplatz säumen mit Laubengängen versehene Häuser. In der Mitte steht eine hohe, figurenreiche Pestsäule. Der elegante weiße **Turm** (15. Jh.) stellt die **Kirche** (18. Jh.) in den Schatten. Auf der anderen Seite des Platzes liegt die Katová ulička, das Henkersgässchen. Der überdachte Durchgang ist so eng, dass zwei Personen kaum aneinander vorbeigehen können. Die Tyršova führt zum restaurierten grau-grünen **Schloss**.

230 B2 15 km südwestlich von Chomutov, über die Straße 13, dann links über die Straße 568 Zug von Prag

KLÁŠTEREC NAD OHŘÍ (KLÖSTERLE AN DER EGER)

Klášterec nad Ohří mit seinem lachsfarbenen Schloss (17. Jh.) thront auf einem Felsvorsprung über der Ohře. Das Schloss wurde mehrfach umgebaut und enthält eine große Sammlung böhmischen Porzellans. Sehenswert ist auch der Park mit Statuen des Barockbildhauers Jan Brokoff.

230 B2 6,5 km westlich von Kadaň Zug von Prag
Schloss: Okt.–März Mo geschl. €€

LOUNY (LAUN)

Die Stadt hat ein Tor im spätgotischen Stil, das neben der Kirche das einzige Gebäude ist, das das verheerende Feuer von 1517 überstanden hat. Die Silhouette der Stadt wird durch das Dach der **Kirche St. Nikolaus (Kostel sv. Mikuláše)** beherrscht. Das Rippengewölbe im Inneren ist typisch für Benedikt Ried, der 1520 den Wiederaufbau der Stadt betreute. Den Hochaltar von 1704 ziert eine wunderbare Schnitzerei. Der Hauptplatz ist, abgesehen von dem Renaissancehaus mit der Hausnummer 28 *(Tel. 0395 652 456)*, wenig aufsehenerregend. Vom Erkerfenster dieses Hauses verkündeten die Behörden im 16. und 17. Jahrhundert Todesurteile.

230 C2 63 km nordwestlich von Prag über die Straße 7 Zug von Bahnhof Masarykovo nádraží in Prag

Heute werden Weingläser hergestellt, doch in der Tschechischen Republik fand man schon Glasperlen aus der Steinzeit

MOST (BRÜX)

1975 wurde die Stadt wegen der unter ihr liegenden Kohlenlagerstätten abgerissen und an anderer Stelle neu aufgebaut. Die spätgotische **Marienkirche (Kostel Nanebevzetí Panny Marie)** wurde auf einer speziell dafür gebauten Gleisanlage um 840 Meter versetzt. Sie war es wert, gerettet zu werden, denn das leuchtende Innere ist mit religiöser Kunst gefüllt, die etwa aus derselben Zeit wie die Kirche stammt. Der Bau wurde von Jakob Heilmann, einem Schüler von Benedikt Ried, entworfen und verfügt über ein spektakuläres Gewölbe.

230 C2 85 km nordwestlich von Prag über die Straße 7 nach Louny, dann nördlich über die 28 Zug von Prag Mo–Di geschl. €
mesto-most.cz/de

OSEK (OSSEGG)

Der Kapitelsaal und der Kreuzgang des prächtigen Zisterzienserklosters Osek stammen noch aus dem 13. Jahrhundert. Die Kirche selbst ist ein barockes Meisterstück von Ottavio Broggio. Das mit Stuck verzierte Innere ist großartig, wenn auch etwas baufällig; achten Sie auf das vergoldete Chorgestühl.

230 C3 11 km westlich von Teplice über die Straße 27 Zug ab Teplice So vormittags & Mo April–Juni & Sept., & Nov.–März geschl. €

ROUDNICE NAD LABEM (RAUDNITZ AN DER ELBE)

In der Nähe des Stadtzentrums steht das rostfarben und weiß gestrichene klassizistische Schloss, das einst der Familie Lobkowicz gehörte. Es wurde nach 1660 von Francesco Caratti entworfen. Leider ist es inzwischen bau-

INSIDERTIPP

Roudnice nad Labem kann es zwar nicht mit dem vielfältigen Angebot anderer Städte in Nordböhmen aufnehmen, aber seine Weine werden seit Jahren hoch geachtet. Kosten Sie unbedingt Château-Roudnice-Wein.

WILL TIZARD
NATIONAL GEOGRAPHIC-MITARBEITER

fällig und nicht zugänglich. Die ehemalige Reitschule außerhalb der Schlossmauer ist heute eine **Galerie**. Die Sammlung moderner tschechischer Kunst stellt die Arbeiten des Malers Antonín Slavíček in den Mittelpunkt.

231 D2 50 km nordwestlich von Prag über E55
Galerie: Mo geschl. €

TEPLICE (TEPLITZ)

Teplice ist eine Stadt voller Gegensätze. Man findet Straßenzüge baufälliger Gebäude mit schwarz verrußten Wänden: Sie wurden verlassen, als die deutsche Bevölkerung 1945 ausgewiesen wurde. Im Zentrum der Stadt dagegen finden sich wunderbare Parkanlagen, die zu eleganten Kurbädern gehören.

Die Stadt war schon im 11. Jahrhundert ein Kurort, aber erst im 18. Jahrhundert wurde sie als solcher bekannt. Beethoven, Liszt, Wagner und Ibsen zählten zu den Besuchern. 1813 trafen die Herrscher von Österreich, Russland und Preußen hier zusammen, um die »Heilige Allianz« gegen Napoleon zu unterzeichnen. Zahlreiche Villen im Sezessions- und klassizistischen Stil zeugen vom früheren Reichtum. Auf dem Zámecké náměstí stehen eine riesige Pestsäule (1718) von Matthias Braun, das klassizistische Schloss (nun das **Heimatmuseum**) und die an das Schloss angrenzende Kirche. Das schönste Gebäude am Platz ist das Hotel Prince de Ligne (siehe S. 353). Der Schlosspark ist Ausgangspunkt für Wanderwege, etwa ins Erzgebirge.

230 C3 87 km nordwestlich von Prag über die E55, dann über die Straße 8 Zug von Prag Museum: Zámecké náměstí 14 4412 359 035 Mo geschl. € muzeum-teplice.cz

ÚSTÍ NAD LABEM (AUSSIG AN DER ELBE)

Die größte Stadt Nordböhmens ist nach Hamburg der zweitgrößte Binnenhafen an der Elbe. Auf einem Felsen thront die **Ruine Střekov (Schreckenstein)**. Wagner soll sich hier zu seiner Oper »Tannhäuser« inspiriert haben lassen. Sehenswürdigkeiten der industrialisierten Stadt sind die **Erzdekanatskirche Mariä Himmelfahrt** (16. Jh.), deren Kirchturm seit einem Bombenangriff im Zweiten Weltkrieg von der senkrechten Achse abweicht, und ein **Theater** im Sezessionsstil. Die Stadt erlangte 1999 traurige

Berühmtheit, als der Stadtrat eine Mauer errichten ließ, um die Roma von den tschechischen Mitbewohnern zu trennen. Der Bau der Mauer führte zu internationalen Protesten und bestätigte die Ansicht der Roma, von den tschechischen Behörden diskriminiert zu werden. Kurze Zeit später wurde die Mauer wieder abgerissen.

230 D3 90 km nördlich von Prag über die E55 Zug von Prag
Schloss Střekov: Mo & Nov.–März geschl. €

ŽATEC (SAAZ)

Žatec hat zwar seinen Glanz verloren, strahlt aber immer noch eine gewisse Würde aus. Rund um die Stadt wird seit Jahrhunderten der beste Hopfen Böhmens angebaut (siehe S. 208 f). Das restaurierte Rathaus am Hauptplatz blickt auf eine figurenreiche Pestsäule. Hinter dem Rathaus ragt die mittelalterliche **Pfarrkirche Mariä Himmelfahrt (Kostel Nanebevzetí Panny Marie)** auf, die durch eine Reihe barocker Statuen bewacht wird. Links von der Kirche befindet sich eines der Stadttore aus dem Mittelalter und dahinter der Rest der Burg, heute eine Brauerei.

230 B2 83 km westlich von Prag über die Straße 7, dann links über die Straße 27 Zug von Prag

Angesichts des makellosen Interieurs mag man kaum glauben, dass Mosts Kirche 1975 als Ganzes von ihrem urspünglichen Standort, heute eine Kohlegrube, versetzt wurde

‹ Arcarden von Schloss Litomyšl, eines der bedeutendsten Renaissance Bauwerke Europas und Weltkulturerbe

0
20 Kilometer
POLEN
NORDBÖHMEN
S. 205
Harrachov
Špindlerův Mlýn
1602m
Sněžka
Krkonoše
(Riesengebirge)
Jablonec nad Jizerou
Pec pod Sněžkou
Žacléř
Vrchlabí
Janské Lázně
Mladé Buky
E65
Turnov
Semily
Jizera
Jilemnice
Teplice nad Metují
Stěnava
Broumov
Adršpach-Teplice
Hrubá Skála
Lomnice nad Popelkou
Hostinné
Labe
Trutnov
Dřevíč
Police nad Metují
Český ráj
Sobotka
Nová Paka
Úpice
Červený Kostelec
Hronov
Dvůr Králové nad Labem
Úpa
Jičín
Lázně Bělohrad
Ratibořice
Česká Skalice
Náchod
Miletín
Betlém
Kuks
Libáň
E67
vod. nádrž Rozkoš
Ostroměř
Cidlina
Hořice
Jaroměř
Kopidlno
Josefov
Nové Město nad Metují
Smidary
Smiřice
Dobruška
1115m
E442
Nový Bydžov
Nechanice
Všestary
Černilov
Opočno
Orlické hory
Solnice
Karlova Koruna
Bystřice
HRADEC KRÁLOVÉ
Třebechovice pod Orebem
Rychnov nad Kněžnou
Orlice
Chlumec nad Cidlinou
Opatovice nad Labem
Týniště nad Orlicí
Častolovice
Rokytnice v Orlických horách
TAGESAUSFLÜGE VON PRAG AUS
S. 139
Kostelec nad Orlicí
Vamberk
Lázně Bohdaneč
Sezemice
Holice
Divoká Orlice
Žamberk
Tichá Orlice
Chvaletice
Přelouč
Pardubice
Letohrad
Loučná
Choceň
Heřmanův Městec
Hrochův Týnec
Chrudim
Vysoké Mýto
Ústí nad Orlicí
Slatiňany
Ronov nad Doubravou
Chrast
Česká Třebová
Luže
Třemošnice
Litomyšl
Nasavrky
Skuteč
Dolní Újezd
Opatov
Golčův Jeníkov
Železné hory
Chrudimka
Proseč
Habry
Hlinsko
Svitavy
Ledec nad Sázavou
Chotěboř
E461
Ždírec nad Doubravou
Polička
Světlá nad Sázavou
Sázava
Svitava
Havlíčkův Brod
Bystré
Lipnice nad Sázavou
SÜDMÄHREN
S. 245
Brněnec
Šlapanka
Přibyslav
SÜDBÖHMEN
S. 155
D1
Štoky
E50
A
B
C
D
1
2
3
4
5
6

Die Schneekoppe (Sněžka) ist einer der höchsten Berge Mitteleuropas außerhalb der Alpen. Der von Schneestürmen umwehte Gipfel trägt eine Wetterstation. Mit 1602 Metern hat sie schon Hochgebirgscharakter; im Sommer kann man herrlich wandern. Bei Tschechen und Touristen gleichermaßen beliebt ist das Böhmische Paradies bei Turnov.

Weiter im Süden hingegen ist die Landschaft flacher und unspektakulärer. Hier lohnt eine Reihe interessanter Städte einen Abstecher: Die bedeutendste ist Hradec Králové mit einem großen Hauptplatz, Kirchen und Museen. Die Stadt war ein Zentrum der kubistischen Architektur. In der Stadt befindet sich auch eines der besten Museen moderner Kunst. Litomyšl ist zum einen als Geburtsort des Komponisten Smetana, zum anderen für sein schönes Renaissanceschloss bekannt.

Im Osten Böhmens gibt es viel zu sehen, darunter auch recht Ungewöhnliches. Kuks ist ein den Ideen eines reichen Mannes entsprungenes Heilbad. Am 22. Dezember 1740 wurde es durch Überschwemmungen zerstört, heute ist nur noch ein Teil des Bades intakt, doch es bleibt ein Ort mit besonderer Atmosphäre. Josefov ist eine strenge, österreichisch-ungarische Garnisonsstadt. Der Grundriss, die Befestigungen und die düstere Stimmung werden denjenigen, die bereits Terezín besucht haben, bekannt vorkommen.

In Ostböhmen gibt es viele interessante Burgen und Schlösser. Náchod, Pardubice, Opočno und Nové Město sind auf jeden Fall sehenswert. Karlova Koruna ist ein weiteres Meisterwerk des Barockgenies Santini. Das große Schloss in Častolovice ist eines der wenigen, in denen man übernachten kann. Es wird nicht mehr lange eine Ausnahme sein, denn immer mehr Landsitze und Burgen werden in Hotels umgewandelt. ■

HRADEC KRÁLOVÉ (KÖNIGGRÄTZ)

Hradec Králové erstreckt sich am Ufer der Flüsse Orlice (Adler) und Elbe. Die Stadt wurde im 14. Jahrhundert gegründet und war 500 Jahre später die zweitwichtigste Stadt Böhmens. Eine Vielzahl architektonisch bedeutsamer Gebäude aus dem frühen 20. Jahrhundert und zwei beachtenswerte Museen machen die Stadt interessant.

Der Stadtplatz von Hradec Králové, einer der ältesten Siedlungen auf tschechischem Boden

Die ruhige Altstadt liegt auf einem Höhenzug oberhalb der Elbe. Auf der anderen Flussseite liegt die Neustadt, die zum Aushängeschild der besten Architekten des frühen 20. Jahrhunderts wurde. Einen Großteil der Altstadt nimmt der Velké náměstí ein, dessen eines Ende von einem Glockenturm aus dem 16. Jahrhundert, dem **Weißen Turm (Bílá věž)**, dominiert wird. Der Turm lässt selbst die Ecktürme der gotischen Backsteinkathedrale daneben klein erscheinen und ermöglicht einen wunderbaren Ausblick über die Stadt. Die einzigen mittelalterlichen Einrichtungen in der Kathedrale sind der Steintabernakel (1497) und ein Altarbild (1494) im südlichen Seitenschiff. Im nördlichen Seitenschiff findet sich ein Bild des heiligen Antonius von Petr Brandl (etwa 1730). Was den Hauptplatz optisch anziehend macht, ist die Gebäudevielfalt: Sie reicht von schlichten Laubenhäusern bis zur barocken Eleganz des Bischofspalastes von 1716. In der Mitte des Platzes steht eine Pestsäule (1717) und ein Brunnen mit schmiedeeisernem Zierwerk.

Das andere Ende des Platzes dominiert die gelbe Jesuitenkirche von Carlo Lurago (17. Jh.) mit Gemälden von Brandl. Neben der Kirche befindet sich das Jesuitenkolleg.

Die **Galerie moderner Kunst (Galerie moderního umění)** gegenüber dem Jesuitenkolleg ist in einem 1912 errichteten Sezessionsgebäude von Osvald Polívka untergebracht. Die frühen erotischen Arbeiten von Mucha (1860–1939) unterscheiden sich sehr von den Plakaten, für die er später bekannt wurde. Achten Sie auf die Porträts des Malers Bohumil Kubišta (1884–1918). Die verspielten, bunten Gemälde von Josef Čapek (1887–1945) sind repräsentativ für seinen kubistischen Stil. In der Fülle der Ausstellungsstücke sollten Sie nicht die surrealen Abstrakte von Josef Síma (1891–1971) und die kubistischen Werke von Emil Filla (1883–1953) verpassen.

Neben dem Weißen Turm liegt das Rathaus. Auf dem Weg zum Fluss führt die Ke kopečku vorbei am baufälligen Hotel Bystrica, das von dem wegbereitenden Architekten Jan Kotěra entworfen wurde.

Auf der Uferstraße, der Eliščino nábřeží, steht das auffallende **Kranské muzeum** (1912), das ebenfalls von Kotěra entworfen wurde. Es vermischt sezessionistische Ambitionen mit geometrischer Stärke und Originalität. Innen gibt es einige schöne Buntglasfenster von František Kysela.

Kotěra entwarf auch die ins Zentrum der Neustadt führende Brücke. Die Neustadt wurde zum großen Teil von seinem Schüler Josef Gočár angelegt. Gočárs Arbeiten kommen am besten am Masarykovo náměstí zur Geltung, wo er kubistische Elemente anwandte, aber die Proportionen und sanften Farben des traditionellen Baustils bewahrte. Weniger ansprechend ist das funktionelle Stadion, das er am Ufer der Orlice erbaute. Václav Rejchl entwarf den Bahnhof der Stadt mit seinem eleganten Uhrenturm. ■

HRADEC KRÁLOVÉ

250 C4

100 km östlich von Prag über die Straße E67 bis zum Ende, dann Straße 11

Zug von Prag & Brno. Bus von Prag

Besucherinformation

Infozentrum, Gočárova 1225, nahe Busbahnhof

495 53 44 82

ic-hk.cz

WEISSER TURM

Nächtliche Führungen an jedem ersten Samstag im Monat

€

bilavez.cz

GALERIE MODERNER KUNST

Velké náměstí 139

495 51 48 93

Mo geschl.

€

galeriehk.cz

OSTBÖHMISCHES MUSEUM

Eliščino nábřeží 465

495 512 391

Mo geschl.

€

muzeumhk.cz

Litomyšl hat ein besonderes Geschick, Aufmerksamkeit zu erregen. Jeden Sommer finden in der Stadt die internationalen Opernfestspiele *Smetanov Litomyšl* statt. Zudem wählten 1994 sieben europäische Präsidenten Litomyšl für ein Gipfeltreffen aus: Anlass für die Behörden, viele der beachtenswerten Gebäude zu restaurieren.

Vor 1000 Jahren stand hier eine Burg, um die herum 1259 die Stadt gegründet wurde. Litomyšl gewann schon bald als Bistum an Bedeutung, 1421 eroberte Hussitengeneral Jan Žižka die Stadt.

Der Hauptplatz, Smetanovo náměstí, gleicht einer langen, geschwungenen Straße und wird auf beiden Seiten von historischen Giebelhäusern mit Lauben gesäumt. Hausnummer 61, **Zu den Rittern (U rytířů)**, ist das spektakulärste. Die extravagante Renaissancefassade stammt aus dem Jahr 1546. Ritterstatuen flankieren Steinfenster, im Inneren findet sich eine beeindruckende Kassettendecke.

Hinter dem Haus, auf der parallel zum Hauptplatz verlaufenden Bozeny Němcové, stehen mehrere Kirchen, zu denen auch eine Kirche gehört, die von Giovanni Allipandri und František Kanka entworfen wurde.

Gegenüber der Kirche steht das großartige, mit Sgraffiti und Giebeln geschmückte **Schloss**, eines von mehreren im Besitz der Pernštejns, einer

INSIDERTIPP

Nicht verpassen: Josef Váchals unheimliche, primitive Werke im Portmoneum. Der dämonisch inspirierte Buchdrucker und Dichter gilt als der tschechische William Blake.

WILL TIZARD
NATIONAL GEOGRAPHIC-MITARBEITER

MUSIKFESTIVALS

Mit dem warmen Sommerwetter beginnt eine Vielzahl an Open-Air-Musikfestivals – von Blues über traditionelle Volksmusik bis hin zu Rock. Das größte Rockmusikfestival des Jahres ist sicherlich das Trutnoff Open-Air-Festival *(festivaltrutnoff.cz)* im August. Seit 1987 gibt es dieses »tschechische Woodstock« (samt Tausenden von jungen, zuweilen durchaus schlammverschmierten Fans), auf dem jede tschechische Rockband, die etwas auf sich hält, gespielt haben muss.

Wie der Rock'n'Roll selbst ist dieses Festival so eng mit der tschechischen Liebe zur freien Meinungsäußerung verbunden, dass Barack Obama bei seinem Pragbesuch im Jahr 2009 ein Trutnoff-T-Shirt mit dem Bild Václav Havels überreicht wurde.

Das Schloss Litomyšl mit Giebeln und Sgraffito ist einer der schönsten Renaissance-Paläste Böhmens

seit dem späten 13. Jahrhundert mächtigen adeligen Familie aus Mähren. Das Schloss wurde von den Gebrüdern Aostali um 1570 erbaut. Eine Seite wird von einer Sonnenuhr von 1728 geschmückt. Ein Kuriosum sind Fenster, die nicht in Räume, sondern in den großartigen dreistöckigen Arkadenhof schauen. Das Schloss verfügt über ein kleines, 1797 erbautes Theater. Im Rahmen der Schlossführung sieht man Innenräume, Porzellansammlungen sowie das hübsche Theater *(geschl. Mo; Okt.–April, €)*.
Das **Smetana-Museum** erinnert an ihn. Neben diesen architektonischen und kulturellen Schätzen gibt es noch eine weitere Attraktion. Gehen Sie, mit dem Schloss zur Linken, die erste Abzweigung nach rechts bis zur Terézy Novákové 75, einem nach außen unauffälligen Haus, das (nach seinem Eigentümer) als **Portmoneum** bekannt ist. Josef Váchal (1884–1969), ein Neffe von Mikoláš Ales, dekorierte ab 1920 die Wände mit bizarren Wandmalereien voller religiöser und mystischer Anspielungen. ■

LITOMYŠL
250 D3
164 km östlich von Prag. Route 2 nach Pardubice, dann Straße 36 nach Holice und südöstlich auf der Straße 35
Bus von Prag

Besucherinformation
Smetanovo náměstí 72
461 61 21 61
litomysl.cz

SCHLOSS
Jiráskova 133
Mai–Sept. Mo; April & Okt. Mo–Fr; Nov.–März geschl.
€€–€€€
zamek-litomysl.cz

SMETANA-MUSEUM
Mai–Sept. Mo; April & Okt. Mo–Fr; Nov.–März geschl.
€
www.rml.cz

PORTMONEUM
Terézy Novákové 75
734 541 323
Mai–Sept. Mo; Apr. & Okt. Mo–Fr; Nov.–März geschl.
€

Auch wenn Antonín Dvořák größeren internationalen Ruhm genießt, so ist es Bedřich (Friedrich) Smetana, der bei den Tschechen der Beliebtere ist. Zum großen Teil ist dies auf sein leidenschaftliches Engagement für den tschechischen Nationalismus zurückzuführen, mit dem er auf die kulturelle Dominanz der Habsburger reagierte.

Bedřich Smetana wurde 1824 in Litomyšl geboren (siehe S. 254 f.), sein Vater war ein enthusiastischer Amateurmusiker. Seit 1784 war Deutsch die Amtssprache in Böhmen und auch die erste Sprache im Haushalt der Smetanas. Als Kind sprach Bedřich kaum tschechisch, was paradox erscheint, wenn man sich seine spätere Rolle als Verfechter des tschechischen Nationalismus vergegenwärtigt. Es zeigte sich schon bald, dass der junge Bedřich die musikalische Ader seines Vaters geerbt hatte. Er studierte Musik in Prag und wurde ein viel beachteter Musiklehrer. Seine nationalistischen Ansichten waren jedoch den Behörden ein Dorn im Auge, 1856 ging er deshalb

Kostüme für eine 1863 aufgeführte Produktion der »Verkauften Braut« von Smetana

als Dirigent der Göteborger Philharmoniker nach Schweden. Vier Jahre später kehrte er nach Prag zurück und setzte sich für die Gründung eines nationalen Theaters ein, in dem tschechische Dramen und Opern aufgeführt werden sollten, und wurde später dessen Leiter.

Während all dieser Jahre komponierte er parallel zu seinen anderen Verpflichtungen. Sein bekanntestes Werk ist der sinfonische Zyklus »Má vlast« (Mein Vaterland) von 1875. Der zweite Satz beschreibt das Anwachsen der Moldau von einem Bach zu einem stolzen Fluss. Fast ebenso bekannt ist seine komische Oper »Die verkaufte Braut« von 1866. Sie greift das familiäre Thema einer jungen Dame auf, die in einen Verehrer verliebt ist, aber

Bedřich Smetana ist dank der in seiner Musik zum Ausdruck gebrachten nationalistischen Begeisterung der beliebteste Komponist der Tschechen

auf Wunsch ihrer Eltern einen anderen, vermögenderen Mann heiraten soll. Smetana wunderte sich über den Erfolg dieses Werkes, denn er selbst war stolzer auf seine Opern mit historischen und nationalen Themen wie »Dalibor« (1868) und »Libuše« (1881). Seine Opern werden regelmäßig in Prag und allsommerlich bei den Festspielen in Litomyšl aufgeführt.

Wie Beethoven wurde auch Smetana im Alter taub. Um 1870 begann er, einen hohen, ständig präsenten Ton wahrzunehmen. Selbst als er seine eigene Musik nicht mehr hören konnte, hielt ihn dies nicht vom Komponieren ab. Eines seiner bewegendsten Stücke ist das Streichquartett von 1876 »Aus meinem Leben«, in dem die Musik von einem durchgängigen hohen Ton auf der Violine unterbrochen wird, ein Echo des Tones, der seine Taubheit ankündigte. Smetanas Gesundheit verschlechterte sich immer weiter; er erlitt einen Schlaganfall. 1884, im Alter von 60, starb er an Syphilis.

In Anerkennung seiner Verdienste als Nationalheld wurde Smetana auf dem Friedhof Vyšehrad begraben. Die Tschechen verehrten ihn nach seinem Tod jedoch mehr für seine Verdienste um die Gründung des Nationaltheaters (siehe S. 137) als für seine Kompositionen. Smetana selbst schrieb eine Komposition für die offizielle Eröffnung des Theaters. Das Museum an der Karlsbrücke in Prag (siehe S. 106) ist dem Gedenken Smetanas gewidmet.

SMETANAS PARTITUREN

Es klingt unwahrscheinlich, aber eine von Prags besten Smetana-Sammlungen ist am Ende des Lávka-Piers, gleich flussaufwärts von der Karlsbrücke, in der Altstadt untergebracht. Das kleine Smetana-Museum *(Di geschlossen, €)* präsentiert Originalmanuskripte und erzählt vom Leben und musikalischen Schaffen des Komponisten. Dass sich das Museum im gleichen Gebäude wie eine lebhafte Bar und Dislo befindet, ist schade (tagsüber hält sich der Lärm zum Glück in Grenzen), doch die Ehrfurcht vor dem bedeutendsten böhmischen Komponisten in der Zeit des nationalen tschechischen Aufbruchs ist dennoch unverkennbar.

Die Einrichtung der wenigen Räume sorgt dafür, dass man sich in die Zeit zurückversetzt fühlt, als Smetanas Arien und Kammermusik die Salons der aufkommenden Aristokratie im 19. Jahrhundert erfüllten.

Kuks, nordwestlich von Jaroměř, ist ein barockes Heilbad. Es wurde von einem deutschen Aristokraten, dem Reichsgrafen Franz Anton von Sporck (1692–1738), gegründet, der im Alter von 17 Jahren das Land und ein großes Vermögen erbte. Als er feststellte, dass aus einer seiner Quellen mineralhaltiges Wasser sprudelte, beschloss er den Bau eines Kurbades.

INSIDERTIPP

Wenn Ihnen die umwerfenden Skulpturen von Matthias Braun hier gefallen, sollten Sie auch die Originalstatuen der Karlsbrücke in Prags Lapidárium (siehe S. 153) sehen.

WILL TIZARD
NATIONAL GEOGRAPHIC-MITARBEITER

Der Anlage mangelte es an nichts: Neben den Bädern, Krankenhäusern und einem Schloss legte Sporck auch ein Theater, einen Irrgarten und eine Pferderennbahn an. 1724 waren die Arbeiten abgeschlossen und Kuks zum angesagtesten Kurbad der High Society aufgestiegen. Neben den Heilbädern gab es viele kulturelle Zerstreuungen wie Historienspiele auf dem Fluss, Jagden sowie Konzerte. Johann Sebastian Bach war einer der vielen Künstler, die Kuks besuchten.

Der Anlage lag jedoch ein grundlegender Konstruktionsfehler zugrunde: Viele der Gebäude standen zu nahe am Elbufer und wurden allesamt 1740 durch verheerende Überschwemmungen zerstört, bei der die Uferböschungen unterspült wurden. Die Quelle konnte anschließend nicht mehr repariert werden – der Todesstoß für das Kurbad. Sporck war 1738 verstorben, es fand sich kein Interessent zum Wiederaufbau Kuks, 1901 wurde ein Großteil des Schlosses abgerissen.

Die verbliebenen Gebäude sind noch heute sehr beein-

Einige der verbliebenden Gebäude und Matthias Brauns Skulpturen im barocken Sporck-Kurbad

BETLÉM (BETHLEHEM)

Drei Kilometer westlich von Kuks legte Sporck einen Park an, der mit biblischen Szenen ausgeschmückt ist, die von Matthias Braun aus den Felsen gehauen wurden. Die 1733 fertiggestellten Szenen sind heute stark verwittert. Zu Sporcks Zeiten war der Park ein religiöser Hain mit aus den Felsen gehauenen Grotten und Einsiedeleien, inzwischen wurden aber viele der Statuen und Gebäude als Baumaterial in Josefov und anderswo eingesetzt. Betlém ist von Kuks aus gut ausgeschildert. Biegen Sie in Žireč links ab und fahren Sie noch drei Kilometer weiter. Trotz der Beschädigungen ist Betlém ein Erlebnis, ein seltenes Zusammenspiel von Kunst und Natur. Die Landschaftsgalerie aus Sandsteinskulpturen inmitten eines Waldgebietes gehört zu Europas bedrohtesten Kunstwerken.

druckend. Auf einer breiten Terrasse am Fluss befinden sich die ehemaligen **Krankenhäuser**, die ovale Kapelle von Giovanni Alliprandi und die Grabkammer der Familie Sporck. Die barocke **Apotheke** enthält noch die ursprüngliche Ausstattung. Die eigentliche Sehenswürdigkeit aber sind die 24 **allegorischen Statuen** (meist Kopien) des Bildhauers Matthias Braun (1684–1738) auf der Spitalterrasse. Sie stellen die Laster und die Tugenden dar.

JOSEFOV (JOSEFSTADT)

Nicht weit von Kuks liegt Josefov, eine Garnisonsstadt in den Außenbezirken von Jaroměř, um 1780 als Festung der Habsburger erbaut. Der Grundriss gleicht dem von Theresienstadt (siehe S. 234 f.) mit Backsteinbefestigungen und Baracken. Für Militärfans gibt es eine Führung bei Kerzenschein, die durch die unterirdischen Tunnel führt. Diese waren Teil eines Kommunikationsnetzwerks und verbanden Teile der Festung. ■

KUKS
250 C5
20 km nördlich von Hradec Králové über die Straße 33 nach Jaroměř, dann nördlich auf Straße 37
Zug von Hradec Králové

KRANKENHÄUSER & APOTHEKE
Mai, Jun., Sept. Mo; April & Okt. Mo–Fr; Nov.–März geschl.
€
hospital-kuks.cz

JOSEFOV
250 C4
19 km nordöstlich von Hradec Králové über die Straße 33
Mai–Sept. Mo; April & Okt. Mo–Fr; Nov.–März geschl.
€

KRKONOŠE (RIESENGEBIRGE)

Im nördlichen Teil Ostböhmens, an der Grenze zu Polen, erheben sich die höchsten Berge Böhmens, das Riesengebirge. Mit 1602 Metern ist die Schneekoppe (Sněžka) der höchste Gipfel der Tschechischen Republik. Weite Teile des Gebietes sind seit 1963 als Nationalpark geschützt.

Fichtenwälder bedecken Hänge und Gipfel des Riesengebirges

Der Großteil des Riesengebirges liegt in Böhmen, bereits seit 1959 stehen die 177 Quadratkilometer auf polnischer Seite unter Schutz. Die Ausläufer werden im Süden vom Kurort Janské Lázně und Vrchlabí und im Norden von den Urlaubszentren Harrachov und Špindlerův Mlýn gesäumt. Die hier entspringenden Flüsse Iser und Elbe haben tiefe Täler in die Berge gegraben, die eine runde statt konische Gipfelform haben. Von November bis April liegt auf den Höhenzügen und Gipfeln genug Schnee, um sie zum beliebten Ziel für Wintersportler zu machen.

Markierte Wanderwege erschließen die Berge. Die Wege sind gut mit Hütten (*boudy*) ausgestattet, die Essen und Unterkunft bieten. Wegweiser helfen Wanderern, sich zurechtzufinden, und weisen ihnen selbst bei Schnee den Weg. Im Sommer gibt es oft tückischen Nebel, in höheren Lagen sind die Temperaturen oft niedrig. Denken Sie deshalb immer daran, warme Kleidung und eine gute Karte mitzunehmen. Falls Sie die Berge nicht zu Fuß erkunden möchten, können Sie sie auch bequem mit Seilbahnen und Liften, die von Pec pod Sněžkou, Špindlerův Mlýn und Janské Lázně auf die Gipfel führen, erreichen.

Eine der beliebtesten Wanderungen führt über die Bergkämme, die Böhmen von Polen trennen. Viele Besucher können der Versuchung nicht widerstehen, den Gipfel der **Sněžka (Schneekoppe)** zu besteigen, was von Pec pod Sněžkou, etwa 833 Meter unterhalb des Gipfels, möglich ist. Die Wanderung dauert insgesamt etwa fünf bis sechs Stunden. Der spektakulärste Weg ist der **Harrach-Weg**, der 1879 von Herzog Harrach angelegt wurde, aber nur in den Sommermonaten begehbar ist. Viele der Wanderwege führen zu faszinierenden Torfmooren, Felswänden und Wasserfällen.

Der Nationalpark Krkonoše ist für Naturforscher von Interesse, da er Heimat von 165 Vogelarten ist. In den Mooren kann man mit viel Glück das Birkhuhn oder im Wald Auerhähne sehen. Zu den 1300

INSIDERTIPP

Schlafen Sie wie ein Politkommissar im Hotel *(hotelhorizont.cz)* aus kommunistischer Zeit am Fuß des Sněžka. Am Morgen geht's zu Fuß oder auf Skiern hinunter.

CHARLES RECKNAGEL
RADIO FREE EUROPE, PRAG

Pflanzenarten im Park gehören viele seltene Pflanzen, die in den ungewöhnlich hoch gelegenen Torfmooren des Riesengebirges gedeihen. Wie lange sie jedoch noch erhalten bleiben, ist fraglich, da die Luftverschmutzung den Fichtenwäldern sehr stark zusetzt. Das Riesengebirge weist den höchsten Regenfall in Böhmen auf, was die verheerenden Auswirkungen des sauren Regens noch verstärkt.

Im Mittelalter wirkten die Berge noch bedrohlicher, da sie unbewohnt waren, die Wälder flößten Ehrfurcht und Angst ein. Deutsche und italienische Geologen, die im 16. Jahrhundert mit dem Bau von Bergwerken begannen, bestätigten diese Erfahrungen. Die feindselige Umwelt schürte die Angst vor dem Unbekannten, die in Form eines übernatürlichen Riesen verkörpert wurde. Dieser rotbärtige Waldgeist war als Krakonoš (Rübezahl) bekannt und wurde für die Naturkatastrophen verantwortlich gemacht, die Teil des Existenzkampfes in diesem extrem rauen Klima waren.

Erst Ende des 18. Jahrhunderts zogen die Berge die ersten Touristen an. Für die Abenteuerlustigen standen einfache Berghütten zur Verfügung. Im 19. Jahrhundert entwickelten sich erste Urlaubsorte. Vrchlabí (Hohenelbe)

INSIDERTIPP

Mit seinem Wellness-Spa ist das umweltfreundliche Grund Resort *(grundresort.cz)* ideal für den relaxten Skiurlaub im Riesengebirge.

ANDREA LIŠKOVÁ
CZECHTOURISM, USA

SKIFAHREN IM RIESENGEBIRGE

Tschechen jeden Alters bevölkern im Winter die Pisten im Riesengebirge, die abenteuerlustigeren flitzen auf Snowboards hinab. Wer lieber in der Gruppe unterwegs ist, kann sich auf Hunderten von Loipenkilometern im Skilanglauf üben. **Špindlerův Mlýn** (Spindlermühle) ist das wichtigste Wintersportzentrum *(spindleruv-mlyn.com)* und kann in der Hochsaison recht überlaufen sein. Aber die Aussicht und die erfrischende Luft lohnen die Anreise allemal, und die Sessellifte werden manchmal sogar im Sommer betrieben, sodass man auch dann den spektakulären Ausblick genießen kann.

Der beliebte Ort auf 715 Meter kann sich zwar nicht mit Skigebieten in den Alpen messen, aber auch hier finden ernstzunehmende Wettkämpfe statt: 2009 wurde in Špyndlerův Mlýn der Abfahrtsweltcup der Damen ausgetragen. Fünf schnelle Sessellifte und ein Dutzend Seilbahnen befördern tausende Skifahrer pro Stunde und es gibt günstige Pensionen im Überfluss – allerdings sind sie schnell ausgebucht.

ist das größte Besucherzentrum. Die Hauptstraße wird von attraktiven Holzlaubenhäusern gesäumt, in einigen von ihnen ist inzwischen ein Regionalmuseum untergebracht, das sich auf die Kunst und das Handwerk der Region konzentriert *(Mo geschl., €)*. Im Nationalpark liegt das 1677 gegründete **Janské Lázně (Johannisbad)**, das jedoch erst Ende des 19. Jahrhunderts zum Kurort ausgebaut wurde. Verglichen mit den Ferienzentren in den Bergen, ist es ein ruhiges Städtchen.

Die besten Skigebiete der Tschechischen Republik findet man im Riesengebirge

Die in nördlicher Richtung nach Harrachov führende Straße folgt der Jizera und führt durch Dörfer mit reizvollen Holzhäusern, die mit weißen Linien verziert sind. Diese Verzierungen entstehen, indem der Mörtel zwischen den Holzstämmen weiß gestrichen wird oder die Fassaden des Gebäudes mit weißem Gitterwerk aufgesetzt werden. **Harrachov (Harrachsdorf)** ist attraktiver als Vrchlabí. Das Glasmacherstädtchen ist seit 1712 ein Urlaubsort und strahlt vor allem im Winter eine festliche Stimmung aus. Bei schlechtem Wetter kann man das **Skimuseum** besichtigen. **Špindlerův Mlýn (Spindlermühle)** und **Pec pod Sněžkou (Petzer)** gehören zu den beliebtesten Wintersportzentren in ganz Tschechien. ■

KRKONOŠE
250 B6, C6
107 km nordöstlich von Prag über die Straße E65 nach Mladá Boleslav, östlich über Straße 16 nach Nová Paka, dann nördlich über 293 & 195 nach Vrchlabí

SKIMUSEUM
Harrachov
481 52 91 69
Mo geschl.
€

Besucherinformation
In allen genannten Urlaubsorten gibt es Besucherzentren, die Sie mit gutem Kartenmaterial und aktuellen Wetternachrichten ausstatten und auch Übernachtungsmöglichkeiten vermitteln. Die besten Informationszentren finden Sie in Vrchlabí *(Krkonošská 8, Tel. 0499 405 744, vrchlabi.czech-mountains.eu)* **und Harrachov** *(Harrachov 150, Tel. 0481 528 133, mesto.harrachov.cz)*.

ČESKÝ RÁJ (BÖHMISCHES PARADIES)

Das dicht bewaldete Böhmische Paradies, südlich von Liberec, ist ein Naturschutzgebiet mit bizarren Steinformationen und alten Burgen. Die Gegend ist ein Beispiel dafür, wie schnell sich die Landschaft auf einer Reise durch Böhmen ändern kann – vom Flusstal zwischen üppigen Feldern bis zur Hochebene.

Die dicht bewaldeten Hügel und steilen Hänge des Böhmischen Paradieses sind seit 1955 Naturschutzgebiet. Den Horizont dominieren auf Felsen thronende Burgen. Im Sommer ist dieses kleine, aber spektakuläre Gebiet mit seinen Sandsteinhügeln und Basaltfelsen bei Wochenendausflüglern aus Prag sehr beliebt, trotzdem selten überfüllt.

Die Doppeltürme der Burg Trosky beherrschen das Böhmische Paradies

Zwischen dem nördlichen und südlichen Teil des Parks liegt Turnov, ein praktischer Ausgangspunkt für Fahrten in die Umgebung. Jičín ist attraktiver, liegt aber etwas weniger günstig. In beiden Städten kann man detaillierte Karten erwerben, die alle Wanderwege und die wichtigsten geologischen Attraktionen beschreiben. In **Turnov (Turnau)** lohnt das **Museum des Böhmischen Paradieses** (**Český ráj muzeum**, *Skálova 71, Mo u. Jan.–März geschl.; €, muzeum-turnov.cz)* mit seinen umfangreichen mineralogischen und archäologischen Sammlungen einen Besuch. In den Außenbezirken der Stadt, neben der Straße zum Glasmacherstädtchen Železný Brod (Eisenbrod), liegt das im Renaissancestil umgestaltete **Schloss Hrubý**

Rohozec (Groß-Rohosetz; *Mo u. Nov.–März geschl., €€, hruby-rohozec.eu)*, ein blassgelbes Gebäude, von dessen Terrasse man wunderbare Ausblicke genießen kann.

Von Turnov führt eine Straße südlich nach Jičín und bildet eine der informellen Grenzen des Böhmischen Paradieses. Rechts neben der Straße kommt man zur restaurierten **Burgruine Valdštejn hrad (Waldstein)**, die teilweise im neugotischen Stil umgebaut wurde. Die Steinbrücke und Statuen aus dem 18. Jahrhundert sind noch erhalten. Wenige Kilometer südlich von hier liegt das Dorf **Hrubá Skála (Groß-Skal)**, westlich davon erstreckt sich eine umfangreiche »Felsenstadt« mit etwa 400 Sandsteintürmen, die Namen wie »Drachenzahn« tragen. Einige sind beliebte Kletterfelsen. Ein Teil des ausgedehnten **Schlosses** von Hrubá Skála wurde in ein Hotel umgebaut.

Die **Burgruine Trosky (Trosky hrad)** wurde auf zwei vulkanischen Felsen erbaut (47 und 57 Meter hoch). Der kleinere Basaltfelsen wird Baba (Großmutter), der höhere Panna (Jungfrau) genannt. Im frühen Mittelalter waren sie Teil einer Festung. Nach 1620 kam die Burg in den Besitz Wallensteins; 1648 wurde sie von schwedischen Truppen besetzt und von den Habsburgern niedergebrannt. Um zur Burgruine zu gelangen, fährt man von Hrubá Skála nach Süden in Richtung Troskovice, wo es Parkplätze gibt.

Im Westen des Böhmischen Paradieses, das Dorf Sobotka überragend, liegt das **Jagdschlösschen Humprecht** (1666). Nach weiteren drei Kilometern erreicht man die aus dem 14. Jahrhundert stammende **Burg Kost (Kost hrad)**, die auf einem Felsen neben dem Dorf Podkost thront. Aus dem Hauptteil dieser gut erhaltenen mittelalterlichen Burg, die eine Sammlung gotischer Kunst enthält, erhebt sich ein großer Bergfried. Von hier oben erkennt man, dass viele der Fachwerkhäuser im Böhmischen Paradies grün

WANDERN IM BÖHMISCHEN PARADIES

Das Böhmischen Paradies (Český ráj) ist ein kleines Gebiet in Ostböhmen. Das rund 180 Quadratkilometer große Areal mit Wanderwegen und Ruinen liegt zwischen Jičín und Malá Skála. Die Prachover Felsen (Prachovské skály), die Hauptattraktion des Gebiets, erreicht man auf einer nicht allzu schweren Wanderung vom Parkplatz an der Straße von Jičín nach Prachov. Für 50 Kč pro Erwachsenen hat man Zutritt zu einer dramatischen Landschaft aus Felstürmen und -säulen, die sich überall an den kurvenreichen Wegen erheben. Die Wege zu verlassen ist nur mit Genehmigung des Tschechischen Kletterverbands erlaubt, die Steintreppen dieser Route sorgen jedoch für ein erinnerungswürdiges Erlebnis. Wanderkarten mit anderen Routen gibt es an jedem Eingang zum Böhmischen Paradies sowie in Buchläden in Jičín und Malá Skála.

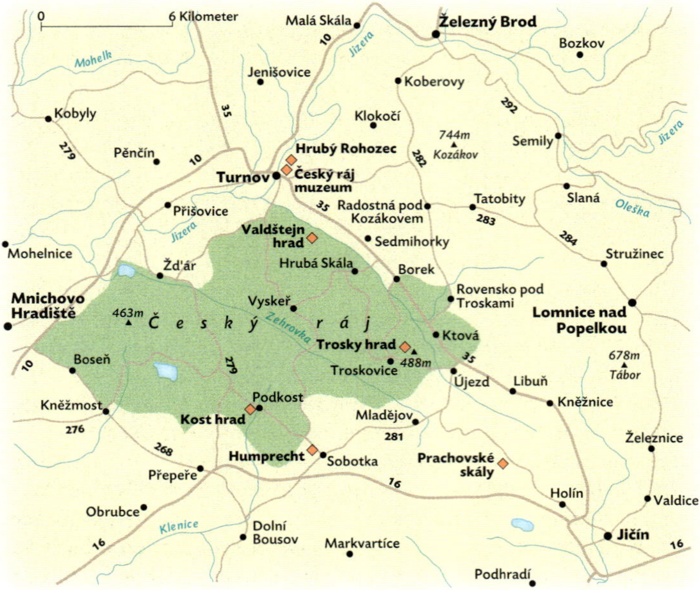

gestrichen sind. Zwischen Sobotka und Jičín (per Bus von Jičín erreichbar) liegen die **Prachower Felsen (Prachovské skály)**, die größte »Felsenstadt« der Region. Die Säulen, Tunnel, Klippen und Grotten wurden von jungsteinzeitlichen Menschen bewohnt. Südöstlich des Böhmischen Paradieses liegt **Jičín (Jitschin)**. Die Stadt wurde von Wallenstein zur Hauptstadt seines Herzogtums Friedland erklärt (siehe S. 238). Er gründete ein Krankenhaus, eine Universität und eine Münzstätte. Eine seiner Verschönerungsmaßnahmen ist die lange Allee mit über tausend Linden, die sich entlang der Straße nach Semily erstreckt. Die Allee führt zu den Gärten von Libosad, das stark vernachlässigt wirkt.

Zurück in der Stadt, betritt man den Hauptplatz durch das **Walditzer Tor (Valdická bráma)** von 1570, das bestiegen werden kann (€). Die **Jakobskirche (Kostel sv. Jakuba Většího)**

INSIDERTIPP

In den Prachover Felsen sieht man die neue Generation tschechischer Extremkletterer ihren Sport ausüben. *(Genehmigung erforderlich.)*

WILL TIZARD
NATIONAL GEOGRAPHIC-MITARBEITER

Das barocke Jagdschlösschen Humprecht erhebt sich auf dem bewaldeten Hügel

von 1627 mit meergrünen Altarbildern steht links vom Tor. Die Arkadenhäuser des Hauptplatzes werden von Wallensteins **Schloss** dominiert. Das um das Jahr 1620 erbaute Schloss mit seiner leuchtend gelben Fassade, zwei luftigen Höfen und vielen Fenstern wirkt um einiges freundlicher als seine anderen Burgen. 1813 kamen hier Zar Alexander I. von Russland, Kaiser Franz I. von Österreich und der preußische Kaiser Friedrich Wilhelm III. zusammen und bildeten die Heilige Allianz, die schließlich den Sieg über Napoleon brachte. Der Vertrag wurde in Teplice unterzeichnet. Im Schloss ist heute eine Galerie und ein **Museum** untergebracht. Eine Gasse führt zum náměstí Svobody und der gotischen **Kirche St. Ignatius (Kostel sv. Ignáce)**. ■

ČESKÝ RÁJ
250 A5–B5
80 km nordöstlich von Prag über E65 nach Turnov

Besucherinformation
Antonina Dvo áka 335
481 54 02 53
cesky-raj.info

SCHLOSS VALDŠTEJN
Sept.–Jun. Mo geschl.
€

BURGRUINE TROSKY
Mai–Sept. Mo; April & Okt. Mo–Fr; Nov.–März geschl.
€

HUMPRECHT JAGDSCHLÖSSCHEN
Mai–Sept. Mo; April & Okt. Mo–Fr; Nov.–März geschl.
Führung: €
mesto-frydlant.cz

BURG KOST
Mai–Sept. Mo, April & Okt. Mo–Fr; Nov.–März geschl.
€€
kinskycastles.com

JIČÍN
250 B5
27 km südöstlich von Turnov über die Straße 35

Besucherinformation
Valdštejnovo namésti 1
493 53 43 90
jicin.org

JIČÍN MUSEUM
Sa–So geschl.
€–€€

ADRŠPACH-TEPLICE (ADERSBACHER FELSEN)

Nahe der polnischen Grenze liegen die Adersbacher Felsen. Diese kleine, aber eindrucksvolle Region mit etwa 400 **Sandsteinformationen** gleicht den Felsenstädten der Böhmischen Schweiz und des Böhmischen Paradieses (siehe S. 240–241 und S. 264–267).

224 D5 5 km nordwestlich von Teplice nad Metují

ČASTOLOVICE (TSCHASTOLOWITZ)

Die Festung stammt aus dem 13. Jahrhundert. Der Schlosspark ist im englischen Stil angelegt. Der Höhepunkt des üppig möblierten Schlosses ist die spektakuläre **Ritterhalle** mit bemalter Holzdecke. Herzogin Diana Sternbergová-Phipps, die Besitzerin, präsentiert das Schloss eher als ein Zuhause denn als ein Museum und vermietet auch Räume.

250 D4 30 km südöstlich von Hradec Králové über die Straße 11
Mai–Sept. Mo geschl. Führung: €€

CHRUDIM

Die Stadt hat eine gewundene barocke Pestsäule und eine düstere gotische Kirche. Chrudim ist für das im Juli stattfindende Puppenfestival und sein **Puppenmuseum** *(Břetislavova 74, puppets.cz, €)* bekannt, das in einem Herrenhaus mit Arkadenhöfen (1570) untergebracht ist.

250 C3 13 km südlich von Pardubice über die Straße 37

KARLOVA KORUNA (KARLSKRONE)

Das bemerkenswerte **Schloss** liegt in den Außenbezirken von Chlumec nad Cidlinou. Das um 1720 von Giovanni Santini und František Kaňka erbaute Schloss liegt in einem großen Park und wurde den ursprünglichen Besitzern, der Familie Kinsky, zurückgegeben. Es ist ein auffallendes, leicht sternförmiges Gebäude mit gewölbter Fassade und einem monumentalen Treppenaufgang. Im Inneren finden sich eine schöne Sammlung tschechischer Barockkunst und Porträts der Familie Kinsky.

250 B4 30 km westlich von Hradec Králové über die Straße 11
Mai–Sept. Mo; April & Okt. Mo–Fr; Nov.–März geschl. €

LIPNICE NAD SÁZAVOU (LIPITZ)

Das ansonsten unscheinbare Dorf ist die Heimatstadt des Schriftstellers Jaroslav Hašek (1883–1923), der den Roman »Der brave Soldat Schwejk« schrieb. Die mittelalterliche **Burg** wurde teilweise restauriert, die gotische Kapelle und andere Räume können besichtigt werden. Hašeks Haus, am Anfang der zum Schloss führenden Gasse, ist ein **Museum** (*geöffnet Di–So Juni–Aug., €*), in dem die Bücher des Schriftstellers, Fotografien und An-

RADFAHREN IN OSTBÖHMEN

Tschechen sind nahezu fanatische Radfahrer, und viele würden lieber in die modernste Gangschaltung als in Google-Aktien investieren. Durch das ganze Land zieht sich ein gut instand gehaltenes Wegenetz sowohl für Wanderer als auch für Radfahrer, und die jeweiligen Touristenzentren sowie Sportgeschäfte in Prag führen Karten für jede Region. Viele verfallen dem Zauber der ostböhmischen Radwege. Das Unternehmen **Sportem** *(sportem.info)* bietet Fahrräder – auf Wunsch samt Trail-Gator-Anhängerstangen für Kinderräder – und Routenvorschläge für Tagesausflüge von 25 bis zu 60 Kilometer sowie für mehrtägige Touren für passioniertere Radler. Fahrten durch die Hradec-Wälder und über ein nahe gelegenes Schlachtfeld von 1866 vergisst man so schnell nicht wieder.

denken ausgestellt sind. Sein Grab liegt in einer abgelegenen Ecke des Friedhofs, die für jene reserviert war, die nicht im Zustand der Gnade gestorben waren.

250 B2 80 km südwestlich von Pardubice über die Straßen 37, 34, 150 und Nebenstraßen Schloss: Mai–Sept. Mo; April & Okt. Mo–Fr; Nov.–März geschl. €

MORAVSKÁ TŘEBOVÁ (MÄHRISCH-TRÜBAU)

Auf dem großzügigen Stadtplatz steht eine majestätische Pestsäule (1717). Die **Burg** mit ihrem mit Arkaden und Galerien geschmückten Innenhof befand sich einst im Besitz der Familie Liechtenstein. Eine Besonderheit des privaten Schlosses ist das dreistufige Tor von 1493.

251 E2 85 km südöstlich von Hradec Králové über die Straße 35

INSIDERTIPP

Ob man nach Náchod kommt oder nicht: Die Romane des dort geborenen Josef Škvorecký sind eine gute Vorbereitung auf den Tschechienurlaub.

WILL TIZARD
NATIONAL GEOGRAPHIC-MITARBEITER

NÁCHOD (NACHOD)

In der Mitte des Hauptplatzes erhebt sich die gotische **Dekanatskirche St. Laurentius (Kostel sv. Vavřinec)** mit zwei Holzkuppeltürmen und einer reizvollen Galerie. Das beeindruckendste Gebäude ist das stilvoll im Sezessionsstil eingerichtete **Hotel U Beránka**. Das ausgedehnte **Schloss** ist im Renaissance- und Barockstil gehalten. Ottavio Piccolomini von Aragon, Wallensteins Leibwächter, erhielt es 1630 von Ferdinand II. als Belohnung für seinen Verrat bei der Ermordung des Generals. Es enthält eine mit Stuck verzierte Kapelle, Möbel, Gobelins und Gemälde. Der tschechische Romancier Josef Škvorecký wurde 1924 in Náchod geboren.

250 D5 38 km nordöstlich von Hradec Králové über die Straße 33
Zug von Prag **Besucherinformation:** Kamenice 144 So geschl.
Schloss: Mai–Sept. Mo; April & Okt. Mo–Fr; Nov.–März geschl. €–€€

NOVÉ MESTO NAD METUJÍ (NEUSTADT AN DER METTE)

Die Stadt diente einst als Festung der Familie Pernštejn. Der attraktive Hauptplatz ist von Häusern aus dem 16. Jahrhundert gesäumt. Die gotische Kirche stammt von 1519, das Giebelrathaus aus dem 16. Jahrhundert. Die gotische **Burg** (1501) wurde mehrfach umgebaut. Wenn man das Schloss über die Brücke betritt, die heute über den früheren Burggraben führt, geht man an den Zwergenfiguren des Bildhauers Matthias Braun vorbei. Diese wurden von dem Textilmagnaten Josef Barton erworben, der das heruntergekommene Schloss 1908 kaufte und sie im Rahmen seiner umfangreichen Renovierungsmaßnahmen aufstellen ließ. Das Innere des Schlosses ist recht ungewöhnlich. Ein Raum ist mit Leder ausgeschlagen.

250 D4 8 km südlich von Náchod über die Straße 14
Zug von Náchod **Schloss:** Mo geschl. Führungen: €–€€

OPOČNO

Das beeindruckende **Renaissanceschloss** in Opočno thront hoch über der Polabí-Ebene. Ein Höhepunkt ist der wunderbare Innenhof mit einer italienischen dreigeschossigen Loggia. In den Räumlichkeiten findet sich eine der besten Waffensammlungen Böhmens.

250 D4 13 km südlich von Nové Město nad Metují über die Straße 14 bis Dobruška, dann südwestlich über die 298 Bus von Hradec Králové 494 66 82 16 Mai–Sept. Mo; April & Okt. Mo–Fr; Nov.–März geschl. Führungen: €–€€ zamek-opocno.cz

PARDUBICE (PARDUBITZ)

Nach der Zerstörung der Stadt im Jahr 1507 durch ein verheerendes Feuer wurde sie von der Familie Pernštejn wieder aufgebaut. Während des Dreißigjährigen Krieges wurde sie jedoch erneut schwer beschädigt. Heute ist die Stadt das Zentrum der gleichnamigen Region.

Die Altstadt erreicht man über den náměstí Republiky. Das 1909 im Jugendstil errichtete **Stadttheater** steht gegenüber der reizvollen gotischen **Kirche St. Bartholomäus (Kostel sv. Bartoloměje)** mit dem Nordportal im Renaissancestil und dem nadeldünnen Glockenturm. Das ehemalige **Grand Hotel** von Josef Gočár ist nun ein Geschäftshaus.

INSPIRATION FÜR ROMAN

Den Anstoß für den 2006 erschienenen Roman »Giraffe« von Jonathan Ledgard (nur auf Englisch erhältlich) gab ein kleiner Zeitungsartikel über die Tötung von einer Herde Netzgiraffen im Zoo von Dvůr Kralové (36 km nördlich von Hradec Králové) im Jahr 1975. Der ehemalige Korrespondent für den *Economist* erforschte die bizarre Geheimoperation und enthüllte eine Geschichte über Verschleierung, Paranoia, biologische Kriegsführung und absurde Staatssicherheits-Missionen. Tragischerweise mündeten diese Elemente in der Erschießung der größten Herde Giraffen in Gefangenschaft und – wie so oft vor 1989 – aus Gründen, die niemals richtig nachvollziehbar waren. Heute ist der 6,5 Hektar große Zoo ein modernisiertes Ausflugsziel *(Štefánikova 1029, zoodvurkralove.cz, €–€€)* – inklusive einer Herde glücklicher Giraffen.

Betreten Sie den Hauptplatz, Pernštejnské náměstí, durch das **Grüne Tor (Zelená brána)** mit seinen asymmetrischen Türmen. Auf der gegenüberliegenden Seite des Tores liegt die Einkaufsstraße Míru mit drei Häusern im Sezessionsstil, die mit bunten Keramiken geschmückt sind. In der Mitte des Hauptplatzes erhebt sich eine figurenreiche Mariensäule (1695). Zu den vielen schönen Renaissancehäusern gehört auch das Haus Nr. 50, U Jonáše (Jonashaus), mit einem Stuckrelief von 1797. Es zeigt Jonas, wie er vom Wal ausgespuckt wird. Zur Linken führt die Pernštěnská zu dem von Mauern umgebenen **Schloss (Zámek)**. Das Schloss hat eine gotische Halle, Räume mit Wandmalereien aus der Renaissance und ein **Heimatmuseum**. Seit 1874 findet in Pardubice jährlich (Oktober) das Pferderennen Velká Pardubická statt, das wegen der zahlreichen spektakulären Stürze bei Rennfreunden als härtestes Galopprennen auf dem europäischen Kontinent bekannt ist.

250 C3 21 km südlich von Hradec Králové über die Straße 37
Zug und Bus von Hradec Králové; Zug von Prag
Besucherinformation: Náměstí Republiky 1 4466 768 396
ipardubice.cz Grünes Tor: € **Schloss:** geschl. Mo €

RATIBOŘICE (RATIBORSCHITZ)

Das **Schloss** ist ein elegantes Gebäude mit einem ausgefallenen Anbau, das ursprünglich 1708 erbaut wurde. Ausstellungsstücke im Schloss beziehen sich auf Božena Němcová, eine Erzählerin, die um 1850 über diesen Teil Böhmens schrieb. Die Räume sind im Stil des frühen 19. Jahrhunderts möbliert.

250 C5 10 km westlich von Náchod **Schloss:** Mai–Sept. Mo;
April & Okt. Mo–Fr; Nov.–März geschl. €

SÜDMÄHREN

‹ Weinberg bei Znojmo in Südmähren

Keine andere tschechische Region verführt seine Besucher so sehr wie Südmähren. Kein Wunder, denn auf gewisse Weise verkörpert es alle Facetten Tschechiens: städtisches Leben, elegante Schlösser, unheimliche Burgen und der Ort, an dem die Schlacht von Austerlitz stattfand.

Brno ist nach Prag die wichtigste und attraktivste Stadt in Tschechien, eine urbane Metropole voller Vitalität und Kultur. Am Stadtrand

beginnt der berühmte Mährische Karst, eine Landschaft mit unterirdisch verlaufenden Flüssen, die atemraubende Höhlen geformt haben. Einige Höhlen sind zugänglich und vielbesucht. Östlich davon lockt auch Zlín mit städtischem Glanz. Die Stadt verdankt ihr heutiges Gesicht in erster Linie dem Schuhfabrikanten Tomáš Bat'a (1876–1932). Zlín ist ein Beispiel für erfolgreiches Mäzenatentum, nur eines von vielen in der Region: In Kroměříž entstand aus weltlichem und religiösem Ehrgeiz ein schönes Schloss mit Garten, in Telč ein hübscher, weiter Arkadenplatz.

Auf großartige Architektur trifft man überall in Südmähren – von der romanischen Basilika in Třebíč bis hin zu den ausgefallenen, aber hübschen Entwürfen des Barockbaumeisters Giovanni Santini in Žd'ár nad Sázavou. In Südmähren gibt es nicht zuletzt die meisten Weinberge Tscheschiens: Wer also vom ausgezeichneten böhmischen Bier genug hat, findet hier eine Alternative. ■

Zwei Hügel prägen das Stadtbild von Brno: Auf dem einen erhebt sich der Dom, auf dem anderen die düstere Festung Špilberk, deren Anblick noch immer eine Gänsehaut auslöst. Brno verfügt über ein einladendes historisches Stadtzentrum.

Die Kelten siedelten schon vor 2500 Jahren in der Region rund um Brno. Im 9. Jahrhundert bauten die Slawen auf dem heutigen Petrovhügel eine Burg, die ab dem 11. Jahrhundert als Sitz der mährischen Markgrafen diente. 1641 löste Brno den Ort Olomouc als Hauptstadt Mährens ab – und zog damit das kriegerische Interesse der Schweden und Türken auf sich, die der Stadt großen Schaden zufügten, sie jedoch nie erobern konnten. Viele der Barockbauten sind Arbeiten von Moritz Grimm und seinem Bruder – sie waren die bekanntesten Architekten der Stadt. Die Stadtmauern wurden bis 1861 abgerissen und durch Parks und Boulevards ersetzt.
Vor allem durch seine Textilmanufakturen wurde Brno im 19. Jahrhundert reich. 1928 baute man einen riesigen, architektonisch damals modernen Messekomplex, der jährlich Tausende von Besuchern aus aller Welt anzieht.

Die Türme der Kathedrale St. Peter und Paul dominieren einen der zwei Hügel von Brno

Die beiden Hügel, die das Stadtbild beherrschen, heißen Petrov und Špilberk (Spielberg). Auf dem Petrov steht die Domkirche, deren schlanke Türme man noch kilometerweit sieht. Nachdem schwedische Truppen den Hügel 1645 verwüstet hatten, baute Moritz Grimm die **Domkirche St. Peter und Paul (Dóm sv. Petra a Pavla)** im Barockstil wieder auf. Im frühen 19. Jahrhundert wurden das Äußere und das gesamte Kirchenschiff gotisch gestaltet. Vor Kurzem schuf Jiří Marek einige auffallende, modern-expressionistische Kreuzwegstationen für die Kirche. Neben dem Dom steht das im Renaissancestil erbaute **Erzbischofspalais (Biskupská palác**, *für Besucher geschl.*).
Stufen und kopfsteingepflasterte Gassen führen vom Petrov zu einem

VENUS VON DOLNÍ VĚSTONICE

Vor etwa 90 Jahren entdeckte man am Fuß der Pálava-Hügel, 50 Kilometer von Brno entfernt, ein Lager von steinzeitlichen Mammutjägern, die eine Kultur entwickelten, die heute als Pavlovien, eine frühe Phase des Gravettien, gilt. In den Ruinen fanden die Archäologen eine seltsame, unförmige Lehm-Asche-Statuette einer nackten Frau mit übertrieben dargestellten Geschlechtsmerkmalen: die Venus von Dolní Věstonice. Heute ist sie im Moravské muzeum in Brno untergebracht (wird aber nur selten ausgestellt).
Viel weiß man nicht über diese Steinzeitmenschen, doch ihre Werkzeuge aus Stein und Knochen lassen auf einen ausgeprägten Sinn für Kunst schließen. Auch Stirnbänder und Halsketten sowie andere Skulpturen aus Knochen und Lehm wurden gefunden und man stieß auf Hinweise, dass sie Farben und bedruckte Stoffe herstellten. Das einfache **Regionalmuseum Mikulov** *(Zámek 1, Mikulov, Tel. 519 309 019 geschl. Mo & Nov.–März, €€, rmm.cz)* in der Nähe informiert über die Forschungen.

der beiden Hauptplätze der Stadt, dem **Zelný trh**, einem lebendigen Gemüsemarkt rund um den Parnassbrunnen, den Johann Bernhard Fischer von Erlach 1695 schuf. Das wichtigste Gebäude am Platz, das recht schlichte **Palais Dietrichstein** (**Ditrichštejnský palác**, 17. Jh.), beherbergt heute das **Moravské muzeum**. Es widmet sich der mährischen Geschichte und zeigt Kunsthandwerk und volkstümliche Kunst. Der Star unter den prähistorischen Exponaten ist die 25 000 Jahre alte **Venus von Věstonice**.
Verlässt man den Platz, sollte man sich rechts halten und durch die Eisentore auf den bischöflichen Hof gehen, wo sich das **Biskupský dvůr muzeum** mit der Pflanzenwelt Mährens und Münzen beschäftigt. Von hier aus geht es den Abhang hinunter auf den Kapucínské náměstí mit dem schlichten **Kapuzinerkloster (Kapucínský klášter)**, wo rund 150 mumifizierte Körper in der Krypta gezeigt werden. Im letzten Raum liegen 24 Kapuzinermönche; einige Gesichter sind auch nach über 250 Jahren fast unheimlich gut erhalten.

BRNO
274 D3
195 km südöstlich von Prag

Besucherinformation
Altes Rathaus, Radnická 8
542 42 71 50
ticbrno.cz

MORAVSKÉ MUZEUM (MÄHRISCHES MUSEUM)
Zelný trh 8
533 435 220
Mo geschl.
€–€€
mzm.cz

KAPUZINERKLOSTER
Krypta: €

Auf der anderen Seite des Zelný trh tauchen die Turmspitzen des **Alten Rathauses (Stará radnice)** auf. Anton Pilgram entwarf 1511 das gotische Portal; der Hauptturm ist bewusst schräg gebaut und wirkt, als würde er gleich umkippen. Im Eingangsbogen hängt der sogenannte Brno-Drache (Brněnský Drak), der leicht als ausgestopfter Alligator zu erkennen ist: Eine türkische Delegation übergab ihn an Matthias Corvinus. Damals war ein solches Geschenk exotisch, entsprechend wurde es von den Einwohnern Brnos geschätzt, wie auch das an der Wand hängende Wagenrad: 1636 hatte der Fuhrmann Georg Bork gewettet, dass er ein Rad aus nur einem Baumstamm herstellen und es 50 Kilometer von seinem Dorf an einem Tag bis nach Brno rollen könne – er gewann die Wette.
Gleich hinter dem Alten Rathaus steht die **Dominikanerkirche St. Michael** (**Kostel sv. Michala**, 1655) mit barocken Altarbildern und Statuen. Neben der Kirche befindet sich das **Neue Rathaus (Nová radnice)**, ursprünglich ein Dominikanerkloster, das Moritz Grimm um 1690 entworfen hatte.
Gegenüber dem Neuen Rathaus führt eine kurze Straße hinab zum größten Platz der Altstadt, dem náměstí Svobody, den Straßenbahnlinien durchschneiden. Die Hauptstraße Masarykova verbindet den Platz mit dem Bahnhof. Von der Stirnseite des Platzes aus führt die Jánská zur **Minoritenkirche (Kostel sv. Jana)**, die von Moritz Grimm entworfen wurde; die breite Fassade ist mit lebhaft gestalteten Statuen geschmückt. Das reich verzierte Innere wird von einer oberlastigen Barockorgel belebt, die mit Instrumente spielenden Putten geschmückt ist. Gegenüber der Kirche, entlang der Minoritská, passiert man einige hübsche, frisch restaurierte und mit Blattgold geschmückte Häuser im Sezessionsstil. Am anderen Ende der Jánská lockt das mit Glas verkleidete Warenhaus **Centrum**, das der Schuhfabrikant Tomáš Bat'a (siehe S. 290) 1928 erbauen ließ. Am Kaufhaus vorbei geht es auf die Malinovského náměstí, wo sich linker Hand das **Mahen-Theater (Mahenovo divadlo)** befindet, ein Bau mit einer beeindruckenden Torauffahrt vor dem Eingangsportal. Auch das Innere strahlt Grandezza aus: elegante Treppen, Kristallleuchter, Salons zum Flanieren während der Pause und ein aufwendig mit Blattgold verzierter Theatersaal mit Rang. 1882 war dieses das erste europäische Theater mit elektrischer Beleuchtung.
Die Rašinova führt zur großen gotischen **Kirche St. Jakob (Kostel sv. Jakuba)**, der Stadtpfarrkirche von Brno mit einem hoch aufragenden Glockenturm. Die Gänge werden von so filigranen Pfeilern gesäumt, dass man ihnen kaum zutraut, das Gewicht des riesigen Bauwerks halten zu können – trotz des Gewirrs der feinen Rippengewölbe. Folgen Sie der Rašinova einen weiteren Häuserblock bis zur **Kirche St. Thomas (Kostel sv. Tomáš)**, einem Barockbau.

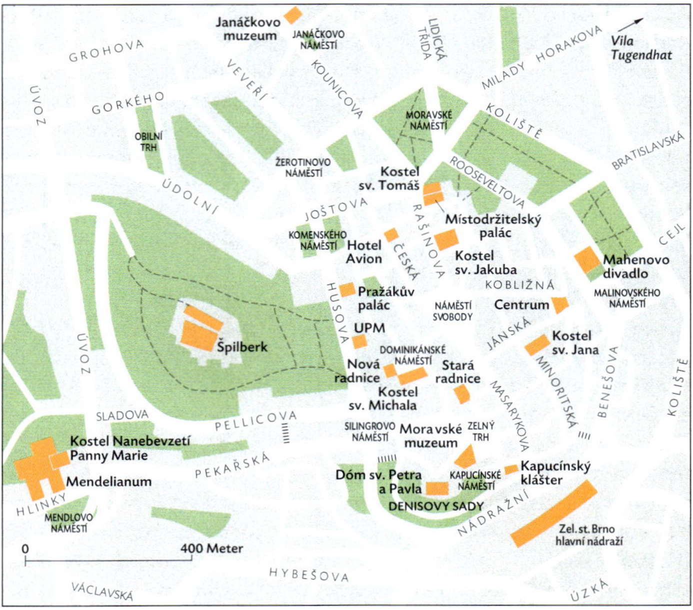

Neben der Thomaskirche findet sich der frühere **Gouverneurspalast** (**Místodržitelský palác**, 18. Jh.) – den auch die Gebrüder Grimm erbauten. Seit 1992 ist hier ein Teil der Bestände der Mährischen Kunstsammlung untergebracht: Die gotische Sammlung ist dank einer Vielzahl von Holzschnitzereien und Gemälden, darunter einer Holztafel aus dem 15. Jahrhundert über das Märtyrertum von St. Osvald, außergewöhnlich sehenswert. Auch Rubens' realistisches Porträt des mit Schlangen bekränzten Medusahauptes hängt hier. Schöne Beispiele aus dem 18. Jahrhundert von Daniel Gran, Johann Lucas Kracher, Franz Anton Maulbertsch und Angelica Kauffmann sowie Porträts aus dem 19. Jahrhundert von Friedrich Amerling und Hans Makart gehören zu den sehenswerten Exponaten. Vom Schloss aus geht man die Straße weiter hinunter; an der Ecke zur Česká erreicht man das **Hotel Avion**, einen Bau von Bohuslav Fuchs, dem im 20. Jahrhundert führenden Architekten von Brno.

ALTES RATHAUS TURM
Okt.–März geschl.
€

GOUVERNEURSPALAST
Náměstí Moravské la
532 169 130
Mo–Di geschl.
€

Tief unter den weiß getünchten Mauern der Festung Špilberk befinden sich finstere Verliese

Das Museum moderner Kunst (Husova 18) im **Pražákův palác** zeigt beeindruckende kubistische Gemälde von Emil Filla und Antonín Procházka und ist nicht zuletzt wegen der melancholischen Porträts von Jan Zrzavý einen Abstecher wert.
Gegenüber dem Schloss steht das Museum für angewandte Kunst, auch als **UPM** bekannt, das Beispiele von der Gotik bis heute zeigt. Die umfangreiche Sammlung umfasst gotische Elfenbeinschnitzereien, Glasarbeiten (17. Jh.) und Biedermeiermöbel aus dem frühen 19. Jahrhundert. Einige der Möbel für die Villa Tugendhat von Ludwig Mies van der Rohe sind hier ebenfalls ausgestellt.

GREGOR MENDEL

Südwestlich vom špilberk versteckt sich ein Augustinerpriorat, in der der österreichische Mönch Gregor Johann Mendel (1822–84) lebte. Seine Forschungen führten zu bedeutenden Entdeckungen in der Erblehre und zur Entwicklung der Genforschung. Mendel veröffentlichte seine Ergebnisse in wissenschaftlichen Publikationen, doch die zeitgenössischen Wissenschaftler erkannten ihre Bedeutung damals nicht. Mendel war von der Gleichgültigkeit, mit der man seiner Arbeit begegnete, so enttäuscht, dass er seine Forschung gänzlich aufgab und 1868 Abt des Klosters wurde.
Seiner Forschung ist das Wissen über die Zusammensetzung und Eigenschaften von Chromosomen und damit die Mechanismen der Vererbung zu verdanken. Ein Museum, das Mendelianum, erinnert an seine Leistungen; auch den berühmten Prioratgarten kann man besuchen.

Dem Museum gegenüber erhebt sich der Špilberk. Der böhmische König Přemsyl Ottokar II. baute hier um 1270 eine **Burg (hrad Špilberk)**, die im Dreißigjährigen Krieg in eine Zitadelle umgebaut wurde, in der politische Gegner der Habsburger eingekerkert wurden. Erst um 1850 wurde das Gefängnis aufgegeben. 1880 öffnete man es wieder – diesmal als Touristenattraktion. Während der deutschen Besatzung hatte allerdings die Gestapo das Gefängnis als idealen Ort für ihre Zwecke entdeckt. Die **Špilberk-Verliese** und Folterkammern kann man heute besuchen; die Westseite der Burg beherbergt das Stadtmuseum *(€)*.

INSIDERTIPP

Das Museum der Romakultur erzählt die Geschichte der Roma seit der Abwanderung aus Indien und veranstaltet Feste mit Musik und Tanz.

EMILY THOMPSON
REDAKTEURIN, THE PRAGUE POST

Leoš Janáček verbrachte den größten Teil seines Arbeitslebens als Komponist in Brno; sein Haus ist heute als **Janáčkovo muzeum** zugänglich. Man erreicht es vom náměstí Svobody, indem man auf der Rašinova nach Norden geht und auf die Kounicova abbiegt, die direkt zum Museum führt. Ein bedeutendes modernes Gebäude in Brno ist die **Villa Tugendhat**, die Mies van der Rohe 1930 für Textilfabrikanten im Vorort Černá Pole baute. ■

PRAŽÁKŮV PALÁC
✉ Husova 18
☎ 532 16 91 11
🕒 Mo–Di geschl.
€ €€
moravska-galerie.cz

UPM
✉ Husova 14
☎ 532 16 91 11
🕒 Mo–Di geschl.
€ €

MENDELIANUM
✉ Muzejní 1
☎ 515 910 411
🕒 Mo geschl.
€ €
mendelianum.cz

MUZEUM ROMSKÉ KULTURY
✉ Bratislavská 67
☎ 545 581 206
🕒 Mo, Sa geschl.
€ €

ŠPILBERK-VERLIESE
☎ 542 12 36 11
🕒 Mo; Nov.–März geschl.
€ €
spilberk.cz

JANÁČEK MUSEUM
☎ 541 21 28 11
🕒 Mo; Sa & So Morgen geschl.
€ €

VILLA TUGENDHAT
☎ 515 591 015
✉ Černopolní 45
🕒 Mo; Mo–Di Jan.–Feb. geschl.
€ Führungen: Garten: €,
Gebäude: €€€€€
tugendhat.eu

ZNOJMO (ZNAIM)

Die historische Stadt liegt nahe der österreichischen Grenze. Der böhmische Fürst Bretislav I. baute hier eine Burg zum Schutz der wichtigen Handelsroute. Přemyslidenkönig Ottokar II. wurde in einem Kloster nahe der Stadt 1278 bestattet, 1437 starb auch Kaiser Sigismund hier. Im Laufe der Jahrhunderte verlor Znojmo seine militärische Bedeutung und entwickelte sich zu einer Industriestadt.

Einige der Burganlagen stehen noch heute. Znojmo hat zwei wichtige Plätze: Horní náměstí liegt etwas höher, der größere Masarykovo náměstí wird vom Rathaus gesäumt. Das alte Rathaus hatten deutsche Truppen zerstört, doch der eindrucksvolle **Spitzturm** von 1445 hat überlebt. In einer Seitengasse des Horní náměstí, der Slepičítrh, beginnt eine 40-minütige Führung durch die **unterirdischen Tunnel** (*podzemí*), die für Verteidigungs- und Lagerzwecke genutzt wurden. Der Platz erlitt im Zweiten Weltkrieg schwere Zerstörungen und ist heute ein ziemliches Durcheinander an Gebäuden; das interessanteste ist das Haus der Kunst (Dům unmění), Nr. 11. Der Innenhof ist mit Bogen verziert, die umliegenden Flügel dienen als Kunstgalerie.

INSIDERTIPP

Am besten besucht man Znojmo zur Erntezeit. Amüsant ist das historische Weinlesefest (Sept.) mit Ritterturnier.

WILL TIZARD
NATIONAL GEOGRAPHIC-MITARBEITER

Vom Rathaus führt die Mikulášká zur hoch aufragenden, eleganten gotischen **Kirche St. Nikolaus (Kostel sv. Mikuláše)**, die mit einer überbordenden Barockkanzel geschmückt ist. Hinter der Kirche versteckt sich die winzige **St.-Wenzel-Kapelle (Orthodox kaple sv. Václava)**, die in die Stadtmauer integriert ist. Eine nahe gelegene Aussichtsplattform bietet einen Rundblick auf das Dyje-Tal.

Ein kurzer Spaziergang führt von hier zu den Überresten der **Burg**, in der sich heute eine Brauerei befindet. Auf dem Gelände steht eine kleine romanische **Rotunde** aus dem frühen 11. Jahrhundert. Ihre kostbaren Fresken (12. Jh.) sind die vollständigsten und am besten erhaltenen Beispiele aus dieser Zeit in ganz Tschechien: Die untere Freskenserie zeigt Ausschnitte aus dem Leben der heiligen Jungfrau Maria, die Motive darüber erzählen von der legendären Libuše und den Přemyslidenkönigen, die diesen beeindruckenden Zyklus 1134 in Auftrag gegeben hatten. In der Burg befindet sich auch das **Südmährische Museum (Jihomoravské muzeum)** mit vielfältigen archäologischen und naturhistorischen Sammlungen.

In den Außenbezirken der Stadt lohnen zwei Sehenswürdigkeiten einen Besuch: Nach etwa zwei Kilometern auf der Straße nach Mašovice passiert

Znojmo ist für seine Kirchen und Weine bekannt

man die **Kirche St. Hippolyt (Kostel sv. Hypolita)**, die sich dort erhebt, wo das ursprüngliche Znojmo im 9. Jahrhundert lag – erst zwei Jahrhunderte später wurde die Stadt auf den heutigen Hügel verlegt. Die Fresken in der Kuppel stammen vom österreichischen Künstler Franz Anton Maulbertsch, dessen Werke auch Kroměříž (siehe S. 291 f.) schmücken.
Etwas südlich von Znojmo liegt **Louka**, hier wurde im 12. Jahrhundert ein Prämonstratenserstift gegründet. Die Philosophische Bibliothek des Stifts wurde in das Strahov-Kloster in Prag geschafft (siehe S. 94 f.). Im Hof der Kirche erinnert ein Kreuz an die »Opfer des stalinistischen Bolschewismus 1945–89«. ■

ZNOJMO
274 C1
56 km südwestlich von Brno

Besucherinformation
Obroková 10
515 22 25 52
znojmocity.cz

SPITZTURM
April & Okt. So;
Nov.–März Sa–So geschl.
€

UNTERIRDISCHE TUNNEL
April–Sept. Mo;
Nov.–März Sa–So geschl.
€

ROTUNDE
Apr. Mo–Fr; Mai–Sept. Mo;
Okt.–März geschl.
Führungen: €

SÜDMÄHRISCHES MUSEUM
Přemyslovců 8
515 28 22 11
Mai–Sept. Mo;
Okt.–April Mo–Fr geschl.
€
muzeumznojmo.cz

Schon im frühen Mittelalter gab es in Tschechien eine größere jüdische Gemeinde, Přemyslidenkönig Ottokar II. gewährte ihnen in einer Charta 1254 sogar königlichen Schutz. Leider erwies sich diese Charta nicht immer als wirkungsvoll, denn Juden waren hier den gleichen Diskriminierungen und Angriffen ausgesetzt wie auch im restlichen Europa.

Třebič ist einer der größten jüdischen Friedhöfe in Tschechien

Doch jüdische Kultur konnte sich trotz der Vertreibungen und einiger Pogrome entwickeln. 1938 lebten rund 120 000 Juden in Böhmen und Mähren; die Hauptsynagoge in Brno vermittelt den Reichtum der Gemeinde. Der Zweite Weltkrieg und der Holocaust vernichteten die Gemeinde fast völlig, über die Hälfte der jüdischen Bevölkerung starb. Viele Überlebende emigrierten nach Kriegsende, andere verließen Tschechien 1968, als der sowjetisch geführte Einmarsch die Hoffnung auf Befreiung auslöschte. Es gibt keine konstanten Zahlen der heutigen jüdischen Bevölkerung, aber jewishdatabank.org schätzt sie auf 3900. Während der kommunistischen Herrschaft mied die jüdische Gemeinde die Öffentlichkeit, doch seit 1989 haben sich Böhmen und Mähren stolz an die Überreste einer blühenden Kultur erinnert. Spuren, etwa alte Grabsteine, findet man in den folgenden mährischen Orten.

BOSKOVICE

In Boskovice, nördlich von Brno, gibt es einen Friedhof mit Grabsteinen aus dem 17. Jahrhundert. Die Gräber verteilen sich in Reihen über einen bewaldeten Abhang, ein besinnlicher, einzigartiger Ort. (Der Friedhofsschlüssel ist am Informationszentrum im Rathaus erhältlich.) An der Plačkova sind einige jüdische Häuser erhalten geblieben.

HOLEŠOV (HOLLESCHAU)

In Holešov, nördlich von Zlín, erhebt sich die Synagoge *(Mo geschl., €)* an der Stričnί, zwei Häuserblocks hinter dem Hauptplatz, dem náměstí E. Beneša. Die Šachova-Synagoge trägt den Namen ihres berühmtesten Rabbiners. Das Gebäude selbst stammt von 1560, aber das reizvolle Innere geht vor allem auf das 18. Jahrhundert zurück – von den hebräischen Wandinschriften bis hin zu den filigranen Eisenarbeiten rund um die Bima, das Pultpodest zum Vorlesen aus der Thora. Die Empore ist in ein kleines Museum umgewandelt worden. Hinter der Stričnì, auf der Hankého, trifft man auf den jüdischen Friedhof mit Gräbern aus dem 17. Jahrhundert.

MIKULOV (NIKOLSBURG)

In Mikoluv, südlich von Brno in der Nähe der österreichischen Grenze, hat spätestens seit 1369 eine jüdische Gemeinde existiert, die im 19. Jahrhundert auf bis zu 35 000 Mitglieder angewachsen war. Zwei seltene Relikte sind die Synagoge aus dem 15. Jahrhundert an der Husova 13 *(geschl. Mo; Mo–Do April & Okt.–Nov.; Dez.–März)* und der überwucherte jüdische Friedhof an der Brněnská.

TŘEBÍČ (TREBITSCH)

Unweit der Basilika St. Procopius oberhalb von Třebíč erstreckt sich das einstige Getto. Zwei Synagogen, eine von 1639 am Tiché náměstí, die andere an der Bohuslavova Nr. 42, stehen noch; nördlich der ersten liegt der nach Prag größte jüdische Friedhof Tschechiens.

Die Synagoge in Holešov ist eine der schönsten in ganz Mähren

VALTICE (FELDSBERG) & LEDNICE (EISGRUB)

Valtice und Lednice sind zwei der vielen Schlösser im Besitz der Familie Liechtenstein. Beide liegen relativ dicht beieinander, sind aber in Stil und Atmosphäre völlig unterschiedlich.

Die Liechtensteins waren eine der mächtigsten Familien Österreich-Ungarns. Sie besaßen pompöse Schlösser in Wien und Dutzende von Anwesen in Mähren, wo sie seit dem 14. Jahrhundert Landbesitzer waren. 1945, nach Anklagen wegen der Kollaboration mit der deutschen Besatzungsmacht, floh die Familie beim Vormarsch der Russen.

In Lednice erbauten die Liechtensteins ein riesiges Schloss mit angrenzendem Park

VALTICE

Valtice ist ein pompöses Barockschloss, geschmückt mit Wappen, Statuen und Militärinsignien. Im 12. Jahrhundert stand hier eine Burg, die jedoch mehrfach umgestaltet und neu gebaut wurde; das heutige Erscheinungsbild geht auf das frühe 18. Jahrhundert zurück. Ein Teil des Schlosses dient jetzt als Hotel, doch einige Prunkräume sind für Besucher geöffnet. Vor allem die reich verzierte Kapelle aus dem Hochbarock ist sehenswert. Die holzgetäfelte Goldkammer neben dem Schlafzimmer der Prinzessinnen ist ein weiterer fein verzierter Raum.
Zu Valtice gehört ein Weingut; die **Weinkeller** aus der Zeit um 1430 kann man besichtigen.

LEDNICE

Lednice dagegen wirkt völlig anders: In Valtice dreht sich alles um kalte Macht, Lednice aber ist eine anziehende, neugotische, verspielte Fantasie –

MIKULOV (NIKOLSBURG)

10 Kilometer westlich von Valtice liegt Mikulov (*Náměstí 1, Tel. 519 510 855, mikulov.cz*), dessen Burg und wunderbare Kirchen einen Besuch wert sind. Die Burg (*Mo Mai–Sept.; Mo–Do April & Okt.–Nov.; Dez.–März geschl., €*) in Mikulov ist im Grunde eine moderne Rekonstruktion, da die Deutschen die ursprüngliche Burg Dietrichstein 1945 in die Luft sprengten. Im Keller befindet sich das mit einem Fassungsvermögen von 101 300 Litern vielleicht größte Weinfass Europas aus dem 17. Jahrhundert. In der Nähe des Hauptplatzes steht die Kirche St. Wenzel (Kostel sv. Václava) mit einem Glockenturm und einer bezaubernden Rokokoausstattung. Hinter der pompösen Fassade (um 1840) der Kirche St. Anna (Kostel sv. Anny) findet man das Mausoleum (*geschl. Nov.–März, €*) der Dietrichsteins. Die 44 Särge, viele von ihnen reich verziert, gehen auf die Renaissancezeit zurück.

ein historischer Kostümreigen. Die Liechtensteins verloren im 18. Jahrhundert das Interesse an Valtice und konzentrierten sich verstärkt auf Lednice. Der heutige Bau wurde von Georg Wingelmüller 1856 errichtet, das letzte Projekt einer Reihe von Umbauten der Familienschlösser seit Mitte des 13. Jahrhunderts. Schlossführungen zeigen die leuchtend bunten Innenräume.

DER PARK

Im Park zwischen den Schlössern liegen drei im 17. Jahrhundert angelegte Seen sowie ein natürlicher See mit darin verstreuten Inselchen. Der Park ist eine Oase für Wasservögel. Im Laufe der Jahrhunderte baute man hier Pavillons, Sommerhäuser, eine künstliche Ruinenburg und 1802 – sicherlich der exzentrischste Teil der Anlage – ein riesiges, türkisch wirkendes Minarett. Die sieben Kilometer lange Strecke zwischen den Schlössern kann man auf einem von Linden gesäumten Weg zurücklegen. ■

VALTICE
275 E1
64 km südlich von Brno über die Straße E65, Ausfahrt Břeclav
Zug ab Mikulov oder Břeclav

SCHLOSS VALTICE
Mo & Nov.–März geschl.
€–€€

WEINKELLER
Mo & Okt.–April geschl.

LEDNICE
275 E1
61 km südlich von Brno
Zug von Břeclav

Besucherinformation
Zámecké náměstí 68
519 34 09 86

SCHLOSS LEDNICE
Mai–Sept. Mo; April & Okt. Mo–Fr; Nov.–März geschl.
€€–€€€

STRÁŽNICES FOLKLOREFESTIVAL

Volksfeste sind in Tschechien äußerst beliebt und werden den ganzen Sommer lang überall im Land gefeiert. Das Fest von Strážnice Ende Juni zieht alljährlich Tausende von Besuchern an, die in diese lebenslustige Stadt rund 19 Kilometer südlich von Uherské Hradiště strömen.

Da das religiöse Leben im kommunistischen System praktisch zum Erliegen kam, gab es wenig Möglichkeiten, bei Feiern und Festen religiöse Traditionen zu pflegen. In einigen Fällen feierte man dennoch, nur eben ohne die ursprünglichen religiösen Inhalte der Feste. In anderen Fällen besann man sich auf nationale Wurzeln. Traditionelle Kleidung und Melodien wurden bei den Aufmärschen am ersten Mai und bei anderen Jubelfeiern des kommunistischen Regimes instrumentalisiert. Doch im Alltag sieht man derartige Kostüme heute nur noch selten. Auch eine neue Musiktradition wurde geboren, denn die (eher nüchternen) kommunistischen Behörden lehnten den aus dem Westen stammenden Jazz und Rock 'n' Roll ab. Stattdessen gab es Blaskapellen, Volkstanzgruppen und Musikwettbewerbe. Naturgemäß nutzten clevere Komponisten und Musiker, vor allem im Bereich der Volksmusik, diese Situation zu ihrem Vorteil und schufen satirische oder subversive Lieder mit traditionellen Melodien.

Traditionelle Fiedler musizieren auf den Feldern bei Strážnice

In Strážnice *(Besucherinformation, Irra, Predmestí 399, 69662 Strážnice, Tel. 518 325 721)* wie auch in Domažlice (siehe S. 222 f.) in Westböhmen und Buchlov (siehe S. 300) – verbindet sich Folklore oft genug mit Geschäftstüchtigkeit: Die Handwerker in der Stadt stellen handbemalte Keramik her, im Burgmuseum wird lokale Volkskunst ausgestellt. Die Burg *(geschl. Mo, Nov.–April, €)* stammt ursprünglich aus dem 13. Jahrhundert, der heutige Bau ist eine Rekonstruktion im Renaissancestil (Mitte des 19. Jh.).
Das Volksfest von Strážnice wurde 1946 aus der Taufe gehoben und dauert drei Tage; es konzentriert sich vor allem auf regionale traditionelle Musik, Tanz und Kostüme. Die Aufführungen und die organisierten Feiern finden auf dem Burggelände statt; in der Stadt selbst gibt es Umzüge mit vielen Kindern. Wein und Bier fließen reichlich – und die Atmosphäre ist dementsprechend vergnügt.

VELEHRAD (WEHLERAD)

Neun Kilometer nordwestlich von Uherské Hradiště liegt inmitten einer idyllischen Hügellandschaft die Klosteranlage Velehrad. Die Kirche aus dem 18. Jahrhundert ist ebenso beeindruckend wie der gesamte Komplex.

Das erste Zisterzienserkloster in Mähren wurde hier im frühen 13. Jahrhundert erbaut, 1421 jedoch teilweise von den Hussiten zerstört. Das Kloster blieb bis ins 17. Jahrhundert eine Ruine, deren Überreste 1681 niedergebrannt wurden. Die Pläne für einen Wiederaufbau entwickelten sich um 1680 sehr schnell. Schon 1710 waren die Arbeiten beendet, die heutige Kirche konnte 1735 geweiht werden. Unter der Kirche versteckt sich ein Lapidarium, in dem man die **Krypta** und Überreste der ursprünglichen Kirche sehen kann. In der Apsis am Westende der Kirche finden sich Spuren der romanischen Kirche.
Velehrad ist eine bedeutende Wallfahrtskirche, zu welcher jedes Jahr Zehntausende von Gläubigen strömen, da die Kirche mit den Aposteln der Slawen, den Heiligen Kyrillos und Methodios, in Verbindung gebracht wird. Die Priester waren 863 von Konstantinopel als Missionare nach Mähren geschickt worden. Hier predigten sie in der regionalen Sprache und gewannen so die Anerkennung der Bevölkerung. Methodios zog es nach Mähren, wo er auf Betreiben neidischer Würdenträger viel Leid und sogar Gefängnisstrafen erdulden musste. Dennoch stieg er zum Bischof auf; einst glaubte man, dass er hier in Velehrad 885 auch starb.
Trotz aller Zweifel kommen am 5. Juli, einem staatlichen und kirchlichen Feiertag, scharenweise Pilger hierher.
Das Gebäude aus dem 18. Jahrhundert ist äußerlich ein Barockbau, doch das Innere hat sich seine beeindruckenden romanischen Dimensionen bewahrt. Auffallend sind die fröhlichen, wenn auch verblassten Trompe-l'œil-Fresken, die rosa- und eierschalfarbenen Malereiarbeiten, das reich verzierte Chorgestühl (1700) und einige Stuckdekorationen. Beachtenswert ist auch die Orgel (1745). ■

INSIDERTIPP

Wer Ende Juli in Uherské Hradiště ist, darf das Letní Filmová Škola *(lfs.cz)* nicht versäumen. Einige der internationalen Indie-Filme werden draußen gezeigt.

MARK BAKER
NATIONAL GEOGRAPHIC
TRAVELER MAGAZINE-AUTOR

VELEHRAD
275 F2
Bus von Uherské Hradiště

KRYPTA
April, Mai, Sept. & Okt. Mo; Nov.–März geschl.
€

Zlín ist mit keiner anderen tschechischen Industriestadt zu vergleichen: Als hier die Bat'a-Schuhfabrik gebaut wurde, ließ Tomáš Bat'a (1876–1932) nicht nur seine eigene Villa errichten, sondern gleich eine ganze Firmenstadt. Das Unternehmen entstand 1894; mit dem wirtschaftlichen Erfolg der Firma entwickelte sich Zlín von einer Kleinstadt zu einer 100 000-Einwohner-Stadt inmitten eines grünen Tals.

Bat'a wurde im Ersten Weltkrieg reich, als Millionen Soldaten der österreichisch-ungarischen Armee in Bat'a-Stiefeln in den Krieg zogen. Als der Gründer 1932 ums Leben kam, war seine Firma der weltweit größte Schuhhersteller. 1938 emigrierte sein Sohn gemeinsam mit einem Großteil seiner Arbeiter nach Kanada, wo die Firma weiterhin erfolgreich arbeitete.
Bat'a brachte die besten Architekten seiner Zeit, darunter den Franzosen Le Corbusier (1877–1965) wie auch den Tschechen Jan Kotěra (der auch seine Villa baute) nach Zlín. Le Corbusiers Entwürfe für die neue Stadt gefielen Bat'a allerdings nicht, sodass er letztendlich den Schüler von Kotěra, František Gahura (1891–1958), damit beauftragte. Das Hauptgebäude war die Schuhfabrik, das heutige Unternehmen »Svít«, es beherbergt heute ein umfassendes **Museum** über Schuhe und ihre Herstellung. Besonders auffallend in der Fabrik war ein gläserner Fahrstuhl, der Bat'a als mobiles Büro diente. Er gab ihm die Möglichkeit, in jedem Stockwerk zu arbeiten. Gegenüber der Fabrik stehen ein Kaufhaus, das Hotel Moskva und ein Kino, alle Elemente der ursprünglichen Stadtplanung. Auch der große Platz, der Masarykovo náměstí, gehört dazu.
Wie viele visionäre Stadtentwürfe wurde auch Gahuras Plan nie vollendet, im Zweiten Weltkrieg wurden außerdem viele Gebäude zerstört. Die modernisierte **Burg**, ein massiver, quadratischer gelber Renaissance-Block nahe der Fabrik, ist einen Besuch wert – weniger wegen der Architektur als vielmehr wegen ihres Museums. Die Sammlung zeigt im ersten Stock tschechische Künstler des 20. Jahrhunderts (mit repräsentativen Werken von Filla, Kubišta, Josef Čapek und Antonín Procházka wie auch von zeitgenössischen Künstlern), außerdem Ausstellungen über den Südosten Mährens. ■

ZLÍN
275 G3
Bus von Uherské Hradiště & Brno. Zug von Olomouc & Brno

Besucherinformation
Náměstí Míru 12
577 63 02 87
zlin.eu

SCHUHMUSEUM
577 52 22 25
April–Dez. Mo; Jan.–März geschl.
€

SCHLOSS
577 00 46 11
Mo geschl.
€

SCHLOSS KROMĚŘÍŽ (KREMSIER)

Die historische Stadt Kroměříž (Kremsier) wurde im Dreißigjährigen Krieg fast vollständig zerstört, doch die Fürstbischöfe von Olomouc (Olmütz) bauten die Stadt ab 1686 prunkvoller als zuvor wieder auf. Sie ließen nicht nur für sich selber eine palastähnliche Residenz errichten, sondern auch raffinierte italienische Gärten anlegen; beides kann man heute noch besichtigen.

Nach einem Besuch im riesigen Schloss sollte man in den schönen Gärten flanieren

Den Dreißigjährigen Krieg hat nur ein Turm des bischöflichen Renaissanceschlosses überstanden, sodass der heutige Schlosskomplex, der sich nördlich vom Hauptplatz erhebt, fast vollständig vom Fürstbischof Karl Eusebius von Liechtenstein-Kastelkorn erbaut wurde. Er beauftragte die italienischen Architekten Filiberto Lucchese und Giovanni Tencalla mit den Entwürfen für sein Schloss. Italienische Handwerker wie Baltasare Fontana verzierten das Innere und führten auch die Stuckarbeiten aus.
Das Schloss kann man heute nur auf einer rund 90-minütigen Führung besichtigen. Eine andere Führung führt auf die hoch aufragende Turmspitze. Die ursprüngliche Einrichtung wurde durch einen Brand 1752 zerstört; mit der Neugestaltung beauftragt wurden damals Franz Anton Maulbertsch und Josef Stern. Um 1770 wurde der Große Speisesaal (Sněmovní sál) von Franz Adolf von Freenthal aufwendig ausgemalt.
Die enorme **Bibliothek** enthält über 50 000 Bücher, außerdem eine Globensammlung und ein umfassendes Musikarchiv, darunter handschriftliche Partituren von Mozart und Haydn. Eine Münz- und Medaillensamm-

INSIDERTIPP

Die Palastgärten in Kroměříž inspirierten Parkgestalter in ganz Mitteleuropa. Ein Picknick hier ist ein besonderes Erlebnis.

MARK BAKER
NATIONAL GEOGRAPHIC
TRAVELER MAGAZIN-AUTOR

lung erinnert daran, dass Kroměříž zwischen 1613 und 1760 über eine Münze verfügte. Die Führung zeigt auch Jagdhalle, Thronsaal und Audienzraum.

Für den Besuch der **Gemäldegalerie** im zweiten Stock des Schlosses benötigt man eine zusätzliche Eintrittskarte; die Räume selbst kann man auch ohne Führung besichtigen. Die berühmte Kunstsammlung, die größte Tschechiens außerhalb von Prag, geht auf Ankäufe von Karl von Liechtenstein zurück. Die Galerie bietet große Werke und religiöse Arbeiten des Meisters von Kroměříž und Lucas Cranachs des Älteren. Zu den italienischen Gemälden zählen unter anderem Veroneses unvollendetes »Apostel«, ein Zyklus von Jacopo Bassano über die Geschichte Noahs und ein Meisterwerk von Tizian (1571), »Schindung des Marsyas«. Gezeigt werden Werke von Jan und Pieter Breughel sowie ein zartes Doppelporträt des englischen Königs Karl I. mit seiner Frau Henrietta von Anthonis van Dyck. Rund um das Schloss erstrecken sich die schönen **Gärten** bis zum Flussufer der Morava. Um das restliche Kroměříž zu besichtigen, kehren Sie einfach zum Hauptplatz (Velk náměstí) zurück. Von hier aus führt die Jánská zur verwinkelten **Barockkirche St. Johannes der Täufer (Kostel sv. Jana Křtitele)**; in der Jánská selbst stehen einige Kanonikerhäuser. Von der Kirche folgen Sie der Pilarova bis zur **St.-Moritz-Kirche** (**Chrám sv. Mořice**, 13. Jh.), einem der wenigen erhaltenen mittelalterlichen Bauten in der Stadt. Das jüdische **Rathaus (Radnice)** in der Moravcova Nr. 9 ist das einzige erhaltene Beispiel eines solchen Baus außerhalb Prags. Nicht versäumen sollte man den anderen herrlichen fürstbischöflichen **Blumengarten (Květná zahrada)** westlich der Stadt. ■

KROMĚŘÍŽ
275 F3
64 km östlich von Brno
Zug von Brno, umsteigen in Kojetín. Bus von Brno & Prag

Besucherinformation
Velké náměstí 115
573 321 408
Im Winter So geschl.
kromeriz.eu

SCHLOSS KROMĚŘÍŽ
573 50 20 11
Mai–Sept. Mo; April Mo–Fr; Nov.–März geschl.
€€€,
Galerie: €€
zamek-kromeriz.cz

MORAVSKÝ KRAS (MÄHRISCHER KARST)

Rund 25 Kilometer nördlich von Brno lockt die faszinierende Landschaft des Mährischen Karst. Die Region ist rund sechs Kilometer breit und 25 Kilometer lang: eine bewaldete Gegend mit spektakulären Schluchten, Höhlen und Tunneln.

Die **Punkevní-Höhlen (Punkevní jeskyně)** sind die spektakulärsten und beliebtesten Höhlen. Man sollte also früh erscheinen, um nicht zu lange warten zu müssen oder gar leer auszugehen, da die Kartenverkäufe begrenzt sind. Wie auch die Kateřinská-Höhlen erreicht man sie am besten über die Straße von Blansko in Richtung des Naturschutzgebietes **Skalní Mlýn** (**Felsmühle**, *Besucherinformation Tel. 516 413 575*). Hier findet man einen Parkplatz und ein Hotel. Von Skalní Mlýn ist es nur ein kurzer Fußweg zu den Kateřinská-Höhlen und etwa 1,6 Kilometer bis zu den Punkevní-Höhlen; ein kleiner Zug verkehrt zwischen beiden *(€)*.

Die einstündige Tour durch die Punkevní-Höhlen führt durch fünf riesige Höhlen voller Stalaktiten und Stalagmiten. Sie entstanden durch das durch den Sandstein sickernde und aus der Decke tropfende Regenwasser; es sammelt sich im See am Grund der Schlucht Macocha. Diese 138 Meter tiefe Schlucht entstand durch die eingestürzte Felsdecke einer riesigen Höhle und ist heute dank des am Grund außergewöhnlich warmen und feuchten Mikroklimas mit wuchernder Vegetation bedeckt.

Wer die Schlucht von oben sehen möchte, kann mit einer Seilbahn *(Ticket vor dem*

Ein Teil der Führung durch die Punkevní-Höhlen wird mit dem Boot zurückgelegt

Höhlenbesuch kaufen, €) zum Rand der Schlucht hinauffahren, wo ein Restaurant lockt. Man erreicht es auch über die Straße: Fahren Sie von Skalní Mlýn in Richtung Ostrov und biegen Sie nach rund zwei Kilometern links ab. Die Führung wird mit einer 500 Meter langen Fahrt auf der unterirdischen Punkva fortgesetzt.

Die **Kateřinská-Höhlen (Kateřinská jeskyně)** sind nicht so stark überlaufen: Auch hier gibt es eine Ansammlung schöner Stalagmiten in zwei gewaltigen Höhlen *(halbstündige Führungen)*. Im Sommer dienen sie als atemberaubende Konzertkulisse. Die **Balcarka-Höhlen (Balcarka jeskyně)**, welche östlich der Macocha-Schlucht liegen, sind kleiner, verfügen jedoch über farbige Tropfsteine *(45-minütige Führung)*.

Die **Sloupsko-Šošůvské-Höhlen**, nur etwas südlich vom Weiler Sloup, sind miteinander verbunden. ■

MÄHRISCHER KARST

275 E3

Zug von Brno nach Blansko, dann Bus nach Skalní Mlýn

Besucherinformation

Skalní Mlýn 65

516 41 35 75

KATEŘINSKÁ-HÖHLEN

300 m vom Parkplatz Skalní Mlýn

Nov.–Jan. geschl.

€

BALCARKA-HÖHLEN

Etwas über 2 km vom Parkplatz Skalní Mlýn

Nov.–Jan. geschl.

€

SLOUPSKO-ŠOŠŮVSKÉ-HÖHLEN

Südlich von Sloup

Nov.–Jan. geschl.

€

BURG PERNŠTEJN (PERNSTEIN)

Hoch über der Svratka und der Kleinstadt Nedvědice erhebt sich die ungewöhnliche Burg Pernštejn. Ursprünglich eine Festung aus dem 13. Jahrhundert, wurde der Stammsitz der Familie Pernstein allmählich zu einer der größten und am besten erhaltenen Burgen Tschechiens ausgebaut.

Da die Burg – nicht ohne Grund – als völlig sicher galt, gestaltete die Familie Pernstein sie schrittweise gleichermaßen in eine schlossähnliche Residenz und Festung um. 1596 ging es der Familie finanziell jedoch so schlecht, dass sie die Burg aufgeben musste. Bis zum Kauf durch die Familie Mitrovic 1818 wechselte sie mehrfach den Besitzer; die Mitrovics besaßen sie bis 1945. Berühmt ist die Holzbrücke über einem gefährlichen Abgrund, die zwei der Tore miteinander verbindet. Zur Verteidigung dienten die vielen Gusserker, auch Pechnasen genannt, die die Burg massiver wirken lassen, je weiter man in die Anlage vorstößt. Es verblüfft schon, wie ein derart komplizierter Bau auf diesem felsigen und luftigen Vorsprung überhaupt gebaut werden konnte. Angesichts der alles beherrschenden Lage überrascht es dafür wenig, dass die Burg nie erobert wurde. Die 80-minütige Führung zeigt eine Mauer- und Toranlage nach der anderen; die äußeren Wälle schützen unter anderem ein Restaurant sowie eine Kneipe. Nach und nach kommt die hoch aufragende Burg immer schöner ins Bild. Das ursprüngliche Renaissance-Innere wurde im 18. und 19. Jahrhundert dem damaligen Geschmack angepasst und neu gestaltet. Schön sind ältere Teile, insbesondere die Kapelle von 1570 und der barocke Rittersaal mit Stuckgirlanden. ■

Die auf einem Fels erbaute Burg Pernštejn wurde nie erobert

PERNŠTEJN
274 D3
40 km nordwestlich von Brno über die Straßen 43 und 387
566 56 61 01
Mai–Sept. Mo; April & Okt. Mo–Fr; Nov.–März geschl.
€€

Böhmen ist zu Recht mehr für seine Biere weltberühmt und weniger für seine Weine. Während der kommunistischen Herrschaft produzierten die recht gut ausgerüsteten Staatsbetriebe durchschnittliche Weine. Das hat sich inzwischen geändert. Heute, da der Weinanbau und -verkauf in Privathänden liegt, hat sich die Qualität deutlich gesteigert.

Tschechische Weingebiete haben ein relativ kühles Mikroklima, das sich vor allem für den Anbau von Weißweinen eignet. Viele der beliebtesten Anbauregionen liegen an der Grenze zu Österreich, bei mährischen Orten wie Mikulov und Znojmo. Die Traubenvielfalt ist vergleichbar: Ryzlink Rýnský (Riesling), Ryzlink Vlašský (Welschriesling), Müller-Thurgau und der oft ausgezeichnete Veltinské zelené (Grüner Veltiner) wachsen dies- und jenseits der Grenze.

Die hiesigen Rotweine sind meist weniger qualitätsvoll als die Weißweine. Durch die kühlen Bedingungen erreichen die Trauben nicht die Reife, die für die heute von Weinkennern gewünschte Komplexität und das Aroma

Hobby-Weinbauer, der die fermentierenden Trauben im eigenen Keller rührt

notwendig ist. Gleichwohl weisen tschechische Rotweine Parallelen zu österreichischen Rotweinen auf, darunter führend der Frankova (Lemberger, Blaufränkisch), der Svatovavřinecké (St. Laurent) und der Zweigelt. Einige wenige Weingüter experimentieren mit ausländischen Trauben wie Cabernet Sauvignon und der Eichenfass-Alterung. Die besten Rotweine stammen aus der Region Velké Pavlovice in Mähren.

Im Kommunismus war fast die gesamte Weinproduktion fest in der Hand von Kooperativen, bei denen es eher um Masse denn um Qualität ging. Heute sind viele der Kooperativen zu marktbeherrschenden Unternehmen geworden. Daneben halten sich aber auch einige Privatkellereien, wie die der Familie Lobkowicz in Mělník, sowie viele kleine Weinbauern in Mähren.

Die als »Archiv« bekannte Kategorie ist trotz des hohen Preises vor allem in Restaurants beliebt: Es handelt sich um ältere Weine, die mindestens zwei Jahre in Flaschen gereift sind, manchmal auch zehn Jahre oder noch länger. Archiv-Weine kosten nicht nur viel, sie sind auch fast immer enttäuschend und wirken im Geschmack eher fad. Viele Weine werden aus Rebsorten wie Müller-Thurgau hergestellt, die man am besten als junge Weine genießt. Tschechische Weinproduzenten haben im Laufe mehrerer Veranstaltungen die besten Weingüter des Landes gekürt. Ihre Weine kann man in den Weinkellern von Valtice in Mähren (siehe S. 286–287) probieren und kaufen.

INSIDERTIPP

Mährens beste Weine lernt man auf einer Führung durch das Nationale Weinzentrum in Valtice *(vinarskecentrum.cz)* kennen, wo über 100 preisgekrönte Tropfen lagern. Ein Sommelier beantwortet gerne Fragen und füllt die Gläser nach.

EMILY THOMPSON
REDAKTEURIN, THE PRAGUE POST

PREISGEKRÖNTE JAHRGÄNGE

Weinkenner in aller Welt verfolgen seit über zehn Jahren die Kolumnen und Berichte der in der Tschechischen Republik lebenden Britin Helena Baker *(bakerwine.cz)*. Ihr Wissen über die besten Jahrgänge, Keltertechniken und Weinlagen in Böhmen und Mähren macht ihre Artikel in *The Prague Post* und anderen Publikationen so beliebt.

Zuletzt lobte sie den Patria 2007, einen einzigartigen Verschnitt aus Chardonnay und Gewürztraminer des Weinguts Patria Kobylí. Ein weiterer Preisträger, nach dem man in Weinläden fragen sollte, ist der Patria 2007 Spätlese-Verschnitt aus St. Laurent, André und Pinot noir.

Die Stadt, die im 14. Jahrhundert entstand, verdankt ihren wirtschaftlichen Wohlstand den Fischteichen im Umland. Diese Teichbecken sind durch ein Kanalnetz untereinander verbunden, das auch das Burggelände durchzieht und der Stadt ein glitzerndes, vom Wasser dominiertes Flair verleiht und ihren Charme ausmacht. Seit 1992 gehört die Stadt zum Weltkulturerbe der Unesco.

An der Stirnseite des Platzes, der nach Zachariáš von Hradec benannt ist, erhebt sich das **Renaissanceschloss**. Eine bereits bestehende Burg wurde für den Herzog von Antonio Vlach und Baldassare Maggi zwischen 1560 und 1580 umgebaut. Der reizvolle Garten, die wunderschön gestalteten Säle und die beeindruckende Kapelle spiegeln den verschwenderischen und überdies italienisch geprägten Geschmack der Familie wider. Das Schloss blieb bis 1712 in ihrer Hand, dann ging es an die Liechtensteins über.

Besucher können zwischen zwei Führungen wählen: Tour A dauert eine Stunde (und ist die bessere); sie zeigt die schön eingerichteten Renaissanceräume, von denen einige sehr feine Sgraffitoverzierungen aufweisen. In völligem Gegensatz dazu stehen die Ausstellungsstücke im Afrikanischen Saal. Die Kapelle mit ihren feinen

INSIDERTIPP

Beim Entenfüttern am Štěpnický-Teich hinter dem Marktplatz kann man entspannen und die schöne Stadt so unbeschwert wie die Einheimischen bewundern.

EMILY THOMPSON
REDAKTEURIN, THE PRAGUE POST

Der hübscheste Marktplatz in Tschechien: Der Hauptplatz von Telč mit Arkaden und Geschäften

JIHLAVA (IGLAU)

Nördlich von Telč, 72 km westlich von Brno, lockt die mittelalterliche Silberminenstadt *(Masarykovo náměstí 2, Tel. 567 567 167)* mit einem Hauptplatz, den eine Mariensäule (1679) und Wasserfontänen zieren.
Neben der Kirche St. Ignatius (Kostel sv. Ignáce) kann man die sogenannten Katakomben *(Nov.–März geschl., €)*, unterirdische Tunnel, die im Dreißigjährigen Krieg als Lager und Zufluchtsort dienten, besuchen. Das Haus Nr. 58 beherbergt zwei Renaissancegebäude, darunter das Stadtmuseum *(Mo geschl., €)* mit überwiegend naturhistorischen Ausstellungen. Der Bau selbst ist interessanter als das Museum.
Die erhaltenen Befestigungen liegen südlich des náměstí Masarykovo, dem Hauptplatz. Die Kirche Mariä Himmelfahrt (Kostel Nanebezetí Panny Marie) mit ihren gotischen Fresken steht 180 Meter westlich davon. Der Komponist Gustav Mahler (1860–1911) wuchs hier auf, seine engen Bindungen an die Stadt werden in einem Museum *(Znojemská 4, Mo April–Okt.; So–Mo Okt.–März geschl., €)* unweit des unteren Hauptplatzes dokumentiert.

Stuckarbeiten stammt aus der Zeit um 1580 und entstand als Begräbnisstätte für Zachariáš und seine Frau Katarina, die hier in frommen Steinplastiken dargestellt sind. An die Kapelle angeschlossen ist eine kleine **Galerie** mit den Werken des Surrealisten und Landschaftsmalers Jan Zrzavý.
Doch was Telč so unwiderstehlich macht, ist der Hauptplatz selbst, der **náměstí Zachariáse z Hradce**: Lange Häuserreihen mit Arkadengängen und Giebeln, dazwischen liegt ein weiter Platz mit Wasserfontänen und einer gewundenen Mariensäule von 1720.
Das schönste Haus steht an der Ecke der U Masných krámů und weist Sgraffiti sowie Fresken und einen Renaissance-Erker auf. Ein mittelalterliches Relikt ist die **Kirche St. Jakob (Kostel sv. Jakuba)**.
Am anderen Ende des Platzes steht die älteste Kirche von Telč, die **Heiliggeistkirche (Kostel sv. Ducha)** aus dem 13. Jahrhundert. Vom Platz aus folgt man der Palackého hinunter zum **Großen Tor (Velká brána)**, von wo aus man auch die erhaltenen Befestigungen erreicht. Ein weiteres mittelalterliches Tor, das **Kleine Tor (Malá brána)**, führt zum Burgpark. ■

TELČ
274 B3
87 km westlich von Brno über Straße 23

Besucherinformation
Rathaus, Náměstí Zachariáše z Hradce
567 11 24 07
telc.eu

SCHLOSS
Mo & Nov.–März geschl.
€€–€€€

BURG BÍTOV (VÖTTAU)

In Bítov, an der Südgrenze zu Österreich, erhebt sich auf einer Klippe eine mittelalterliche **Burg**, die im Laufe der Jahrhunderte erweitert wurde.

274 B2 38 km nordwestlich von Znojmo. 5 km nordwestlich auf der Straße 38, dann nordwestlich über die Straße 408, bei Desov südlich auf der 411 Bus von Znojmo Mai–Sept. Mo; April & Okt. Mo–Fr; Nov.–März geschl. €€ hradbitov.cz

SCHLOSS BUCHLOVICE (BUCHLOWITZ)

Das Schloss von Buchlovice (frühes 18. Jh.) liegt inmitten eines idyllischen englischen Gartens. Es wird Domenico Martinelli zugeschrieben und blickt auf einen majestätischen Pavillon; Balustraden, Kiesterrassen und französische Gärten dazwischen wirken trennend. Die Innenräume sind sehr schön im Stil des Rokoko eingerichtet. Fährt man in Richtung Brno rund fünf Kilometer weiter, führt ein scharfer Abzweig nach **Buchlov (Buchlau)**, einer kleinen **Burg** (13. Jh.) mit massiven Mauern.

275 F2 10 km westlich von Uherské Hradiště über die Straße 50 Bus von Brno Schloss Buchlovice Mai–Sept. Mo; April & Okt. Mo–Fr; Nov.–März geschl. € zamek-buchlovice.cz Burg Buchlov April & Okt. Mo–Fr; Nov.–März geschl. €

SCHLOSS BUČOVICE (BUTSCHOWITZ)

Das Renaissanceschloss gehörte einst den Liechtensteins. Der Hof mit reizvollen Galerien und das aufwendig gestaltete Innere aus dem späten 16. Jahrhundert sind sehenswert.

247 E2 10 km östlich von Slavkov über die Straße 50 Zug von Brno Schloss: Mai–Sept. Mo; April & Okt. Mo–Fr; Nov.–März geschl. €

DER WILDE WESTEN AUF TSCHECHISCH

Die Bewohner des ehemaligen Ostblocks hegen eine große Leidenschaft für Western. Die ehemalige Tschechoslowakei hat sogar selbst einen produziert: das Musical-Melodram von 1964 »Limonádový Joe aneb Konská opera« (»Lemonade Joe«) – ein Klassiker, den noch immer jeder im Land kennt. Und seit 1993 bietet der **Western Park Boskovice** *(westernove-mestecko.cz)* Cabaretshows, Schießereien, Rodeos und Tanzveranstaltungen namens »Country-Bälle«. All das ist freilich mit einem zwinkernden Auge zu sehen (die Darstellung der amerikanischen Ureinwohner etwa käme bei den echten Indianern nicht gut an), liefert aber einen Eindruck davon, wie mächtig der Cowboy-Mythos in Mitteleuropa ist. Er ist eine Fantasievorstellung, die mit dem ersten Brief des nach Praha in Texas ausgewanderten Vetters begann.

Das charmante Schloss von Buchlovice

JAROMĚŘICE NAD ROKYTNOU (JARMERITZ)

Das Barockschloss wurde 1711 vom Grafen Joachim Adam von Questenberg in Auftrag gegeben und brauchte 25 Jahre bis zu seiner Vollendung. Zum Schloss gehört neben einer hervorragenden Musikinstrumentensammlung ein Theater, da der Graf ein Musikliebhaber war.

274 C2 35 km nördlich von Znojmo über die Straße 38 Bus von Brno
Schloss: Mai–Sept. Mo; April & Okt. Mo– Fr; Nov.–März geschl. €–€€

KŘTINY (KIRITEIN)

Die **Wallfahrtskirche**, die Giovanni Santini im frühen 18. Jahrhundert erbaute, prägt das ganze Dorf. Das Innere besteht aus einem kuppelartigen Raum, der verschwenderisch mit hochbarocken Fresken geschmückt ist. Die Kirche ist von weitläufigen Wäldern umgeben.

275 E3 16 km nordöstlich von Brno über die Straße 373
Bus von Brno

LUHAČOVICE (BAD LUHATSCHOWITZ)

Der Luxuskurort liegt inmitten einer hügeligen Waldlandschaft. Die solehaltigen Mineralquellen sollen bei Atemwegserkrankungen helfen. Der Slowake Dušan Jurkovič (1868–1947) gestaltete viele der Sanatorien in einem volkstümlichen Sezessionsstil.

275 G2 29 km nordöstlich von Uherské Hradiště. Östlich auf der Straße 50 nach Uherský Brod, dann nördlich auf der Straße 492 Bus von Brno

BURG MORAVSKÝ KRUMLOV (MÄHRISCH-KROMAU)

Die **Burganlage** wurde in der Renaissance von dem italienischen Baumeister Leonardo Garove wieder aufgebaut und gruppiert sich rund um einen zweigliedrigen Arkadenhof. Den italienischen Einfluss findet man insbesondere an den Pfeilern im toskanischen, ionischen und korinthischen Stil. In einem Flügel ist eine Galerie mit Arbeiten von Alfons Mucha (1860–1939) untergebracht. In der Burg fallen seine Historiengemälde auf.

274 D2 ✉ 32 km südwestlich von Brno über die Straße E65, dann südlich auf der Straße 394 Bus von Brno Schloss: April–Okt. Mo; Nov.–März geschl. €

SLAVKOV U BRNA (AUSTERLITZ)

Zwischen Brno und Slavkov u Brna wurde die Schlacht von Austerlitz ausgetragen. Auf der Spitze des Pracký kopec (Pratzen-Hügel) an der Straße 417 erhebt sich das **Friedensdenkmal** von Josef Fanta. Ein **Museum** erinnert an die Entscheidungsschlacht, in der Napoleon die Österreicher und Russen am 2. Dezember 1805 besiegte. Napoleon hielt sich damals im riesigen, E-förmigen **Schloss Slavkov** auf, das Domenico Martinelli im 18. Jahrhundert für die Familie Kaunitz erbaut hatte. Im protzigen, neoklassizistischen Gemäuer gibt es Ausstellungen über Napoleon.

275 E2 ✉ 16 km östlich von Brno über die E462, westlich auf der Straße 50 Bus von Brno Besucherinformation: ✉ Palackého náměstí 1 ☎ 513 034 156 Schloss Slavkov: ☎ 544 221 204 April–Mai & Sept.–Nov. Mo; Dez.–März geschl. €€ zamek-slavkov.cz

TIŠNOV (TISCHNOWITZ)

Unweit von Tišnov, im Tal der Svratka, versteckt sich die **Zisterzienserabtei Porta Coeli**, die 1233 gegründet und im romanischen Stil erbaut wurde. Das hervorragende Westportal wirkt übermäßig restauriert, die Abtei weist sehr schöne Kreuzgänge auf.

274 D3 ✉ 24 km nördlich von Brno über die Straßen 43 und 385 Zug von Brno

TŘEBÍČ (TREBITSCH)

Ein Stopp in Třebíč lohnt wegen eines Besuches in der herrlichen **Basilika St. Procopius (Kostel sv. Prokopa)**. Der Granitbau entstand zwischen 1240 und 1260 und verfügt über ein romanisches Portal, ein Himmelstor der Superlative. Eine Kapelle im Chor enthält seltene Fresken aus dem 13. Jahrhundert. In der Krypta bilden die vielen dicken, kurzen Säulen ein reizvolles Labyrinth. In den Konventbauten ist ein **Museum** über Weihnachtskrippen untergebracht *(Mo geschl, €)*.

274 C3 ✉ 56 km westlich von Brno über die E65, Ausfahrt Rosice, westlich auf der Straße 23 Besucherinformation: ✉ Karlovo náměstí 53 ☎ 568 847 070

UHERSKÉ HRADIŠTĚ (UNGARISCH-HRADISCH)

Der Ort wurde 1257 als Verteidigungsfestung gegen ungarische Überfälle gegründet. Zahlreiche archäologische Stätten deuten aber auf eine ältere Besiedlung. Heute ist er vor allem wegen der Ausgrabungen von **Velká Morava (Großmähren)** – der ältesten slawischen Siedlung in Tschechien – bekannt. Folgen Sie den Hinweisschildern nach »Památník«. Im Museum *(Dez.–März geschl., €)* wird auf (deutschsprachigen) Tafeln die Bedeutung der Ausgrabungen erklärt.

275 F2 64 km östlich von Brno über die E462, dann westlich auf der Straße 50 Bus von Brno

VRANOV NAD DYJÍ (FRAIN)

Das **Barockschloss** des Städtchens erhebt sich dramatisch auf einer Felsklippe über der Ortschaft. Das Schloss steht an der Stelle einer landesfürstlichen Burg, die erstmals um 1100 schriftlich erwähnt wurde; es wurde um 1690 größtenteils von Johann Bernhard Fischer von Erlach wiederaufgebaut.

Das heutige Gebäude ist eine bunte Mischung aus Barock und Neoklassizismus; eine kuppelartige Ahnenhalle birgt aufwendige Fresken. Ausgestellt werden auch Exponate der Frainer Keramikmanufaktur.

246 B2 22 km westlich von Znojmo über die Straßen 38, 408, 398 Bus von Znojmo Schloss: Mai–Sept. Mo; April & Okt. Mo–Fr; Nov.–März geschl. €€–€€€

ŽĎÁR NAD SÁZAVOU (SAAR AN DER SAZAU)

Etwas nördlich der Ortschaft liegt ein auffallendes Zisterzienserkloster: Das ursprüngliche Kloster aus dem Jahr 1252 wurde während der Hussitenkriege im 15. Jahrhundert zerstört, der heutige Komplex ist überwiegend von Giovanni Santini (1677–1723) erbaut worden. Sein Stil ist eine merkwürdige Mischung: Oft sind gotische Stilelemente inmitten eines barocken Umfelds zu bestaunen.

Dieser Stil zeigt sich auch in der nahe gelegenen **Wallfahrtskirche St. Johannes von Nepomuk (Kostel sv. Jana Nepomuckého)**. Die Kirche enthüllt einen vielfältigen Symbolismus, dekoriert mit Motiven, die mit dem Heiligen assoziiert werden. Der architektonische zehneckige Grundriss ist einmalig, zumal die Kirche von einem Zickzack fortlaufender Arkadengänge umrundet ist. Es bietet eines der bizarrsten Beispiele des mitteleuropäischen Barock.

274 C4 64 km nordwestlich von Brno Zug von Prag und Brno Kirche St. Johannes von Nepomuk: Mai–Sept. Mo; April & Okt. Mo–Fr; Nov.–März geschl. €

‹ Fernsehturm auf dem Berg Praděd

Nordmähren hat zahlreiche Sehenswürdigkeiten. Am Fuße des entlegenen Hrubý Jeseník liegen drei Industriestädte, die viel Interessantes bieten: Olomouc, Rožnov pod Radhoštěm und Kopřivnice.

Das nördliche Mähren zieht sich dicht an der polnischen Grenze entlang und ist historisch ein Teil Schlesiens. Im Westen liegt das Hrubý Jeseník mit einigen traditionsreichen Kurorten – leider ist die Gegend durch die Folgen des sauren Regens stark in Mitleidenschaft gezogen worden. Die zweifellos interessanteste Stadt ist Olomouc mit seinen hübschen Plätzen und vielen Kirchen und Museen. Nordmähren verfügt über weniger Burgen und Schlösser als Ostböhmen, bietet aber mit den bizarren Schlössern in Bouzov und Plumlov recht ausgefallene Architektur. Die Tschechische Republik hat eine Reihe von Freilichtmuseen, die die regionale volkstümliche Architektur bewahren wollen. Das größte Museum dieser Art findet sich in Rožnov pod Radhoštěm. Das Städtchen empfiehlt sich auch für Ausflüge in die Walachei.

Mähren ehrt seine berühmten Söhne an verschiedenen Orten: In Hukvaldy erinnern Museen und Denkmäler an den großen Komponisten Leoš Janáček (1854–1928), in Kopřivnice wird den Erfolgen des Leichtathleten Emil Zátopek (1922–2000) gedacht. In der Kleinstadt Příbor hat es stattdessen lange gedauert, bis sie ihren Sohn Sigmund Freud gebührend ehrte. ■

Zur Orientierung
Prag

POLEN
Osoblaha
Zlaté Hory
Jindřichov
Mesto Albrechtice
Opavice
Karlovice
Krnov
45
Opava
57
Bruntál
Horní Benešov
11
46
Kobeřice
Nízky
Opava
56
Kravaře
Litultovice
vod. nádrž Slezská Harta
Hradec nad Moravicí
Opava
11
Hlučín
Odra
468
Bohumín
Orlova
Karviná
45
Dvorce
Moravský Beroun
46
vod.nádrž Kružberk
Moravice
OSTRAVA
67
Olše
Jeseník
Vitkov
57
Klimkovice
Ostravice
Havířov
11
Bilovec
47
Český Těšín
Fulnek
Studénka
58
56
Brušperk
Frýdek-Místek
Třinec
995m
Oderské vrchy
Odry
Odra
48
Dobra
Příbor
E462
Guty
E75
Slezské Beskydy
Hlubočky
Potštát
47
Kopřivnice
Hukvaldy
Frýdlant nad Ostravicí
Bystřice
11
35
Nový Jičín
Rybí
Štramberk
48
Jablunkov
Hranice
Frenštát pod Radhoštěm
1323m
Tršice
Hodslavice
1067m
Moravskoslezske Beskydy
47
Lipník nad Bečvou
Bečva
Přerov
Valašské Meziříčí
35
F
Rožnov pod Radhoštěm
Horní Becva
55
57
Vsetínske vrchy
912m
Velké Karlovice
Jablůnka
SÜDMÄHREN
S. 245
SLOWAKISCHE REPUBLIK
Vsetín
Nový Hrozenkov
Halenkov
69
Hovězí
E
49
Senice
57
Francova Lhota
C
D

Olomouc diente bis 1641 als Hauptstadt Mährens und ist heute eine lebendige Industrie- und Universitätsstadt mit breiten Boulevards, die von historischen Seminargebäuden und massiven Mietshäusern aus dem 19. Jahrhundert gesäumt werden.

Die erste Siedlung entstand hier im 7. Jahrhundert, 1063 wurde Olomouc Bischofssitz. Die Stadt gedieh im 16. Jahrhundert, litt aber unter dem Dreißigjährigen Krieg. Obwohl sie ihre Funktion als Hauptstadt an Brno verlor, ist Olomouc bis heute eine bedeutende Stadt geblieben.
Es gibt zwei Hauptplätze, den Horní náměstí und den Dolní náměstí. Der weitläufige Horní náměstí erstreckt sich rund um das **Rathaus (Radnice)**.

Das Renaissance-Rathaus beherrscht den großen Hauptplatz im Stadtzentrum von Olomouc

Der komplexe, oft umgebaute Renaissancebau hat einen gotischen Außenerker und ein schönes Portal. Die berühmte astronomische Uhr wurde nach der Zerstörung im Zweiten Weltkrieg rekonstruiert. Beim vollen Stundenschlag zeigt sich eine Prozession von Arbeitern. Das Rathaus wetteifert mit der gewaltigen **Dreifaltigkeitssäule** um Aufmerksamkeit; auf ihrer Spitze erhebt sich ein 35 Meter hoher Obelisk, von dem Kupferstatuen hinabzupurzeln scheinen. Die Säule entstand 1754 und gilt als größte unter unzähligen ähnlichen Säulen überall in Tschechien. Im neoklassizisti-

schen **Theater** (1830) von Josef Kornhäusel arbeitete der junge Gustav Mahler 1883 als Kapellmeister.
Neben dem Horní náměstí liegt der Dolní náměstí mit zwei Wasserfontänen und einer Mariensäule. Zu den Renaissancehäusern hier gehört der **Hauenschild-Palast** (Nr. 27) mit einem auf die doppelte Höhe verlängerten Erkerfenster an der Ecke. Die gotische **Kirche St. Mauritius (Kostel sv. Mořice)** wirkt mit ihrem festungsähnlichen Turm ein wenig abweisend. Im Inneren kann es die barocke Ausgestaltung nicht mit den hoch aufragenden gotischen Säulen und dem Gewölbe aufnehmen. Die Kirche ist wegen ihrer Orgel von 1745 berühmt.
Auf der anderen Seite des Horní náměstí wirkt die **Kirche St. Michaelis (Kostel sv. Michala)** etwas eintönig, doch im Inneren überrascht eine überbordende Barockarchitektur mit drei Kuppeln. In der Nähe versteckt sich die winzige **Sarkanderkapelle**, die den Priester Jan Sarkander ehrt, der 1620 zu Tode gefoltert wurde.
Die jesuitische **Maria-Schnee-Kirche (Kostel Panna Marie Sněžné)** blickt auf den náměstí Republiky. Gegenüber dem früheren Jesuitenkolleg liegen das **Kunstmuseum (Muzeum umění)** mit niederländischen Gemälden des 16. bis 18. Jahrhunderts und das **Vlastivědné muzeum** mit naturhistorischer Sammlung.
Im **Erzbischöflichen Palais (Arcibiskupský palác)** wurde Franz Josef 1848 zum Kaiser von Österreich ausgerufen.
Die romanischen Ursprünge des **Doms St. Wenzel (Dóm sv. Václava)** wurden durch die Restaurierung Ende des 19. Jahrhunderts stark verwischt. Neben dem Dom finden sich die Überreste des alten **Bischöflichen Schlosses**: Ausgrabungen brachten romanische Fenster, einen gotischen Kreuzgang und eine Kapelle mit Fresken zu Tage. Gegenüber dem Dom liegt das Dekanat, wo Wenzel III. 1306 ermordet wurde. (*Wegen Restaurierung nur Teile geöffnet.*) ■

INSIDERTIPP

Die Einwohner Olomoucs lieben den Mythos, Julius Cäsar habe den Ort gegründet, und widmeten ihm deshalb den größten barocken Springbrunnen auf dem Hauptplatz.

WILL TIZARD
NATIONAL GEOGRAPHIC-MITARBEITER

OLOMOUC
306 B2
274 km östlich von Prag
Zug und Bus von Prag

Besucherinformation
Rathaus, Horní náměstí
585 51 33 85
tourism.olomouc.eu

SPAZIERGANG DURCH OLOMOUC

Das lebendige Olomouc bietet eine angenehme Mischung aus Geschichte und Moderne; der Ort ist so klein, dass er sich bequem zu Fuß erkunden lässt. Der Rundgang führt von den beiden wichtigsten Plätzen im Herzen der Altstadt durch das Universitätsviertel bis zum Dom. Wer noch mehr sehen möchte, kann weiter bis zum Prämonstratenserkloster von Hradisko wandern.

Beginnen Sie auf dem Horní náměstí am **Renaissance-Rathaus (Radnice)** **1** und schauen Sie sich den Turm und die italienisch geprägte Loggia sowie das Portal an. Planen Sie Ihren Rundgang so, dass Sie zur vollen Stunde am Rathaus stehen, wenn die astronomische Uhr die Stunde schlägt.
Gehen Sie an der **Dreifaltigkeitssäule (Sousoší Nejsvětější trojice)** und dem **Theater** vorbei: Hier arbeitete Gustav Mahler 1883 drei Monate lang als Kapellmeister. Auf der anderen Seite des Platzes lädt das Café Mahler zum Verweilen ein – die Konkurrenz, das Café Caesar, nimmt einen sehr prestigeträchtigen Platz in den Gewölben im ersten Stock des Rathauses ein; beide Cafés locken mit Terrassen.

Eine aufwendige astronomische Uhr schmückt die Rathauswand. Die Mosaike zeigen entschlossene Arbeiter

Gehen Sie vom Horní náměstí in Richtung Süden zum Dolní náměstí, der von Renaissancehäusern gesäumt wird; achten Sie auf den **Hauenschild-Palast (Hauenschildův dům)** **2** an der Ecke (Nr. 27). Im Sommer kann man hier auf dem Platz in einem Biergarten ein kühles Bier genießen.
Kehren Sie zum Horní náměstí zurück, halten Sie sich aber am Uhrenturm rechts, und folgen Sie der Opletalova bis zur gotischen **Kirche St. Mauritius (Kostel sv. Mořice)** **3**. Werfen Sie einen Blick in das Innere, um die hoch aufragenden gotischen Pfeiler und das Gewölbe zu bestaunen. Vom Kirchturm hat man eine schöne Aussicht auf die Altstadt. Im Dezember verkaufen hier Händler Karpfen direkt aus riesigen Plastikwannen. Gehen Sie noch einmal zurück zum Horní náměstí, biegen Sie am Café Mahler links ab und dann gleich rechts in die Michalská. Sie führt zur barocken **Kirche St. Michaelis (Kostel sv. Michala)** **4**, die sich an ein Dominikaner-

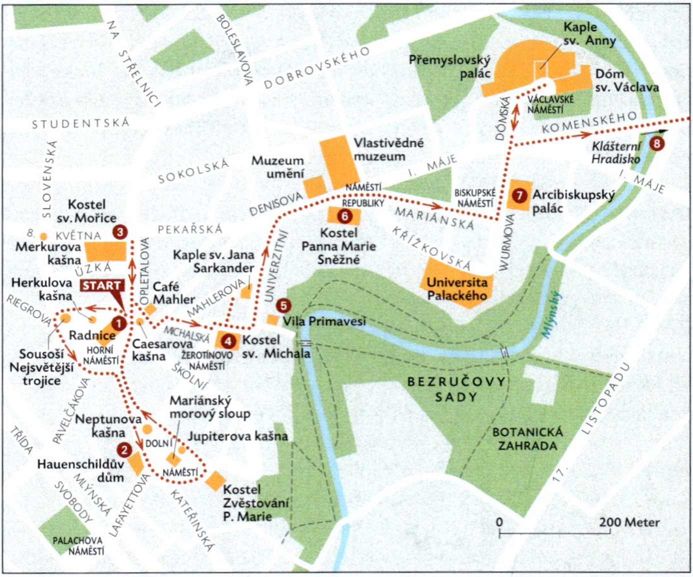

kloster schmiegt. Gehen Sie an der Kirche links vorbei, und nach 50 Metern sehen Sie die kleine, runde **Sarkanderkapelle (Kaple sv. Jana Sarkander)**. Kehren Sie zur St.-Michaelis-Kirche zurück, und folgen Sie den Schildern zur **Villa Primavesi (Vila Primavesi)** 5 . Gehen Sie weiter an einem herrschaftlichen Universitätsgebäude (17. Jh.) vorbei bis zur Denisova und der jesuitischen **Maria-Schnee-Kirche** (**Kostel Panna Marie Sněžné**, frühes 18. Jh.) 6. Sie überblickt den náměstí Republiky, wo das frühere Jesuitenkolleg liegt. Vom Postamt am náměstí Republiky führt die Mariásnká zum **Erzbischöflichen Palais** (**Arcibiskupský palác**) 7, das heute ein Teil der Palacký-Universität ist. Nördlich von Olomouc kann man das frühere **Prämonstratenserkloster von Hradisko (Klášterní Hradisko**) 8 besuchen, das eine etwa 1,6 Kilometer lange Wanderung vom Dom entfernt liegt: Gehen Sie auf der Komenského, der westlichen Verlängerung der Denisova, von der Altstadt weg, dann über zwei Brücken, und biegen Sie links auf eine Straße ab (ohne Namen). Bald sieht man in der Ferne das gelb-weiße Barockkloster schimmern. Heute dient es als Krankenhaus und ist für Besucher nicht zugänglich; man kann die Anlage aber im Innenhof auf sich wirken lassen.

Siehe Karte S. 306 B2
- **Horní náměstí**
- **3–4 Stunden**
- **4,5 Kilometer**
- **Kloster von Hradisko**

ROŽNOV POD RADHOŠTĚM (ROSENAU AM RADHOST) & DIE WALACHEI

Das Museumsdorf prägt die gesamte Ortschaft. Viele der Museumsgebäude stammen aus walachischen Dörfern in der Nähe der Beskiden (Beskydy).

Die Walachen sind ein Nomadenvolk, das von der Schafzucht lebt und auf seine kulturelle Tradition stolz ist. Der genaue Ursprung der Walachen ist unbekannt, möglicherweise stammt das Hirtenvolk von den rumänischen Walachen ab. Aufgrund ihrer eigentümlichen Sitten und Gebräuche wurden sie als Außenseiter betrachtet, ihre Kultur wurde im 17. Jahrhundert von den Habsburgern größtenteils ausgelöscht.
Das walachische Kerngebiet befindet sich in den Beskiden nordöstlich von Rožnov pod Radhoštěm, wo man in Dörfern wie **Štramberk (Stramberg)** Dutzende traditioneller, noch immer bewohnter Holzhäuser findet. Trotz ihrer zeitlosen Erscheinung wurden viele der Häuser im frühen 19. Jahrhundert in verschiedenen Baustilen errichtet. Der rekonstruierte gotische Burgturm (Trúba) in Štramberk bietet eine fantastische Aussicht über die Walachei. Andere, relativ unberührte Walachendörfer sind z. B. **Velké Karlovice** mit einer Holzkirche, Rathaus und Bauernhäusern sowie Nový Hrozenkov, Hovězí und Halenkov. Den hier gebrannten, starken Pflaumenschnaps, den Slibowitz, gibt es nicht nur in der Walachei, aber die Region gilt mit der großen Destille in Vizovice als das Zentrum.
Das Museumsdorf in Rožnov wurde 1925 als erstes Museum dieser Art eröffnet und ist bis heute mit über 90 Bauten – von Kirchen bis zu Schäferhütten aus dem 17.–20. Jahrhundert – das größte seiner Art in Mittel-

Das Freilichtmuseum zeigt originale Häuser, die im Laufe der Jahre nach Rožnov gebracht wurden

WALACHISCHE ARCHITEKTUR

Die typischen rustikalen Gebäude der Walachen zeugen von ihrer Vorliebe, robuste, unprätentiöse Nützlichkeit mit schmückenden Tischlerarbeiten zu kombinieren. Sie wurden meist aus heimischem Kiefern- und Tannenholz errichtet, Lücken wurden mit Lehm verspachtelt. Die einfachen Häuser boten erschwingliche, warme, wetterfeste Schutzräume für mehrere Generationen. Oft gab es nur eine Tür, und die Fenster wurden sehr klein gehalten, um die Bewohner vor dem langen, kalten, nassen Winter zu schützen. Solche Häuser stehen heute noch in vielen Dörfern. Einige hat man renoviert und mit modernen Annehmlichkeiten versehen.

europa. Die dunklen Holzhäuser bieten inmitten der Waldlandschaft einen wunderschönen Anblick.

Das Museum gliedert sich in drei Bereiche: Der erste ist das **Hölzerne Städtchen (Dřevěné městečko)**, der ursprüngliche Kern des Museums. Wer nur einen der drei Bereiche anschauen kann, sollte diesen Teil besuchen: Zu den beeindruckendsten Bauten zählen das hölzerne Rathaus von Rožnov (1770), eine Rekonstruktion einer Holzkirche aus Větřkovice (17. Jh.), ein Familienhaus von 1750 und eine Sammlung geschnitzter Bienenstöcke. Letztere mit ihren äußerst ausgefallenen geschnitzten Gesichtern sollte man auf keinen Fall versäumen. Das **Walachische Dorf (Valašská dědine)** versucht, das historische Dorf wieder lebendig werden zu lassen: Walachische Hirten halten das Vieh wie zu Zeiten ihrer Urväter. Pferdekutschen und Musikgruppen verbreiten viel Atmosphäre. Im Februar findet hier ein Karneval statt, der das Ende des Winters feiert. Anfang Juli strömen Texaner tschechischer Abstammung in den Ort, um eine Woche lang bei Kochwettbewerben und Rodeos zu feiern. Den neuesten Museumsbereich, das **Mühlental (Mlýnská dolina)**, muss man mit einer Führung besuchen. Hier sieht man eine Wassermühle, eine Säge- und eine Kornmühle. Die Führer tragen Bauernkleidung. Das Freilichtmuseum von Rožnov ist sicher eines der erfolgreichsten Museen in Tschechien, da es Besucher aller Altersgruppen anspricht. ■

ROŽNOV POD RADHOŠTĚM
307 D2
56 km östlich von Olomouc
Bus von Olomouc, Prag & Brno

Regionale Besucherinformation
Städtische Touristeninformation, Burian Museum, Zauličí 456, Štramberk
558 840 617
Mo geschl.
stramberk.info

Rožnov Besucherinformation
Masarykovo náměstí 128
571 661 111
roznov.cz

HRUBÝ JESENÍK (ALTVATERGEBIRGE)

Nördlich von Šternberk erheben sich die Berge des Hrubý Jeseník – die höchsten in Mähren –, die sich nach Osten bis zur polnischen Grenze entlang ziehen.

Die meisten Besucher erkunden das Gebirge von der Textilindustriestadt **Šumperk (Mährisch-Schönberg)** aus. Auf dem Hauptplatz steht eine Pestsäule, am südlichen Stadtrand liegt **Bludov**, ein weitläufiges Schloss mit zwei Türmen. Der ursprüngliche Renaissancebau wurde 1708 komplett zu einem Barockbau umgestaltet.

Von Šumperk aus geht es Richtung Norden zum Kur- und Ferienort **Velké Losiny (Groß-Ullersdorf)**, einem guten Ausgangspunkt für Bergwanderungen. Am Dorfeingang, inmitten eines schönen Parks, erhebt sich das bezaubernde, mit Sgraffiti verzierte **Renaissanceschloss**. Es gehörte einst der wohlhabenden Familie Žerotín, bis diese nach der Schlacht am Weißen Berg 1620 verjagt wurde. Während der Gegenreformation hielt man hier 15 Jahre lang Hexenprozesse ab – 56 unschuldige Opfer, denen man das »Schuldbekenntnis« mit Foltermethoden abgerungen hatte, wurden auf dem Scheiterhaufen verbrannt. An der Hauptstraße findet man links das **Papiermuseum**, neben der einzigen erhaltenen Werkstatt für handgemachtes Papier in Tschechien. Sie wurde hier 1516 von den Žerotíns gegründet, heute kann man ausgefallene Andenken kaufen.

Von Velké Losiny steigt die Straße in Richtung Norden an, schlängelt sich vorbei an Sägemühlen bis zum Gebirgspass; sie windet sich dann bis nach Jeseník (Freiwaldau) hinauf. Von beiden Straßenseiten aus sieht man die bis zu 1491 Meter hohen Berggipfel. Manche kann man auf Wanderpfaden von der Spitze des Passes, dem in 1010 Meter Höhe liegenden Červenohorské sedlo, aus erreichen. In den Dörfern fallen die meist grün gestrichenen Holzhäuser mit riesigen Giebeldächern und überhängenden Dachsimsen auf.

Jeseník selbst ist kein besonders anziehender Ort; doch oberhalb davon liegt das kleine Kurstädtchen **Lázně Jeseník**, das 1826 gegründet wurde und mit schönen Aussichten lockt. Die Naturquellen verteilen sich rund um den Kurort; die reizvolle Landschaft lädt zu Spaziergängen ein.

Ein noch kleinerer Kurort wartet etwas weiter westlich: **Lipová-Lázně (Nieder Lindewiese)**. Fahren Sie auf der Straße 60 nördlich zu den als **Jeskyně na Pomezí** bekannten Tropfsteinhöhlen, dann weiter nach Norden bis zum Dorf **Žulová**, wo man im 19. Jahrhundert eine Festung in einen Kirchturm umbaute.

Südlich von Jeseník führt die schöne Straße 450 durch die Wälder bis zum reizvollsten historischen Heilbad der Gegend, **Karlova Studánka**. Die 1785 gegründete Stadt ist wegen ihrer kühlen Quellen mit hohem Eisengehalt

Luxushotels heißen Gäste in Karlova Studánka und anderen Kurorten im Altvatergebirge willkommen

bekannt; zweifellos ist dies der beste Urlaubsort in den Bergen – es gibt hier hübsche Holzgebäude und idyllische Gärten. In einer Höhe von 775 Meter dient es auch als perfekte Ausgangsbasis für Wanderungen zum höchsten Berg der Region, dem Praděd (1491 m), und zu den Wasserfällen am Fluss Bílá Opava.

In den unteren Bergregionen liegt **Bruntál (Freudenthal)**: Das riesige, gelb-weiße **Barockschloss** des Deutschritterordens hat ein Eingangsportal mit palastähnlichen Ausmaßen (um 1760) und ein verschwenderisch möbliertes und mit Fresken geschmücktes Inneres. ■

ALTVATERGEBIRGE

306 B4

Zug von Olomouc oder Opava nach Jeseník

Besucherinformation

Palackého 2/1341, Jeseník

584 49 81 55

jesenik.org

SCHLOSS VELKÉ LOSINY

Mai–Sept. Mo; April & Okt. Mo–Fr; Nov.–März geschl.

Führung: €€

zamek-losiny.cz

Wie das Volk der Roma, oft auch als »Zigeuner« gebrandmarkt, nach Mitteleuropa kam, ist ungewiss; wahrscheinlich stammen die Roma ursprünglich aus Indien und wanderten im späten Mittelalter Richtung Westen. In der kommunistischen Tschechoslowakei waren sie so sehr an den gesellschaftlichen Rand gedrängt, dass sie nicht einmal bei Volkszählungen erfasst wurden.

Roma-Gemeinden gibt es zwar überall in Tschechien, auch in Prag, doch die meisten Roma leben in den nordmährischen Industriestädten. Sie waren gezwungen, aus ihren traditionellen ländlichen Siedlungen hierher zu ziehen, um nach dem Ersten Weltkrieg die stark reduzierte Arbeiterschaft zu ersetzen. Ähnliches passierte nach 1945, als sie in all die Gegenden, die auf Grund der Vertreibung der großen deutschen Bevölkerungsanteile aus Böhmen keine Einwohner mehr hatten, zwangsumgesiedelt wurden. Im Zweiten Weltkrieg wurden 90 Prozent der tschechischen Roma deportiert und ermordet.

Noch heute findet man kaum jemanden im Land, der sich positiv über die Roma äußern würde: Selten beschäftigen Arbeitgeber Roma in festen Arbeitsverhältnissen, wirkliche Karrierechancen hat kaum einer. Sie werden als angebliche Trinker und Diebe verachtet, gleichzeitig aber als gefühlvolle Musiker und Wahrsager romantisiert. Viele der Vorurteile über Roma stellen eine Form der Rassendiskriminierung dar – das dürfte den verabscheuungswürdigen, in den 1970er Jahren teilweise umgesetzten Plan erklären, nach dem Roma-Frauen zwangsweise sterilisiert werden sollten, um die Geburtenrate zu drücken.

In der kommunistischen Ära wurde gleichwohl der Versuch unternommen, die Roma in die Gesellschaft zu integrieren: Dies geschah allerdings durch

Romafrauen und -kinder kleiden sich prächtig für ein Festival in Brno

Unterdrückung ihrer Sprache und Einengung ihrer traditionell nomadischen Lebensweise. Die Assimilierung war daher nur teilweise erfolgreich, sodass es auch heute noch große Roma-Gemeinden gibt, die an ihren überlieferten Traditionen festhalten.
Aufgrund der bestehenden Vorurteile gegen die Roma ist diesen durchaus bewusst, dass sie eine Verbesserung ihrer Lebensbedingungen, der Alphabetisierungsquote und der Arbeitschancen nur durch eigene Anstrengung erreichen können – denn kaum ein Politiker kümmert sich ernsthaft um ihre Anliegen, da sich damit kein politischer Gewinn erzielen lässt. Die Arbeitslosenrate unter den Roma liegt heute bei schätzungsweise 70 Prozent.

Bei den Roma gibt es viele künstlerische Talente

MENSCHENRECHTE & ROMA

Vor nicht allzu langer Zeit blamierte sich die Tschechische Republik in der Frage der Integration der Roma: 1998 errichtete man in Ústí nad Labem eine Mauer, um diese Minderheit von den anderen Bewohnern der Stadt zu trennen. Der vom Bürgermeister ausgeheckte Akt war nicht von langer Dauer, aber noch immer gibt es in Sachen Menschenrechte viel zu tun. Angriffe von Neonazis auf Roma haben neue Rekordhöhen erreicht, und viele bezweifeln, dass Polizei und Staatsanwaltschaft das Problem ernst nehmen. 2009 veröffentlichte die Roma-Organisation Dženo eine Studie, nach der sich zwar die Unterstützung von Kultur und Sprache der Roma positiv entwickelt, ihre Wohn- und Arbeitsbedingungen sich jedoch verschlechtern und der »Extremismus alarmierend angestiegen« ist. Laut Ivan Veselý von der Europäischen Vereinigung für Roma-Bürgerinitiativen trägt die Verantwortung dafür vor allem der Staat. Als Beweise gibt er einen Anstieg von Roma-Ghettos und Anti-Roma-Statements an. Die Prager Menschenrechtsverfechterin Gwendolyn Albert verweist auf Untersuchungen des Erziehungsministeriums, die zeigen, dass trotz der Aufmerksamkeit, die die Integration in Schulen erfährt, »ein Drittel aller Roma in Schulen für geistig Behinderte unterrichtet werden, häufig aufgrund einer falschen Einschätzung ihrer Fähigkeiten«. Albert sagt, dass in einer Zeit, in der Europa zwei Jahrzehnte Freiheit und hart erkämpfter Bürgerrechte seit dem Fall der Berliner Mauer feiert, eine Gruppe deutlich im Stich gelassen wird.

BOUZOV (BUSAU) & PLUMLOV (PLUMENAU)

Beide Städte sind aus verschiedenen Gründen interessant.

Nur ein Schlossflügel in Plumlov wurde vollendet

BOUZOV

Bouzov ist ein Gewirr von 18 Türmen und Türmchen, steilen Dächern, Balkonen über gefährlichen Tiefen und einer Zugbrücke – dicht gedrängt um einen Bergfried.

Die original erhaltene Festung aus dem 14. Jahrhundert wurde unter Georg von Poděbrady zum königlichen Besitz. 1696 erwarb es der Johanniterorden, um es als Hauptquartier zu nutzen. Die Burg wurde von den Ordensrittern im späten 19. und frühen 20. Jahrhundert im Stile der Neugotik umgestaltet, der Orden 1939 jedoch abgeschafft und die Burg von den Nationalsozialisten übernommen. Heute kann man die Burg auf drei Führungen besuchen. Am besten ist die einstündige Tour 1; zwar ist die Führung 2 detailreicher, dauert aber auch viel länger. Führung 3 zeigt nur den Turm. Das Burginnere wirkt wie ein Traum aus dem Mittelalter, mit Ritterrüstungen, schweren Holzmöbeln und -decken. Einige der Schlafzimmer sind erstaunlich kostbar eingerichtet.

PLUMLOV

Rund 32 Kilometer südöstlich von Bouzov lockt ein weiteres außergewöhnliches Gebäude, das schwindelerregend hohe Schloss Plumlov. Der Architekt des Baus aus dem 17. Jahrhundert war Fürstbischof Karl Eusebius von Liechtenstein-Kastelkorn, ein Mitglied der Besitzerfamilie. Das lang gezogene Schloss ist so schmal gebaut, dass man fast Angst hat, ein Windstoß könnte es zum Umkippen bringen. Der Grund dafür: Der Bischof beendete nur den Bau eines der insgesamt vier geplanten Flügel. ■

BOUZOV
306 A3
585 34 62 02
Mai–Sep. Mo; Apr. & Okt. Mo–Fr; Nov.–März geschl.
€€€
Bus von Olomouc
hrad-bouzov.cz

PLUMLOV
306 B2 & 275 E3
774 30 21 63
zamek-plumlov.cz

BESICHTIGUNG EINES KOHLEBERGWERKS

Lignit war für den Aufstieg der Region von der ländlichen Provinz zur fortschrittlichsten Industriemacht des österreichisch-ungarischen Reichs von entscheidender Bedeutung und sorgte in kritischer Zeit für Böhmens und Mährens Wohlstand und Handelsvermögen. Besonders in den 1930er Jahren blickte die wachsende nationalsozialistische Kriegsmaschinerie hungrig auf die tschechische Kohle- und Stahlproduktion, um damit ihren riesigen Bedarf zu stillen.

ERBE VERSUS BRENNSTOFF

Überall auf der Welt übertrumpften in Ländern mit großen Kohlevorkommen Profit und Nutzen alle Sorgen um das kulturelle Vermächtnis und eine gesunde Umwelt. Bis heute gibt es Kontroversen über Pläne, historische Orte wie Horní Jeřetín zu verlagern oder einzuebnen, um Platz für Bergwerke zu schaffen. Vor der Samtenen Revolution beseitigte der Staat Dutzende von Dörfern und Städten, wenn sie dem industriellen Fortschritt im Weg standen.

Russland droht immer öfter, die Erdgaslieferungen nach Europa einzustellen, falls Moskau sich von unliebigen politischen Entwicklungen gekränkt fühlen sollte. Diese Tatsache sowie die Fortschritte in sauberer Kohlen- und Kohlenstoffrückgewinnungs-Technologie haben den Appetit auf die reichen Lignitlager unter tschechischem Boden vergrößert.

BERGWERK ANSELM

Beim Besuch im stillgelegten Anselm-Bergwerk des Kohlegiganten OKD in Ostrava gewinnt man einen Eindruck von der harten, gefährlichen Arbeit, mit denen Tausende ihren Lebensunterhalt verdienten, aber auch von der Realpolitik der Energiesicherheit in Mittel- und Osteuropa.

Bei der Fahrt in einem ächzenden Aufzug den Schacht hinunter zu den Tunneln des **Bergbaumuseums Landek Park** *(Pod Landekem 64, Ostrava-Petřkovice, 5 km von Ostrava, Tel. 596 131 804, landekpark.cz, €€€)* ist Klaustrophobie fast unausweichlich – und sie wird noch schlimmer, wenn man die Kriechtunnel sieht, in denen die Arbeiter manchmal den ganzen Tag schufteten. Dieses einzigartige Museum, das 1993 eröffnet wurde, als viele Industriegiganten im Land schließen mussten, liegt in einem Gebiet, das heute viel sauberer ist als die Jahrhunderte zuvor. Seit 1782 wurde hier Kohle als billiger Energielieferant und Brennstoff gewonnen.

Im Anselm-Bergwerk, von der Erzdiözese Olomouc einst Ferdinand getauft, wurden 1835 neue tiefe Tunnel gegraben – die ersten in der Region von signifikanter Tiefe. 1991 wurde die Arbeit eingestellt. Als das Museum am Tag der hl. Barbara, der Schutzpatronin der Bergarbeiter, eröffnet wurde, wurde der frühere Betrieb zum Kulturdenkmal.

FULNEK

Das im Zweiten Weltkrieg stark zerstörte Fulnek ist mit Bedacht wiederaufgebaut worden: Hübsche Häuser säumen den Hauptplatz. Der tschechische Nationalphilosoph Johann Amos Comenius (Jan Komenský) unterrichtete 1618 bis 1621 an der hiesigen lutherischen Universität (heute rekonstruiert). An einer Seite des Platzes erhebt sich die **Barockkirche** elegant zwischen dem Grün des bewaldeten Hangs. Auf dem Hügel ragt die etwas heruntergekommene barocke **Stadtburg** empor, die 1810 nach einem großen Brand renoviert wurde.

307 D3 20 km südlich von Opava über die Straße 57

HRADEC NAD MORAVICÍ (GRÄTZ)

Schon seit dem 10. Jahrhundert wachte eine Festung über das Städtchen. Der Ort gehörte seit 1777 der fürstlichen Familie Lichnowsky; in seiner Blütezeit besuchten Komponisten wie Beethoven, Liszt und Paganini das neoklassizistische **Schloss**. Im 19. Jahrhundert umgab eine mit Zinnen bewehrte Mauer aus roten Ziegelsteinen die Stadt.

307 D3 8 km südlich von Opava über die Straße 57
Schloss Mai–Sept. Mo; April, Okt. & Dez. Mo–Fr geschl.
Besucherinformation: Padolská 156 778 700 071 muhradec.cz

HUKVALDY (HOCHWALD)

Tschechiens bedeutender Komponist Leoš Janáček (1854–1928) wurde in Hukvaldy geboren, einer gepflegten Stadt; unterhalb der Ruinen einer mittelalterlichen **Burg** liegt ein Wildpark. Seine Geburtsstätte war die Dorfschule, in der sein Vater unterrichtete; doch das dem Komponisten gewidmete **Museum** liegt in dem Haus, in dem er seine letzten Lebensjahre verbrachte. Das Haus findet man, indem man am Burgeingang nach links geht und der Gasse 300 Meter hinunter folgt.

307 E2 6 km östlich von Příbor. Östlich auf der Straße 48, dann südlich auf der Straße 486 Schloss: nur Apr.–Okt. Sa, So u. Feiertage geöffnet € Janáček-Museum: Apr.–Okt. Mo geschl., restl. Jahr nur nach Vereinbarung €

KOPŘIVNICE (NESSELSDORF)

Nördlich von Rožnov pod Radhoštěm (siehe S. 312 f.) liegt die unansehnliche Stadt, die vor allem durch riesige Fabriken geprägt wird, in denen seit 1897 Tatra-Autos hergestellt werden. Das **Tatra-Museum** ist ein auffallender, blau-weißer Bau, der die Geschichte des Unternehmens dokumentiert und die Leistungen des von hier stammenden Olympiateilnehmers Emil Zátopek (1922–2000) würdigt.

307 D2 19 km nördlich von Rožnov pod Radhoštěm über die Straße 58
Tatra-Museum: Záhumenní 367/1 Mo geschl. €

NOVÝ JIČÍN (NEUTITSCHEIN)

Die Stadt liegt im Herzen der als »Kuhländchen« (Kravařsko) bekannten Gegend, die von – wen wundert es – der Rinderhaltung geprägt war. Die weitläufige Stadt hat einen reizvollen, von Arkaden eingerahmten Hauptplatz mit einer Mariensäule (1710). Im wiederaufgebauten **Renaissanceschloss** auf der Lidická gibt es einige Museen; eines davon widmet sich Hüten, auf deren Herstellung sich die Stadt seit 1799 spezialisiert hat.

307 D2 13 km westlich von Příbor über die Straße 48
Bus von Prag und regelmäßige Verbindungen von Olomouc
Hut-Museum: Mo geschl. €

OPAVA (TROPPAU)

Die frühere schlesische Hauptstadt war zunächst österreichisch und wurde dann tschechisch. Im Dreißigjährigen Krieg wie auch im Zweiten Weltkrieg wurde die Industriestadt stark zerstört. In der Nähe des Horní náměstí steht die **Pfarrkirche Mariä Himmelfahrt** (14. Jh.), ein typisches Beispiel norddeutscher Backsteingotik. Der Rathausturm (Hláska) geht auf das Jahr 1618 zurück. Zwei Blocks hinter der Kirche liegt die Masarykova mit Patri-

Das hervorragende Tatra-Museum in Kopřivnice ist ein Muss für Automobilfans zierhäusern wie dem heruntergekommenen barocken Palais Blücher, heute eine Zweigstelle des Schlesien-Museums, sowie die wunderschön restaurierte, verspielte Fassade des Palais Sobek, heute eine Bank. Gegenüber liegt die **Heiliggeistkirche (Kostel sv. Ducha)** mit einer einnehmenden Barockfassade, die holländischen Stufengiebeln ähnelt, und einem neoklassizistischen Minoritenkonvent. Das Hauptgebäude des **Schlesischen Regionalmuseums**, 1814 gegründet, findet man am Rand der Altstadt.

307 D4 · 32 km nordwestlich von Olomouc auf der 46 über Šternberk · Zug von Olomouc
Schlesisches Regionalmuseum: · Nádražní okruh 31 · Mo geschl.

OSTRAVA (OSTRAU)

Unweit der polnischen Grenze dehnt sich die große Industriestadt Ostrava aus, die Heimat von Tennisstar Ivan Lendl. Kohle fand man hier schon um 1760, Minen untertunneln heute die ganze Stadt. Aufgrund der gefährlich dicht am Stadtzentrum gebauten Gießereien, die bis Ende des 20. Jahrhunderts fast alle geschlossen worden sind, war die Luftverschmutzung einst gesundheitsgefährdend hoch, jetzt ist sie zurückgegangen. Abgesehen vom Rathausturm (1687) am Hauptplatz, dem Masarykovo náměstí, gibt es wenig Spannendes zu besichtigen – obwohl dies die drittgrößte tschechische Stadt ist. Das **Bergbaumuseum Landek Park (Hornické muzeum)** ist allerdings sehr interessant: Es liegt im nördlichen Vorort Pod Landekem in einer ehemaligen Kohlengrube; Besucher können sogar selbst in den Kohleschacht hinabsteigen. (siehe Special S. 319). Mit dem Auto fährt man die Skolská nach Norden (3 km), folgt den Schildern zum Museum, das rechts liegt, wenn man die Odra überquert.

Das Bergbaumuseum Landek Park macht Industriegeschichte erlebbar.

307 E3 · 160 km nordöstlich von Brno über die E462, dann die Straße 47. Zug und Bus von Prag
Besucherinformation:
Jurečkova 12 · 596 12 39 13
ostravainfo.cz
Bergbaumuseum Landek Park:
Pod Landekem 64 · 596 131 804
Führung: €€€ landekpark.cz

PŘÍBOR (FREIBERG)

Příbor ist die Geburtsstadt von Sigmund Freud (1856–1939), dem Vater der Psychoanalyse, der hier in der Freudova Nr. 117 das Licht der Welt erblickte. Die Stadt hat dies merkwürdigerweise lange verschwiegen, bis man Freud 1994 mit einer Büste zwischen dem Hauptplatz und der früheren Universität, in der das Stadtmuseum untergebracht ist, ehrte. Hier widmet sich ein Raum Sigmund Freud, zeigt aber wenig mehr als bekannte Fotos und Bücher. In den späten 1990er Jahren benannte die Stadt ihren hübschen Hauptplatz endlich nach ihrem berühmtesten Sohn um.

307 D3 33 km südwestlich von Ostrava über die Straße 58
Museum: Mo, Mi & Fr–Sa geschl.
€

INSIDERTIPP

Sigmund Freuds Geburtshaus in Příbor in der ehemaligen Zamečnická-Straße verpasst man leicht, denn die heutige Adresse – Freudova 177 – gibt keine Hausnummer an, sondern eine zweite Ortskennzahl.

WILL TIZARD
NATIONAL GEOGRAPHIC-MITARBEITER

ŠTERNBERK (STERNBERG)

Die Stadt mit ihrer historischen Altstadt und einer **Burg** wurde im 13. Jahrhundert von der gleichnamigen Familie gegründet und um 1880 weitgehend in einem neugotischen Stil umgebaut. Gleichwohl haben Reste der mittelalterlichen Wälle und eine hoch aufragende gotische Kapelle (mit gotischen Mosaiken) überlebt. Das Innere ist spärlich eingerichtet, verfügt aber über einige mittelalterliche Exponate aus Olomouc.

306 B3 15 km nördlich von Olomouc über die Straße 46
Burg: Horní náměstí 6 585 01 29 35 Mai–Sept. Mo, April & Okt. Mo–Fr, Nov.–März geschl. €€–€€€€ **hrad-sternberk.cz, hradceskysternberk.cz**

SVATÝ KOPEČEK (HEILIGER BERG)

Direkt neben der Straße 46 liegt die Burg des italienischen Architekten Giovanni Tencalla (17. Jh.) auf dem sogenannten Heiligen Berg. Mit ihrer Fassade erinnert sie sowohl an einen Barockpalast als auch an eine Kirche. Das Innere der gelb-weißen **Wallfahrtskirche** ist eine Augenweide aus fliederfarbenem Marmor, Stuck und Deckenfresken.

306 C3 5 km nordöstlich von Olomouc über die Straße 46

20
9 3 7 6

REISEINFORMATIONEN

‹ Straßenbahn in Prag

REISEPLANUNG

REISEZEIT

Prag ist das ganze Jahr über ein interessantes Reiseziel, doch der Spätfrühling und der Sommer sind in vielerlei Hinsicht die beste Reisezeit. Es ist im Allgemeinen warm, manchmal sogar heiß, und man kann in Restaurants und Cafés auf der Terrasse sitzen. Wenn Sie ein Freund der Musik und der darstellenden Künste sind, sollten Sie Prag während des jährlichen Musikfestivals »Prager Frühling« in der zweiten Maihälfte besuchen; Vorbestellungen sind dann allerdings dringend anzuraten.

Ein Nachteil eines sommerlichen Pragbesuchs ist der große Besucherandrang. Sie sollten deshalb Ihren Aufenthalt lange im Voraus planen und so früh wie möglich eine Unterkunft reservieren. Einmal in Prag angekommen, kann es Ihnen gut passieren, dass die besten oder beliebtesten Restaurants für Tage im Voraus ausgebucht sind. Im Juli und August muss man mit häufigen Niederschlägen rechnen, die Temperaturen können sehr hoch liegen.

Der große Vorteil eines Besuchs außerhalb der Hauptsaison besteht darin, dass weniger Touristen in der Stadt sind und die Hotelpreise in der Zeit zwischen November und Mai im Allgemeinen deutlich gesenkt werden. In den wichtigen Opern- und Konzerthäusern Prags finden das ganze Jahr über Opernaufführungen und Sinfoniekonzerte statt, die Höhepunkte des Kulturprogramms liegen aber im Herbst und Winter.

Was den Rest des Landes betrifft, sollte man eine spätherbstliche oder winterliche Reise durch die ländlichen Gebiete Böhmens und Mährens möglichst vermeiden. Das Wetter ist dann unzuverlässig, zum Zweiten haben viele Sehenswürdigkeiten in den Wintermonaten geschlossen. Burgen, Schlösser und andere Sehenswürdigkeiten haben von Mai bis September meist täglich geöffnet, im April und Oktober immerhin am Wochenende. Die meisten Sehenswürdigkeiten und Museen – mit wenigen Ausnahmen wie Burg Karlstein – schließen von November bis März. Von Dezember bis Februar liegt auf dem Land häufig Schnee, sodass Autoreisen nicht ungefährlich sind.

Weihnachten in Prag kann ein schönes Erlebnis sein. Es gibt Märkte im Freien, Clowns und Gaukler in den Straßen und oft auch den nun willkommenen Schnee. Häufig ist die Stadt dann so voll wie im Hochsommer, viele Hotels erhöhen in der Weihnachtssaison ihre Preise.

KLIMA

Aufgrund seiner Ausdehnung von Osten nach Westen und der Höhenunterschiede ist Tschechien klimatisch ein Flickenteppich. Im Allgemeinen wird das Klima immer rauer, je weiter man nach Osten in Richtung Mähren fährt, während Böhmen ein gemäßigteres, mit Süddeutschland vergleichbares Klima aufweist. Der Sommer kann recht heiß, der Herbst sehr schön und der Winter zuweilen sehr hart werden.

Auch die Niederschlagsmenge variiert. Der jährliche Niederschlag in Prag beträgt 487 Liter pro Quadratmeter, wobei Juli und August am feuchtesten sind und der Februar der trockenste Monat ist. Prag besitzt ein besonders mildes Klima mit einer Jahresdurchschnittstemperatur von 9 °C. Selbst im Winter fällt das Thermometer nur selten unter 0 °C, obwohl es manchmal auch über mehrere Tage sehr kalt sein kann. Gegen Ende Oktober sinken die Temperaturen rapide, besonders Januar und Februar können sehr ungemütlich sein. Im Juli beträgt die Durchschnittstemperatur 19 °C, im Februar 1,8 °C.

Das Klima Mährens ist zweigeteilt. Der Norden ist aufgrund des Fehlens schützender hoher Berge deutlich feuchter als Böhmen. Der Süden hingegen ist mit dem langen, warmen Herbst eine Weinbauregion.

NICHT VERGESSEN

Prag ist eine moderne Stadt mit modernen Geschäften. Wenn Sie spezielle Medikamente benötigen, sollten Sie diese aber mitbringen. Bei der Kleidung sollten Sie auf Extreme vorbereitet sein, vor allem im Winter, wenn es sehr mild, genauso aber auch sehr kalt sein kann. Denken Sie an Schuhe, die Regen und Matsch standhalten. Im Sommer sollte leichte Kleidung ausreichen.

VERSICHERUNGEN

Obwohl Reisen in Tschechien nicht mit besonderen Risiken verbunden sind, empfiehlt sich der Abschluss einer Reiseversicherung. Ihr Reisebüro kann Sie beraten, obwohl Versicherungen dort meist eher teuer sind. Wenn Sie mit einer der bekannten Kreditkarten buchen, sind normale Risiken meist abgedeckt.

DIEBSTAHL

Bei Diebstahl oder anderen Straftaten sollten Sie umgehend bei der Polizei Anzeige erstatten. Achten Sie darauf, dass Sie eine Kopie der Anzeige erhalten, die Sie später Ihrer Versicherung vorlegen müssen.

MEDIKAMENTE

Sammeln Sie alle Rechnungen für medizinische Behandlungen. In der Tschechischen Republik werden Ausländer in Notfällen kostenlos behandelt. Liegt jedoch kein Notfall vor, wird die Behandlung in Rechnung gestellt. Es ist aus diesem Grund sinnvoll, eine Reisekrankenversicherung abzuschließen.

AUTO

Wenn Sie mit dem eigenen Wagen reisen, sollten Sie sich von Ihrer Versicherung vorher eine grüne Versicherungskarte ausstellen lassen.

EINREISEBESTIMMUNGEN

Für die Einreise in die Tschechische Republik benötigen deutsche, österreichische und Schweizer Touristen einen gültigen Personalausweis oder Reisepass. Für Kinder ist ein eigener Kinderausweis mit Lichtbild erforderlich.

LESETIPPS

Wenn Sie meinen, die Werke Franz Kafkas seien die ideale literarische Einstimmung auf Prag, liegen Sie falsch. Stimmen Sie sich auf Ihre Prag- oder Ihre Tschechienreise mit den Romanen von Milan Kundera, Josef Švorecký, Ivan Klima und Bohumil Hrabal ein. Hrabals »Ich habe den englischen König bedient« ist ein moderner Klassiker. Ein älteres, sehr unterhaltsames tschechisches Werk sind »Die Abenteuer des braven Soldaten Schwejk« von Jaroslav Hašek.
Václav Havel war nicht nur der ehemalige Präsident des Landes, sondern auch sein bedeutendster Dramatiker und Essayist. Bände wie »Briefe an Olga«, in den späten 70er Jahren aus einer Gefängniszelle geschrieben, geben einen tiefen Einblick in die kommunistische Tschechoslowakei. Timothy Garton Ash ist der wohl beste moderne Chronist der zentraleuropäischen politischen Szenerie (»Ein Jahrhundert wird abgewählt: Aus den Zentren Mitteleuropas 1980–1990«). Peter Demetz bietet in »Prag in Schwarz und Gold« eine detaillierte Kulturgeschichte der Stadt.

ANREISE

MIT DEM FLUGZEUG

Die meisten Flugreisenden landen am Václav Havel Airport, 19 Kilometer vom Stadtzentrum Prags entfernt. Informationen in Englisch erhalten Sie unter *Tel. 220 113 321* (innerhalb des Landes), andere Informationen bekommen Sie unter *Tel. 220 113 314* oder auf der Internetseite *csa.cz* der tschechischen Fluggesellschaft ČSA. Der Flughafen ist modernisiert worden, es dürfte bei Einreise oder Gepäckabfertigung keine größeren Verzögerungen geben.

Die staatliche tschechische Fluggesellschaft heißt ČSA, aber auch andere Fluglinien bieten regelmäßige Flüge von vielen europäischen Städten, wie z. B. Berlin, Düsseldorf, Frankfurt a. M., Wien, Innsbruck und Zürich, nach Prag an.

Transfer in die Innenstadt Prags

Čedaz, der öffentliche Shuttelbus *(Tel. 220 116 758, cedaz.cz)* bringt Sie für 130 Kč alle 30 Minuten zur V Celnice Straße in der Innenstadt. Die Expressbusse bringen Sie inklusive Gepäck zur Revoluční trída nahe dem Stadtzentrum. Fahrscheine bekommt man bei den Zeitschriftenständen im Flughafen. Bei der Buchung Ihres Hotels sollten Sie darauf achten, ob das Hotel einen eigenen Transitservice vom Flughafen anbietet. Sie können auch den lokalen Bus Nr. 119 bis zum Endpunkt bei Dejvická nehmen. Von hier aus ist es nur noch eine kurze U-Bahn-Fahrt in die Innenstadt. Die Fahrscheine an der U-Bahn-Station kosten 24 Kč für eine Kurzstrecke oder 32 Kč für eine einfache Fahrt (maximal 90 Minuten) oder 110 Kč für eine Tageskarte (gültig für alle öffentlichen Verkehrsmittel). Dies ist bei Weitem die günstigste Fahrgelegenheit, es kann aber recht langwierig sein.

Am schnellsten gelangt man mit dem Taxi vom Flughafen in die Stadt. Prags Taxifahrer sind jedoch – trotz wiederholter Versuche, verbindliche Fahrpreise durchzusetzen – häufig um ihren eigenen Vorteil bemüht. Aus diesem Grund sollten Sie den Fahrpreis vor Fahrtantritt vereinbaren, für die Fahrt in die Stadt müssen Sie mit etwa 300 Kč rechnen.

MIT DEM ZUG

Prag besitzt vier Bahnhöfe (nádraži Holešovice, Hlavní nádraži, Masarykovo nádraži und Smíchovské nádraži), die alle Anschluss an die U-Bahn haben. Sie sollten darauf achten, an welchem Bahnhof Sie ankommen. Zuginformationen erhalten Sie unter *Tel. 221 111 122* oder *840 112 113.*

MIT DEM AUTO

Wenn Sie mit dem Auto nach Prag reisen, sollten Sie unbedingt daran denken, dass das Parken in der Innenstadt streng reglementiert ist und die Schilder für Ausländer nicht immer leicht verständlich sind. Viele Hotels verfügen über eigene Parkplätze oder können nahe gelegene sichere Parkmöglichkeiten vermitteln. Sie müssen damit rechnen, für einen Parkplatz 200–700 Kč pro Tag zu zahlen.

MIT DEM BUS

Es gibt zahlreiche Anbieter, die von vielen europäischen Großstädten aus Busreisen vor allem nach Prag veranstalten. Erkundigen Sie sich am besten in Ihrem Reisebüro.

UNTERWEGS IN TSCHECHIEN

PRAG

Mit öffentlichen Verkehrsmitteln

Prag besitzt ein effizientes System öffentlicher Verkehrsmittel, das U-Bahnen, Straßenbahnen und Busse umfasst. Fast alle Sehenswürdigkeiten sind leicht mit den häufig verkehrenden Straßen- und U-Bahnen zu erreichen. Selbst nachts existiert ein reduzierter Fahrplan, sodass Sie nur selten auf Taxis angewiesen sein werden.

Es ist wichtig, dass Sie sich vor Reiseantritt einen gültigen Fahrschein kaufen. Es sind viele Kontrolleure in Zivil unterwegs, die eine auf der Stelle zu bezahlende Strafe von 400 Kč verhängen, wenn Sie schwarzfahren. Die Tickets gelten zwischen einer halben und anderthalb Stunden und müssen entwertet werden, wenn Sie eine U-Bahn-Station betreten oder in eine Straßenbahn oder einen Bus einsteigen. Sie bekommen die Fahrscheine in Tabakläden und an Schaltern in den Stationen. Eine Alternative sind eine 24-Stunden-Karte für 110 Kč oder eine 3-Tage-Karte für 310 Kč. In allen Stationen hängen Pläne der U-Bahn und der Straßenbahn aus; sie sind teilweise auch an den Schaltern in den Stationen erhältlich.

U-Bahn (Metro)
Die Züge der drei Prager Linien verkehren häufig und fahren die meisten wichtigen Punkte an. Es gibt drei Linien (siehe Karte hinten): A (grün), B (gelb) und C (rot). Die Züge fahren von etwa 5 Uhr morgens bis Mitternacht.

Straßenbahn
Da die Rolltreppenfahrt hinunter zur U-Bahn recht lange dauern kann, geht es mit der Straßenbahn zuweilen schneller. Im Gegensatz zur Metro fahren Trams und Busse auch in der Nacht. Aber die Nacht-Trams 51–58 sind oft überfüllt und fahren nicht allzu häufig. An den Wochenenden von März bis November fährt die historische Straßenbahn Nr. 91 eine Nostalgiefahrt durch das Stadtzentrum. Der Fahrpreis beträgt 35 Kč.

Bus
Die Busse fahren häufig von den U-Bahn-Stationen ab und steuern Ziele in den Vororten wie den Flughafen, Schloss Troja und das Palais Sternberg an.

Mit dem Taxi
Erkundigen Sie sich in Ihrem Hotel nach dem angemessenen Preis für eine geplante Fahrt; vereinbaren Sie dann im Voraus mit dem Fahrer einen Preis, oder bestehen Sie darauf, dass das Taxameter läuft (was viele Fahrer nicht mögen). Verlangen Sie eine Quittung.
Taxiunternehmen sind beispielsweise City Taxi *(Tel. 257 257 257)* oder AAA *(Tel. 222 333 222)*.

Zu Fuß
Im Stadtkern kommt man häufig zu Fuß am schnellsten voran. Vom Hradschin bis zur Altstadt benötigt man ungefähr 15 Minuten, ähnlich weit ist die Entfernung zwischen dem Platz der Republik und dem Nationalmuseum.

TSCHECHISCHE REPUBLIK

Mit Bus & Zug
Tschechien hat ein gut entwickeltes Eisenbahn- und Bussystem, das die wichtigen Städte miteinander verbindet. Besonders die Züge können aber sehr langsam sein. Busse sind häufig eine gute Alternative bei Tagesausflügen von Prag aus, z. B. zu Zielen wie Kutná Hora, aber nicht geeignet, um das gesamte Land zu bereisen. Studenten, Lehrer und alle unter 26-Jährigen können den tschechischen Flexipass erwerben. Informationen über Čedok, Na Příkope 18, *Tel. 800 112 112* oder *221 447 242*, *cedok.com*.

Mit dem Auto
Wenn in Ihrem Führerschein kein Foto ist, empfiehlt es sich, einen Internationalen Führerschein zu beantragen. Sie sollten ferner eine grüne Versicherungskarte und Ihre Fahrzeugpapiere dabeihaben; das gilt für Reisen mit dem eigenen Wagen, nicht aber für Mietwagen. Beachten Sie, dass in Tschechien für Autofahrer die Null-Promille-Grenze gilt. Die Geschwindigkeitsbegrenzungen reichen von 30–50 km/h in Ortschaften bis zu 90 km/h außerhalb geschlossener Ortschaften und 110–130 km/h auf der Autobahn. Sicherheitsgurte sind vorgeschrieben, das ganze Jahr über müssen Sie mit Licht fahren. In Städten mit Straßenbahnen haben diese stets Vorfahrt. Kraftfahrer müssen ein Set mit Ersatzglühbirnen für das Fahrzeug mitführen.
Wenn Sie eine Autobahn benutzen wollen, benötigen Sie eine Vignette. Diese ist an Tankstellen und bei der Post erhältlich. Die meisten Mietwagen haben sie bereits. Schließen Sie Ihr Auto immer ab, lassen Sie Wertsachen nicht sichtbar herumliegen, und bewahren Sie Ihr Gepäck möglichst im nicht einsehbaren Kofferraum auf.

PANNEN & UNFÄLLE

Bei einem Unfall sollte die Polizei schnellstmöglich verständigt werden. Es empfiehlt sich, vor Reiseantritt mit dem tschechischen Automobilclub UAMK Kontakt aufzunehmen. Man nennt Ihnen dort Notrufnummern. Die UAMK-Hauptniederlassung befindet sich Na štrzi 9, Nusle, Prag 4 *(Tel. 261 104 111)*. Es ist aber oft einfacher, zunächst den heimischen Automobilclub zu kontaktieren, da dieser in der Regel ein Partnerschaftsabkommen mit dem UAMK hat.

MIETWAGEN

Am besten reservieren Sie schon bei der Buchung Ihrer Reise einen Wagen. Alle großen Mietwagenfirmen unterhalten in den großen Städten und in Hotels wie Prags InterContinental Niederlassungen. Tschechische Anbieter sind wesentlich günstiger (ab 20 € pro Tag, inkl. Versicherung).

Hertz Evropska 15, Prag 6,
Tel. 225 345 041, hertz.com

Avis Klimentská 46, Prag 1,
Tel. 221 851 225, avis.com

National Europcar Eliski Krasnohorskie 9,
Tel. 224 811 290, nationalcar.com

BENZIN

Benzin ist billiger als in den meisten westeuropäischen Ländern, das Netz der Tankstellen ist groß und gut ausgestattet. Viele sind rund um die Uhr geöffnet.

PRAKTISCHE TIPPS

KOMMUNIKATION

Mobiltelefone

Höchstwahrscheinlich können Sie mit Ihrem Handy auch in Tschechien telefonieren, Sie sollten sich aber vorher bei Ihrem Netzbetreiber informieren.

Postämter

Postämter haben Mo bis Fr von 8 bis 17 Uhr, Sa von 8 bis 12 Uhr geöffnet. Die Hauptpost in Prag (Jindřišská 14) hat rund um die Uhr offen. Viele Zeitungsstände verkaufen Briefmarken und Telefonkarten.

Telefon

Um hohe Roaming-Gebühren zu vermeiden, sollten Sie eine VoIP-App, wie z. B. Viber, benutzen und damit per Wi-Fi telefonieren oder Sie kaufen eine SIM-Karte in einem der Handyshops auf der Národní. Die Gebühren für Zimmertelefone in Hotels können sehr hoch sein.

ELEKTRIZITÄT

Die Netzspannung in Tschechien beträgt 220 Volt, die Stecker sind die gleichen wie in Deutschland. Häufig passen jedoch nur schmale Stecker in die Steckdose. Wenn Sie also runde Stecker an Ihren Geräten haben, sollten Sie sich vorher einen Adapter besorgen.

ETIKETTE

Die gesellschaftlichen Umgangsformen sind im Grunde nicht anders als in anderen westeuropäischen Ländern. Es ist üblich, »guten Tag« (*dobry den*) zu sagen, wenn man ein Büro oder ein Geschäft betritt, und sich mit »auf Wiedersehen« (*na shledanou*) zu verabschieden.

Wenn Sie Tschechen zu Hause besuchen, wird es sehr freundlich aufgenommen, wenn Sie ein kleines Geschenk wie einen Blumenstrauß oder etwas aus Ihrem Heimatland mitbringen. In einigen Häusern werden Sie höflich gebeten, Ihre Schuhe auszuziehen. In Kneipen und einfacheren Restaurants ist es üblich, in belebten Zeiten den Tisch auch mit Fremden zu teilen.

MEDIEN

Zeitungen

The Prague Post, die nur noch online erscheint, wird täglich aktualisiert (*praguepost.com*) und in der Rubrik Night & Day findet man gute Rezensionen und Veranstaltungstipps. In den meisten Hotelfoyers liegen kostenlose Publikationen aus, es handelt sich zumeist aber um Reklame für Restaurants und Clubs. Nichttschechische Zeitungen, etwa die großen und bekannten internationalen Magazine, sind nur in den großen Städten leicht zu bekommen.

Radio

Im tschechischen Radio sind alle Musikrichtungen vertreten. Englischsprachige Programme finden sich auf mehreren Sendern, etwa die BBC auf 101,1 FM. Radio Prag kann auf 92,6 FM und 102,7 FM empfangen oder über *radio.cz* gestreamt werden. Nachrichten auf Englisch werden um 9 Uhr, 12 Uhr, 15 Uhr, 18 Uhr, 21 Uhr und um Mitternacht gesendet.

Fernsehen

Es gibt zwei staatliche Fernsehsender und mindestens zwei Privatsender. Česká Televize's Kanal 2 zeigt häufig Filme auf Englisch mit tschechischen Untertiteln.

GELD

Die tschechische Landeswährung ist die Krone (*koruna*, Plural *koruny*), die als Kč abgekürzt wird. Insbesondere in Prag gibt es viele Wechselstuben. Tauschen Sie Ihr Geld möglichst nicht am Flughafen oder an der Grenze, da die Gebühr hier häufig happige fünf Prozent beträgt. Wechselstuben, die mit »keine Gebühr« werben, können sehr ungünstige, aber auch die besten Kurse bieten, letztlich bleibt nur der Vergleich.
Außerhalb großer Städte ist die beste Alternative ein Geldautomat. Die Preise in Prag sind deutlich höher als im Rest des Landes. Es ist schwierig, in Prag ein Doppelzimmer für weniger als 3000 Kč zu bekommen, wofür Sie in vielen kleineren Orten ein anständiges Zimmer bekommen. Prager Restaurants, die französische Chefköche beschäftigen oder um ausländische Kundschaft werben, haben Preise, die mit denen in westeuropäischen Metropolen vergleichbar sind. Ein Essen in einem Restaurant für Einheimische kostet dagegen nur einen Bruchteil dessen. Die bekannten Kreditkarten werden in den meisten tschechischen Hotels, Restaurants und Geschäften akzeptiert. Es gibt aber Ausnahmen, weshalb Sie stets ausreichend Bargeld bei sich haben sollten.

FEIERTAGE

Es gibt relativ wenige gesetzliche Feiertage. Die wichtigsten sind:
1. Jan. (Neujahr)
Ostermontag
1. Mai (Tag der Arbeit)
8. Mai (Tag der Befreiung Prags, 1945)
5. Juli (Tag der Slawenapostel Kyrillos und Methodios)
6. Juli (Todestag von Jan Hus)
28. Sept. (Tag des heiligen Wenzel)
28. Okt. (Gründung der Tschechoslowakei, 1918)
17. Nov. (Tag des Kampfes für Freiheit und Demokratie)
24.–26. Dez. (Weihnachten)
Die meisten Schlösser und einige Museen sind an Feiertagen und dem folgenden Tag geschlossen.

ÖFFNUNGSZEITEN

Öffnungszeiten sind heutzutage ziemlich regelmäßig: Im Allgemeinen haben Geschäfte, Behörden und Banken von 8 bis 17 Uhr oder von 9 bis 18 Uhr geöffnet. Einige Läden schließen über Mittag eine Stunde oder länger. Apotheken haben in der Woche von 7.30 bis 18 Uhr geöffnet, in manchen größeren Städten findet sich auch eine 24-Stunden-Apotheke. Die meisten Restaurants sind die ganze Woche über mittags und abends geöffnet und haben keinen Ruhetag, wie dies etwa in Deutschland üblich ist.
Viele Kirchen sind den ganzen Tag über geöffnet, doch einige haben eingeschränkte Besichtigungszeiten. In vielen Fällen gelangen Sie nur im Rahmen eines Gottesdienstbesuches in eine Kirche; manche schließen für einige Stunden über Mittag.

GOTTESHÄUSER

Viele Kirchen sind gleichzeitig aktive Gotteshäuser und Sehenswürdigkeiten. Die Zeiten der Gottesdienste sind meist an der Tür angegeben. Es ist keine formelle Kleidung vorgeschrieben, außer *Kippas* (Gebetskappen) in Synagogen und auf jüdischen Friedhöfen. Oft gelangen Sie nur im Rahmen eines Gottesdienstbesuches in eine Kirche.

TOILETTEN

Öffentliche Toiletten sind meist eindeutig durch »WC« gekennzeichnet, für viele muss man eine kleine Gebühr (etwa 5 Kč) entrichten. Weitere Toiletten, häufig kostenlos und noch besser, finden sich in U-Bahn-Stationen, Kaufhäusern, Museen, Restaurants und Cafés.

SICHERHEIT

Es gab eine Zeit, da verlangte ein Abendspaziergang über den Wenzelsplatz wegen der Taschendiebbanden volle Alarmbereitschaft. Diese Zeiten sind jedoch vorbei und heute ist Prag nicht gefährlicher als jede andere europäische Großstadt. In der U-Bahn, in Straßenbahnen und an Haltestellen gehen aber immer noch Taschendiebe ihrem Gewerbe nach. Die Trams 22 und 23 sind beliebt bei Touristen – und Taschendieben. Populäre Touristenziele wie die Karlsbrücke sind bei Taschendieben ebenfalls beliebt. Bewahren Sie Ihre Brieftasche in einer Vordertasche und Ihre Börse nahe am Körper auf. Seien Sie auch vorsichtig, wenn Sie an einem Geldautomaten Geld abheben.

Zwielichtige Gestalten trifft man nur selten am umgebauten Hauptbahnhof, aber im Park davor treffen sich hin und wieder Obdachlose und beim Busbahnhof Florenc, vor allem nachts. Seien Sie an diesen Orten also besonders vorsichtig.

ZEITZONEN

Auch in Tschechien gilt die mitteleuropäische Zeit. Die Sommerzeit entspricht der in Deutschland, Österreich und der Schweiz.

TRINKGELD

Die Tschechen geben im Allgemeinen nicht viel Trinkgeld, im Restaurant sollten Sie aber Ihren Rechnungsbetrag aufrunden.

EINRICHTUNGEN FÜR BEHINDERTE

Besondere Vorkehrungen für Behinderte sind eher die Ausnahme, aber in Prag bemühen sich Hotels, Restaurants und Museen immer stärker, auch die Bedürfnisse dieser Klientel zu befriedigen. In den folgenden Hotelinformationen ist angegeben, wo Vorkehrungen für Rollstuhlfahrer getroffen worden sind. Das größte Problem für Behinderte stellen die öffentlichen Verkehrsmittel dar: Sie können mit einem Rollstuhl schlicht nicht mit der Straßenbahn fahren. Die Prager Rollstuhl Vereinigung gibt den gratis Online-Guide Barrier Free Prague heraus, der die aktuellsten Informationen über den Zugang zu beliebten Sehenswürdigkeiten und öffentlichen Gebäuden der Stadt bietet.

SCHLÖSSER & MUSEEN

Eine Burg heißt auf Tschechisch *hrad*, während ein schlossartiges Gebäude, d. h. der Landsitz einer Adelsfamilie, *zámek* heißt. Bis auf die bekanntesten Attraktionen sind alle montags geschlossen. Auch wenn eine Burg angibt, im Sommer von 9 bis 17 Uhr geöffnet zu haben, schließt sie in der Regel zwischen 12 und 13 Uhr. Die Führung beginnt meist eine Stunde vor der offiziellen Schließzeit. Die bekannteren Attraktionen bieten auch Führungen in Deutsch und Englisch an.

BESUCHERINFORMATION

Man erkennt Besucherinformationszentren leicht an dem großen, leuchtend grünen Buchstaben »i«. Jedes interessante Provinzstädtchen hat zumindestens ein solches Büro aufzuweisen, meist am Hauptplatz oder im Rathaus. Manche unterstützen die Besucher auch bei der Buchung eines Hotels oder Campingplatzes. Hier finden Sie Informationen, Karten und Führer.

Die beiden größten Touristeninformationen Prags sind die in der Rytířská 12 (täglich geöffnet von 9 Uhr bis 19 Uhr) und die im alten Rathaus (Staroměstské náměstí). Wenn Sie einen Ausflug zu einem Ziel außerhalb Prags planen, lohnt ein Besuch in der letztgenannten Filiale, weil diese über ihre Computer über die Öffnungszeiten aller tschechischen Attraktionen informieren kann. Das Prager Fremdenverkehrsamt unterhält eine eigene Website: *pis.cz.*

IM NOTFALL

BOTSCHAFTEN IN PRAG

Deutsche Botschaft:
Vlasská 19, Malá Strana, Prag 1, *Tel. 257 113 111, prag.diplo.de*

Österreichische Botschaft:
Viktora Huga 10, 15115 Praha 5-Smíchov, *Tel. 257 090 511, bmeia.gv.at, aussenministerium.at/prag*

Schweizerische Botschaft:
Pevnostni 7, 16201 Prag 6, *Tel. 220 400 611, www.eda.admin.ch*

Tschechische Botschaft Berlin:
Wilhelmstraße 44, 10117 Berlin-Mitte,
Tel. 030 226 380

Tschechische Botschaft Bern:
Muristraße 53, P.O.Box 537, 3000 Bern 31, *Tel. 031 350 40 70*

Tschechische Botschaft Wien:
Penzingerstraße 11–13, 1140 Wien,
Tel. 01 899 581 11

NOTRUFNUMMERN

Polizei 112
Polizei in Prag 112
Feuerwehr 112
Krankenwagen 112
Pannenhilfe 1230

GESUNDHEIT

Wenn Sie einen Arzt benötigen, sollten Sie Ihre Hotelrezeption ansprechen. Mit kleineren Beschwerden können Sie sich direkt an eine Apotheke (*lékárna*) wenden. Die meisten Apotheken schließen um 18 Uhr, die folgenden aber haben rund um die Uhr geöffnet:

· Palackého 5, Prag 1, nahe der U-Bahn-Station Můstek, *Tel. 224 946 982*
· Belgická 37, Prag 2, nahe der U-Bahn-Station náměstí Míru, *Tel. 222 519 731*
· Stefánikova 6, Prag 6, nahe der U-Bahn-Station Andel, *Tel. 257 320 918*

Die Preise für die medizinische Behandlung und Medikamente sind, gemessen an westeuropäischen Standards, vergleichsweise niedrig. Wenn Sie über keine Krankenversicherung verfügen, können Sie eine Kurzzeitversicherung beantragen beim VZP-Versicherungsbüro, Orlická 4, Prag 3 *(Tel. 221 751 111).*

In Prag ist folgende Klinik zu empfehlen: Na Homolce Hospital, Roentgenova 2, Smíchov, Prag 5, *Tel. 257 271 111*; mit Englisch sprechendem Personal. Für zahnärztliche Notfälle wenden Sie sich an Palackého 5, *Tel. 224 946 981* (24 Stunden).

FUNDSACHEN

Prags zentrales Fundbüro: Karoliny Svetlé 5, Prag 1, *Tel. 224 235 085* ist wochentags von 8 bis 12 Uhr und von 12.30 bis 17.30 Uhr geöffnet.

Wenn Sie Ihre Kreditkarte verlieren, sollten Sie sofort Ihr Kartenunternehmen telefonisch informieren:

American Express
Tel. 222 412 241

Visa/Eurocard/Mastercard
Tel. 800 111 055

Diners Club
Tel. 267 197 450

oder für alle Karten *(0049) 116 116*

In Prag sind in den letzten Jahren Restaurants und Hotels wie Pilze aus dem Boden geschossen. Zwei Prager Restaurants sind mit einem Michelin-Stern ausgezeichnet, und Designerunterkünfte sind nicht ungewöhnlich – und oft überraschend erschwinglich. Tschechische Küche ist generell von guter Qualität, aber auch asiatische und mediterrane Restaurants bieten gute Alternativen.

UNTERKUNFT

Prag besitzt Hunderte von Hotels und Pensionen. Dennoch ist es zu manchen Jahreszeiten schwer, ein Zimmer zu bekommen, weshalb man möglichst lange vorher reservieren sollte. Die tschechischen Fremdenverkehrsbüros stellen recht vollständige Listen Prager Hotels zur Verfügung; die Büros außerhalb der Hauptstadt können in der Regel über die Unterkünfte in ihrer Region informieren.

Der Standard ist hoch, besonders in Prag, wo fast alle Zimmer Bad, Telefon und Fernseher haben. Die Zimmer sind stets komfortabel und sauber, man darf aber nicht immer mit hellen, luftigen Räumen und modernem Mobiliar rechnen. Häufig sind Möbel und die Dekorationen eher traditionell gehalten, das heißt dunkel und schwer.

Die Preisunterschiede zwischen Prag und dem Rest des Landes sind enorm. Sie bekommen in der Provinz für 2000 Kč ein großes bequemes Zimmer, während in Prag schon eine einfache Unterkunft so viel kostet. Die Preise beinhalten in aller Regel die Steuern, fragen Sie sicherheitshalber vorher nach. Fast immer ist auch das Frühstück im Preis inbegriffen. Mit Ausnahme kleiner und abgelegener Häuser akzeptieren fast alle Hotels die gängigen Kreditkarten.

Die Preiskategorien beziehen sich auf die »offiziellen Preise« der Häuser. Außerhalb der Hauptsaison besteht ein gewisser Verhandlungsspielraum, vor allem in den Luxushotels.

Die Unterscheidung zwischen Hotels und Pensionen ist nicht ganz klar. Die City-Hotels in Prag sind ohnehin beides. Eine Pension ist meist ein Familienbetrieb ohne Rezeption. Gäste bekommen hier einen Schlüssel für die Eingangstür.

Wenn Sie eine Woche oder länger bleiben möchten, sollten Sie eine »Residenz« oder ein Privatzimmer in Erwägung ziehen. In einer Residenz wohnen Sie in einem häufig zentral gelegenen, voll ausgestatteten Apartment mit Kochmöglichkeit. Die Preisdifferenzen sind sehr groß und hängen von Lage, Ausstattung und der Größe der Privatsphäre ab.

Einige Agenturen haben sich auf die Vermittlung von Privatunterkünften spezialisiert: Ave Travel am Hauptbahnhof (Hlavní Nádraží, *Tel. 251 551 011, avetravel.cz*) oder die Agentur Stop City (Belgická 36, Prag 2 – Vinohrady, *Tel. 222 521 234, stopcity.com*).

RESTAURANTS

Ein *restaurace* ist ein manchmal förmliches, meist recht teures Restaurant. Einfacheres Essen bekommt man in *pivnice, hostinec* oder *hospoda* (Kneipen). Wenn Sie zum Essen lieber Wein als Bier trinken, sollten Sie nach einer *vinárna* (Weinbar) Ausschau halten. Man bekommt sowohl in einem *restaurace* als auch in einer *vinárna* Bier und Wein, die Weinkarte ist in einer Weinbar aber besser. Snacks können Sie in *bufets* bekommen, die allerdings nur über begrenzte Sitzplätze verfügen.

In einfacheren Lokalen ist das Essen meist schlicht – z. B. Würstchen oder Eintöpfe –, oft ist es lohnender, sich an *chlebícky* zu halten, offene Sandwiches mit Fleisch, Würstchen, Schinken, Käse, Sauerrahm, Gürkchen,

Radieschen etc. Einige der größeren Kaffeehäuser (*kavárna*) servieren ebenfalls einfache Mahlzeiten. Qualität und Hygiene sind hier häufig besser als an Imbiss-Ständen. Auch die Fast-Food-Ketten sind immer häufiger im Straßenbild zu finden.

ESSGEWOHNHEITEN & ZEITEN

Kenntnisse der einheimischen Essgewohnheiten erleichtern das Auswärtsessen. In Tschechien ist es in einfacheren Lokalen absolut normal, mit fremden Menschen an einem Tisch zu sitzen – eine gute Gelegenheit, mit Einheimischen ins Gespräch zu kommen.

Mittagessen wird ab 11.30 Uhr serviert, die Tschechen nehmen ihr Abendessen gegen 19 Uhr ein. Außer in den Städten und Touristenorten bekommt man oftmals nach 21 Uhr kein warmes Essen mehr.

DIE SPEISEKARTE

Die Karte (*jídelní lístek*) kann ein Problem darstellen. Einige Begriffe erscheinen immer wieder: *veprové* heißt Schweinefleisch, *hovezí* Rindfleisch, *klobásy* Wurst und *hranolky* Pommes Frites. Immer wiederkehrende Kochtermini sind *na rostu* (im Ofen gebraten), *smaženy* (gebraten) und *rízek* (paniert). Da Ihnen aber die Namen der Gerichte, in denen diese Worte vorkommen, wenig geläufig sein werden, sollten Sie im Zweifelsfall den Kellner um Rat bitten. Die Kellner tendieren allerdings dazu, teurere Gerichte zu empfehlen oder auch bekanntere wie Schnitzel oder Steak. Daher sind die Chancen, in den Genuss einheimischer Spezialitäten zu kommen, wo diese angeboten werden, oft eher selten. Bis auf einige Ausnahmen, ganz einfache Lokale, haben heute fast alle auch eine deutsche Speisekarte. Auch wenn die Übersetzungen nicht immer ganz zuverlässig sind, leisten sie doch eine wertvolle Hilfe bei der Wahl des Gerichtes.

Die Privatisierung hat insgesamt zu einer Qualitätsverbesserung geführt. Unter staatlicher Ägide gab es wenig Anreize, der Service war oft entsprechend schlecht, die Küche litt unter Fantasielosigkeit und mittelmäßigen Zutaten. Heute leidet die tschechische Küche eher darunter, dass die Köche versuchen, exotisch zu kochen.

Außerhalb Prags bieten die Restaurants wenig Abwechslung. Komfort, Einrichtung sowie Qualität von Service und Küche mögen sich unterscheiden, aber die Karten gleichen sich bis auf einige wenige lokale Spezialitäten doch sehr. Mit etwas Glück stehen auch mal Fisch oder Wild auf der Karte. Das Preisniveau ist landesweit einheitlich, ebenso die Qualität.

Prag stellt in dieser Hinsicht eine Ausnahme dar: In den Arbeitervororten sowie im Zentrum gibt es verräucherte Kneipen, die mittags ihren zahlreichen Stammgästen einfache Kost servieren. Diese Lokale bemühen sich gar nicht um ausländische Kundschaft, die Karten sind meist nur in Tschechisch gehalten. Keiner wird Ihnen den Besuch verwehren, doch kann es sein, dass Sie sich nicht sehr wohl fühlen werden.

In den touristisch frequentierteren Vierteln wie Malá Strana, Staré Město und Josefov haben sich zahlreiche für tschechische Verhältnisse teure Restaurants etabliert. Die Kommunikation mit den Kellnern stellt hier kein Problem dar, die Getränkeauswahl ist groß. In feinen Wohngegenden wie Vinohrady gibt es viele kleine, gemütliche Restaurants, die zumeist tschechische Gerichte servieren und eine begrenzte Auswahl an Bier und Wein haben. Sie sind preiswert, das Essen ist meist lecker, und die Portionen sind groß. Daneben existieren viele Restaurants, die sich auf italienische, französische oder sogar indische Küche spezialisiert haben.

BEZAHLUNG

Leider halten es viele Kellner in Prag für ihre patriotische Pflicht, ausländische Gäste zu schröpfen. In Kneipen kritzelt der Kellner die Rechnung auf ein Stück Papier und legt es Ihnen vor. Wenn Sie nachrechnen, wer-

den Sie häufig Fehler zu Ihren Ungunsten entdecken. Überschlagen Sie vorher, wie hoch die Rechnung sein müsste, und kontrollieren Sie die Ihnen präsentierte Rechnung. Unter Umständen berechnet man Ihnen die im Gericht enthaltenen Beilagen noch einmal extra. Häufig geht es hier nicht um viel Geld, doch wenn die Gäste nicht protestieren, wird sich auch in Zukunft wenig an dieser unschönen Praxis ändern.
Sie sollten wissen, dass es in tschechischen Restaurants keine »Bedienungsgebühr« gibt, obwohl viele Touristenlokale ihre Gäste mit diesem Instrument ausnehmen wollen. Die erhobene Gebühr kann bis zu 20 Prozent betragen. Bezahlen Sie sie nicht und geben Sie dem Kellner oder der Kellnerin stattdessen ein Trinkgeld. Sie dürfen sich sicher sein, dass eine »Bedienungsgebühr« mit Sicherheit nicht der Bedienung ausgezahlt wird.

ANMERKUNG

Die Hotels und Restaurants sind nach Stadtteil (Prag) oder Region (Tschechien) und dann alphabetisch innerhalb der Preiskategorien geordnet.
Die Postadresse Prag 1 bezeichnet das Stadtzentrum, also den Bezirk um den Hradschin, die Kleinseite und die Altstadt. Behinderte sollten sich jeweils vorab über die entsprechende Ausstattung informieren.
WLAN ist in den Hotelbereichen kostenfrei nutzbar.

ABKÜRZUNGEN

AE American Express
DC Diner's Club
MC MasterCard
V Visa

PRAG

HRADSCHIN & KLEINSEITE

ALCHYMIST GRAND HOTEL & SPA €€€€€

Tržište 19
Prag 1
Tel. 257 286 011
alchymisthotel.com

Der palastartige Komplex neben der US-Botschaft bietet königliche Zimmer mit Deckenbalken, ein Gourmetrestaurant mit europäischer Küche und einen Pool-Spa-Bereich mit Massagen, Aromatherapie und Wickel. Der Service ist erstklassig, ein Concierge beschafft Eintrittskarten, die sonst schwer zu kriegen sind, und hat Tipps über alles, was in der Stadt los ist.
46 Malostranská
Alle gängigen Kreditkarten

HOFFMEISTER €€€€€

Pod Bruskou 7
Prag 1
Tel. 251 017 111
hoffmeister.cz

Prags einziges Hotel der Kette Relais & Châteaux bietet Luxus und vorzüglichen Service. Die Zimmer sind prachtvoll ausgestattet, die Lage an einer wichtigen Straßenbahnlinie unterhalb der Burg ist aber nicht ideal. Es gibt ein gutes Restaurant (**Ada**) und eine reizende Sommerterrasse.
41 Malostranská
Alle gängigen Kreditkarten

SAVOY €€€€€

Keplerova 6
Prag 1
Tel. 224 302 430
hotelsavoyprague.com

Art-nouveau-Bauwerk, unweit des Klosters Strahov. Elegante Gemeinschaftsräume, u. a. eine Foyerbar, wo man Snacks und leichte

Mahlzeiten bekommt, sowie das Restaurant **Hradčany** mit seinem Glasdach. Die großzügigen Zimmer haben Minibar sowie geräumige Marmorbäder. Gäste können den Fitnessbereich kostenlos nutzen. Das Hotel ist bei Prominenten sehr beliebt, aber die Entfernung zum Zentrum dürfte für die meisten Kurzbesucher ein Nachteil sein.
61 Malostranská
Alle gängigen Kreditkarten

U TŘÍ PŠTROS
€€€€
Dražického náměstí 12
Prag 1
Tel. 257 288 888
utripstrosu.cz

Das Hotel »Die Drei Strauße« im Schatten der Karlsbrücke gehört zu Prags etabliertesten Luxusunterkünften. Einst war es das erste Kaffeehaus der Stadt und wurde bis in die 60er Jahre hinein von der Familie Dundr betrieben, die es in den 90er Jahren wieder zurückerhielt. Im Inneren gibt es noch kostbare Renaissanceelemente, darunter eine bemalte Holzdecke. Das Restaurant serviert gute Fischgerichte. Wildgerichte, wie z. B. Wildschweinkeule mit Hagebuttensauce, traditionelle tschechische Gerichte sowie Straußspezialitäten finden sich ebenfalls auf der Karte. Mittagsangebote.
18 Malostranská
Alle gängigen Kreditkarten

PREISE

HOTELS

Preiskategorien für ein Doppelzimmer pro Nacht ohne Frühstück:

€€€€€	über 200 €
€€€€	130–200 €
€€€	80–130 €
€€	50–80 €
€	unter 50 €

RESTAURANTS

Preiskategorien für ein Drei-Gänge-Menü ohne Getränke:

€€€€€	über 35 €
€€€€	25–35 €
€€€	15–25 €
€€	10–15 €
€	unter 10 €

U ZLATÉ STUDN
€€€€–€€€€€
U Zlaté Studně 4
Prag 1
Tel. 257 011 213
goldenwell.cz

Verborgen in einer Sackgasse unterhalb des Hradschin liegt dieses kürzlich zu einem Luxushotel umgebaute Herrenhaus aus dem 16. Jahrhundert. Es gehörte einst Rudolf II. und dem Astronomen Tycho Brahe und ist zweifellos eines der Spitzenhotels der Stadt. Alle Zimmer sind individuell und mit höchstem Standard eingerichtet, in jedem Bad steht ein Jacuzzi. Das ebenso luxuriöse Restaurant bietet eine kleine, aber feine Auswahl an Gerichten, in der die Kochkünste unterschiedlicher europäischer Länder verschmelzen. Die Einrichtung ist modern, im Sommer hat man von einer Dachterrasse neben dem Ledebour-Garten einen großartigen Blick auf die Dächer der Kleinseite.
19 Malostranská
Alle gängigen Kreditkarten

THE AUGUSTINE
€€€€
Letenská 12
Prag 1
Tel. 266 112 233
augustinehotel.com

Das stimmungsvolle neue Hotel in einem ehemaligen Kloster und neben einer der beliebtesten Gastwirtschaften der Stadt hat ein nobles Restaurant, das frischen Designerstil mit klassischen Tischlerarbeiten und hohen Decken kombiniert. Die Zimmer, einige mit grandioser Aussicht, sind elegant, aber behaglich modernistisch eingerichtet und bieten viele Annehmlichkeiten.

101 Malostranská
Alle gängigen Kreditkarten

VINTAGE DESIGN HOTEL SAX €€€€
Jánský Vršek 3
Prag 1
Tel. 257 531 268
hotelsax.cz

An einem ruhigen Platz im Herzen der Kleinseite. Einfache Zimmer, aber schön ausgestattet. Die Foyerbar ist mit moderner Kunst geschmückt.
22 Malostranská
Alle gängigen Kreditkarten

U PÁVA €€€€
U Lužiského Semináře 32
Prag 1
Tel. 257 533 360
hotel-upava.cz

Das U Páva liegt an einem ruhigen Platz unweit der Karlsbrücke. Da einige Zimmer vor allem im Winter etwas düster sind, bitten Sie um eine Vorabbesichtigung. Die dunklen Möbel und schweren Vorhänge sind nicht jedermanns Sache, die Zimmer sind aber großzügig gehalten. Die Suiten sind nur unwesentlich teurer als die Doppelzimmer.
27 Malostranská
AE, MC, V

ZLATÁ HV ZDA €€€€
Nerudova 48
Prag 1
Tel. 257 532 867
www.hotelgoldenstar.com

Das prachtvolle Zlatá Hvězda, das sich englisch auch English Golden Star nennt, im Herzen der Kleinseite befindet sich in einem großartigen Barockgebäude, das um 1730 erbaut wurde. Alle Zimmer sind unterschiedlich groß und mit zeitgenössischem Holzmobiliar eingerichtet worden.
26 Malostranská
AE, MC, V

PENSION DIENTZENHOFER €€€
Nosticova 2
Prag 1
Tel. 257 311 319
dientzenhofer.cz

Kilian Ignaz Dientzenhofers Geburtshaus in der Nähe der Insel Kampa ist heute ein kleines Hotel und Restaurant. Die Lage ist reizvoll und ruhig, die geräumigen Zimmer bedürften aber einer Renovierung. Es gibt einen Zugang für Rollstuhlfahrer sowie eine nette Gartenterrasse.
9 Malostranská
Alle gängigen Kreditkarten

U MALÍ €€€€
Maltézské náměstí 11 Prag 1
Tel. 257 530 318
umaliru.cz

Das Restaurant beansprucht für sich, seit 1543 an diesem Platz zu residieren. Die Küche ist solide französisch, mit Ausnahme des böhmischen Menüs mit Rehterrine und gebratener Gans. Gute preiswerte französische Weine.
60 Malostranská AE, MC, V

KAMPA PARK €€€€€
Na Kampě 8b
Prag 1
Tel. 296 826 112
kampagroup.com

Das Kampa Park, ein Lieblingslokal der New York Times Kritiker, bietet seit den frühen 1990er Jahren feine Küche und tollen Blick auf die Karlsbrücke. Exquisites Seafood, asiatische Akzente und böhmische Klassiker, Top-Service und -Weinkarte.
160 Malostranská
Alle gängigen Kreditkarten

U ZLATÉ HRUŠKY €€€€
Nový Svět 3/77
Prag 1
Tel. 220 941 244
restaurantuzlatehrusky.cz

Das Restaurant nimmt drei holzgetäfelte Räume im ersten Stock eines alten Hauses ein. Im Sommer kann man im Garten essen. Die meisten Gerichte des Küchenchefs sind international ausgerichtet, aber es stehen auch lokale Spezialitäten wie Kutteln nach böhmischer Art sowie Rehroulade mit Birnenpüree auf der Karte. Alles wird frisch zubereitet, weshalb Sie etwas warten müssen. Unter den böhmischen Desserts sind Nudeln mit Mohn und Quark sowie Klöße mit Pflaumensauce zu erwähnen. Die internationale Weinkarte ist solide.
70 AE, MC, V

HERGETOVA CIHELNA €€€
Cihelná 2B
Prag 1
Tel. 296 826 103
kampagroup.com
Nouvelle Cuisine, die thailändisch gewürzte Meeresfrüchte und authentische Gourmet-Burger verbindet, und die raffinierten Cocktails machen diese Location am Fluss-Ufer zum echten Hit. Wenn das Wetter mild ist, brauchen Sie eine Reservierung, wenn Sie einen Platz auf der Terrasse ergattern wollen. Die Bar ist immer belebt und es gibt eine gute Weinkarte, die der erfahrene Gastronom Nils Jebens zusammengestellt hat.
56 Malostranská
Alle gängigen Kreditkarten

U MALTÉZSKÝCH RYTÍ €€€
Prokopská 297/10
Prag 1
Tel. 774 742 999
Das kleine, gemütliche Restaurant mit mittelalterlichen Kellern und Pianobar begeistert seine Gäste. Die Karte ist kurz und bietet europäische Gerichte wie Steak Chateaubriand für zwei, Lammfilet, Ente, Wachtel und Seezunge an.
30 Malostranská AE, MC, V

U ŠEVCE MATOUŠE €€€
Loretánské náměstí 4
Prag 1
Tel. 220 514 536
usevcematouse.cz
Die Karte des prachtvollen und edel untergebrachten tschechischen Restaurants ist enorm, ebenso die Portionen. Huhn und Steak werden hier in vielen Variationen zubereitet, die Weinkarte hingegen ist eher bescheiden. 45 Malostranská
Alle gängigen Kreditkarten

WALDŠTEJNSKA HOSPODA €€€
Tomašska 16
Prag 1
Tel. 773 139 519
hotelthreestorks.cz
Das tschechische Restaurant hat sich auf Wild spezialisiert, serviert aber auch internationale Gerichte. Spezialität ist das »Valdštejn-Schwert«, dabei werden verschiedene Fleischsorten auf ein Schwert gespießt. Von der klassischen, barocken Fassade kommt man heute in frisch renovierte Speisesäle, in denen klare Linien und Beige-Töne vorherrschen. Aber die traditionelle tschechische Küche, schon immer die große Stärke dieses Etablissements, ist auf der Speisekarte geblieben und noch immer erschwinglich. Probieren Sie die gebratene Ente mit mährischem Wein, ein Leckerbissen, den Sie nicht vergessen werden.
100 Malostranská MC, V

U LABUTI €€–€€€
Hradčanské náměstí 11
Prag 1
Tel. 220 511 191
ulabuti.com
Das U Labuti befindet sich in einem historischen Gebäude, das im Laufe der Zeit Prominente wie Johannes Kepler und Tycho Brahe beherbergt hat. Im Hauptrestaurant wird internationale Küche serviert, während im zweiten eher die aus Kneipen bekannten tschechischen Gerichte und Pilsener

gereicht werden. Die Hausspezialität ist die Alte Prager Platte mit Ente, Kaninchen, geräuchertem Schweinefleisch, Rot- und Weißkohl sowie drei verschiedenen Knödelarten. Die Räume mit Gewölbedecken und hübschen Polsterstühlen schaffen eine elegante Umgebung. Internationale Weinkarte.
100 Malostranská
Alle gängigen Kreditkarten

GITANES €€
Tržiště 7
Prag 1
Tel. 257 530 163
gitanes.cz
Das heimelige Plätzchen mit dalmatinischer und montenegrinischer Küche und herzhaftem Rotwein befindet sich in einer der ruhigeren Straßen des Viertels, aber nur einen Block vom Hauptplatz entfernt. Familiärer Service und entspannte, aber kompetente Bedienungen machen das Gitanes zum Stammlokal von Anwohnern und regelmäßigen Pragbesuchern.
44 Malostranská
Alle gängigen Kreditkarten

ALTSTADT

BUDDHA-BAR HOTEL
€€€€€
Jakubská 8
Prag 1
Tel. 221 776 300
buddhabarhotelprague.com
Lassen Sie Prags Altstadt hinter sich und geben Sie sich dem orientalischen Flair der hoteleigenen Version des hypermodernen Pariser Nachtclubs hin. Dunkles Holz, rote Tupfer, schummriges Licht, Räucherkerzen und Buddha-Beat-Musik sorgen für mystischen, romantischen Charme. Beim Zubettgehen finden die Gäste Schokolade und Orchideen (und eine Kissenauswahl) vor. Wer nicht hier nächtigt, sollte wenigstens im Café Siddharta asiatische Fusionsküche oder in der superschicken Buddha Bar einen Drink genießen.
39 náměstí Republiky
Alle gängigen Kreditkarten

EMBLEM
€€€
Platnéřská 19
Prag 1
Tel. 226 202 500
emblemprague.com
Das neuste Designerhotel der Stadt ist um Klassen besser als viele Hotels, die mit dieser Beschreibung werben. Die Zimmer sind nicht besonders geräumig, aber papierloser Check-in, kostenlos nutzbare Tablets, komfortable Betten, Nespresso Maschinen auf den Zimmern und die Einrichtung aus Holz und Marmor aus der ganzen Welt machen dem Namen alle Ehre. Ebenso wie der Whirlpool auf dem Dach (der einzige in der Stadt) und das Restaurant George Prime Steak im Eingangsbereich.
11 Staroměstská
Alle gängigen Kreditkarten

PA ÍŽ
€€€€–€€€€€
U obecniho domu 1
Prag 1
Tel. 222 195 195
hotel-pariz.cz
Das prachtvolle, komplett renovierte Hotel vereinigt Komfort und Schönheit. Zu den Gemeinschaftsräumen gehört das stilvolle Café de Paris mit seiner Art-nouveau-Beleuchtung. Bewundern Sie auch die schönen Schmiedearbeiten an der Treppe.
94 náměstí Republiky P
Alle gängigen Kreditkarten

UNGELT €€€
Malá Štupartská 7
Prag 1
Tel. 777 001 818
ungelt.cz

Das Ungelt hinter der Kirche St. Jakob bietet geräumige Apartments mit Kochnische. Ideal für Familien und größere Gruppen.
10 náměstí Republiky
Alle gängigen Kreditkarten

CENTRAL €€€
Rybná 8
Prag 1
Tel. 224 317 220
central-hotel-prague.com
Das 1931 erbaute Central in der Nähe des náměstí Republiky ist in den späten 90er Jahren renoviert worden. Die Zimmer sind einfach ausgestattet, die besten und teuersten in den oberen Stockwerken haben Balkone mit Blick über die Stadt.
68 náměstí Republiky
MC, V

RESIDENCE ET ZOVÁ
€€–€€€€
Řetězová 9
Prag 1
Tel. 233 920 118
retezova.cz oder hotel-lippert.cz
Das renovierte Altstadtgebäude aus dem 15. Jahrhundert bietet auch Unterkünfte für Selbstversorger. Ideal für all diejenigen, die länger in Prag bleiben wollen.
9 Staroměstská
Alle gängigen Kreditkarten

DESIGN HOTEL JOSEF €€€– €€€€
Rybná 20
Prag 1
Tel. 221 700 111
hoteljosef.com
Die tschechisch-britische Architektin Eva Jiřičná entwarf dieses Designerhotel. Die Gästezimmer sind zwar klein, das machen aber Glaswände, klare Linien, der hervorragende Service und die erschwinglichen Preise wieder wett.
109 náměstí Republiky
Alle gängigen Kreditkarten

U ERVENÉ ŽIDLE €€€
Liliová 4
Prag 1
Tel. 296 180 018
redchairhotel.com
Die Pension in einem Gebäude aus dem 15. Jahrhundert versprüht viel Charme. Die Zimmer (Einzel- bis Viererzimmer) sind spartanisch eingerichtet und ordentlich, alle haben eigenes Bad. Im historischen Herzen der Stadt, unweit der Karlsbrücke. Frühstücksbuffet.
15 Můstek
Alle gängigen Kreditkarten

RESIDENCE AGNES €€
Haštalská 19
Prag 1
Tel. 222 312 417
residenceagnes.cz
Das Boutique-Hotel besteht aus einer Reihe restaurierter Altstadt-Apartments und bietet unverwechselbare und gemütliche Zimmer für schlaue Reisende. Die Zimmer liegen rund um einen Innenhof, der auch als Speiseraum genutzt wird. Das Personal ist eine herausragende Quelle für Geheimtipps, mit Informationen über die Stadt, zu Essen und Trinken und Kulturveranstaltungen.
22 Staroměstská
Alle gängigen Kreditkarten

UNITAS €€€
Bartolomějská 9
Prag 1
Tel. 224 230 533
unitas.cz
Eine saubere, aber spartanische Alternative bei knapper Reisekasse. Zwei- und Dreibettzimmer sowie schlafsaalähnliche Räume in ehemaligen Klosterzellen. Gemeinschaftsbäder und kleine Zimmer, aber in guter Lage unweit der Karlsbrücke und Altstadt.
34 Národní třída
Keine Kreditkarten

Hotel · Restaurant · Zimmer · Sitzplätze · Parkplätze · Metro · Geschlossen · Aufzug

BELLEVUE €€€€€
Smetanovo nábřeží 18
Prag 1
Tel. 222 221 443
bellevuerestaurant.cz

Europäische, vor allem französische Küche, u. a. Lamm, Steinbutt und Reh – alles raffiniert zubereitet und sehr teuer. Schöner Blick auf den Hradschin, sonntags Live-Jazzmusik.

120 Staroměstská AE, MC

V ZÁTIŠÍ €€€€€
Betlémské náměstí, Liliová 1
Prag 1
Tel. 222 221 155
vzatisi.cz

Das außergewöhnlich schöne und berühmte Restaurant mit provenzalischer Einrichtung verteilt sich über mehrere Räume. Die regelmäßig wechselnde Karte ist international ausgerichtet, doch finden sich auch böhmische Gerichte wie Gans und Reh mit Gänseleberpastete darauf. Gute tschechische Weine, exzellenter Service.

105 Národní třída
AE, MC, V

RYBÍ TRH €€€€
Týnský dvůr 5
Prag 1
Tel. 602 295 911

Die Becken um die beiden Säle des Restaurants herum deuten an, was die Karte bietet: Hummer, Tintenfisch, Kabeljau, Heilbutt und Thunfisch, aber auch gedünstete Muscheln, Bouillabaisse, Sushi und Austern. Schöne Lage im Teynhof, im Sommer kann man im Garten essen.

60 náměstí Republiky
Alle gängigen Kreditkarten

FIELD €€
U milosrdných 12
Prag 1
Tel. 222 316 999
fieldrestaurant.cz

Als Anführer von Prags farm-to-table Bewegung, serviert das Field einzigartig frische, saisonale und regionale Gerichte. Die Spezialität des Hauses sind Degustationsmenüs mit abgestimmten Weinen, bei denen die Fülle der böhmischen Ernte angeboten wird. Das Kürbis-Risotto mit Damwild, abgeschmeckt mit Aronia und schwarzem Lauch ist eine echte Köstlichkeit. Am Wochenende empfiehlt es sich, zu reservieren.

22 Staroměstská
Alle gängigen Kreditkarten

BRASILEIRO €€€
U radnice 8
Prag 1
Tel. 224 234 474
brasileiro-uradnice.ambi.cz

Das immer gut besuchte Steakhaus zeugt von der Liebe der Tschechen zu zart gegrilltem Fleisch – hier bekommt man auch echt südamerikanisches Rindfleisch. Serviert wird in einem stimmungsvollen Keller unter dem Altstädter Ring.

56 Staroměstská
Alle gängigen Kreditkarten

LA FINESTRA €€€
Platnéřská 13
Prag 1
Tel. 222 325 325
lafinestra.cz

Zwischen Ziegelwänden und ländlichem Dekor überwacht Chefkoch Ricardo Lucque das warme, einnehmende italienische Restaurant, dessen ambitionierte Weinauswahl die perfekte Ergänzung zu den erstklassigen Meeresfrüchten, Wildgerichten und Fleischplatten ist, zu denen köstliche, pikante Soßen und herrlich frische Beilagen gereicht werden. Verpassen Sie nicht die verführerischen Köstlichkeiten der angeschlossenen Konditorei, die man mit nach Hause nehmen kann.

27 Staroměstská
Alle gängigen Kreditkarten

KOLKOVNA €€
V celnici 4
Prag 1
Tel. 224 212 240
kolkovna.cz

In einem zauberhaften Holz-Messing-Interieur mit modernem, schnellem Service gibt es alle tschechischen Klassiker und exzellentes Pilsener Bier – all das macht das Kolkovna so beliebt, dass man besser ganz früh oder ganz spät kommt.
104 Staroměstská
Alle gängigen Kreditkarten

KLUB ARCHITEKT €€
Betlémské náměstí 169/5A
Prag 1
Tel. 224 248 878
klubarchitektu.com

Das Kellerrestaurant mit nackten Steinwänden und Holztischen serviert ungewöhnliche Gerichte wie Huhn mit Pfirsichen, thailändische Speisen, Burritos und Grillgerichte. Gute Weinauswahl.
100 Národní třída MC, V

MONARCH €€
Na perštýně 15
Prag 1
Tel. 224 239 602
monarch.cz

Dies ist die beste Quelle für internationale Weine in der Altstadt. In der eleganten Weinbar genießt man noble Tropfen, im Restaurant werden z. B. Tatar, Würste aus der Gegend, exzellenter Käse, Salate, Ente, Shrimps und Suppen serviert.
55 Národní třída
Alle gängigen Kreditkarten

LAS ADELITAS €€
Malé náměstí 13
Prag 1
Tel. 222 233 247
lasadelitas.cz

Das mexikanische Essen in Prag ist in den letzten Jahren sehr viel besser geworden, so dass selbst echte Kenner bei den Enchilades, Tacos und der Ceviche des Kellerrestaurants in der Altstadt in Versuchung kommen. Die Portionen haben noch nicht dieselben Ausmaße erreicht wie in den USA, aber für gesunde Esser kann das ja auch ein Segen sein. 14 Staroměstská
Alle gängigen Kreditkarten

U SUPA €€
Celetná 22
Prag 1
Tel. 224 227 800
restauraceusupa.cz

Hinter der Fassade der Zeltnergasse befinden sich zwei geräumige Gewölbehallen, die ein beliebtes Restaurant beherbergen. Das Essen ist authentisch und vorzüglich. Wenn Sie mit einer Gruppe unterwegs sind, sollten Sie einen Tag im Voraus die Hausspezialität, ein ganzes Spanferkel, bestellen. Der Service ist schnell und professionell.
160 náměstí Republiky
Keine Kreditkarten

COUNTRY LIFE €
Melantrichova 15
Prag 1
Tel. 224 213 366
countrylife.cz

Eine der wenigen vegetarischen Lokale der Altstadt. Preiswert, nettes Cafeteria-Ambiente mit surrealen Holzschnitzereien. Frische Salate, Smoothies und Vollwertkost, dazu köstliche Suppen. 48 Můstek
Keine Kreditkarten

JOSEFOV

INTERCONTINENTAL
€€€€€
Paížská 30
Prag 1
Tel. 296 631 111
www.icPrag.com

Mehrere der internationalen Ketten haben Hotels in Prag, aber dies hat die beste Lage: am Fluss, nur wenige Fußminuten vom Jüdi-

schen Viertel entfernt. Neben all den Restaurants und Ausstattungsmerkmalen, die man bei einem derartigen Hotel erwartet (vor allem das Dachrestaurant **Zlatá Praha**), gibt es auch einen Zugang für Rollstuhlfahrer sowie den Zigarrenladen Casa del Habano.
364 Staroměstská
Alle gängigen Kreditkarten

LES MOULES €€€
Pařížská 19
Prag 1
Tel. 222 315 022
lesmoules.cz
Belgisches Bier und traditionelle belgische Gerichte liegen in Prag seit einiger Zeit voll im Trend und die Muscheln, Pommes und fruchtigen oder nussigen Cocktails sind hier authentisch und lecker. In der geselligen, altmodischen Atmosphäre fühlt man sich fast wie in Belgien.
14 Staroměstská
Alle gängigen Kreditkarten

KOLONIAL €€€€
Široká 6
Prag 1
Tel. 224 818 322
kolonialpub.cz
Das Restaurant im Viertel Josefov bietet vielseitige Küche in schickem Ambiente. Nach gründlichen Renovierungen ist das frühere tropische Thema einer Ode an das Radfahren (kolo heißt Fahrrad auf Tschechisch) und die traditionellen tschechischen Gerichte, die einer langen Tour normalerweise folgen, gewichen. Auf der Karte stehen Schweinshaxe, Entenleberpastete und Burger, dazu gibt es eine Auswahl an Bieren vom Fass. Unter der Woche wird es abends schnell voll, der perfekte Ort, um hippe Prager kennenzulernen, die davon überzeugt sind, dass Schwelgerei und Work-outs Hand in Hand gehen. 85 Staroměstská
Alle gängigen Kreditkarten

KING SOLOMON €€€
Široká 55
Prag 1
Tel. 224 818 752
kosher.cz
Das prächtig-elegante koschere Restaurant ist seit der Eröffnung Anfang der 1990er ein Hit. Zu den Spezialitäten gehören köstlicher Malossol-Kaviar und »Gefilte Fisch«. Gut sortierter Weinkeller, Top-Service.
60 Staroměstská
Alle gängigen Kreditkarten

NEUSTADT

JALTA
€€€€€
Václavské náměstí 45
Prag 1
Tel. 222 822 113
hoteljalta.com
Das in den 50er Jahren errichtete Jalta ist mit Erfolg in ein komfortables Vier-Sterne-Hotel umgebaut worden. Die Zimmer sind schön und geräumig, während die Gemeinschaftseinrichtungen eher reizlos sind. Gutes japanisches Restaurant.
94 Můstek AE, DC, JCB, MC, V

AMBASSADOR ZLATÁ HUSA
€€€€–€€€€€
Václavské náměstí 5–7
Prag 1
Tel. 224 193 111
ambassador.cz
Die Lage am Wenzelsplatz ist unschlagbar, die Zimmer sind komfortabel und gut ausgestattet. Die Gemeinschaftseinrichtungen hingegen haben keine Atmosphäre. Das Hotel liegt neben dem Nachtclub und dem Kasino.
160 Můstek
Alle gängigen Kreditkarten

CITY HOTEL MORAN
€€€€–€€€€€
Na Moráni 15
Prag 2
Tel. 225 991 411
Die Zimmer in diesem attraktiven Gebäude direkt am Karlsplatz sind geräumig und gut ausgestattet, wenn auch etwas nüchtern.
57 Karlovo náměstí
Alle gängigen Kreditkarten

ART NOUVEAU PALACE PRAHA
€€€€
Panská 12
Prag 1
Tel. 224 093 111
palacehotel.cz
Das Gebäude von 1906 liegt günstig in unmittelbarer Nähe des Wenzelsplatzes. Es ist eines von Prags ersten Luxushotels und behauptet sich nach wie vor. Es ist teuer, hat aber Charakter und ist gut ausgestattet und komfortabel. Viele der Zimmer sind individuell eingerichtet und stilvoll dekoriert.
124 Můstek
Alle gängigen Kreditkarten

ICON HOTEL & LOUNGE
€€
V jáme 6
Prag 1
Tel. 221 634 100
iconhotel.eu
Dieses Hotel ist elegant, modern, technologisch auf dem neusten Stand und nur einen Steinwurf vom Wenzelsplatz entfernt, also die perfekte Lage für Fans des Prager Nachtlebens. Denen kommt sicher auch entgegen, dass den ganzen Tag Frühstück angeboten wird, eine echte Ausnahme in Prag. Die Zimmer sind klein, aber ruhig und komfortabel und es stehen zahlreiche elektronische Annehmlichkeiten zur Verfügung.
31 Můstek
Alle gängigen Kreditkarten

HOTEL ELITE
€€– €€€
Ostrovni 32
Prag 1
Tel. 211 156 500
hotelelite.cz
Diese ehemalige Barockkaserne ist eines der Juwele Prags, besonders aufgrund der individuellen Ausstattung der Zimmer, die alle der Barockzeit entsprechend gestaltet wurden. Toller Service und die Lage ganz in der Nähe der Altstadt runden das Angebot ab.
76 Národní třída
Alle gängigen Kreditkarten

CITY BELL €
Belgická 10
Prag 2
Tel. 222 522 422
hotelcitybell.cz
Nur fünf Gehminuten vom náměstí Miru entfernt, ist dies eines der wenigen günstigen Hotels, das direkt im Stadtzentrum liegt. Die Zimmer sind groß und hell, aber spärlich möbliert, die billigeren haben kein eigenes Bad.
24 náměstí Miru
Alle gängigen Kreditkarten

OLIVA €€€
Plavecka 4
Prag 2
Tel. 222 520 288
olivarestaurant.cz
Die herzhaften mediterranen Gerichte in diesem behaglichen Bistro wärmen im Winter wunderbar. Ein Besuch lohnt sich aber zu jeder Jahreszeit – wegen der durchdachten Speisenauswahl.
65 Karlovo náměstí So geschlossen Alle gängigen Kreditkarten

ESTRELLA €€
Opatovická 17
Prag 1
Tel. 777 431 344
estrellarestaurant.cz

Der Kampf um das ansprechendste vegetarische Angebot in Prag ist endlich vorbei. Der Gewinner ist ein kleines, unprätentiöses Lokal mit einem bunten Angebot aus Tofu-Thai-Curries, regionalem Bio-Käse und Vollkorn-Köstlichkeiten. Dazu kommen noch Safran-Risotto, Spinat-Quesadillas, coole Cocktails und dekadente Süßigkeiten und voilà – es zeigt sich eine neue kulinarische Welt in Prag.
18 Národni třída
Alle gängigen Kreditkarten

JÁMA €
V jámě 7
Prag 1
Tel. 222 967 081
jamapub.cz
Das Jáma, Prags bester Pub und sozialer Mittelpunkt für Expats, ist ein komfortables Lokal mit Dielenböden. Es gibt hervorragende Burger und Brunches, aber auch tschechische Klassiker. Im Sommer kann man auch im Innenhof sitzen.
74 Můstek
Alle gängigen Kreditkarten

CAFE IMPERIAL €€
Na poříčí 15
Prag 1
Tel. 246 011 440
cafeimperial.cz
Das historische Kaffeehaus mit den hohen Decken sticht schon lange aus Prags Café-Landschaft heraus. Durch die gründliche Restaurierung vor ein paar Jahren hat es, nach Jahrzehnten kommunistischer Vernachlässigung, viel von seinem alten Charme zurückgewonnen. Der perfekte Ort für ein leichtes Frühstück, ein köstliches Mittagessen oder einen altmodischen Aperitif. Das Café gehört auch zu den Vorzügen eines Aufenthalts im angeschlossenen Hotel Imperial im Jugendstil.
26 náměstí Republiky
Alle gängigen Kreditkarten

U ÍŽK €€
Karlovo náměstí 34
Prag 2
Tel. 223 003 424
ucizku.cz
U Čížků bietet in seinen gemütlichen Räumen mit Holzbalken gute mährische Weine und deftige regionale Küche wie Schweinsfüße in Bier, aber auch einige vegetarische Gerichte.
100 Karlovo náměstí
AE, MC, V

U KALICHA €€
Na bojišti 12–14
Prag 2
Tel. 296 189 600
ukalicha.cz
Josef Schwejk und der Schriftsteller Jaroslav Hašek, sein Erfinder, haben diese typische tschechische Kneipe berühmt gemacht. Man bekommt Gans, Schweinshaxe und Steak. Die Einrichtung besteht aus Schwejk-Erinnerungsstücken, die Wände sind mit Unterschriften von Prominenten geschmückt. Die Speisekarte ist in 22 Sprachen übersetzt. Abends Musik.
240 I. P. Pavlova AE, DC, V

U PINKAS €€
Jungmannovo náměstí 16
Prag 1
Tel. 221 111 152
upinkasu.cz
Die fröhliche Kneipe, eine dreistöckige Alte-Welt-Oase mit guter böhmischer Küche, besteht seit 1843. Man übersieht sie leicht, obwohl sie gleich beim unteren Ende des Wenzelsplatzes steht. Kostümierte Kellner servieren Pilsener bis spät in die Nacht, essen kann man aber nur bis 22 Uhr.
145 Můstek
Alle gängigen Kreditkarten

ETWAS AUSSERHALB

HOTEL NH PRAGUE CITY €€€
Mozartova 261/1
Prag 5
Tel. 257 153 111
nh-hotels.de/hotel/nh-prague-city

Das sehr modern gestaltete Hotel liegt in einem der weniger attraktiven Stadtbezirke, in dem es wenig Auswahl gibt. Besonders für Autofahrer geeignet, da es leicht erreichbar ist und über viel Parkraum verfügt. Auch die Preise sind fair. Moderne Einrichtung und gute Betten.

434 Andel
Alle gängigen Kreditkarten

AROMI €€€
Mánesova 78
Prag 2
Tel. 222 713 222
aromi.cz

Prags beliebtester Italiener lockt mit tollem Seafood, hervorragender Präsentation, einer sorgfältig zusammengestellten Weinkarte und relaxtem, rustikalem Flair Neutschechen, Expats und nicht wenige Stiefelbewohner selbst an. Das Kalb auf Safranrisotto ist denkwürdig.

88 Jiřího z Poděbrad
Alle gängigen Kreditkarten

CAFÉ SAVOY €€€
Vítzna 5, Prag 5
Tel. 257 311 562
ambi.cz

Einen Eindruck von Prag vor dem Krieg gewährt dieses exzellente Café, in dem Kellner mit Schürzen zwischen Jugendstil-Holzverkleidungen dahingleiten und mediterrane Gerichte, köstliche Desserts und ein exzellentes leichtes Frühstück sowie besten Espresso servieren. Gleich westlich von der Brücke der Legionen.

82 Malostranská
Alle gängigen Kreditkarten

MOZAIKA €€
Nitranská 13
Prag 2
Tel. 224 253 011
restaurantmozaika.cz

Die internationale Speisekarte in diesem komfortablen Kellerlokal ist selbstbewusst zusammengestellt und lockt eine loyale Stammkundschaft an. Risotto und Ente in asiatisch angehauchten Variationen sind besonders zu empfehlen.

40 Jiřího z Poděbrad
Alle gängigen Kreditkarten

TAGESAUSFLÜGE VON PRAG AUS

KUTNÁ HORA

ZLATÁ STOUPA
€€
Tylova 426
Tel. 327 511 540
zlatastoupa.cz

Das Hotel unweit des Stadtzentrums verfügt über Restaurant und Weinbar. Alle Zimmer sind mit Safe, Minibar und Satelliten-TV ausgestattet. Sichere Parkplätze vorhanden.

25
Alle gängigen Kreditkarten

PIVNICE DACICKY €
Rakova 8
Tel. 327 512 248
dacicky.com

Traditionelles Kneipenessen und rustikale Einrichtung sind die Spezialitäten der klassischen Bierhalle mit dörflicher Atmosphäre. Einheimische und Reisende sitzen hier gemeinsam an langen Tischen, genau wie in hunderten traditioneller Bierhallen dieser Art in der ganzen Republik.

50 Alle gängigen Kreditkarten

MĚLNÍK

U RYTÍ
€€
Svatováclavská 17
Tel. 315 621 440
urytiru.cz

Das renovierte alte Gebäude direkt neben dem Schloss bietet bequeme Unterkünfte mit Kochnische. Die Vierbettzimmer sind ideal für Familien. Im Sommer sollten Sie um ein Zimmer mit Terrasse bitten. Zum Hotel gehören ein Restaurant mit Sommerterrasse und ein Café.

5 Alle gängigen Kreditkarten

PODĚBRADY

BELLEVUE-TLAPÁK
€€
náměstí Masaryka 654
Tel. 325 623 111
bellevue.cz

Das Bellevue mit Blick auf den Park hat die beste Lage in der Stadt. Es ist komfortabel und verfügt über Restaurant und Weinbar. Die Zimmer sind modern und mit Dusche oder Bad sowie Satelliten-TV ausgestattet.

60
Alle gängigen Kreditkarten

TSCHECHISCHE REPUBLIK

SÜDBÖHMEN

ČESKÉ BUDĚJOVICE

GRAND HOTEL ZVON
€€€
náměstí Přemysla Otakara 11, 28
Tel. 387 311 383
hotel-zvon.cz

Das Hotel am Stadtplatz bietet mehrere Restaurants und Snackbars. Bemühen Sie sich um eines der Zimmer mit Blick auf die Stadt und den Platz. Mehrere Zimmer haben Himmelbetten. Die Küche stellt die mächtigen Kuchen her, die in der exzellenten Hotelkonditorei verkauft werden. Zum Hotel gehört ein Business Center.

75 Alle gängigen Kreditkarten

BOHEMIA
€€
Plachého 33
Tel. 608 120 102
http://bohemia.restaurant/hotel/

Das charmante Hotel in der Altstadt besticht durch seine individuelle Gestaltung mit Liebe zum Detail. Die Zimmer sind einfach, haben aber alle Bad, Minibar und Satelliten-TV. Zum Hotel gehört ein Restaurant mit kreativer Küche, lokale Biersorten werden vom Fass serviert.

16 Alle gängigen Kreditkarten

PANSKÝ SENK €€
Plachého 10
Tel. 386 351 108

Die Räume des Restaurants haben Gewölbedecken, das Lokal ist auf Wild spezialisiert.

80 Keine Kreditkarten

ČESKÝ KRUMLOV

HOTEL R ŽE €€€€
Horní 154
Tel. 380 772 100
janhotels.cz

Ohne Frage, dies ist das erste Hotel am Platz. Es liegt abseits des größten Touristentrubels in einem schönen Renaissancegebäude, einem ehemaligen Jesuitenkolleg. Trotz aufwendiger Renovierung hat es sich seinen Charakter bewahren können. Die Zimmer sind mit dunklen Holzbetten und schweren Vorhängen sowie teilweise mit Holzbalkendecken und Messingleuchtern ausgestattet. Die geräumige Terrasse mit Café liegt hoch über dem Fluss, im Sommer wird Livemusik gespielt.

81
Alle gängigen Kreditkarten

DVO ÁK €€€
Radniční 101
Tel. 380 711 020
hoteldvorak.com

Im Stadtzentrum erstreckt sich das Dvořák an den Ufern der Moldau. Die Zimmer haben Marmorbäder und teilweise antike Möbel. Besonders schön und ideal für einen Drink im Sommer ist die Terrasse mit Blick auf den Fluss.

20
Alle gängigen Kreditkarten

NA OSTROV €€
Na Ostrově 171
Tel. 601 590 215
naostroveck.cz

Besuchen Sie das günstige Fischlokal unmittelbar unterhalb der Schlossbrücke. Erwarten Sie keine elegant servierten Gerichte oder feinen Service. Der Schwerpunkt liegt auf guten, frischen Zutaten und einfacher Zubereitung. Das Menü bietet Karpfen, Aal, Forelle und andere Fischsorten.

80 Keine Kreditkarten

THE OLD INN
€€
náměstí Svornosti 14
Tel. 380 772 500
janhotels.cz

Das Hotel besteht aus drei alten, zusammengelegten Häusern am Markt und hat Zugang zu den Einrichtungen des teureren Hotel Růže (siehe links). Einige Zimmer besitzen eine einfache Einrichtung, aber die kostspieligeren und luxuriöseren haben Mobiliar im antiken Stil. Es gibt am Hotel selbst keine Parkmöglichkeiten, aber das Personal parkt Ihr Auto an einem sicheren Ort. Das Restaurant dehnt sich an schönen Tagen auf den Platz aus; der Bierkeller datiert aus dem 13. Jahrhundert. Gäste dürfen auch den Pool und das Fitness-Center des Růže nutzen, das nur wenige Gehminuten entfernt liegt. 52
Alle gängigen Kreditkarten

FRYMBURK

VLTAVA €€
Frymburk 45
Tel. 380 735 605
hotel-vltava.com

Die Moldau liegt gegenüber dem Hauptplatz dieses hübschen kleinen Ferienortes, die Terrassen hinter dem Gebäude reichen bis an das Seeufer. Die Zimmer sind hell und fröhlich, einige Apartments haben eine Kochnische. Das Personal arrangiert Ausflüge und sportliche Aktivitäten für Sie.

25
Alle gängigen Kreditkarten

JINDŘICHŮV HRADEC

BÍLÁ PANÍ
€€
Dobrovského 5
Tel. 384 363 329
hotelbilapani.cz

Der kleine Familienbetrieb nahe der Burg hat eine nette Atmosphäre. Versuchen Sie die Zimmer vor der Buchung zu sehen, da diese unterschiedlich komfortabel sind. Restaurant vorhanden.

11 Alle gängigen Kreditkarten

GRAND HOTEL ERNÝ OREL
€
náměstí Míru 165
Tel. 384 361 252
grandhotelcernyorel.cz

Das Grand Hotel liegt günstig am Hauptplatz der Stadt und existiert schon seit Jahrhunderten. Sein Name ist etwas hochgegriffen, aber die Zimmer sind für ein oder zwei Nächte in Ordnung. Restaurant und Weinbar.

29 Alle gängigen Kreditkarten

PÍSEK

HOTEL ART
€€
Fráni Šrámka 158
Tel. 773 945 498
arthotelpisek.cz

Das kleine Hotel, zentral gelegen und mit Originalkunst dekoriert, ist eine zauberhafte Unterkunft. Das gute Restaurant ist auf Süßwasserfisch spezialisiert. Frühstück ist im Preis inklusive. Das Hotel bietet auch Anti-Stress-Massagen.
18 Alle gängigen Kreditkarten

PRACHATICE

PARKÁN €
Věžní 51
Tel. 388 311 868
hotelparkan.cz
Das Hotel liegt in einem renovierten mittelalterlichen Haus im Stadtzentrum. Die Zimmer verfügen über Dusche, Satelliten-TV und Kühlschrank. Es gibt eine nette Sommerterrasse, das freundliche Personal hilft bei der Organisation von Wanderungen und anderen Aktivitäten in der nahe gelegenen Šumava.
17 Alle gängigen Kreditkarten

TÁBOR

U KALICHA €
Svatošova 25
Tel. 381 291 927
ukalicha.wz.cz
Das U Kalicha bietet in einem großen Gewölbesaal in der Nähe der Kirche eine feine Version der tschechischen Küche.
So geschl. Keine Kreditkarten

TŘEBOŇ

ZLATÁ HV ZDA
€€–€€€
Masarykovo náměstí 107
Tel. 384 757 111
zlatahvezda.cz
Das schön renovierte Renaissancehaus steht am Marktplatz. Die Einrichtung ist nicht aufregend, die Zimmer sind aber gut ausgestattet. Das Restaurant serviert sowohl lokale als auch europäische Küche.
48 Alle gängigen Kreditkarten

BÍLÝ KONÍCEK
€–€€
Masarykovo náměstí 97
Tel. 724 734 525
http://www.bilykonicehotel.cz
Das Bílý Konícek befindet sich in einem der ältesten Gebäude am Marktplatz (aus dem Jahr 1544). Einige Zimmer sind klein, aber alle haben ein Bad. Sie können hier Fahrräder ausleihen. Ein Restaurant serviert typische tschechische Küche.
23 Keine Kreditkarten

ŠUPINA A ŠUPINKA €
Valy 56/155
Tel. 384 721 149
supina.cz
Das kleine Restaurant abseits des Trubels hat sich auf Fisch spezialisiert. Das Restaurant Supink gegenüber hat die identische Karte. Trotz ihrer etwas abgelegenen Lage sind beide Lokale populär und häufig voll.
Alle gängigen Kreditkarten

WESTBÖHMEN

CHEB

HV ZDA €€
náměstí Krále Jiřího z Poděbrad 4–6
Tel. 727 880 344
hotelhvezda.com
Das ideal am Marktplatz gelegene Hvězda ist das beste Hotel in Cheb. Bitten Sie um ein Zimmer mit Bad – der geringe Aufpreis lohnt sich.
42 Alle gängigen Kreditkarten

FRANTIŠKOVY LÁZNĚ

BOHEMIA
€€
Klostermannova 92
Tel. 354 403 811
hotelbohemia.cz
Das Bohemia am Kurpark liegt nur einige Gehminuten von den Kureinrichtungen ent-

fernt. Die Zimmer sind modern und sehr sauber, das Restaurant ist freundlich und locker.
29 P Keine Kreditkarten

LÁZE SKÝ HOTEL GOETHE €€
Národní 1
Tel. 354 500 180
Das opulente Restaurant im Kasino serviert vor allem tschechische Küche. Prachtvolle Umgebung und entsprechende Preise.
Alle gängigen Kreditkarten

KARLOVY VARY

GRANDHOTEL PUPP €€€€€
Mírové náměstí 2
Tel. 353 109 631
pupp.cz
Das große, luxuriöse Hotel ist die ideale Unterkunft in Karlsbad. Es wurde 1701 gegründet, doch der Großteil der heutigen Gebäude stammt aus dem 19. Jahrhundert. Hier logierten schon J. S. Bach, Ludwig van Beethoven, Franz Liszt, Karl Marx und Franz Kafka. Seine palastartigen Hallen können einschüchternd wirken, aber die Zimmer sind so luxuriös wie diejenigen in den besten Prager Hotels. Wenn es Ihnen hier zu teuer ist, sollten Sie das **Parkhotel Pupp** im Anbau in Erwägung ziehen, dessen 140 Zimmer um etwa 60 Prozent billiger sind.
110 P
Alle gängigen Kreditkarten

VIENNA HOUSE DVO ÁK
€€€–€€€€
Nová Louka 11, 36021
Tel. 353 102 111
viennahouse.com
Ein prachtvolles, gut ausgestattetes Hotel mit komfortablen Zimmern in der Nähe des Grandhotel Pupp. Das Dvořák ist bei Kurgästen sehr beliebt.
120 P
Alle gängigen Kreditkarten

OSTENDE
€€€–€€€€
Stará Louka 60
Tel. 353 585 216
ostende.cz
Das von außen eher unscheinbare kleine Luxushotel bietet sowohl Komfort als auch Kurbehandlungen. Die in einem altmodischen Stil eingerichteten Zimmer sind ideal für längere Aufenthalte, da sie über Kochnischen verfügen. Das Restaurant hat eine schöne Terrasse mit Blick auf das Museum. Es liegt in der Nähe des Grandhotel Pupp.
20 P
Alle gängigen Kreditkarten

INTERHOTEL CENTRAL
€€€
Divadelní náměstí 17, 36003
Tel. 353 182 630
interhotel-central.cz
Das Hotel liegt relativ ruhig neben dem Theater und dennoch in der Nähe der Quellen und des Stadtzentrums. Es ist nicht schick, aber die Zimmer sind geräumig und schön gestrichen. Nettes Freiluft-Café und zwei Restaurants.
84 P
Alle gängigen Kreditkarten

EMBASSY
€€–€€€
Nová Louka 21
Tel. 353 221 161
embassy.cz
Ein kleiner, perfekt gelegener Familienbetrieb mit komfortablen Zimmern und einigen Apartments. Das attraktive Restaurant ist mit alten Öfen und bemalten Nischen dekoriert und bietet traditionelle böhmische Gerichte und Bier an.
18 P Alle gängigen Kreditkarten

PALACKÝ €€–€€€
Stará Louka 40
Tel. 353 222 544
hotelpalacky.cz

Das bescheidene Hotel liegt in günstiger Lage zu den Mühlbrunnkolonnaden. Das Hotel kann Kurbehandlungen arrangieren und serviert auf Wunsch auch Diätkost.
7 Alle gängigen Kreditkarten

PROMENÁDA
€€€
Tržiště 31
Tel. 353 225 648
hotel-promenada.cz
Das reizende Hotel verfügt über nette Zimmer. Das Restaurant im Atrium serviert internationale und tschechische Küche. Vorzügliche Weinkarte.
21 Alle gängigen Kreditkarten

GARNI HOTEL BOSTON
€€
Luční vrch 9
Tel. 353 362 711
boston.cz
Das rosarote Boston direkt hinter Karlovy Varys Flusspromenade bietet ein gutes Preis-Leistungs-Verhältnis, einfache Zimmer und zuvorkommenden Service. In der Nähe findet man Dutzende von Restaurants und Kureinrichtungen.
16
Alle gängigen Kreditkarten

MARIÁNSKÉ LÁZNĚ

OREA SPA HOTEL BOHEMIA
€€–€€€
Hlavní 40
Tel. 354 610 111
oreahotelbohemia.cz
Das prächtige altmodische Hotel verkörpert den Reiz des Kurortes: luxuriös, aber mit der Betonung auf gesundheitsfördernde Behandlungen. Die Zimmer verfügen über Satelliten-TV, Minibar, Safe und Dusche, einige auch über einen Balkon mit Blick über den Kurpark.
77 Alle gängigen Kreditkarten

SPA HOTEL BUTTERFLY €€–€€€
Hlavní 72
Tel. 354 654 111
danubiushotels.cz
Trotz des extravaganten Äußeren sind die Zimmer recht konventionell eingerichtet. Sie bieten große Betten und Schreibtische, einige der teureren auch Jacuzzis und Internetzugang. Es gibt eine Kaffeebar und eine schicke Foyerbar, in der man auch Snacks bekommt.
96 Alle gängigen Kreditkarten

PLZEŇ

CONTINENTAL €€
Zbrojnická 8
Tel. 377 221 746
hotelcontinental.cz
Ursprünglich 1895 von der Pilsen-Brauerei errichtet, hat dieses Hotel eine kaum zu schlagende Lage neben dem Platz der Republik. Die Zimmer sind umgestaltet worden, Innendekor und Mobiliar wurden bewusst altmodisch gehalten, damit sie zur Außenfassade der Jahrhundertwende passen. Nicht alle Zimmer verfügen über WCs. Bedenken Sie dies bei der Reservierung.
21 Alle gängigen Kreditkarten

TEPLÁ

KLÁŠTER TEPLÁ
€€
KLášter Teplá 10
Tel. 608 113 388
hotelklastertepla.cz
Als die Mönche in den 90er Jahren in die Prämonstratensergründung zurückkehrten, bauten Sie einen Flügel des alten Klosters in eine einfache, aber bequeme Unterkunft um. Alle Zimmer verfügen über ein eigenes Bad, sind aber nicht gerade üppig ausgestattet. Es gibt ein Restaurant und eine Schänke und in der Nähe einen Golfplatz.
65
Alle gängigen Kreditkarten

NORDBÖHMEN

DĚČÍN

HOTEL ESKÁ KORUNA €
Masarykovo náměstí 60
Tel. 412 516 104
hotelceskakoruna.cz

Gute, saubere Unterkunft direkt am Hauptplatz mit schlichten, modernen Standardzimmern. Als Ausgangsbasis für Ausflüge in die Umgebung gut genug.

43 Alle gängigen Kreditkarten

HŘENSKO

PRAHA €€
Hřensko 37
Tel. 412 554 006
hotel-hrensko.cz

Das geschickt modernisierte Praha, ein altes Urlaubshotel, ist der beste Tipp in diesem Urlaubsort. Die Zimmer sind komfortabel, die Terrasse ist im Sommer sehr beliebt. Sauna und ein Zugang für Rollstuhlfahrer sind vorhanden.

34 Alle gängigen Kreditkarten

LIBEREC

PRAHA
€€
Železná 2
Tel. 485 102 655
hotel-praha-liberec.cz

Das Hotel liegt in einem gut restaurierten Art-nouveau-Gebäude von 1905. Restaurant, Kaffeebar, Kasino und Nachtclub gehören zu seinen Annehmlichkeiten. Das Personal hilft Ihnen bei der Organisation von Ausflügen und sportlichen Aktivitäten. Ein Rollstuhlzugang ist vorhanden.

62 Alle gängigen Kreditkarten

LITOMĚŘICE

SALVA GUARDA
€–€€
Mírové náměstí 12
Tel. 416 732 506
salva-guarda.cz

Die Zimmer in dem schönen Renaissancehaus von 1560 sind nicht stilvoll, die komfortablen Apartments verfügen aber über geräumige Bäder. Die Vierbettzimmer sind ideal für Familien. Gutes Restaurant und eine Weinbar.

16 Alle gängigen Kreditkarten

TEPLICE

PRINCE DE LIGNE
€€–€€€
Zámecké náměstí 136
Tel. 417 514 111
princedeligne.cz

Das 1991 komplett renovierte Gebäude von 1824 liegt unweit der Kureinrichrichtungen und des Parks – des schönsten Eckchens in einer Stadt. Wenn Sie sich verwöhnen wollen, sollten Sie nach der Suite fragen, die im üppigen Stil des 18. Jahrhunderts gehalten ist. Das italienische Restaurant Leone Venezia und die kleinere Cabana Mexicana sind einen Besuch wert.

32
Alle gängigen Kreditkarten

ŽATEC

U HADA
€
náměstí Svobody 155
Tel. 415 711 000
zatec-hotel.cz

Die einzige echte Attraktion dieser Stadt ist ihr Ruhm als Quelle des besten Hopfens der Welt. Wenn sie zum Hopfenfest kommen, werden Sie das U Hada wegen seiner Lage am Hauptplatz schätzen. Das restaurierte alte Bauwerk (stoßen Sie sich nicht Ihren Kopf an den niedrigen Holzbalken) hat ein Restaurant und eine Weinbar. Sichere Parkmöglichkeiten.

21
Alle gängigen Kreditkarten

OSTBÖHMEN

HRADEC KRÁLOVÉ

PENZION U JANA
€
Velké náměstí 17
Tel. 736 777 270
penzion-u-jana.cz

Das U Jana, günstig am Marktplatz gelegen, ist in einem ungewöhnlich minimalistischen und eleganten Stil renoviert worden. Das Hotelrestaurant hat sich auf Fisch und tschechische Küche spezialisiert.

9 P Alle gängigen Kreditkarten

SPORT CAFÉ €
Velké náměstí 10
Tel. 495 514 202
sport-cafe.cz

Ideal, wenn Sie die böhmische Küche leid sind und Pizza oder Pasta essen möchten. Im Sommer speist man auf der Terrasse am Platz. Das Café ist aufgrund seines freundlichen Personals und der zuverlässigen Küche zu Recht sowohl bei Einheimischen als auch Besuchern beliebt.

Alle gängigen Kreditkarten

HRUBÁ SKÁLA

ŠTEKL €
Hrubá skalá 5
Tel. 481 389 684
hotel-stekl.cz

Das Stekl liegt in einem ehemaligen Schloss mitten im Český ráj (siehe S. 264–267). Durch seine Lage ist es die ideale Basis für Ausflüge in die Region. Die Zimmer sind einfach, aber dafür günstig. Einige der billigsten haben kein eigenes Bad.

29 P Alle gängigen Kreditkarten

JANSKÉ LÁZNĚ

LESNÍ D M
€
Krkonošská 208
Tel. 499 875 167
lesnidum.cz

Obwohl es sich nur um ein bescheidenes Hotel handelt, hat das Lesní Dům Charme. Das Personal ist sehr gastfreundlich. Es gibt ein bodenständiges, günstiges Restaurant und eine Sommerterrasse sowie Tennisplatz und Sauna.

21 P Keine Kreditkarten

LITOMYŠL

ZLATÁ HV ZDA
€€
Smetanovo náměstí 84
Tel. 461 614 834
zlatahvezda.com

Das stilvolle Hotel am Hauptplatz ist relativ günstig, das Personal effizient und hilfsbereit. Die Hotelleitung wirbt damit, dass Präsident Havel einmal hier logierte. Bitten Sie um ein Zimmer mit Blick auf das Schloss. Gute tschechische und orientalische Küche bekommt man in einem eher nüchternen Speisesaal serviert.

29 P
Alle gängigen Kreditkarten

NÁCHOD

U BERÁNKA
€€
náměstí TGM 74
Tel. 491 433 118
hotel-beranek.com

Die luftigen Zimmer dieses Bauwerks aus dem Jahr 1914 haben Parkettböden und hohe Decken. Angesichts der geringen Größe des Hotels überrascht es, dass es einen 24-Stunden-Zimmerservice anbietet. Insgesamt hat das Beránka mehr Charakter als die meisten tschechischen Hotels.

57 P Alle gängigen Kreditkarten

U M STA PRAHY
€
náměstí TGM 66
Tel. 491 431 711
hotelumestaprahy.cz

Eine gute Wahl, wenn die Reisekasse begrenzt ist. Einfache Zimmer, ein beliebtes

Restaurant und eine Weinbar sowie im Sommer eine Terrasse auf dem Platz.
Zimmer 10 Parkplätze Keine Kreditkarten

TURNOV

Hotel **KORUNNÍ PRINC**
Restaurant **€€**
náměstí českého ráje 137
Tel. 481 313 520
korunniprinc.cz

Das Korunní Princ liegt in zentraler Lage. Die Stadt ist ein beliebter Augangspunkt für Ausflüge ins Böhmische Paradies. Die Zimmer sind komfortabel, wenn auch nicht luxuriös. Das Restaurant bietet gute Auswahl bei einer Spezialisierung auf Fisch und Wild.
Zimmer 24 Aufzug Keine Kreditkarten

VRCHLABÍ

Hotel **LABUT**
Restaurant **€**
Krkonošská 188
Tel. 499 421 964
hotellabut.cz

Das Labut ist ein idealer Ausgangspunkt, um das Riesengebirge zu besuchen. Sein Restaurant serviert internationale und tschechische Küche; im attraktiven Hof kann man nach einer Wanderung sein wohlverdientes Bier genießen.
Zimmer 24 Parkplätze Aufzug
Alle gängigen Kreditkarten

SÜDMÄHREN

BRNO

Hotel **GRANDHOTEL BRNO**
Restaurant **€€€**
Benešova 18
Tel. 542 518 111
grandhotelbrno.cz

Das führende Hotel der Stadt, zur Ausstattung gehören ein Gesundheitsclub, eine Sauna und ein Wäschereiservice. Die freundlichen Zimmer haben Minibar, TV, Safe und Telefon. Neben Restaurant und Grillroom verfügt das Hotel auch über Nachtclub und Kasino. Zimmer 105 Parkplätze Aufzug
Alle gängigen Kreditkarten

Hotel **INTERNATIONAL**
Restaurant **€€€**
Husova 16
Tel. 542 122 111
hotelinternational.cz

Günstig gegenüber Burg Spielberg gelegen, bietet dieses moderne Hotel zu vernünftigen Preisen freundlich eingerichtete Zimmer sowie u. a. zwei Restaurants und ein Fitness-Center. Es gibt vor Ort auch einen Autoverleih.
Zimmer 252 Parkplätze Aufzug
Alle gängigen Kreditkarten

Hotel **SLAVIA**
Restaurant **€€**
Solniční 17
Tel. 542 321 249
slaviabrno.cz

Das seit über hundert Jahren bestehende Slavia in einem Gebäude aus dem 19. Jahrhundert liegt am Rande der Altstadt. Es bietet hohe, geräumige Zimmer und Gemeinschaftseinrichtungen wie Restaurant, Weinbar und Kaffeebar.
Zimmer 82 Parkplätze Aufzug Alle gängigen Kreditkarten

Hotel **HOTEL VAKA €€**
Cimburkova 4A
Tel. 549 429 429
hotelvaka.cz

Das Hotel liegt nur zehn Minuten mit dem Taxi oder der Tram vom alten Stadtzentrum entfernt und bekommt viel Anerkennung für den herzlichen Service, das gute Preisleistungs-Verhältnis und kleine Extras, wie z. B. das großzügige Frühstücksbuffet, das im Zimmer-Preis enthalten ist. Erschwinglicher Komfort, geeignet für einen Besuch in Brno oder als Basis, um die Region zu erkunden.
Zimmer 36 Parkplätze Aufzug free in public areas
Alle gängigen Kreditkarten

POD ŠPILBERKEM €€
Pekařská 10
Tel. 543 235 003
podspilberkem.com
Ein typisch unprätentiöses tschechisches Gasthaus in idealer Lage, wenn Sie sich nach einem Besuch auf Burg Spielberg stärken müssen.
80 Keine Kreditkarten

ŠPALÍ EK €€
Zelný trh 13
Tel. 542 211 526
Das gradlinige Lokal im Stadtkern serviert traditionelle tschechische Gerichte. Im Sommer gibt es am Kopf des Platzes eine Terrasse.
Keine Kreditkarten

FLAVOURS €€
Běhounská 12/14
Tel. 725 372 595
flavoursbrno.cz
Wenn man keine Klöße mehr sehen kann, lohnt sich der Besuch des indischen Restaurants im Stadtzentrum. Sie können auch einen Drink an der Bar genießen.
Alle gängigen Kreditkarten

KROM ŘÍŽ

BOU EK €–€€
Velké náměstí 53
Tel. 573 342 777
hotelboucek.cz
Das Bouček liegt in exzellenter Lage am Hauptplatz. Seine Zimmer sind gemütlich, Nichtraucherzimmer sind ebenfalls vorhanden. Tagsüber kann das Parken ein Problem darstellen, vor dem Haus gibt es aber zumindest Kurzzeitparkplätze mit Parkuhren.
11
Alle gängigen Kreditkarten

MIKULOV

HOTEL ELISKA €
22. Dubna 28
Tel. 519 513 073
hoteleliska.cz/hotel
Ein beliebtes, unprätentiöses Hotel, das im Sommer oft ausgebucht ist. Im Erdgeschoss befindet sich ein irischer Pub.
53 Keine Kreditkarten

SLAVKOV

SOKOLSKÝ D M
€
Palackého náměstí 75
Tel. 544 221 103
hotelsokolskydum.cz
Eine halbe Autostunde von Brno entfernt ist dies moderne, saubere und freundliche Hotel an der Hauptstraße ideal für alle, die lieber nicht in der großen Stadt wohnen möchten. Die Zimmer sind modern, komfortabel und preiswert. Im Sommer muss man frühzeitig buchen. Das Restaurant serviert gute Steaks und einige mexikanische Gerichte. 20 Keine Kreditkarten

STRÁŽNICE

FLAG HOTEL
STRÁŽNICE €
Předměsti 3
Tel. 518 332 060
hotelstraznice.cz
Das Gebäude ist langweilig, und die Zimmer sind konventionell, aber das Hotel liegt direkt im Stadtzentrum und ist eine ideale Basis für den Besuch des alljährlichen Festivals (siehe S. 288) – wenn Sie ein Zimmer bekommen. Restaurant, Weinbar und sicheres Parken. 57
Alle gängigen Kreditkarten

TELČ

ERNÝ OREL
€€
náměstí Zachariáše z Hradce 7
Tel. 567 243 222
cernyorel.cz
Das Gebäude aus dem 16. Jahrhundert direkt am Marktplatz dient seit 1907 als Hotel und ist heute die beste Wahl in Teltsch. Einige Zimmer haben kein eigenes Bad, was Sie bei einer Buchung berücksichtigen soll-

ten. Dem Restaurant fehlen, ähnlich wie den Zimmern, Atmosphäre und Stil.
33 Alle gängigen Kreditkarten

PENSION GALERIE TEL €–€€
Na Můstku 37
Tel. 774 892 263
E-mail: hotel.telc@telchotel.cz
Das kleine Hotel erfüllt seinen Zweck, die Zimmer sind aber spärlich möbliert.
10 Alle gängigen Kreditkarten

ZACH RESTAURANT €€
náměstí Zachariáše z Hradce 33
Tel. 567 243 672
restaurantzach.cz
Das am Marktplatz gelegene, gemütliche Zach serviert Fisch, Rind- und Schweinefleisch. Die Karte bietet häufig fantasievolle Gerichte, z. B. mit weißem Spargel gekochtes aufgeschnittenes Steak. Regent-Bier vom Fass. 60 Alle gängigen Kreditkarten

VALTICE

APOLLON
€
Petra Bezruče 720
Tel. 602 525 584
hotel-apollon.cz
Ruhig am Stadtrand gelegen, liegt das Apollon doch in fußläufiger Entfernung vom Zentrum und vom Schloss (siehe S. 286–287). Die Zimmer sind einfach eingerichtet und komfortabel, und es gibt ein nettes Restaurant und eine Sommerterrasse.
22 Alle gängigen Kreditkarten

NORDMÄHREN

KARLOVA STUDÁNKA

DŽBÁN €
Karlova Studánka 12
Tel. 222 539 539
hoteldzban.cz
Das zentral gelegene Džbán bietet Felskletterkurse an seinem hauseigenen Felsen. Die Zimmer sind komfortabel, wenn auch billig möbliert. Einige haben vier Betten, ideal für Familien oder Gruppen.
25 Alle gängigen Kreditkarten

OLOMOUC

HOTEL TRINITY
€€€ – €€€€
Pavelčákova 22
Tel. 585 222 065
hotel-trinity.cz
Das moderne Hotel liegt nur wenige Schritte vom Hauptplatz entfernt. Die Zimmer sind attraktiv und zumeist mit modernen Kiefernmöbeln sowie hellen Farben ausgestattet. Zum Hotel Trinity gehört auch ein Restaurant.
100 Alle gängigen Kreditkarten

PALÁC €–€€
1 Máje 27
Tel. 585 224 175
hotelpalac.cz
Das Palác sieht von außen wie eine strenge stalinistische Übung in Gastfreundschaft aus, aber die Zimmer sind sauber und ausreichend geräumig. Die Lage nahe der Kathedrale ist exzellent. Eine gute Wahl bei schmalem Geldbeutel.
24 Alle gängigen Kreditkarten

GALERIE CAESAR €
Horní náměstí 583
Tel. 585 229 287
Dieses wunderbar im Zentrum gelegene, lebhafte italienische Restaurant ist wegen seiner Pizzen beliebt, hat aber auch eine große Auswahl an Nudelgerichten.
120 Alle gängigen Kreditkarten

U CERVENÉHO VOLKA €
Dolní náměstí 39
Tel. 585 519 465
ucervenehovolka.cz
Das Restaurant liegt auf einem der beiden wichtigsten Stadtplätze in der Nähe des Hauenschild-Palasts. Es gibt tschechische,

aber auch italienische Gerichte. Der attraktive Raum ist eher konservativ eingerichtet.
100 Alle gängigen Kreditkarten

OSTRAVA

IMPERIAL HOTEL
€€
Tyršova 6
Tel. 599 099 099
imperialhotelostrava.com

Das (für Ostrava) große, moderne und zentral gelegene Hotel ist auf Geschäftsreisende ausgerichtet. Aber die geräumigen Zimmer, der Pool und das Bio-Restaurant richten sich ganz eindeutig an verwöhnte, aber preisbewusste Führungskräfte.
156
free in public areas
Alle gängigen Kreditkarten

ROŽNOV POD RADHOŠTĚM

EROPLÁN
€€
Ostravská 451
Tel. 571 648 014
hoteleroplan.cz

Das Eroplan ist ein großes, modernes Hotel im Landhausstil in der Nähe des Freilichtmuseums, das Komfort, exzellente Ausstattung und Service verbindet. Alle Zimmer haben ein Bad und Internetzugang. Zum Komplex gehören ein Restaurant, eine Snackbar sowie ein Fitnesscenter mit Sauna und Solarium. An manchen Abenden Livemusik und Tanz. Sichere Parkmöglichkeiten.
39
Alle gängigen Kreditkarten

VELKÉ LOSINY

LÁZE SKÝ HOTEL ELISKA €€
Lázeňská 323
Tel. 583 394 111

In unmittelbarer Nähe des Spa befindet sich das reizvolle Resort mit hellen, freundlich dekorierten Räumen. Die Belegschaft ist gerne behilflich, bei der Planung ihrer Aktivitäten wie z. B. Tennis spielen oder Mountainbike fahren wollen.
32
Alle gängigen Kreditkarten

Tschechien ist kein Einkaufsparadies, doch selbst zu Zeiten des Kommunismus gab es die berühmtesten tschechischen Produkte zu kaufen: Kristallglas und Granat. Vor 1990 waren Textilwaren von meist minderwertiger Qualität, doch in den letzten Jahren hat das tschechische Design einen Aufschwung erlebt. Heute verkaufen Prager Boutiquen hochwertige Kleidung aus heimischer Produktion. Der Bierpreis wird auf Bestreben der einheimischen Bevölkerung niedrig gehalten. Daher bleibt Bier ein Schnäppchen (vorausgesetzt, Sie schaffen es, es nach Hause mitzunehmen).

ANTIQUITÄTEN

Prag rühmt sich vieler Antiquitätengeschäfte, die von Trödel bis zu hochwertigen Möbeln und Uhren die ganze Bandbreite anbieten. Wenn Sie günstig einkaufen möchten, sollten Sie sich zunächst im Dorotheum über die Preise informieren und sich dann nach zuverlässigen Antiquitätenhändlern erkundigen. Einige Luxushotels wie das Růže in Český Krumlov haben eigene Antiquitätengeschäfte; außerhalb Prags sollten Sie an der Hotelrezeption nach vertrauenswürdigen Händlern fragen. Freunde eines guten Buches können viele faszinierende Stunden in einem *antikvariát* (Secondhand-Buchladen) stöbern.

Antikvariát Galerie Mustek Národní trida 40, Prag 1, Tel. 224 949 587. Geöffnet Mo–Fr 10–13 Uhr, 14–19 Uhr & Sa 10–14 Uhr. Einer der besten Secondhand-Buchläden der Stadt mit einem exzellenten Sortiment an Kunstbüchern.

Antikvariat Valentinska Valentinska 8, Prague 1, Tel. 606 035 629. Geöffnet Mo–Fr 10–18 Uhr. Ein Ort wie der Wandschrank einer tschechischen Großmutter – vollgestopft mit Büchern, die nicht mehr verlegt werden, Postkarten aus der Vorkriegszeit, wunderbaren Kunstbänden und kuriosen Einzelstücken

Art Deco Michalská 21, Prag 1, Tel. 224 223 076. Geöffnet Mo–Fr 14–19 Uhr, Sa 14–18 Uhr. Neben Kleidung aus der Artdéco-Zeit gibt es hier zumeist guten und erschwinglichen Modeschmuck.

Dorotheum Ovocný trh 2, Prag 1, Tel. 224 222 001, *dorotheum.com*. Geöffnet Mo–Fr 10–19 Uhr & Sa 10–17 Uhr. Kristall, Glas, Schmuck, Bilder, Möbel und mehr.

Galerie Národní 25 Galerie Národní 25, Prague 1, Tel. 737 571 660. Geöffnet Mo–Fr 9–12 Uhr, 13–18 Uhr. Spezialisiert auf Kunst, Dekorationsgegenstände, Porzellan und Kristall aus dem 18. bis 20. Jahrhundert.

BIER

Der Preis für Flaschenbier beträgt einen Bruchteil dessen, was man im übrigen Europa zahlt. Am besten sind die klassischen Biere wie Pilsner Urquell und Budweiser (siehe S. 208–209), aber halten Sie auch Ausschau nach Krušovice, Radegast, Regent und anderen Marken. Fast jedes Fassbier gibt es auch in Flaschen abgefüllt.

CDs

CDs können sehr preiswert sein, vor allem Aufnahmen klassischer und tschechischer Volksmusik des Labels Supraphon. Insgesamt hat das Preisgefälle gegenüber Europa in den letzten Jahren jedoch etwas nachgelassen.

Bontonland Megastore Palác Koruna, Václavské námestí 1, Prague 1, Tel. 224 473 080, *bontonland.cz*. Geöffnet Mo–Fr 9–20 Uhr, Sa 10–20 Uhr, So 10–19 Uhr. Nicht nur die umfangreichste Sammlung an tschechischem Pop, Folk und Jazz, sondern auch eine hervorragende Quelle für Aufnahmen klassischer böhmischer Komponisten, Orchester und Ensembles.

Kafkovo kuihkupectví Staroměstské nám 12/12, Tel. 222 321 454. Geöffnet Mo–Fr 10–19 Uhr. Interessantes Sortiment an ethnischer, insbesondere jüdischer und Sinti-Musik sowie Klassik und Jazz. Auch gute Bücher.

BEKLEIDUNG

Angesagte Straßen wie die Pařížská in Prag werden von Boutiquen gesäumt, doch das Angebot wird vielfach dem gleichen, was Sie von zu Hause kennen. Einige lokale Produzenten stellen qualitativ hochwertige Kleidung und Accessoires her.

M 1 Army shop Řipská 22, Prag 3, Tel. 224 251 232. Geöffnet Mo–Fr 9–18 Uhr. Dieses Geschäft in Vinorady verkauft Zubehör aus Armeerestbeständen, vor allem Kleidung, zu niedrigen Preisen.

Butik Klára Nademlýnská Dlouhá 3, Prag 1, Tel. 224 818 769, *klaranademlynska.cz*. Geöffnet Mo–Fr 10–19 Uhr & Sa 10–18 Uhr. Die tschechische Designerin lebt in Paris, aber ihre Kleider, darunter Haute Couture, kann man auch in diesem prächtigen Geschäft kaufen.

Hard de Core Senovážné námestí 10A, Prague 1, Tel. 775 417 230, *harddecore.cz*. Geöffnet Mo– Fr 10–19 Uhr, Sa 11–17 Uhr. Frische, originelle Schätze für Haus und Küche aus Porzellan, Holz und Metall und Mode für alle Anlässe und Budgets von tschechischen Designern.

Katerina Geislerová Týnská 15, Prague 1, Tel. 725 398 001, *katerina-geislerova.com*. Geöffnet Mo–Fr 11–19 Uhr. Regional gefertigte Designs einer angesagten, tschechischen Kreativen, die ihre Prêt-à-Porter Kollektion Mona auch nach Paris und Übersee verkauft. Hier bekommt man unverwechselbare, elegante Tops, Hosen, Jacken und Röcke für noble Anlässe.

GLASWAREN

In Tschechien werden hochwertige Glaswaren hergestellt und vertrieben. Für viele Besucher ist Böhmen geradezu ein Synonym für Kristallwaren. In jeder größeren Stadt gibt es Glasgeschäfte, doch die beste Auswahl und die günstigsten Preise findet man in Prag, wo unzählige Fachgeschäfte Einkaufsstraßen wie die Karlova säumen. In Böhmen wird zumeist geschliffenes (farbiges) Glas produziert. Bei einer solchen Auswahl finden Sie garantiert etwas nach Ihrem Geschmack – wenn Sie nicht gerade klassische Weingläser ohne Verzierung suchen. Viele Geschäfte senden Ihnen die Einkäufe auch an Ihre Heimatadresse.

Artel Celetná 29, Prague 1, Tel. 224 815 085, *artelglass.com*. Geöffnet täglich 10–19 Uhr. Die Amerikanerin Karen Feldman kreierte eine einzigartige Linie, bei der Designerkristall mit tschechischem Handwerk kombiniert wird, um neue Konzepte, Töne und Stile einzuführen. Derselbe erfrischende Stil zieht sich durch das gesamte Angebot des Ladens: Einzelstücke, Geschenkartikel, kleine Dekorationsgegenstände und unkonventionelle Schreibwaren.

Moser Na Příkopě 12, Prag 1, Tel. 224 211 293, Filiale: Malé náměstí 11. Moser ist seit 1957, der Gründung des Unternehmens in Karlsbad, der führende Hersteller feiner böhmischer Glaswaren. Die handgemachten Produkte sind sehr teuer. Auch wenn Sie sich nicht allzu sehr für Kristall interessieren, lohnt ein Besuch der Ausstellungsräume im ersten Stock. Das Gebäude war einst das Haus des reichen Industriellen Bohumil Bondy, der sein Haus im üppigen Stil des 19. Jahrhunderts ausstaffierte. Die Holztäfelung, Intarsien und Kronleuchter sind tadellos erhalten.

Moser Tržiště 7, Karlovy Vary. Die Hauptausstellungsräume des Unternehmens befinden sich in Karlsbad. Wenn Sie mehr über die Glasherstellung erfahren möchten, sollten Sie die hiesige Fabrik und das Museum besuchen (Kpt. Jaroše 19, Tel. 353 416 132, *moser-glass.com*, €€€). Geöffnet Mo–Fr 9–17 Uhr.

DELIKATESSEN

In den letzten Jahren hat sich das Angebot an tschechischen und importieren Nahrungsmitteln in Prag stark verbessert und Besucher werden viele Versuchungen entdecken.

Naše maso Dlouh. 39, Prague 1, Tel. 222 311 378, *nasemaso.ambi.cz*. Mo–Sa 9–22 Uhr. Die beliebte tschechische Restaurant-Kette Ambiente führt den geschäftigen Laden, der traditionelle böhmische Spezialitäten aus regionalem Rind- und Schweinefleisch sowie eine beeindruckende Auswahl an Wurst, Ölen, Gewürzen, Kochgeschirr und vielem mehr anbietet. Ab 18 Uhr füllt sich das angeschlossene Bistro schnell.

GRANAT

Die Halbedelsteine aus Turnau in Nordböhmen sind sehr dekorativ und relativ günstig. Die nordböhmischen Granatsteine sind selten schwerer als zwei Karat, größere werden aus Indien importiert. Die Farbe bestimmt, anders als bei anderen Edelsteinen und Halbedelsteinen, nicht den Preis. Es gibt mehrere Fachgeschäfte in Prag, weshalb sich Preisvergleiche lohnen.

Granát Dlouhá 28, Prag 1, Tel. 222 315 612, *granat.eu*. Auch Panská 1. Geöffnet Mo–Fr 10–18 Uhr & Sa 10–13 Uhr. Die beste Adresse, um in Prag Granat zu kaufen: Käufer können sich sicher sein, böhmischen (tschechischen) Granat und keine Steine von anderswo zu erhalten. Das Unternehmen, eine Genossenschaft mit Sitz in Turnov, produziert 3500 unterschiedliche Stücke, darunter in Silber oder Gold gefasste Granatsteine. Filialen:
České Budějovice: Dr. Stejskala 9
Český Krumlov: Latrán 53
Liberec: Pražská 3
Turnov: náměstí Ceského ráje 4

MARIONETTEN

Marionettentheater ist seit dem 17. Jahrhundert in Tschechien beliebt, bis zum heutigen Tag werden schöne und lustige Puppen hergestellt. Leider findet man auch in den Geschäften nur Massenware, die nicht den Eindruck der Schönheit der handgemachten Originale vermitteln kann. Mehr über die Marionettenherstellung, einschließlich der Möglichkeit, eine Marionette selbst zu machen, erfahren Sie auf S. 62.

WEIN

Böhmische und mährische Weine werden von Jahr zu Jahr besser. Die meisten Städte besitzen zumindest einen Weinladen mit einer guten Auswahl lokaler Tropfen. In Prag selbst eröffnen immer mehr Weingeschäfte. Viele haben neben tschechischen auch internationale Weine im Angebot. (Wenn Sie den Hauswein bestellen, erhalten Sie meist Frankovka; der häufigste Weißwein ist die tschechische Variante des Riesling.) Die besten heimischen Weine stammen von kleinen Winzern. Es lohnt sich, nach folgenden Weinen Ausschau zu halten: Baloun, Znovín, Znojmo, Tomáš, Krist, Sonberk und Petr Skoupil.

Monarch Na Perštýně 15, Prag 1, Tel. 224 239 602, *monarch.cz*. Neben einer guten Auswahl tschechischer Weine bietet dieser Laden Spitzentropfen aus Frankreich und Italien.

Wine O'Clock Liliová 16, Prague 1, Tel. 773 201 216, *wineoclockprague.com*. Geöffnet Di–Sa 16–23.30 Uhr. Der atmosphärische Weinkeller in der Altstadt lagert eine erstaunliche Reihe an tschechischen, mährischen, italienischen und französischen Weinen zu überraschend vernünftigen Preisen. Zudem wird man bei der Auswahl ausführlich beraten.

Wine Shop Ungelt Týnský dvůr 7, Prag 1, Tel. 224 827 501. Große Auswahl an internationalen Weinen sowie einigen guten mährischen Weißweinen; teuer.

Tschechien ist schon immer die Heimat vielfältiger kultureller Aktivitäten gewesen. Die Liebe zur Musik ist tief verwurzelt, es finden Dutzende von Festivals für klassisch-, Jazz- und Volksmusik statt. In jeder größeren Stadt gibt es Nachtclubs und Diskos. Die Tschechen sind sehr sportbegeistert, weshalb das Sportangebot gut ist. Es ist für jeden Geschmack etwas dabei, von Pferderennen oder Eishockey bis hin zu Radtouren oder Wanderungen im Böhmischen Paradies. Tschechien unterhält ein gutes Netz an Wanderwegen, auch für Skifahrer gibt es eine Reihe attraktiver Pisten.

PRAG

UNTERHALTUNG

Die englischsprachigen Webseiten *expats.cz* und *prague.tv* bieten zahlreiche Informationen zu Veranstaltungen in Prag, ebenso wie die offizielle Seite der Stadt *prague.eu.*

KLASSISCHE MUSIK & OPER

Klassik- und Opernfreunde kommen im Herbst und Winter auf ihre Kosten, im Sommer füllen Tournee-Orchester und tschechische Ensembles die prächtigen Hallen der Stadt. Die Stadt hat mindestens drei erstklassige Orchester: die Tschechische Philharmonie, das Prager Symphonie Orchester und das Tschechische Nationalorchester sowie ein berühmtes alljährliches Festival.

Musikfreunde können viele Konzerte in Prager Kirchen, in der schönen Spiegelkapelle des Klementinums (siehe S. 106–107) und im Sommer in den Palastgärten genießen.

Prag hat zwei renommierte Opernhäuser: **Státní Opera** *(Staatsoper, Wilsonova 4, Prag 1, Tel. 224 901 448)* und **Národní divadlo** *(Nationaltheater, Ostrovní 1, Prag 1, Tel. 224 901 448)*. Das Nationaltheater betreibt auch das **Stavovské divadlo** *(Ovocný trh 1, Prag 1, Tel. 224 215 001)*. Ein weiteres wichtiges Theater ist das **Klementinum** *(Zrcadlová kaple, Mariánské námestí, Prag 1, Tel. 272 220 879)*. Allgemeine Informationen über Konzerte, Tickets etc. finden Sie auf der mehrsprachigen Seite *pis.cz.*

THEATER & PANTOMIME

Die Sprachbarriere verhindert oft den Theatergenuss, dies gilt nicht für die Laterna-magica-Multimedia-Produktionen am Nationaltheater in Prag (siehe S. 137) oder die vielen Puppenspieltheater im ganzen Land. Am bekanntesten ist das **National Marionette Theater** *(Žatecká 1)*. Das **Divadlo Archa** *(Na Porící 26, Prague 1, Tel. 221 716 111)* richtet sein Programm an ein internationales Publikum und bezieht häufig Tanz mit ein. Und das **Švandovo Divadlo** *(Štefánikova 57, Prague 5, Tel. 257 318 666)* zeigt seine tschechischen Projekte mit Übertiteln. Pantomime hat ebenfalls eine große tschechische Tradition (siehe S. 66–67).

Die Preise für Musik- und Theaterveranstaltungen sind günstig. Eintrittskarten gibt es bei **TicketPro** *(Václavské námestí 38, ticketpro.cz)*, **Bohemia Ticket International** *(Malé námestí 13, Tel. 224 215 031, bohemiaticket.cz)* und an den Theaterkassen.

NACHTLEBEN

Das lebhafteste Nachtleben in Tschechien findet in Prag statt, die Stadt bietet eine gute Auswahl an Diskos und Jazzclubs sowie Clubs mit Livemusik.

Eine große und beliebte Disko ist die **Lucerna Music Bar** *(Štepánská 61, Prague 2)*. Besonders voll wird es an den Wochenenden, dann finden oft 80er und 90er Partys statt. Es gibt zahlreiche Bars, zwei unterirdische Stockwerke und der ganze Laden fühlt sich wunderbar eingetragen an.

Reduta *(Národní 20, Prag 1, Tel. 224 933 486, redutajazzclub.cz)* (Auftritte ab 21 Uhr) und **Agharta Jazz Club** *(Železná 16, Prag 1, Tel. 222 211 275, geöffnet 15–1 Uhr)* sind die bekanntesten Jazzclubs der Stadt. Bekanntere Musik und wilderes Publikum findet man in Clubs wie **Rock Café** *(Národní 20, Prag 1, Tel. 224 933 947)*. Das **Roxy** *(Dlouhá 33, Prag 1, Tel. 602 691 015, roxy.cz)* verbindet Musik, eine Galerie, Darstellende Kunst, eine Bar, Lesungen und Workshops. Galerie und Bar haben von 13 bis 1 Uhr, der Club von 20 bis 5 Uhr morgens geöffnet. Weitere Clubs: **Radost FX** *(Belehradská 120, Prag 2, Tel. 224 254 776 oder 603 199 711)* und **Palác Akropolis** *(Kubelíkova 27, Prag 3, Tel. 296 330 913)*.

Heute findet man in Prag und den großen Städten wieder **Kaffeehäuser**. Das **Slavia** *(Národní trida 1, Prag 1)* und das **Kavárna** (im Obecní dům) sind Orte, an denen man reden, eine Kleinigkeit essen, Kaffee trinken und Zeitung lesen kann. Andere erinnern eher an italienische Espresso-Bars. Internet-Cafés gibt es mittlerweile in den meisten tschechischen Orten, meistens handelt es sich aber um düstere Kellerkneipen. In Prag kann man auch zu **Bohemia Bagel** *(Masna 2, Prag 1)* gehen, das bei Besuchern aus den USA und bei Auswanderern beliebt ist.

FESTE & VERANSTALTUNGEN

März

One World

Dokumentarfilmfestival mit dem Schwerpunktthema Menschenrechte. In Zentral- und Osteuropa ist es eine der führenden Veranstaltungen in diesem Genre. Es werden Vorträge von Regisseuren, Workshops und Work-in-Progress-Events angeboten, dazu kommen Partys mit Livemusik und eine Woche mit Filmvorführungen in allen Veranstaltungsorten der Stadt *(Šafaríkova 24, Prague 2, Tel. 226 200 400, oneworld.cz)*.

April–Juli

AghaRTA Prag Jazz Festival

Diese cluborganisierte Konzertreihe bringt von April bis Juli Jazz-Größen wie die Pat Metheney Group und John Scofield auf die Bühnen kleinerer Veranstaltungsorte *(Lublanská 57, Tel. 222 511 858, agharta.cz)*.

Mai

Tschechisches Bier-Festival Eines der größten Bierfeste im Bierhimmel findet auf der strategisch am besten gelegenen Grünfläche Prags statt. Zwei Wochen lang werden 500 verschiedene Biere, Livebands, gutes Essen, unterhaltsame Events und tägliche Aktionen von Mittag bis um Mitternacht geboten *(Letenská plán, Prag 7, ceskypivinfestival.cz)*.

Internationales Musikfestival »Prager Frühling« Das größte und bekannteste Musikfest des Jahres wurde erstmals 1946 abgehalten *(Hellichova 18, Prag 1, Tel. 257 312 547, festival.cz)*.

Prague Fringe Theatergruppen, Musiker, Tanzkompanien und Impro-Comedy-Truppen kommen in der Stadt zusammen und übernehmen für eine Woche große wie kleine Veranstaltungsorte. Das Festival gibt es schon seit 15 Jahren und die Tickets sind schnell ausverkauft *(Malostranské námestí 21, Prag 1, Tel. 257 409 112, praguefringe.com)*.

Juni

Prag Writers' Festival Das ab 1980 zunächst in London organisierte Festival lockt heute Schriftstellergrößen wie Alain Robbe-Grillet, Jiří Gruša und Ludvík Vaculík an *(Národní 37, Prag 1, www.pwf.cz)*.

Juli

Sparta Prague Open Beim längsten Tennis-Event der Republik, Mitte Juli, wird auf den Ascheplätzen von Sparta Praha WTC Tennis gespielt *(pragueopen.cz)*.

August

Letní Letná Sommer im Letná-Park, was es grob übersetzt bedeutet, beschreibt nicht mal annähernd den Reiz dieser Mischung aus zeitgenössischem Zirkus und Theatervorstellungen, bei denen phänomenale Akrobaten, Bands und kluge politische Clownerie Tiere, Erdnüsse und Arena ersetzen *(Letenská plán, Prague 7, Tel. 734 820 507, letniletna.cz)*.

Oktober

4 + 4 Days in Motion Auf dem Festival für Tanz und Theater treten die innovativsten Künstler und Ensembles aus aller Welt auf *(Celetná 17, Tel. 224 809 116, ctyridny.cz)*.

Oktober–November

Saiten des Herbstes Viel mehr als nur ein Klassik-Festival, hat sich dieser beständige Favorit zum multikulturellen Höhepunkt der Saison entwickelt. Es treten internationale Künstler, wie z. B. Cassandra Wilson, aber auch Hip-Hop-Acts auf und es gibt Vorführungen tschechischer Kinoklassiker mit Orchesterbegleitung *(Palackého 1, Prag 1, Tel. 224 946 508)*.

Dezember

Nikolausabend (5. Dez). Als Engel und Teufel verkleidete Menschen necken Kinder und schenken ihnen Süßigkeiten. Der Altstädter Ring in Prag ist ein guter Ort, um dem Treiben zuzuschauen. Der Nikolaustag (6. Dez) verläuft vergleichsweise ruhig.

AKTIVITÄTEN

Golf

Es gibt in Prags 5. Bezirk einen Neun-Loch-Platz *(Plzenská, Tel. 257 216 585, gcp.cz.)*.

Gesundheit & Fitness

Zu den am besten ausgerüsteten Fitnesszentren in Prag gehören diejenigen im **Hilton Hotel** *(Pobrežní 1, Prag 6, Tel. 224 841 111)*, im **World Class Fitness Center** im Marriott-Hotel *(V Celnici, Prag 1, Tel. 222 888 888)*, und im **Intercontinental Hotel** *(Parížská 30, Prag 1, Tel. 296 631 525)* (gegen Gebühr auch für Nicht-Hotelgäste). Weitere Fitnessclubs werben in der U-Bahn oder in Bussen.

Pferderennen

Im Prager Vorort **Radotín** (etwa 5 km südlich der Stadt) finden auf der Chuchle-Bahn *(Tel. 242 447 031, velka-chuchle.cz)* von Mai bis Oktober Pferderennen statt. Metro ab Bahnhof Smíchovské nádraži, dann Bus 244.

Eishockey & Eislauf

Die Spiele der tschechischen Liga finden meist dienstag- & freitagabends und manchmal sonntagnachmittags statt. Die besten Stadien sind **Tipsport Arena** in Holešovice *(tipsportarena-praha.cz)*, nahe der U-Bahn-Station Vltavská, und das Winterstadion **Slavia Praha** *(U Slavia, Vršovice, Prag 10, slavia.cz)*. Von Oktober bis April kann man auf Kunsteisbahnen Schlittschuh laufen.

Fußball

Die meisten Spiele werden von September bis November und von April bis Juni (sonntags) ausgetragen. Die beiden führenden Vereine sind Sparta Praha *(Tel. 296 111 400, sparta.cz)* und Slavia Praha *(Tel. 233 081 753, slavia.cz)*. Die wichtigsten Spiele werden im **Generali stadium** in Prag ausgetragen (U-Bahn-Station Hradčanská).

Sportkomplexe

Südöstlich von Prag besitzt das **Club Hotel** *(Plzenská, Prag 5)* an der Straße nach Pilsen einen Golfplatz und Einrichtungen für Tennis, Reiten, Squash, Badminton sowie weitere Sportarten. Vernünftige Preise.
Östlich des Stadtzentrums in Prag 9 bietet das schicke neue Sportcentrum **Step** *(Malletova 2350, Praha 9, sportstep.cz)* Tennis, Squash, Bowling, Schwimmen, Fitness, Indoor-Golf, Sauna und Massage an. Es gibt sogar ein eigenes Restaurant. Die Hotelzimmer sind recht komfortabel und günstig.

Squash
Squash ist in Prag sehr beliebt, besonders bei Geschäftsleuten. Es gibt Courts im **Arbes** *(Korenského 12, Prag 5, Tel. 257 326 039)*, das bis 22 Uhr geöffnet ist. Etwas günstiger, aber am Rand der Stadt gelegen ist das **Squashcentrum Strahov** *(Vaníckova 2b, Prag 6, Tel. 233 109 301, squashstrahov.cz)*, dessen Courts von 7–23 Uhr geöffnet sind.

Schwimmen
Das **Plavecký Stadion Podolí** *(Podolská 74, Prag 4, Tel. 241 433 952)* besitzt moderne Innen- und Außenbecken. Das **Aquacentrum** *(Tupolerova 665, Prag-9-Letnany, Tel. 283 921 799, letnanylagoon.cz)* hat Wasserrutschen und Kinderbecken sowie ein Fitnesscenter.

Tennis
Der **I. CLTK** Club, auf der Insel Štvanice gegenüber der Nordseite der Altstadt., hat 14 Außen- und sechs Innenplätze *(Štvanice Ostrov 38, Prag 7, Tel. 222 316 317, cltk.cz)*. Weitere Informationen erhalten Sie beim **Tschechischen Tennisverband** *(Ostrov Štvanice 38, Prag 7, Tel. 224 810 108, cztenis.cz)*.

TSCHECHIEN

UNTERHALTUNG

Klassische Musik, Oper & Theater
Ostrava und Olomouc unterhalten eigene Orchester, in Olomouc und Brno finden jährlich veranstaltete Musikfestivals statt. Landesweit werden in den Schlössern kleinere Festivals veranstaltet, die sich auf Barockmusik oder Komponisten wie Janáček, Smetana und Beethoven konzentrieren. In vielen Städten (u. a. Brno und Plzeň) führen Theater ein breit gefächertes Repertoire aus Drama, Oper und Ballett auf. In Brno gibt es ein **Nationaltheater** *(Dvorákova 11, Tel. 542 158 120, ndbrno.cz)* und das **Janáckovo divadlo** *(Rooseveltova, Tel. 542 158 111, ndbrno.cz)*. Puppenspiel- und Pantomime-Ensembles gibt es in vielen Städten.

Nachtleben
Da Nachtclubs etc. rasch kommen und gehen, sollten Sie sich mittels lokaler Zeitungen und Werbebroschüren vor Ort informieren. Heute haben selbst die kleinen Städte zumindest ein **Kasino,** häufig sind diese in Hotels integriert. Kleinere Kasinos, genannt *herna,* gibt es überall und bleiben bis zum Morgengrauen geöffnet.

FESTE & VERANSTALTUNGEN

April
Flora Olomouc (Internationale Gartenschau), Olomouc. Die Wochenendveranstaltung gibt es seit den 1980er Jahren. Innen- und Außenbereich *(flora-ol.cz)*.

Mai
Internationales Janácek-Mai-Musikfestival, Ostrava. Einige von Janáčeks weniger bekannten Werken kommen auf diesem Musikfest zur Aufführung. Das Fest findet in der Nähe seines Geburtsorts Hukvaldy statt *(28. rÍjna 124, Ostrava, Tel. 597 489 421, janackuvmaj.cz)*.
Bierfest Olomouc, Olomouc. Vier Tage dauernde Bierwettbewerbe und Musik (Jazz, Blues, Rock, Folk) *(beerfest.cz)*.

Juni
Pelhrimov Festival – Die Stadt der Rekorde, Pelhřimov. Die Einheimischen würden fast alles versuchen, um ins tschechische Buch der Rekorde zu kommen
(Agency Dobrý den Pelhrimov, Nábreží rekordu a kuriozit 811, 39301 Pelhrimov, Tel. 565 323 163, dobryden.cz).
Musik in Gärten und Schlössern, Kroměříž. Eine den ganzen Sommer andauernde Konzertreihe *(Kovárská 1, 76701 Kromeríž, Tel. 573 331 473, hudba-kromeriz.cz)*.
Smetana Open-Air Opernfestival, Litomyšl. Das Open-Air-Klassikfestival, das zwei Wochen lang im Schloss von Smetanas Heimatort ausgerichtet wird, gehört zu den ältesten Tschechiens *(smetanaoperafestival.com)*.

Internationales Folklorefestival von Strážnice Letztes Juniwochenende. Seit den 1940er Jahren zieht dieses Festival Dutzende von Volkstanzgruppen und Musikern aus Tschechien und der ganzen Welt an *(Skanzen Strážnice, 696 62 Strážnice, Tel. 518 306 611, festivalstraznice.cz).*

Juli

Die Farben von Ostrava Vor einer dramatischen Kulisse aus Hochöfen und ehemaligen Minen findet jedes Jahr für zwei Wochen die Wiedergeburt des mährischen Orts mit einer Mischung aus Pop, Rock, Folk und klassischer Musik statt *(Ruská 2993, 729 30 Ostrava – Vítkovice, colours.cz).*

Internationales Musik-Festival Český Krumlov Einer der hübschesten Schloss-Orte des Landes füllt die königlichen Gärten, die Zimmer des Palastes und andere Veranstaltungsorte mit herrlicher Klassik und Jazzensembles, darunter auch Künstler wie Arturo Sandoval *(Latrán 37, Český Krumlov, Tel. 380 711 797, festivalkrumlov.cz).*

Internationales Filmfest von Karlovy Vary Das zehntägige Karlsbader Filmfest, das wichtigste in Mittel- und Osteuropa, besteht seit 1950. Viele bekannte Gesichter treten hier auf *(Tel. 221 411 011, kviff.com).*

August

Motorrad-Grand-Prix in Brno Lauf der Motorradweltmeisterschaft *(Masarykuv okruh 201, 664 81 Ostrovacice, Tel. 546 123 300, automotodrombrno.cz).*

Chodské slavnosti, Domažlice. Ein dem Stamm der Choden und ihren Traditionen gewidmetes Folklorefestival *(chodskeslavnosti.cz).*

Internationales Dudelsackfestival (dudácký festival), Strakonice. Dudelsackspieler, Musiker, Tänzer und Künstler aus ganz Europa treten hier auf *(Tel. 383 311 530, dudackyfestival.cz).*

September

Hopfenfest, Žatec. Das Fest ehrt Tschechiens berühmtestes Produkt, das Bier *(Touristeninformationszentrum, námestí Svobody 1, Tel. 415 736 156, mesto-zatec.cz).*

Oktober

Jazz Goes to Town, Hradec Králové. Internationales Jazzfestival *(Tel. 495 211 081, jgtt.cz).*

Pilsnerfest, Plzeň. Dieses zweitägige, von der Pilsner-Urquell-Brauerei veranstaltete Fest ist der Urahn aller Bierfeste *(Tel. 377 062 888, pilsner-urquell.cz).*

Velká pardubická (Hindernisrennen), Pardubice. Dieses weltbekannte Hindernisrennen am zweiten Sonntag im Oktober wird schon seit mehr als hundert Jahren veranstaltet *(Tel. 466 797 111, visitpardubice.com).*

November

Blues-Alive (Internationales Bluesfestival), Šumperk. Drei Tage Blues aus aller Welt *(bluesalive.cz).*

AKTIVITÄTEN

Bootsfahrten

Seen wie der Lipno-Stausee bieten gute Bedingungen für Bootsfahrten und Windsurfen. Setzen Sie sich in Verbindung mit **Boat Rental Lipno** *(Pihlov, Horni Plana 382 26, Tel. 727 926 923).* Siehe auch S. 112

Radfahren

Mountainbikes kann man in vielen Orten im Böhmischen Paradies oder im Krkonoše ausleihen. Auch die Erkundung der sanfteren Landschaft von Südböhmen oder Mähren mit dem Rad auf meist recht leeren Straßen kann ein Vergnügen sein. Ein gut organisiertes System aus Radwegen, Weingütern, Pensionen und fahrradfreundlichen Gaststätten wird von der Organisation **Greenways** betrieben *(greenways.cz).* Die gemeinnützige Organisation unterstützt auch *cyclistswelcome.eu*, ein landesweites Netzwerk von Einrichtungen für Radfahrer, sehr praktisch, wenn man mehrtägige Ausflüge macht. Unternehmen wie **Ave Bicycle Tours** *(bicycletours.cz)* kümmern sich um die Logistik Ihrer Reise.

Angeln

Seen, Bergflüsse und die großen Ströme bieten ausgezeichnete Angelbedingungen. Es gibt unterschiedliche Forellenarten, Flussbarsche, Karpfen, Hechte und Flussaale. Man benötigt eine Angelerlaubnis, die man in vielen Anglergeschäften wie auch beim Tschechischen Angelverband erhält. Darüber hinaus gibt es Regeln bezüglich der Angelsaison und der Größe des Fangs. Kontakt: **Tschechischer Angelverband** *(Rybárská 3, Prag 2, Tel. 222 248 109, rybsvaz.cz).*

Golf

Die besten Golfplätze liegen in Mariánské Lázně, Karlovy Vary und Ostrava. Es gibt einen Neun-Loch-Platz in Pardubice. Der jüngst eröffnete 18-Loch-Platz liegt in Karlštejn *(Tel. 311 684 716 oder 311 684 717)*. Da der Golfsport immer beliebter wird, buchen Sie sicherheitshalber im Voraus. Weitere Informationen beim **Tschechischen Golfverband** *(Strakonická 2860, Prag 5, Tel. 296 373 111).*

Gesundheit & Fitness

Viele Hotels in größeren Städten besitzen Fitnesszentren und Sporthallen, wenn nicht, kann die Hotelrezeption Ihnen Adressen vermitteln.

Wandern

Der Großteil Tschechiens ist hügelig oder bergig und bietet gute Wandermöglichkeiten. Viele Nationalparks bieten günstige Unterkunft, die *chaty* (Herbergen) und *horské hotely* (Berghotels; informieren Sie sich bei der lokalen Touristenauskunft). Viele Touristen bevorzugen eine komfortablere Basis in einem Kurort, von dem aus immer gut markierte Wanderwege in die umliegenden Berge und Wälder führen. Regionen wie das Böhmische Paradies und die Böhmische Schweiz sind populär. Wanderkarten gibt es in den meisten Buchläden. **Czech Tourism** *(czechtourism.com)* bietet kostenlose, detailreiche Wanderführer für zahlreiche Regionen zum Download an. Oder Sie versuchen es beim **Klub Cesýck turistu,** dem Tschechischen Wanderverein *(Revolucní 8a, Prag 2, Tel. 251 625 116).*

Erfahrene Wanderer auf der Suche nach größeren Herausforderungen sollten sich an den **Tschechischen Orientierungslaufverband** *(Zátopkova 2, Prag 6, Tel. 233 017 410, orientacnisporty.cz)* wenden.

Pferderennen

Das wichtigste Rennen Tschechiens ist das Hindernisrennen in Pardubice, das 1874 erstmals ausgetragen wurde (siehe S. 323). Das für Pferd und Reiter extrem schwierige Rennen führt über 39 Hindernisse, darunter der Taxis-Graben, den viele Pferde nicht bewältigen. Die gewachsene Sensibilität für den Tierschutz hat zu einer gewissen Entschärfung der Strecke geführt.

Reiten

Es gibt Reitställe in Poděbrady, Třeboň, Karlovy Vary und anderen Städten. Informationen erhalten Sie beim **Cescka Jedecka Federace,** dem **Tschechischen Reiterverband** *(Zátopkova 2, Prag 6, cjf.cz).*

Jagd

In der Habsburger Zeit unterhielt der österreichische Adel Jagdhäuser in Böhmen und im Ostteil des Landes. Man kann auf Fasan, Wildente, Rotwild, Wildschwein und Hasen gehen. Weitere Informationen: **Pragolov** *(Nad Kazankou 31, Prag 8, Tel. 233 554 797).* Das Privatunternehmen beschafft Ihnen einen Jagdschein und Unterkunft.

Eishockey & Eislaufen

Fast jede Stadt besitzt ein Winterstadion *(zimn stadion)*, in dem regelmäßig Eishockeyspiele stattfinden. Für die Wintermonate werden für Schlittschuhläufer Kunsteisbahnen in den Städten präpariert, auf dem Land gibt es genügend zugefrorene Seen.

Motorsport
Der jeden August stattfindende Motorrad-Grand-Prix von Brno *(brnograndprix.com)* und das Golden-Helmet-Speedwayrennen in Pardubice einen Monat später sind die herausragenden Motorsportereignisse des Landes.

Sportanlagen
Die Sporteinrichtungen in Tschechien sind gut. Fast jede Stadt besitzt einen großen Sportkomplex – eine Erbschaft des Kommunismus. Zum größten in Roudnice nördlich von Prag gehören auch ein gutes Hotel und ein Restaurant. Die Preise sind günstig.

Schwimmen
Die meisten Orte haben Schwimmbäder, aber im Sommer ist es viel schöner, sich zu den schönen Seen und Stauseen zu begeben, von denen viele über schöne Sandstrände verfügen, z. B. der **Slapy-Stausee** südlich von Prag an der Moldau.

Tennis
Viele Hotels, besonders in Kurorten, haben Plätze für den Gelegenheitsspieler. In Prag finden Sie hervorragende Plätze beim **Tennis Club Sparta Praha** *(Za Císarskym mlynem 2, Prag 7, Tel. 233 320 369, tksparta-praha.cz)*. Weitere Informationen beim **Tschechischen Tennisverband** *(Ostrov Štvanice 38, Prag 7, Tel. 222 333 444, cztenis.cz)*.

Das Tschechische gehört zu den slawischen Sprachen und ist daher stark flektierend. Selbst wenn Sie viele Wörter lernen, wird es schwierig sein, die Sprache ohne Kenntnis ihrer elementaren grammatischen Regeln zu sprechen oder zu verstehen. Aber selbstverständlich helfen selbst begrenzte Kenntnisse.

Die Aussprache mag ein wenig ungewohnt sein, aber das Akzentsystem hilft hier. Akzente (oder im Fall des »u« ů) zeigen einen langen Vokal an. Gewöhnlich wird die erste Silbe betont. Hier einige Aussprachehinweise:

á = *a* wie in fahren
c = *tz* wie in setzen
č = *tsch* wie in Tscheche
ch = *ch* wie in Loch
ě = *je* wie in jetzt
é = *ä* wie in Bär
í und ý = *ie* wie in Bier
ň = *nj* wie in Banjo
ř = wie in Bourgeois (französische Aussprache, Kombination aus r- und schartigem Laut)
š = stimmloses *sch* wie in schäbig
ú und ů = *u* wie in nun
y = *i* wie in fit
z = stimmhaftes *s*
ž = stimmhaftes *sch*

ALLGEMEINE FLOSKELN

Guten Tag/Hallo *dobrý den*
Auf Wiedersehen *na shledanou*
Bitte *prosím*
Danke schön *dekuji*
Ja *ano*
Nein *ne*
Gut/O.K. *dobre*
Entschuldigung *prominte*
Wo? *kde je?*
Wann? *kdy?*
Warum? *proc?*
groß/klein *velký/malý*
mehr/weniger *více/méne*
heiß/kalt *horký/studený*
hier/da *tady/tam*
rechts/links *vpravo/vlevo*
geradeaus *jdete prímo*

SCHILDER

vchod *Eingang*
východ *Ausgang*
otevřeno *geöffnet*
zavřeno *geschlossen*
pozor *Gefahr*
toalety *Toiletten*
muži/páni *Männer/Herren*
ženy/dámy *Frauen/Damen*

ZEIT

heute *dnes*
morgen *zítra*
gestern *vcera*
Morgen *ráno*
Nachmittag *odpoledne*
Abend *vecer*
Nacht *noc*

EINKAUFEN

Kasse *pokladna*
Postamt *pošta*
Bank *banka*
Supermarkt *potraviny*
Apotheke *lékárna*
teuer/billig *drahý/ levný*
Wie viel kostet es? *Kolik to stoji?*

VERKEHR

Flughafen *letište*
Bahnof *nádraží*
Bushaltestelle *autobusové nádraží*
U-Bahn-Station *stanice*
Flugzeug *letadlo*
Zug *vlak*
Bus *autobus*
Straßenbahn *tramvaj*

Sitz *místo*
Fahrschein *lístek*
einfach *jednosmernou*
hin und zurück *zpátecní*

GEOGRAFIE & SEHENSWÜRDIGKEITEN

Touristenauskunft *informacní centrum*
Theater *divadlo*
Garten *zahrada*
Kirche *kostel*
Museum *muzeum*
Brücke *most*
Boulevard *trída*
Platz *námesti*
Straße *ulice*
Burg *hrad*
Schloss *zámek*
Berg *hora*
Fluss *reka*

HOTELS

Zimmer *pokoj*
Frühstück *snídane*
Schlüssel *klíc*
Reservierung *mistenka*
Toilette *toaleta*
Bad *koupelna*
Dusche *sprcha*

NOTFALL

Hilfe! *pomoc!*
Arzt *doktor/lékar*
Zahnarzt *zubní lékar*
Krankenhaus *nemocnice*
Polizeirevier *policie*

ZAHLEN

1 *jeden*
2 *dva*
3 *trí*
4 *ctyri*
5 *pet*
6 *šest*
7 *sedm*
8 *osm*
9 *devet*
10 *deset*
15 *patnáct*
20 *dvacet*
25 *dvacet pet*
50 *padesát*
100 *sto*
1000 *tisíc*
1 000 000 *jeden milión*

WOCHENTAGE

Montag *pondeli*
Dienstag *úterý*
Mittwoch *streda*
Donnerstag *ctvrtek*
Freitag *pátek*
Samstag *sobota*
Sonntag *nedele*

MONATE & JAHRESZEITEN

Januar *leden*
Februar *únor*
März *brezen*
April *duben*
Mai *kveten*
Juni *cerven*
Juli *cervenec*
August *srpen*
September *zárí*
Oktober *ríjen*
November *listopad*
Dezember *prosinec*

Frühling *jaro*
Sommer *léto*
Herbst *podzim*
Winter *zima*

SPEISEKARTE

Allgemeine Ausdrücke

Restaurant *restaurace*
Speisekarte *jídelní lístek*
Tisch *stul*
Mittagessen *obed*
Abendessen *vecere*
Vorspeise *predkrmy*
Hauptgericht *hlavní jídlo*
Beilage *prílohy*

Dessert *moucnik*
Weinkarte *nápojový lístek*
die Rechnung *úcet*

Zubereitungsmethoden
grilované gegrillt
pinené gefüllt
pecené gebacken
smažené gebraten
uzený geräuchert
špíz am Spieß
varené gekocht

Fleisch
drubež Geflügel
kure Huhn
husa Gans
kachna Ente
bažant Fasan
krocan Truthahn
hovezí Rindfleisch
veprové Schweinefleisch
teleci Kalbfleisch
šunka Schinken
králík Kaninchen
játra Leber
klobása Wurst
veprový rízek Schnitzel
veprové koleno Schweinshaxe

Fisch & Meeresfrüchte
uzený losos Räucherlachs
kapr Karpfen
pstruh Forelle
treska Kabeljau
tuna Thunfisch
úhor ricní Aal
krevety Garnelen

Beilagen
brambory Kartoffeln
knedliky Klöße
rýže Reis
hranolky Pommes frites
bramborová kaše Kartoffelpüree
salát Salat

Obst
jablko Apfel
banán Banane
pomeranc Orange
citrón Zitrone
jahody Erdbeeren
hrozny Weintrauben
hruška Birne
švestka Pflaume
ananas Ananas
rozinky Rosinen

Gemüse
hrášek Erbsen
rajcata Tomaten
špenát Spinat
cibule Zwiebeln
cesnek Knoblauch
okurka Gurke
karotka Möhre
zelí Kohl
žampiony Champignon
kveták Blumenkohl

Desserts
palacinky Pfannkuchen
zmrzlina Eiscreme
závin Strudel
dort Kuchen
buchty Buchteln (aus Hefeteig)
cokoláda Schokolade

Getränke
voda Wasser
minerální voda Mineralwasser
mléko Milch
caj Tee
káva Kaffee
pomerancový džus Orangensaft
cervené víno Rotwein
bilé víno Weißwein
pivo Bier

Vermischtes
chlebícek belegtes Brot
omeleta Omelette
smažený sýr gebackener Käse

Fett gedruckte Seitenzahlen verweisen auf Abbildungen. **GROSSBUCHSTABEN** benennen thematische Kategorien.

DANKSAGUNG

Der Autor und National Geographic danken der Czech Tourism Authority *(czechtourism.com)*; Miloš Čuřik, Arts & Music Travel *(arts.music@volny.cz)*; und Roz Hoagland, Hoagland Art Travel, *(rlhoagland@cox.net)*.

BILDNACHWEIS

Umschlagvorderseite: Karlsbrücke in Prag (TTstudio/Shutterstock.com)
Umschlagrückseite: Pferdekutschen im Prager Stadtzentrum (KA Photography KEVM111/Shutterstock.com)

10–13, TOP 10 Tipps: (1) sbego/Shutterstock; (2) Vladimir Sazonov/Shutterstock; (3) monysasu/Shutterstock; (4) nobelbunt/Shutterstock; (5) Fotokon/Shutterstock; (6) pavla/Shutterstock; (7) Kojin/Shutterstock; (8) toriru/Shutterstock; (9) Angela N Perryman/Shutterstock; (10) mejnak/Shutterstock

14–17, TOP 5 Tipps: (1) Pavel Danek/yourshot.nationalgeographic.com; (2) Margarita Cabre/yourshot.nationalgeographic.com; (3) Phillip Minnis/yourshot.nationalgeographic.com; (4) Kája Curtis/yourshot.nationalgeographic.com; (5) Tomasz Budziak/yourshot.nationalgeographic.com

2–3, mauritius images/Hiroshi Higuchi; 4, mauritius images/Rene Mattes; 6, S-F/Shutterstock; 9, SergeyPhoto7/Shutterstock; 18, Vladimir Wrangel/Shutterstock; 21, PeterSVETphoto/Shutterstock; 22, mauritius images/age fotostock/Frank Chmura; 25, Nikada/iStock; 26, S. McBride/AA Photo Lib; 28, Sean Gallup; 31, Hana Bilikova/iStock; 32–33, Pavel Kosek/Shutterstock; 34, AKG London; 37, BESTWEB/Shutterstock; 39, J. Wyand/AA Photo Lib; 40, AKG London; 43, Robert Bremec/iStock; 44, AKG London; 49, AKG London; 50, Nathan Benn/National Geographic Society; 53, Novosti/Rex Features; 55, Dan Breckwoldt/Shutterstock; 56, Earl & Nazima Kowall/CORBIS; 59, Robert Harding Picture Lib; 60, AKG London; 62, Lance Bellers/Shutterstock; 64, Chris Fredriksson/Alamy; 67, Lucy Nicholson/AFP/Getty Images; 68–69, S-F/Shutterstock; 74, T. Souter/AA Photo Lib; 79, 82, Barbara Noe; 84, Jeff Whyte/Shutterstock; 85, Barbara Noe; 86, Franta Toth/Spectrum Pictures, Prag; 88, Zdenek Thoma/Spectrum Pictures, Prag; 92, S. McBride/AA Photo Lib; 96, Sofron/Shutterstock; 98, KA Photography KEVM111/Shutterstock; 103, Robert Harding Picture Lib; 104, Jiri Foltyn/Shutterstock; 108, Nataliya Hora/Shutterstock; 11, S. McBride/AA Photo Lib; 112, David Aleksandrowicz/Shutterstock; 113, The Art Archive/Mozart Museum Villa Bertramka Prag/Dagli Orti; 114, Matt Trommer/Shutterstock; 117, S. McBride/AA Photo Lib; 118, janprchal/Shutterstock; 119, S. McBride/AA Photo Lib; 120, Oldrich Karasek, Prag; 125, mauritius images/Nordic Photos/Gunter Lenz; 126, mauritius images/JIRI; 128, J. Wyand/AA Photo Lib; 130, Scott Waymouth; 133, Anibal Trejo/Shutterstock; 135, Yulia Melnikova/Shutterstock; 136, mauritius images/Travel Collection/Lengler, Gregor; 138, Rex Features; 139, Zdenek Thoma/Spectrum Pictures, Prag; 143, Frantisek Preucil/Spectrum Pictures, Prag; 144, PjrTravel/Alamy; 146, Sean Gallup/Getty Images; 150, Wrangel/iStock; 153, AKG London; 156, PlusONE/Shutterstock; 161, Pavel Dosoudil/Spectrum Pictures, Prag; 162, Sean Gallup; 165, Pavel Dosoudil/Spectrum Pictures, Prag; 167, srdjan draskovic/Shutterstock; 169, honzik7/Shutterstock; 171, Rebius/Shutterstock; 172–173, BESTWEB/Shutterstock; 174, Shutterstock; 178, Ionia/Shutterstock; 183, Pedro Salaverría/Shutterstock; 184, IFA/A1Pix; 186, Pavel Dosoudil/Spectrum Pictures, Prag; 189, Robert Harding Picture Lib; 191, 192, Oldrich Karasek, Prag; 194, 195, AKG London; 197, J. Wyand/AA Photo Lib; 198–199, Pavel Dosoudil/Spectrum Pictures, Prag; 202, PHB.cz (Richard Semik)/Shutterstock; 204, Kletr/Shutterstock; 206, Manfred Gottschalk/A1Pix; 209, Sean Gallup; 210, Gunther Grafenhain/A1Pix; 212, Lee Malis/Spectrum Pictures, Prag; 215, Pavel Kosek/Shutterstock; 216, Andrea Seemann/Shutterstock; 218, Toriru/Shutterstock; 221, Palis Michalis/Shutterstock; 222, Pyty/Shutterstock; 225, Pavel Dosoudil/Spectrum Pictures, Prag; 227, Daniel Prudek/Shutterstock; 228, Zbyszko/Shutterstock; 232, Milan Vasicek/Shutterstock; 234, mauritius images/Radim Beznoska/Alamy; 236, J. Wyand/AA Photo Lib; 237, PHB.cz (Richard Semik)/Shutterstock; 238, CZfoto/Shutterstock; 242, Frantisek Preucil/Spectrum Pictures, Prag; 245, Boris Karpinski/Alamy; 247, Shutterstock; 248, mauritius images/Alexei Fateev/Alamy; 252, Alexei Fateev/Alamy; 255, Pavel Dosoudil/Spectrum Pictures, Prag; 256, Mary Evans Picture Lib; 257, Smetana Muzeum, Prag/Bridgeman Art Lib., London; 258, Michaela Dusíková/Alamy; 260, Thomas Boettger/A1Pix; 263, Lubomir Stiburek/Alamy; 264, Antonin Vodak/Spectrum Pictures, Prag; 267, Zdenek Thoma/Spectrum Pictures, Prag; 272, PHB.cz (Richard Semik)/Shutterstock; 276, Pavelka/Shutterstock; 280, Pavel Dodoudil/Spectrum Pictures, Prag; 283, Ivan Tihelka/Shutterstock; 284, Sean Gallup; 285, Pavel Kosek/Shutterstock; 286, Pavel Dosoudil/Spectrum Pictures, Prag; 288, Zdenek Thoma/Spectrum Pictures, Prag; 291, Pavel Dosoudil/Spectrum Pictures, Prag; 293, Oldrich Karasek, Prag; 295, Zbynek Burival/Shutterstock; 296, Hana Jakrlova/Spectrum Pictures, Prag; 298, Robert Harding Picture Lib; 301, Robert Harding Picture Lib; 304, Daniel Prudek/Shutterstock; 308, Robert Harding Picture Lib; 310, Rex Features; 312, Zdenek Thoma/Spectrum Pictures, Prag; 315, Zdenek Thoma/Spectrum Pictures, Prag; 316, Robert Harding Picture Lib; 317, Lee Malis/Spectrum Pictures, Prag; 318, Pavel Dosoudil/Spectrum Pictures, Prag; 321, Zdenek Thoma/Spectrum Pictures, Prag; 322, WhiteHaven/Shutterstock; 324, Beketoff/Shutterstock

IMPRESSUM

Verantwortlich: Susanne Kaufmann
Gesamtproducing: Groothuis. Gesellschaft der Ideen und Passionen mbH
für Kommunikation, Marketing und Gestaltung | www.groothuis.de
Deutsche Übersetzung Brigitte Beier, Beatrix Gehlhoff, Dr. Maurice Wiederhold, Linde Wiesner
(Aktualisierung 2013)
Aktualisierung 2017: Birgit Günther
Herstellung: Alexander Knoll
Printed in Germany by Parzeller Druck- und Mediendienstleistungen

★★★★★

Sind Sie mit diesem Titel zufrieden? Dann würden wir uns über Ihre Weiterempfehlung freuen. Erzählen Sie es im Freundeskreis, berichten Sie Ihrem Buchhändler, oder bewerten Sie bei Onlinekauf. Und wenn Sie Kritik, Korrekturen, Aktualisierungen haben, freuen wir uns über Ihre Nachricht an NG Buchverlag, Postfach 40 02 09, D-80702 München oder per E-Mail an info@nationalgeographic-buch.de. Unser komplettes Buchprogramm finden Sie unter: nationalgeographic-buch.de

Unser komplettes Buchprogramm finden Sie unter: www.nationalgeographic-buch.de

Titel der Originalausgabe:
NATIONAL GEOGRAPHIC TRAVELER PRAGUE & THE CZECH REPUBLIC

Die Deutsche Nationalbibliothek verzeichnet diese Publikation in der Deutschen Nationalbibliografie; detaillierte bibliografische Daten sind im Internet über http://dnb.d-nb.de abrufbar.

Deutsche Ausgabe veröffentlicht von: NG Buchverlag GmbH, München 2017
Lizenznehmer von: National Geographic Partners, LLC

ISBN 978-3-95559-200-4

Seit ihrer Gründung 1888 hat sich die National Geographic Society weltweit an mehr als 12 000 Expeditionen, Forschungs- und Schutzprojekten beteiligt. Die Gesellschaft erhält Fördermittel von National Geographic Partners LLC, unterstützt unter anderem durch Ihren Kauf. Ein Teil der Einnahmen dieses Buches hilft uns bei der lebenswichtigen Arbeit zur Bewahrung unserer Welt. Das legendäre NATIONAL GEOGRAPHIC-Magazin erscheint monatlich. Darin veröffentlichen namhafte Fotografen ihre Bilder und renommierte Autoren berichten aus nahezu allen Wissensgebieten der Welt. National Geographic im TV ist ein Premium Dokumentations-Sender, der ein informatives und unterhaltsames Programm rund um dieThemen Wissenschaft, Technik, Geschichte und Weltkulturen bereithält. Falls Sie mehr über National Geographic wissen wollen, besuchen Sie unsere Website unter *www.nationalgeographic.de.*